한국사 1

*확*풀리는

한눈에 풀리는 한국사 1

1판 1쇄 인쇄일 2014년 5월 15일
1판 1쇄 발행일 2014년 5월 20일

지은이 | 윤병욱
펴낸이 | 김재희
펴낸곳 | 화담 출판사

주   소 | 주소 경기도 파주시 청암로 28
전   화 | (031) 923-3549
팩   스 | (031) 923-3358
E-mail | hwadambooks@hanmail.net
출판등록 | 제 406-2013-000060호
ISBN | 978-89-87835-74-7 권
         97889--87835-75-4 (세트)

가격 | 20,000원

본서의 판권은 저자에게 있습니다.
이 책을 무단복사, 복제, 전제하는 것은 저작권법에 저촉됩니다.
이 책의 전부 또는 일부를 이용하려면 반드시 저적권자의 동의를 받아야 합니다.

세상의 아름다움을 널리 알리는 그릇입니다
화담출판사는 그 아름다움을 함께 할 작가를 모시고자 합니다.
E-mail : hwadambooks@hanmail.net
TEL : 031-923-3549

호락풀리는 한국사 1

윤병욱 지음

화담출판사

머리말

    역사나 문학의 기록은 문자에 의해 표기된다. 지금은 안 그렇지만 어느 시기까지 문자는 지배층만이 배우고 사용할 수 있었다. 그래서 역사는 지배층에 의해 기록되었고, 그런 만큼 지배층의 시각이 많이 반영되었다. 그래서 기록 그대로가 모두 진실이고 사실이라고 판단하기에는 무리가 있다. 그런 면을 생각하여 전해지는 역사 뒤편에 가려진 피지배층이나 소외되어 있던 사람들의 삶에 대해서도 생각해 보는 시각을 가질 필요가 있다.

    우리는 지나간 역사를 통해 현재를 판단하며 미래를 대비하고 계획하는 지혜를 가질 수 있다는 생각으로 역사를 중요시한다. 그러나 그런 실용적인 가치로만 역사를 본다면 역사적인 사건이나 결과에 치중하여 그 이면에 숨겨진 진실이나 인간적인 면을 지나쳐 버리는 어리석음을 저지를 수가 있다. 실제로 우리는 그런 면에 치우쳐서 역사를 배우고 판단하는 오류를 범해 왔으며 현재도 범하고 있다.

그런 오류를 범하지 않으려면 현재 우리의 관점과 시각에 의존하여 과거를 보는 것보다 현재의 관점에서 조금 비켜나 당시 사람들의 시각으로 다가서서 보는 것이 현명한 일이라 생각한다.

우리 고대의 조상들은 고조선 계통의 한족과 부여·고구려계통의 예맥족이 근간을 이루었다고 전해진다. 우리는 학교에서 단일민족이라고 배웠지만 단일민족이라기보다 몇 개의 종족이 동일한 문화권을 형성하여 그 문화를 계승해 온 민족이라 함이 바른 표현이다. 이민족의 침입을 받았을 때나 일본 지배하에 있을 때처럼 공동체의식이 필요한 때는 단일민족임을 내세워 민족성을 고취시켜 단결성을 공고히 하기 위해서 그러한 정체성을 심어 주어야만 했을 것이나, 세계화라는 말이 일반적이 된 지금은 단일민족이라는 명목으로 민족이념만을 내세우고 살기에는 부적절한 시대이다.

역사는 가설을 따라가지 않고, 유적이나 유물에 의해 고증되는 것을 가지고 판단하기 때문에 다른 학문보다 보수적이고 고지식한 면을 지니고 있다. 하지만 우리가 알고 있던 지식도 수정되고 생활양식까지 시시각각 다양하게 변해 가는 시대를 살면서 시험 답안지에 정답을 적듯이 역사를 공부하면 무척 따분하다.

이 책은 이야기해 주는 사건을 기억하고 수용만 할 것이 아니라 그 가치에 대해 생각해 보는 유연함을 가지고 상상력을 동원하여 책을 읽어 나가기를 바란다. 동아시아에서 우리 민족이 차지하고 있던 위치와 그 당시에 시대의 흐름을 생각해 보며, 안목을 조금 넓혀서 현재의 세계 흐름에 대비해 볼 수 있고 살아 있는 공부의 밑거름이 되기를 바란다.

교과서적인 시각만 가지고 세상을 보면 많은 혼란에 부딪치게 된다. 청소년기에는 학교에서 배우는 것이 최고이며, 전부라는 생각을 하기 쉽기 때문이다. 예를 들어, 보통 동이(東夷)족을 동쪽에 있는 오랑캐라는 뜻으로 배웠으나 중국의 정통역사서에는 '이(夷)'가 오랑캐가 아니라 어질 인(仁)자와 같은 뜻이라 적고 있고, '커다란 활을 잘 쏘는 사람'이라는 뜻으로 우리의 조상을 가리키는 말이다.

또 단군 조선 이전에 한국과 배달국(구리국)이 있었다는 사실이 『환단고기』나 중국의 역사서에 엄연히 존재하지만 우리 사학계에서는 인정하지 않고 있으며, 단군조선조차 있는지 없는지 명확한 증명이 부족하고 오히려 없는 사실을 꾸며놓은 신화로 여기는 사람들이 아직도 많이 있다.

불행하게도 우리의 고대사가 적힌 우리의 역사서는 존재하지 않는다. 모두 중국 사서의 기록에 의존하고 있는 것이다. 게다가 현재 북한에 치중되어있는 고구려의 역사에 대해서는 그 유적지조차 제대로 확인해볼 수 없는 실정에 있다.

중국은 역사서를 세 가지의 원칙으로 기록했는데 그들의 치부는 가리며, 자기 나라는 높이고 남의 나라는 깎고, 자기 나라의 역사는 상세하게, 외국에 대해서는 간략하게 기록하고 있다. 그런 원칙으로 쓰인 중국 정사에 우리의 조상인 동이족의 활동이 대단하게 기록되어 있다면 실제로는 더 대단했다는 것은 충분히 짐작해 볼 수 있는 문제이다. 그런 사실을 우리가 외면하고 부정하는 것은 무척 부끄러운 일이 아닐 수 없다.

한창 때의 백제가 고구려와 전쟁을 벌일 때, 백제의 영역은 한반도에 국한되어 있지 않고 중국 대륙 동쪽까지 살기 좋은 곳을 차지하고 있었다. 그러나 그에 대한 연구가 활발하지 않은 실정이다. 그도 그럴 것이 그곳이 현재 우리 땅이 아닌 중국의 땅이기 때문이다. 지도를 한 번 펴 보자. 중국 대륙은 우리와 달리 서쪽이 높은 산악지대이고 동쪽이 낮은 평야여서 동쪽이 더 살기 좋은 땅이다. 한창때의 백제는 양자강 이남의 동쪽 상하이 부근까지 세력이 뻗쳐 있었다. 이건 공연한 허풍이나 과장이 아니라 사실이다.

그리고 일제강점기에 일제의 식민지사관에 의해 우리의 역사는 다시 한 번 왜곡되었다. 그 사관에 대한 반작용으로 민족성을 지나치게 과장하고 부풀린 민족주의 사관도 있었다는 사실을 상기하며 유연한 사고를 가지고 역사의 현장으로 들어가 보자.

이 책은 왕조사를 중심으로 엮었는데, 정사(正史)를 통해 역사의 중심을 바로 본 다음 그 곁가지들을 상상해 보기를 바라는 의미에서 그런 것이다.

저자 윤 병 욱

차례

머리말 　　　　　　　　　　　　　　4

Ⅰ. 원시 고대 사회

　　　원시고대 연대표 　　　　　　　14

1. 우리나라 역사의 기원 　　　　　15

　　1) 지구의 역사 　　　　　　　　15
　　2) 인류의 등장 　　　　　　　　16
　　3) 구석기시대 ~ 청동기시대 　　17
　　　(1) 구석기 시대 　　　　　　　18
　　　(2) 신석기 시대 　　　　　　　18
　　　(3) 청동기시대의 마을 모습 　　19
　　　(4) 울산 반구대 바위그림[암각화] 　21

2. 고조선

1) 고조선의 시작   24
2) 고조선의 역사   25
    (1) 단군신화   25
    (2) 고조선의 영토 및 사회   26

3. 삼국 시대   30

고구려 연대표   32

1) 고구려의 역사   37
    (1) 왕의 치사로 본 고구려의 역사   43
    (2) 고구려의 문화   91
    (3) 고구려 역사가 간직하고 있는 아름다운 이야기   95
    논술로 다지는 고구려   97

백제 연대표   111

2) 백제의 역사   116
    (1) 왕의 치사로 본 백제의 역사   119
    (2) 백제의 문화   162
    (3) 백제 역사가 간직하고 있는 아름다운 이야기   166
    논술로 다지는 백제   169

| 신라 연대표 | 175 |

3) 신라의 역사   183
  (1) 왕의 치사로 본 신라의 역사   186

| 가야 연대표 | 254 |

4) 가야의 역사   257
  (1) 가야에 대한 올바른 인식   257
  (2) 가야의 건국 신화   258
  (3) 전기 가야   261
  (4) 후기 가야   263
  (5) 가야국의 해체   267
  (6) 가야의 발자취   268
  (7) 가락국의 후예   269
  논술로 다지는 가야(1)   271
  논술로 다지는 가야(2)   287

Ⅱ. 중세 사회

중세 사회의 특징　　　　　　　　294

1. 남북국 시대　　　　　　　　300

통일신라 연대표　　　　　　　　296

1) 통일 신라의 역사　　　　　　　　300
　(1) 왕의 치사로 본 통일신라의 역사　　　　　　　　300
　(2) 통일신라의 문화　　　　　　　　330
　(3) 통일신라 역사가 간직하고 있는 아름다운 이야기　　　　　　　　337
　논술 로 다지는 통일신라　　　　　　　　351

발해 연대표　　　　　　　　356

2) 발해의 역사　　　　　　　　359
　(1) 발해의 탄생　　　　　　　　359
　(2) 발해의 건국지　　　　　　　　361
　(3) 발해의 건국자 대조영　　　　　　　　363
　(4) 발해 230년 역사　　　　　　　　364
　(5) 왕의 치사로 본 발해 역사　　　　　　　　366
　(6) 발해의 유적　　　　　　　　375
　논술 로 다지는 발해　　　　　　　　381

I
원시 고대사회

원시고대 연대표

- 오스트랄로피테쿠스 (500 ~ 100만 년 전) : 최초의 인류, 직립자세
- 호모 에렉투스 (170~30만 년 전) : 아시아 유럽, 불의 사용
- 기원전 70만 년 전 : 구석기 시대 (평양 상원 검은모루유적, 연천 전곡리 유적)
  - 도구 : 주먹도끼
  - 그릇 : 나뭇잎(채집한 나무 열매등을 담는 용도로 사용)
  - 주거 : 동굴 생활 (불의 사용- 약 40 ~ 50만 년 전 추정)
- 호모 사피엔스 (약 20만 년 전) : 석기 시대
- 호모사피엔스 사피엔스 (3만 년 전) : 현대의 인류, 상동인, 그리말디인, 크로마뇽인.
- 기원전 8000년경 : 신석기 시대 (부산 동산동 조개무지 유적)
  - 도구 : 간석기 (돌을 갈아서 만든것), 돌보습(땅을 파는데 사용), 원시 논경 시작(간석기, 토기 제작)
  - 그릇 : 덧무늬 토기, 빗살무늬 토기 (노천에서 불에 구워 만듦)
  - 주거 : 움집 (반지하식 움집) 서울 암사동 유적
- 기원전 2300년경 : 2333년경 (단군왕검 - 아사달도읍(삼국유사))
  - 도구 : 세형 동검(한반도에서 주로 발견된 청동검), 동모 논경무늬 청동기, 반달 돌칼(벼 이삭을 따는 도구)
  - 그릇 : 민무늬 토기(토기를 가마에 굽기 시작) 다락창고(곡식 저장고)
- 기원전 1000년경 : 청동기 시대, 고조선의 발전
- 기원전 300년경 : 철기 문화 보급
  철제 무기 및 농기구
  194년 : 위만, 고조선의 왕이 됨
  109년 : 한무제 (수륙으로 침입 왕검성을 포위 공격)1년간 대항
  108년 : 고조선의 멸망, 한군현 설치

1. 우리나라 역사의 기원

1) 지구의 역사

　우리나라의 역사를 알기 전에 먼저 우리가 발을 딛고 살고 있는 지구의 역사에 대해 간단히 알아보자.

　누구나 한 번쯤은 '우주는 어떻게 해서 생겨난 것일까?'에 대한 의문을 가져 본 적이 있을 것이다. 여러 가지 이론이 존재하지만 그 중 가장 일반적으로 받아들여지고 있는 것이 소련의 과학자 슈미트가 제시한 빅뱅(대폭발)이론이다. 빅뱅이론을 간단하게 요약하면, 우주에 대폭발이 있고 난 후에 태양이 만들어졌고, 태양이 만들어진 수백만 년 후 태양 주위를 돌고 있던 작은 먼지와 구름이 모여 지구나 화성과 같은 행성이 만들어졌다고 하는 것이다. 먼지와 구름이 모여 행성이 되기까지는 약 10억 년 정도의 시간이 걸린다. 그런 과정을 거쳐서 지구는 지금으로부터 약 45억 년 전에 생겨났는데, 아직 물과 공기는 없는 상태였다. 하지만 시간이 지남에 따라 화산이 폭발하기 시작하여 지구는 온통 불바다가 되었고 그 불바다로부터 가스나 수증기가 만들어져 공기가 생겨나면서 생명이 탄생하였다.

지구에 생물이 존재하기 시작한 것은 38억 년 전의 일로 추정한다. 지구에는 그 동안에 다섯 번의 빙하기가 있었고, 빙하기 사이에 기온이 따뜻한 간빙기가 있었는데 사람들은 주로 그 기간에 활동을 하였다.

한반도가 생겨난 것은 약 30억 년 전으로 추정하고 있는데, 그 증거물로 제시되고 있는 것이 경기도 오산에 있는 흑운모 편마암이다. 그 암석은 한반도의 지질과 지체구조를 파악 하는데 중요한 암석으로 약 29억 2,500만 년 전에 만들어진 것으로 전해진다. 하지만 우리나라에는 대체로 25억~18억 년 전의 돌들이 더 많다고 한다.

최근 30억 년 전 시생대의 돌들이 잇따라 발굴되고 있고, 그 암석으로 한반도의 지질과 지체구조를 파악하고 있다.

2) 인류의 등장

그러면 지구상에 인류가 등장한 것은 언제일까? 인류가 침팬지로부터 분리되기 시작한 것은 5백만~6백만 년 전이고, 최초의 인간은 약 300~450만 년 전에 나타난 오스트랄로피테쿠스라고 보는 역사는 문자로 기록된 3~4천 년에 지나지 않는다. 그 이전 원시 시대의 역사는 유적이나 유물을 통해 짐작해 볼 뿐이다.

우리 민족의 무대가 되는 한반도와 만주 지역은 구석기, 신석기 시대를 지나 청동기 시대를 거쳐 왔다는 사실은 그곳에서 발견된 많은 유적으로 알 수 있다. 그리고 한반도에 사람이 살았던 것은 약 70만 년 전이라고 추정하고 있는데, 이때까지 사람은 지금과 같은 인간이라고 할 수 없는 동물에 가까운 모습이었다.

　한반도에서 처음 발견된 구석기 유물로는 1933년 두만강 연안인 함경북도 종성 동관진에서 들소, 털코뿔이, 털 코끼리 등의 홍적세 동물 화석과 사람에 의해 가공된 석기, 골각기 등이 발견되었으나 학계에서는 그것을 적극적으로 수용하지 않았다.

　또 1962년 함경북도 웅기군 굴포리에서 후기 구석기 유물층이 발견되었고, 1964년에 충청남도 공주군 장기면 석장리 금강 연안에서 구석기 유물층이 발굴되었고, 1966년에는 평안남도 평양시 상원군 검은 모루동굴에서 구석기 유적이 발굴되었다.

　우리나라에서 가장 오래된 구석기 문화 유적은 경기도 연천군 전곡리 유적으로 약 27만 년 전의 것으로 알려져 있고, 우리나라의 신석기 시대는 BC 6000년 무렵부터이며, 청동기 시대는 BC 1500년 이전부터 시작되었다.

3) 구석기 시대 ~ 청동기 시대

　구석기 시대에서 신석기 시대를 거치면서 사람들은 자연에 순응하는 데에서 벗어나 자연을 적극적으로 이용하게 된다. 구석기시대에는 식량 채집과 사냥에 유리한 곳을 찾아 끊임없이 옮겨 다녀야만 했지만, 신석기시대에는 점차 한 곳에 정착하여 살게 되었고 농사를 짓기 시작하였다. 돌로 만든 생활도구가 훨씬 다양하고 정교해졌으며, 곡식의 운반, 저장을 위한 토기가 만들어지기 시작하였다.

　청동기시대 사람들은 농경이 본격화되면서 강이나 바닷가에서 가까운 곳에 움집을 짓고 마을을 이루며 살았다. 주된 생산도구는 여전히 석기였지만, 지배자의 권위를 상징하는 청동 의기(의식행사에 쓰이던 도구)와 무기가 만들어졌다.

생산력이 증가하면서 사회 내부에 신분적 차이가 발생하였고, 더 많은 생산물과 농경지를 확보하기 위해 집단 간의 분쟁이 일어나기도 했다. 그 과정에서 최초의 국가인 고조선이 등장하기에 이른다.

(1) 구석기시대

구석기시대 사람들은 자연에서 열매나 풀뿌리를 구해 먹거나 짐승을 잡아먹었다. 이를 위해 들판이나 바위산에 있는 돌을 이용하여 거칠고 투박한 도구를 만들었다. 사람들은 식량 채집과 사냥하기 좋은 곳을 찾아 끊임없이 옮겨 다녀야만 했다.

(2) 신석기시대

신석기시대 사람들은 고기잡이와 사냥, 채집활동과 함께 부분적으로 농사를 짓기 시작하면서 점차 한 곳에 정착하여 살게 되었다. 돌과 동물의 뼈를 이용하여 날카롭고 정형화된 도구를 만들었다. 돌을 갈아 만든 석기(간석기)는 당시 생활의 변화에 맞춰 농경용, 공구용, 사냥용, 고기잡이용 등으로 구분할 수 있다.

　돌이나 동물의 뼈로 만든 낫, 돌보습, 돌괭이 등과 나무열매나 곡물의 껍질을 벗기는 갈판, 갈돌은 당시 대표적인 농기구였다. 또한 농사를 지으면서 운반과 저장을 위해 토기를 만들기 시작하였다. 사냥을 위한 활·화살, 고기잡이를 위한 낚시도구·그물 등은 좀 더 발달된 생활도구였다.

(3) 청동기시대의 마을 모습

　기원전 10세기경에 만주와 몽골 등지로부터, 퉁구스계에 속하는 새로운 종족이 한반도로 진출하여 청동기 문화를 전파하면서 정착하게 되었다. 청동기시대 사람들은 농사를 지으면서 강이나 바닷가에 인접한 낮은 구릉이나, 평지에 움집을 짓고 마을을 이루며 살았다.

농경무늬 청동기 문양에서 보듯이 괭이나 따비를 이용한 밭농사가 성행하였음을 알 수 있다. 여주 흔암리와 부여 송국리 등에서는 탄화미가 출토되었고, 논산 마전리와 울산 옥현 등에서 확인된 논 유적을 통해서 벼농사를 지었음을 확인할 수 있다.

전시된 청동기시대 마을 모형은 현재까지 발굴된 유적이나 유물 등을 토대로 당시의 마을생활 모습을 추정 복원한 것이다.

주요 도구로는 청동제의기 및 무기, 생산을 위한 간석기(=마제석기), 다양한 종류의 무늬 없는 토기(무문토기)등이 제작, 사용되었다. 본격적인 농경의 시작으로 생산력이 증가되고 평등사회에서 계급사회로 발전하면서 사회 내부에 신분적 차이가 발생하였다. 이는 이 시기에 많이 만들어진 무덤형식인 고인돌과 돌널무덤(석관묘), 독무덤(옹관묘)의 규모나 부장품을 통해 알 수 있다.

(4) 울산 반구대 바위그림[암각화]

1971년에 발견된 울산 반구대 바위그림은 울산광역시 울주군 언양읍 대곡리 태화강 암벽에 새겨져 있다. 국보 제285호로 지정되었으며, 그림이 있는 부분은 가로 약 8미터, 세로 약 2미터이다. 날카로운 도구로 돌을 쪼아내는 기법으로 면과 선들을 표현하였는데, 신석기시대 후기에서 청동기시대에 걸쳐 사용된 것이다.

바위그림에 등장하는 여러 장면들은 신석기시대 후기에서 청동기시대에 걸친 사람들의 생활모습을 보여준다.

바위에는 호랑이, 멧돼지, 토끼 등의 짐승 그림과 고래, 거북, 물고기 등의 그림, 다양한 기하학 무늬와 생활 모습 등이 그려져 있다.

사냥하는 모습과 고래잡이의 모습, 어로행위의 모습 등의 그림을 통해서 사냥과 어로의 풍요를 기원하고 있다는 것을 추정할 수 있고, 반구대 지역이 주술 및 제의를 행하던 장소였다고 추측된다. 특히 나무 울타리에 갇힌 짐승 그림에서는 목축을 시작하는 생활방식의 변화를 엿볼 수 있다.

<홍적세>

지질 시대 구분으로 신생대 제4기의 전반. 플라이스토세라고도 한다. 170만 년 전부터 1만 년 전까지의 시대로, 제4기는 다시 홍적세와 충적세로 구분되는데, 지구의 역사 중 현대에 해당하는 것은 홍적세이다. 빙기와 간빙기가 되풀이된 빙하시대로 매머드 같은 코끼리류와 그 밖에 대 포유류가 많이 살았고, 또 이 시대에 원인 및 진정 인류가 나타났다고 한다. 홍적세 초기에는 자연도 인류도 제3기적인 요소가 남아 있었으나 후반부터 급속하게 현대적인 요소가 늘어나게 되었다. 그 뒤 기후가 완전히 한랭화되어 빙하가 지구를 뒤덮는 빙기와 조금 온난한 간빙기가 서로 섞인 빙하시대로 옮겨갔다.

홍적세 중기 이후에는 빙기와 간빙기가 심하게 뒤바뀌어 해수면이 변동하였으며 이로인해 섬과 대륙 사이, 대륙과 대륙 사이에 해협이 형성되어 인류와 생물의 이동분포에 큰 영향을 주었다.

● 확 잡히는 고조선

고조선은 BC 2333년 단군왕검에 의해 세워졌으며 우리나라에서 가장 먼저 국가로 발전하였다. 청동기시대에 농사를 중시했고 최초로 법률을 제정했다. 만주 요령 지방을 중심으로 성장하여 후기에는 대동강 유역을 중심으로 발전하면서, 주변 여러 사회를 정복하여 점점 권력을 강화해갔다. 한나라의 침입으로 BC 108년에 멸망하였다.

● 기억할 유물

비파형 동검과 미송리식 토기, 탁자형 고인돌등

● 기억할 인물

단군왕검 : 정치적 지배자였다.

2. 고조선

1) 고조선의 시작

우리나라가 최초의 나라로 인정하고 있는 고조선(단군조선)은 농경과 청동기 문화에 바탕을 두고 성립한 최초의 고대국가로서 그 역사는 지금으로부터 약 5000년 전에 시작되었다. 국가라고는 하지만 지금 우리가 생각하고 있는 세 가지 요소(국민, 영토, 주권)를 갖추고 있는 민족국가와는 개념이 다르다.

고조선 건국의 사실적 기록은 우리나라 역사서에는 하나도 없고 중국의 역사서 『삼국지』, 『위서』에 기록되어 있는 것을 통해 알 수 있다. 고조선의 실체를 알려주는 단군신화는 우리 민족의 시조신화이다.

신화를 거짓 이야기처럼 여겨 아직도 단군신화를 부정하려하는 사람이 있는데, 어느 나라에서든 옛이야기는 신화나 전설의 형태로 전해진다. 신화는 이야기를 겉으로 드러내놓고 말하지 않고 마치 시처럼, 상징과 은유를 통하여 이야기를 늘어놓는다. 그래서 신화를 읽을 때는 이야기보다도 그 안에 담겨있는 어휘들이 상징하고 있는 것이 무엇인가를 알아내는 것이 중요하다. 그 상징 속에 역사적 사실이 함축되어 있는 것이다.

단군이 세운 고조선은 역사가 존재하던 지역에서 발견된 여러 유물들이 충분히 뒷받침해 주고 있는데 비파형 동검, 미송리형 토기, 탁자식 고인돌 등이 있다.

이러한 사실을 충분히 인식하고 삼국유사에 기록되어 있는 단군조선의 기록을 보면 고조선에 대하여 알아볼 수 있다.

2) 고조선의 역사

(1) 단군 신화

지금으로부터 2,000년 전 단군왕검이 아사달에 도읍을 정하고 조선이라고 불렀으니, 바로 요임금과 같은 시기이다.

옛날 신정(神政)의 나라인 환국의 서자 환웅이 천하를 다스릴 뜻을 두고, 인간 세상을 탐내고 구하였다. 아버지가 아들의 뜻을 알고는 삼위태백을 내려다보니 널리 인간을 이롭게 할 만하였다.(홍익인간(弘益人間)) 그래서 천부인(天符印) 3개를 주어 인간 세상을 다스리게 하였다.

환웅천왕은 신시(神市)라 불리는 태백산(지금의 묘향산) 꼭대기 신단수 아래로 3,000명을 거느리고 내려왔다. 그는 풍백, 우사, 운사(바람, 구름, 비를 거느릴 수 있는데 이는 힘을 상징한다)를 거느리고 곡식, 생명, 질병, 형벌, 선악 등 인간 세상의 360여 가지 일을 주관하며, 세상을 다스리고 교화하였다.

이때, 같은 굴 속에 살고 있던 곰 한 마리와 호랑이 한 마리가 항상 환웅에게 사람이 되기를 기원하였다. 마침내 환웅이 신령스런 쑥 한 다발과 마늘 스무 개를 주면서 말하였다.

"너희가 이것을 먹으면서 100일 동안 햇빛을 보지 않으면 곧 사람의 형상을 얻으리라."

곰과 호랑이는 그것을 받아먹으면서 삼칠일(27일)동안 금기를 따랐는데 잘 지킨 곰은 여자의 몸이 되었지만, 호랑이는 지키지 못하여 사람의 몸이 되지 못하였다.

한편 곰에서 사람이 된 웅녀는 혼인할 상대가 없었으므로 매일 신단수 아래에서 아이를 가질 수 있게 해 달라고 빌었다. 마침내 환웅이 잠시 사람으로 변해 그녀와 혼인하여 아들을 낳고 단군왕검이라고 불렀다.

(2) 고조선의 영토 및 사회

단군왕검은 요나라 임금 당고가 즉위한 50년(경인년)에 평양성에 도읍을 정하고 조선을 세웠다. 이후 도읍을 백악산 아사달(궁홀산 또는 금미달이라고 부르기도 한다)에서 1,500년 간 나라를 다스렸다.

고구려는 본래 고죽국 이었고, 주나라 무왕이 즉위하던 기묘년에 기자를 봉하면서 조선이라 하였다.

단군은 장당경으로 옮겼다가, 그 후 아사달로 돌아와 숨어 살면서 산신이 되었는데, 나이는 1,908세였다.

이 환웅신화는 중국의 반고신화뿐 아니라 서쪽으로 전파되어 인도의 베다신화, 페니키아의 바울신화, 유프라테스의 다곤신화, 유태의 야훼신화의 모체가 되었다고 전해진다.

신화에는 조선이라고 분명히 표시되어 있는데, 우리가 고조선이라고 말하는 것은 근세의 조선과 구별하기 위해서이다. 신화에서 등장하는 곰이나 호랑이를 동물로만 해석하면 허황된 이야기가 되고 만다. 하지만 동물의 등장은 당시 동물을 숭배한 토테미즘의 사상이나 인간과 자연과 신이 조화를 이루며 살았다는 사실을 엿볼 수 있으며, 미개한 여러 종족들을 상징하는 것으로 읽어야 한다. 또 하늘에서 내려왔다고 하는 것은 토착민들에 대한 이주민을 뜻하며 그 지배를 신성시하기 위해 하늘에서 내려왔다고 표현한 것으로 이해해야 한다.

'단군왕검'에서 '단군'은 '배달국의 임금'이라는 뜻이고, '왕검'은 우리 말 임금을 이두식 한자로 바꾼 것이다. 배달국은 단군 조선 이전에 한민족이 세운 나라 이름이다.

배달국 이전에는 환국이 있었으며, 우리가 알고 있는 마고 할머니는 환국의 한 갈래인 백두산족의 시조이다. 신화에서 환인이나 환웅은 마고의 자손으로 나와 있다.

우리는 학교 역사 시간에 우리나라의 시작으로 고조선을 배우지만 『환단고기』에서는 단군 조선 이전에 배달국, 또 그 이전에 파미르 고원을 중심으로 있었던 환국시대부터 우리 조상의 이야기가 시작된다.(인류 최초로 4대문명 전에 만주 쪽에서 발굴된 환국이 있었다. 천산이 중심이고 지도자는 환인이다.)

그러나 학계에서는 『환단고기』를 정식 역사서로 인정하지 않고 있어 우리나라 상고시대의 많은 부분이 잘라지고 축소된 채 단군 조선으로부터 시작하고 있다. 학자들은 유물이나 유적에 의해 증명되는 것만 사실로 받아들이는 보수적인 속성이 있기 때문이다.

하지만 중국 고역사서에 등장하는 이야기와 맞물리는 부분이 있기 때문에 재야 사학계에서는 그것을 사실로 받아들이고 있다. 『환단고기』에 나오는 내용을 완전히 부정할 수 없음에도 아직까지 우리의 역사는 단군 조선으로부터 시작되고 있는 실정이다.

중국의 창황 헌원과의 싸움으로 잘 알려져 있는 치우 천황은 배달국의 천황이다. 뿔 달린 도깨비 모양은 치우 천황의 모양을 형상화한 것이다. 그리고 놀라운 것은 치우 천황과 동시대 인물이었던 창힐 씨가 상형표의문자인 한자를 집대성하여 창제한 분이라는 사실도 기록되어 있다.

『환단고기』의 이야기를 사실로 받아들인다면, 한자는 본래 우리 한민족이 사용하던 글자인 것이다.

삼국유사에서는 단군왕검이 환웅의 아들로 나와 있지만, 『환단고기』와 다른 고서에서 단군왕검의 아버지 환웅은 배달국의 마지막 환웅인 제18대 거불단 환웅의 아들로 되어 있다.

고조선에는 47명의 단군이 존재했으며 신화에서 단군이 1,908세였다고 하는 것은 단군왕검 나이가 아니라 47명의 단군으로 이어진 햇수를 합쳐서 얘기하는 것이다.

환웅이 무리 3,000명을 거느리고 하늘에서 내려온 태백산이 삼국유사에는 지금의 묘향산으로 기록되어 있지만, 실학자들이나 대종교 관계자들은 백두산으로 주장하고 있어 백두산을 우리 한민족의 기원지로 삼고 있는 것이다.

안타깝게도 고조선의 건국 시기뿐 아니라 국토의 영역에 대해서 아직도 논란이 많은 것은 우리나라에 기록이 없어 모두 중국의 역사서에 의존하고 있기 때문이다. 그리고 무엇보다 일제시대 때 일본인들의 주장을 그대로 수용한 식민사학을 통해 역사를 배워왔기 때문이다. 일제 식민사관은 고조선의 역사를 부정하고, 그 영역을 한반도 내로 축소하고 있다. 그것은 중국 역사서의 기록과도 다르고, 유물에서 확인되는 역사와도 다른 매우 왜곡된 역사이다.

3. 삼국 시대

고조선을 이어 만주와 한반도 지역에 여러 소국이 등장하는 열국시대에 3부여 말고도 낙랑국과 어하라, 동예맥이 있었고, 남삼한으로는 남마한, 남진한, 남변한이 있었다. 그리고 남삼한에는 모두 78국이 있었던 것으로 전해진다.

그런 열국시대를 거쳐 비교적 넓은 영토와 군사력, 경제력을 갖춘 고대국가가 형성되는 때가 삼국시대인데, 그중 가장 발전하였던 나라는 고구려, 백제, 신라의 삼국이다.

한편 일연이 지은 『삼국유사』에 기록된 왕의 연대기를 표로 나타낸 왕력을 보면, 삼국과 가야를 나란히 올려놓았다. 가야는 520년간 존속하다가 신라에 병합되었던 나라로서 삼국과 나란히 따로 다루어야 할 나라임에도 오랫동안 신라의 일부분인 것처럼 다루어져 왔다. 이 책에서는 가야의 자주성을 가치 있게 여겨 삼국과 함께 나란히 다룰 것이다.

삼국이 활동하던 시기는 청동기에 이어 철기가 보급된 때로 철제 농기구와 생산도구를 사용하여, 농업을 비롯한 여러 분야에서 생산이 늘어나게 되었을 뿐만 아니라, 철제무기로 전쟁을 벌여 영토를 늘리면서 서로 대립했던 시기이다.

고구려 연대표 (705년 동안 28명의 왕)

① 동명성제 (재위기간 BC37 ~ BC19)
　　　　BC 37 : 고구려(시조 주몽 졸본에서 즉위)
　　　　BC 32 : 행인국 정복 영토확장
　　　　BC 28 : 북옥저 지방 병합

② 유리명제 (재위기간 BC19 ~ AD18)
　　　　AD 9년 : 선비족 토벌 시작
　　　　2년 : 국내성 도읍

③ 대무신제 (재위기간 18 ~ 44년)
　　　　22년 : 부여 정벌
　　　　37년 : 낙랑국 공격 및 주변국가 병합

④ 민중원제 (재위기간 44 ~ 48년)

3. 삼국 시대 31

⑤ 모본왕 (재위기간 48 ~ 53년)
　　　　49년 : 한나라의 북평, 어양, 상곡, 태원 공격

⑥ 태조왕 (재위기간 53 ~ 146년)
　　　　68년 : 갈사부여 병합
　　　　105년 : 한의 요동 공격

⑦ 차왕 (재위기간 146 ~ 165년)
　　　　165년 : 연나부 조의 명립답부 시해

⑧ 신왕 (재위기간 165 ~ 179년)
　　　　176년 : 태자 책봉(부자상속제 기틀)
　　　　169, 172년 : 후한의 침공, 고구려 승리

⑨ 고국천왕 (재위기간 179 ~ 197년)
　　　　184년 : 후한의 고구려 침범
　　　　190~191년 : 외척 반란 진압, 왕권회복
　　　　194년 : 진대법 실시

⑩ 산상왕 (재위기간 197 ~ 227년)
　　　　198년 : 환도성 축성
　　　　209년 : 환도성 천도

⑪ 동천왕 (재위기간 227 ~ 248년)
　　　　242년 : 위나라 현도 수복
　　　　245년 : 신라 북쪽 변방 침입
　　　　247년 : 평양 수도 이전
　　　　248년 : 신라와 화친

⑫ 중천왕 (재위기간 248 ~ 270년)
　　　　259년 : 위나라 사마소 고구려 침략(양맥곡 격파 대승)

⑬ 서천왕 (재위기간 270 ~ 292년)
  286년 : 동생 일우와 소발 모반 진압

⑭ 봉상왕 (재위기간 292 ~ 300년)
  300년 : 국상 창조리 반정

⑮ 미천왕 (재위기간 300 ~ 331년)
  311년 : 요동 서안평 점령
  313~314년: 낙랑군과 대방군 병합

⑯ 고국원왕 (재위기간 331 ~ 371년)
  339년 : 연과 동맹
  343년 : 평양 동황성 천도
  371년 : 백제 평양성 공격

⑰ 소수림왕 (재위기간 371 ~ 384년)
  372년 : 우리나라 최초 불교 도입(순도)
  372년 : 태학 설립
  373년 : 율령반포
  374년 : 초문사, 이불란사 건축, 불교 수용 및 보급
  378년 : 거란족 침입

⑱ 고국양왕 (재위기간 384 ~ 391년)
  385년 : 후연 공격(요동, 제3현도군)

⑲ 광개토왕 (재위기간 391 ~ 413년)
  396년 : 백제의 도성까지 진격
  400년 : 신라에 파견 왜 궤멸
  410년 : 부여 정벌

⑳ 장수왕 (재위기간 413 ~ 491년)
      427년 : 평양성 천도
      475년 : 백제 도읍 한성 함락

㉑ 문자명왕 (재위기간 492 ~ 519년)
      495~496년 : 신라 우산성 함락
      498년 : 금강사 창건, 불교 진흥
      512년 : 백제 가불성과 원산성 함락

㉒ 안장왕 (재위기간 519 ~ 531년)
      523,529년 : 백제 침략

㉓ 안원왕 (재위기간 531 ~ 545년)
      540년 : 백제 침략(고구려 우산성)

㉔ 양원왕 (재위기간 548 ~ 559년)
      550년 : 백제의 도살성 기습
      551년 : 한강유역 잃음(신라·백제 연합군)
      552년 : 평양부근 장안성 축성

㉕ 평원왕 (재위기간 559 ~ 590년)
      568년 : 왜의 고마국과 화친
      586년 : 평양 장안성 궁성 이전

㉖ 영양왕 (재위기간 590 ~ 618년)
      608년 : 신라 우명산성 공격
      610년 : 왜에 고구려 문화 전파(담징)
      612년 : 수나라 수륙 양면 침략 (을지문덕 살수대첩)

㉗ 영류왕 (재위기간 618 ~ 642년)
　　　　　624년 : 당나라 도교 도입
　　　　　629년 : 낭비성 침탈(신라)
　　　　　631년 : 천리장성 축성
　　　　　642년 : 연개소문 정변

㉘ 보장왕 (재위기간 642 ~ 668년)
　　　　　645년 : 당나라 침략(안시성 승리)
　　　　　668년 : 고구려 멸망

● 확 잡히는 고구려

우리 민족의 용맹성과 민족성을 보여준 고구려는 자주적인 태도와 중국에 까지 당당히 진출하였다. 우리나라 최초로 세워진 중앙집권국가로 고주몽(동명성왕)이 5부족 연맹체로부터 고구려를 건국했고 소수림왕대에 중앙 집권체제의 기반을 마련했다. 전성기는 광개토대왕부터 장수왕의 제위기간인 5세기이다. 고구려는 백제 일본 등과 동맹을 맺으며 당나라와 손을 잡은 신라에 대항하다가 내분이 일어나서 결국 보장왕 668년에 멸망했다.

● 기억할 유물

광개토대왕릉비, 중원고구려비, 연가7년명금동여래입상, 충주장미산성, 포천반월성지, 성석편

● 기억할 인물

- **주몽** : 천제 해모수와 하백의 딸 유화를 부모로 두고 BC 37년 고구려를 세웠다. 주변 나라를 복속하며 국력을 키워 나갔다. 전성기에 한반도 북부에서 만주 일대를 다스리는 대국의 주춧돌을 만들었다.
- **광개토대왕** : 한강 북쪽을 차지하고 만주와 요동지역으로 지역을 넓혔으며 왜가 신라에 들어왔을 때 물리쳤다.
- **장수왕** : 광개토대왕과 같이 장수왕은 남쪽을 차지하여 신라와 백제를 위협했다.
- **을지문덕** : 수나라가 고구려를 쳐들어 왔을 때 살수(청천강)에서 수나라 군을 물리쳤다.
- **연개소문** : 당나라가 고구려를 쳐들어 왔을 때 항복하자는 반대에 맞서 당나라 군을 물리쳤다.

1) 고구려의 역사

광개토대왕의 비문에 따르면 고구려를 세운 시조 주몽은 졸본의 서쪽 산상에 도읍을 정하였다. 그래서 고구려를 졸본부여라고 부르기도 한다.

고구려에는 다음과 같은 건국신화가 전해진다.

북부여의 왕 해부루의 재상 아란불의 꿈에 천제(天帝)가 내려와

"장차 내 자손에게 이곳에 나라를 세우도록 할 것이니, 너는 다른 데로 피해 가라. 동해 가에 가섭원이라는 곳이 있는데, 땅이 기름져서 왕도(王都)로 삼기에 적당하다." 아란불은 왕에게 권고하여 그곳으로 도읍을 옮기고 국호를 동부여라 하였다.

하지만 해부루에게는 나이가 많도록 자식이 없어서 명산대천을 돌며 아들 낳기를 기원하던 어느 날 곤연 연못가에 이르렀을 때, 해부루가 타고 있던 말이 큰 돌을 마주 보고 눈물을 흘리고 있었다. 왕이 이상히 여겨 그 돌을 들어 보니 그 돌 밑에 노란 개구리 모양을 한 어린아이를 발견하였다. 왕은 "이것은 분명 하늘이 내려주신 내 아들이다."고 기뻐하며 궁으로 데려와

이름을 금와(金蛙)라 하고 태자로 삼았다. 해부루가 죽자 금와가 왕의 자리를 이어받았다. 장성한 금와는 태백산 남쪽 우발수에서 한 여자를 만났는데, 그녀는 이렇게 말하였다.

"저는 물의 신 하백의 딸 유화입니다. 동생들과 놀러 나왔을 때 한 남자가 나타나 자신이 천제의 아들 해모수라고 하면서 웅신산 아래 압록강 가에 있는 집에서 유혹하여 내통(內通)하고는 저를 버리고 떠나가서 돌아오지 않습니다. 부모는 제가 중매도 없이 다른 사람을 따라간 것을 꾸짖어 이곳으로 귀양을 보내 살도록 했습니다."

이 말을 전해들은 금와는 유화를 방안에 남몰래 가두었더니 햇빛이 비추었다. 그녀가 몸을 피하는 방향대로 햇빛이 또 따라와 비추었다. 이로 인해 임신하여 알을 낳았는데 크기가 다섯 되 쯤 되었다. 왕이 이것을 개, 돼지에게 던져 주었지만 모두 먹지 않았고, 길에다 버렸으나 말과 소가 그 알을 피해 갔으며, 들판에 버리니 새나 짐승이 알을 덮어 주었다. 왕은 그것을 깨뜨리려고 했지만 깨어지지 않아 유화에게 돌려주었다. 마침내 유화가 천으로 알을 부드럽게 감싸 따뜻한 곳에 두자 껍질을 깨고 어린아이가 나왔는데, 골격과 겉모습은 기이하였으나 영특하였다. 용모와 재략이 비범했는데 겨우 일곱 살에 스스로 활과 화살을 만들어 백 번 쏘면 백 번 맞혔다. 활 잘 쏘는 사람을 주몽이란 이름 짓는 나라의 풍속에 따라 주몽이란 이름으로 삼았다. 금와에게는 일곱 명의 아들이 있었고, 항상 주몽과 함께 놀았지만 그들의 기예가 주몽에게 미치지 못하자 맏아들 대소가 말하였다.

"주몽은 사람에게서 태어난 것이 아니니 일찍 없애지 않으면 아마도 후환이 있을 것입니다."

왕은 대소의 말을 듣지 않고 주몽에게 말을 기르도록 했다. 주몽은 준마를 알아보고 준마에게는 먹이를 조금씩 주어 마르게 하고, 늙고 병든 말은 잘 먹여 살찌게 하였다. 왕은 자신이 살찐 말을 타고 마른 것은 주몽에게 주었다. 왕의 아들들과 여러 신하들이 함께 주몽을 해치려하자, 주몽의 어머니는 그 사실을 알고 아들에게 말하였다.

"나라 사람들이 너를 해치려고 하는데, 너의 재략이라면 어디를 간들 살지 못하겠느냐? 빨리 떠나거라."

그래서 주몽은 오이, 마리, 협보 세 사람과 함께 그곳을 떠나 엄수(정확한 위치는 아직까지 확실하지 않다)에 이르러 물에게 말했다.

"나는 천제의 아들이자 하백의 손자이다. 지금 도망가는 중인데 나를 뒤쫓아 오는 자들이 가까이 오고 있으니 어떻게 하면 좋겠는가?"

그러자 곧바로 물고기와 자라가 다리를 만들어 주몽을 건너게 한 다음에 사라지자, 뒤쫓던 기병은 건너지 못하였다. 주몽은 졸본주에 이르러 마침내 도읍은 정했으나 미처 궁궐을 짓지 못하고 비류수가에 초가집을 지어 살면서 국호를 '고구려'라 하였다. 고구려를 세운 동명왕은 주몽, 추몽, 추모등의 이름으로도 불린다. 한나라 효원제 건소 2년(갑신년)에 12세 주몽은 성씨를 고씨로 삼고 왕으로 즉위하였다. 고구려 전성기에는 가구가 21만 508호에 이르렀다고 한다.

삼국유사에서는 주몽이 나라를 세운 때가 12세라고 하였지만, 삼국사기에서는 22세로 기록되어 있다. 12세의 어린 나이에 나라를 세우는 것은 아무래도 무리인 것을 생각해 볼 때 삼국사기가 말하는 22세가 맞는 것으로 여겨진다.

고두막 단군의 아들 고무서 단군은 주몽의 비상함을 알고 자기 딸을 주몽에게 시집을 보낸다. 고무서가 죽자 고주몽은 후북부여의 대통을 이어받아 졸본부여를 연다. 졸본부여는 일명 구려국이라고 하는데 구려국은 '고리', '구리'라는 이름으로 불렸으며, 부여가 생기기 이전부터 존재했었다고 한다.

이로써 고구려의 역사는 시작된다.

고구려는 BC 37년 졸본부여 지방에서 개국하여, AD 668년 신라에 의해 멸망할 때까지 705년 동안 28명의 왕이 계승되었다. 고구려는 한반도 중북부와 만주 전역을 근거지로 하며 연해주 지역과 중국의 하북성, 산동성, 북경 인근까지 넓은 영역을 차지했던 제국이었다.

고구려의 건국은 설화에서 엿볼 수 있듯이 맥족의 국가였던 북부여에서 일어난 지배층의 대립과 분열에서 출발한다. 주몽은 부여 왕실에 반대하여 무리를 이끌고 남쪽으로 이동하여 고구려를 세운 것이다.

주몽이 나라를 세운 졸본의 위치에 대해서는 여러가지 설이 있는데, 대체로 홀승골 이라고도 불리는 중국 요녕성 요양의 서쪽 북진의 무려산이 있는 곳이라는 것이 통설이다. 예전의 지명과 현재의 지명이 다르기 때문에 졸본뿐 아니라, 평양이나 요동 등 지명의 정확한 위치에 대해서는 전문가들 사이에서 아직 논란이 많다.

졸본지역은 산과 계곡으로 아름답고 요새지로는 좋았지만 밭이 없어 양식이 모자랐다. 그래서 고구려는 주변의 소국들을 정복하여 평야지대로 진출하려 애를 쓰는 한편 중국 한나라의 침략을 물리치면서 성장해 갔다.

'고구려(高句麗)'의 고(高)는 크다는 뜻의 한자어에 덧붙여진 것으로 보인다. '구려(句麗)'는 고구려어의 성(城)·읍(邑)·골, 등을 의미하는 홀, 골, 구루 등의 음을 표기한 데에서 유래하였다. 따라서 고구려는 '큰 고을' 또는 '큰 성'이란 뜻이 된다.

고구려를 세운 족속은 압록강 중류 유역에 거주했던 맥족이다. 이들은 북중국이나 서부 만주 지역에서 동으로 이주해왔다는 설이 제기되어 왔지만 뚜렷한 고고학적 근거는 없다. 특정한 족속을 지칭하기보다는 북방 종족에 대한 일반적인 명칭이라는 것이 통설이다. 고구려가 형성되는 과정에서 부여 변방에서 이주해 온 일부 예족이 포함되어 들어와 고구려의 성장과 함께 인근의 여러 족속들이 흡수되어 점차 상호 융합되는 과정을 거쳐 고구려인이 형성되었다. 그래서 고구려인을 말할 때 흔히 '예맥족'이라고 한다.

고구려는 동명왕 때부터 비류국, 해인국, 북옥저, 낙랑국 등을 무력으로 정복하고, 선비족과 말갈족도 물리치면서 영토를 넓혀 나갔다. 고구려 정복사업은 1세기말 태조왕 때 더욱 활발하여, 압록강과 동강 유역의 소국들을 완전히 정복하기에 이르렀다. 동쪽으로는 북옥저를 정벌하고, 남으로는 청천강 상류까지 진출하면서 고구려는 이들 나라로부터 풍부한 물자를 공납받게 되었고, 중국과의 전쟁에서도 후방기지를 확보할 수 있게 되었다.

제6대 태조왕 때에 이르러 고구려는 대외적인 팽창과 함께 강력한 일원적 정치제도를 정비해나가는 한편, 사회가 분화되고 왕위의 부자계승도 확립되었다.

2세기 후반 고국천왕 때에는 왕위계승원칙을 형제 상속에서 부자 상속으로 바꾸었다. 고구려를 형성한 부족은 계루부, 소노부, 절노부, 순노부, 관노부 등 다섯 부족이다. 처음에 고구려왕은 그 중심세력인 3부족 즉 소노부 절노부 순노부 중에 소노부에서 나왔으나, 계루부 고씨가 왕위계승권이 확립되면서 형제상속에서 부자상속으로 바뀌었다. 왕비도 특정한 부족 출신으로 한정하여 왕족과 왕비족이 연합하여 왕권을 강화하였다. 또한 고국천왕은 소노부의 무명선인 을파소를 등용, 진대법을 시행하여 대민정책을 편 것으로 유명하다.

늘어난 국력을 바탕으로 요동으로 진출하려는 고구려는 중국과 대립하였다. 당시 중국은 위·촉·오의 삼국 시대였다. 중국의 요동지방은 철이 풍부하게 매장되어 있을 뿐 아니라 동방진출의 근거지였고, 고구려에게는 외적의 침략을 막는 전략상의 요충지였다.

고구려는 동천왕 때에 요동을 먼저 공격하였다. 그 보복으로 위나라는 두 번에 걸쳐 고구려를 공격하여 동해안의 옥저 땅까지 피난을 갔고, 미천왕 때에 다시 요동으로 진출하였다. 당시 중국은 삼국을 통일한 진나라가 내분으로 인해 세력이 약해져 있었다. 미천왕은 3만의 군대로 현도성을 공격하여 8천명의 포로를 사로잡고, 다시 서안평을 공격하여 요동진출을 위한 발판을 확보하였다.

4세기 고국원왕 때에 고구려는 전연의 모용씨가 4만의 군대를 이끌고 쳐들어와 수도 환도성이 불타고 선왕의 무덤이 파헤쳐지는 수모를 당했다.

미천왕은 낙랑군과 대방군을 무찔렀으며 소수림왕 대에는 중앙집권적 지배체제 확립을 위해 노력하였다. 율령을 반포하고, 태학을 세우며 불교를 공인하였을 뿐만 아니라, 동명설화를 바탕으로 고구려의 건국설화인 주몽설화를 정립해 왕실의 존엄성과 정통성을 확립하고자 하였다. 이때에 이룩된 통치체제를 토대로 고구려는 대외적인 팽창을 계속해 나갈 수 있었다.

그러나 6세기 이후 양원왕의 즉위를 둘러싼 귀족들의 대립을 시작으로 귀족연립정권이 등장하였고, 수나라가 중국대륙을 통일하면서부터 고구려와 중국의 통일 왕조간의 전쟁이 계속되었다. 그리하여 오랜 전쟁으로 국력이 쇠약해진 상태에서 오래도록 정치적 실권을 장악하고 있던 연개소문의 사후에 벌어진 내분까지 겹치면서 나·당연합군에게 패하여 멸망하고 만다. 이로써 고구려 역사의 대강을 살펴보았다.

고구려는 국왕의 시호를 (묘호. 선왕의 공덕을 칭송하여 붙인 이름)중국식 시호를 따르지 않고, 고유한 시호를 가지고 있었던 자주적인 나라이다. 시호에 왕(王)을 쓰지 않고 제(帝)를 붙인 것은 그 나라가 제국임을 의미하는 동시에 자주적인 종주국임을 의미한다. 백제나 신라가 말기가 되면서 성왕, 혜왕, 무왕, 지증왕, 법흥왕 등 중국식 시호로 바뀌었던 것에 반해 고구려는 멸망할 때까지 고유한 시호를 유지하였다.

또 고구려가 705년의 역사를 지속하는 동안 중국 대륙에서는 한·수·당나라 외 35개의 국가가 존재하였다가 사라지기를 반복했다. 이것만으로도 고구려가 얼마만큼 강대한 자주국이었는지가 증명이 된다.

제1대 동명왕부터 28대 보장왕 까지 역대 왕의 생애를 통해 고구려 역사의 실체를 살피고 수·당 전쟁에 대해 구체적으로 알아보기로 한다.

※ 이는 삼국사기를 참고로 한다.
　여기서 말하는 달은 모두 음력이며 봄 : 1월~3월, 여름 : 4월~6월,
　가을 : 7월~9월, 겨울 : 10월~12월에 해당된다.

(1) 왕의 치사로 본 고구려 역사

● **제1대 동명성제** (東明聖王. BC 58~BC 19년. 재위 기간은 BC 37년~BC 19년까지 약19년)

동명성제 고주몽은 즉위한지 4년(기원전 34년)이 지나서야 성을 쌓고 궁궐을 지었다. 즉위 6년(기원전 32년)에는 오이와 부분노가 태백산 동남쪽에 있는 행인국을 정복하여 영토를 확장하였으며, 즉위 10년(기원전 28년)에는 북옥저 지방까지 병합하면서 개척국가의 면모가 강하게 드러났다. 고구려에 가장 먼저 복속된 나라는 비류국인데 제2대 유리왕은 비류국의 왕 송양의 딸을 황후로 맞이한다.

당시 동부여의 왕은 천제(天帝) 해모수의 아들인 해부루의 아들로서 해모수의 손자가 된다. 해부루는 주몽과 이복형제 사이이고, 그의 아들 금와는 주몽의 조카이다. 금와는 동부여 왕위에 올라 주몽의 어머니이자 자신의 할

머니뻘 되는 유화부인을 계속 돌보고 있었다. 그런데 유화부인이 기원전 24년 8월 동부여에서 사망하자, 태후의 예를 갖추어 장례를 치르고 신묘를 세웠다. 이 말을 들은 주몽왕은 10월에 부여로 사신을 보내 금와왕의 은덕에 감사의 마음을 전했다.

주몽의 첫째 부인은 부여 출신의 예씨로 그녀와의 사이에서 낳은 아들이 유리이다. 예씨는 유화부인과 함께 동부여에서 금와의 보살핌을 받은 것으로 알려져 있다. 그런데 할머니 유화부인이 동부여에서 사망하자, 다음해(기원전 19년)에 동부여에서 유리왕자가 어머니와 함께 고구려로 탈출해 왔다. 주몽은 두 번째 부인 소서노(연씨)에게서 태어난 비류와 온조를 제치고 유리를 태자로 책봉하였다.

평양에 있는 동명왕릉

유리가 어머니와 함께 고구려로 온 그해 9월에 주몽은 40세의 나이로 세상을 떠났으며 용산에서 장사를 지냈다. 유리가 고구려로 온 것을 두고 주몽이 자신이 죽을 것을 알고 유리를 부른 것이라는 추측한 설도 있다.

고구려 동명성제의 시기에 중국에서는 전한의 11대 고종원제와 12대 성제 시대였으며, 서양에서는 로마의 제정 시기를 맞이하고 있었다.

● **제2대 유리명제** (琉璃明帝. ?~ AD 18년. 재위 기간은 BC 19년~AD 18년까지 약37년)

주몽이 부여에서 졸본으로 탈출할 때, 유리(유류)는 주몽의 아내 예씨 뱃속에 있었다. 유리는 아버지 주몽을 닮아 영리할 뿐 아니라, 활을 잘 쏘고 말도 잘 탔지만, 주몽이 떠난 후 태어나서 아비 없는 자식이라고 손가락질을 받으며 자랐다. 어느 날 참새를 잡으려다 실수로 물 긷는 아낙의 물동이를 깨뜨리자, 아비 없이 자란 자식이라 돼먹지 못했다는 꾸중을 듣고 억울해하며 어머니 예씨에게 아버지에 대해 묻자, 예씨는 "아버지는 비상한 사람으로 나라에서 아버지를 시기하여 남쪽으로 떠나가서 나라를 세웠다. 그리고 아버지가 떠날 때 아들을 낳으면 찾아오라며 칠각형의 돌 위에 있는 소나무 밑에 신표를 남겼다."는 말을 전해 주었다. 유리가 칠각형의 돌을 찾으려 산을 헤매다가, 지쳐 집으로 돌아와 마루에 털썩 앉는 순간 이였다. 기둥과 주춧돌 사이에서 이상한 금속성의 소리를 듣고 살펴보니 주춧돌 모양이 칠각형이라는 사실을 알아차리고, 기둥 밑에서 아버지가 남기고 간 부러진 칼 조각을 찾아냈다.

금와왕의 아들 대소는 여러 차례 유리와 그의 어머니를 죽이려 하였으나, 유화의 간곡한 부탁으로 두 사람의 목숨을 살려 주었다. 유리 모자는 돌봐주던 유화부인이 세상을 떠나자 신변에 위협을 느끼고, 주몽을 찾아 고생 끝에 졸본성에 도착해서 주몽이 남기고 간 반 토막의 칼을 내밀어 자신을 증명하였다.

갑작스러운 유리의 등장으로 주몽과 소서노 사이 두 아들 비류와 온조 사이 왕위계승을 둘러싼 갈등이 생겼으나, 결국 유리가 태자로 책봉되었고, 얼마 후 주몽이 세상을 떠나자, 그의 유언에 따라 유리가 고구려왕으로 즉위하였다. 이에 반기를 들고 비류와 온조는 고구려를 떠나 무리를 이끌고 남쪽으로 내려가 백제를 세우게 된다.

　유리왕은 즉위 11년(기원전 9년)에 국경을 자주 넘어오는 선비족을 대대적으로 토벌하기 시작하였는데, 험한 산속에 숨어 있다가 약탈을 일삼고 다시 숨어 들어가는 게릴라전법을 구사한 선비족에 대항하여 유리왕은 부분노 장군과 함께 선비족의 은신처 부근에서 싸움을 건 후 패한 체하면서 달아나는 전법으로 유인해 선비족을 크게 이겨 복속시켰다. 선비족 정벌로 인해 요동을 효율적으로 압박할 수 있었고, 드넓은 만주지역으로 고구려가 세력을 확장 할 수 있는 원동력을 마련하였다.

　이 전투가 끝나자 유리왕은 부분노의 공을 높이 사 선비가 살던 땅을 식읍으로 주었으나 "이는 왕의 덕이 훌륭한 결과입니다. 저에게 무슨 공이 있겠습니까?"라고 말을 하며 상을 받지 않자, 대신 황금 30근과 좋은 말 열 필을 주었다.

　장생(掌牲 : 제사용 희생동물을 관리하는 직책)직을 맡고 있는 설지는 21년(2년)에 왕의 명령에 따라 천도할 곳을 찾아 이듬해에 국내성으로 도읍을 옮기게 되었다

　설지는 "돼지를 따라 위나암에 갔는데, 그곳 토양이 오곡을 재배하기에 적합하며 산짐승과 물고기 등 산물이 많은 것을 보았다며 그곳으로 도읍을 옮기면 백성들이 편안하고 전쟁에 대한 걱정을 하지 않아도 될 것입니다."고 말하자, 유리왕이 직접 지세를 살피고 천도를 하였다는 이야기가 전해진다. 하지만 현재까지 위나암의 위치가 어디인지 확실하게 밝혀지지 않아 학자들 사이에 이견이 많다. '돼지를 따라 위나암에 갔다'라고 전해지는 이야기 속에는 유리왕이 교제(왕이 들판에 돼지를 바쳐 천지신명께 드리는 제사)에 쓸 돼지(교시라고 한다)를 풀어주고, 설지에게 뒤쫓게 한 것은 겉으로는 교시를 잡아오게 하는 명령이었지만, 사실은 새로운 도읍지를 알아보게 할 목적을 가

지고 있었다는 것이다.

　이것은 유리왕이 교시를 이용한 두 번째의 사건이며, 첫 번째는 부여와 화친정책을 반대하던 탁리와 사비를 제거하기 위해서 이용했다. 유리왕은 교시를 놓아주고는 탁리와 사비로 하여금 그 돼지를 잡아오게 하자, 그들은 돼지가 도망가지 못하게 다리의 힘줄을 잘라 버렸다. 이에 유리왕은 교시에 상처를 입혔다는 이유로 두 사람을 구덩이에 던져 죽였다.

　즉위 31년(12년)에는 중국의 전한을 멸망시키고, 신나라를 세운 왕망과 전쟁을 벌였다. 또한 그 다음 해에는 부여의 공격을 받았으나, 왕자 무휼이 이를 물리치자 그 공을 인정해 태자로 책봉하였고, 즉위 33년(14년)에는 주몽과 함께 온 오이와 마리라는 장수를 통해 서쪽지방에 있던 양맥을 정벌했으며, 한나라 현도군에 속해 있던 고구려 현을 공격하였다.

　유리명왕은 참 불행했던 임금이다. 고구려에 복속한 비류국의 왕 송양의 장녀를 왕후 맞이하였으나, 입궁한지 1년 3개월 만에 죽었다. 아마도 장남 도절을 낳다 죽은 것으로 추정된다. 그리고 송씨가 죽은 후 송씨의 동생을 왕후로 맞아 해명과 제3대 황제가 되는 무휼, 여진, 해색주(4대 민중원제), 재사(6대 태조의 아버지) 등 5남과 1녀를 낳았지만 그중 두 아들은 짧은 삶을 살았고, 즉위 37년(18년) 4월에는 왕자 여진마저 물에 빠져 죽고, 시체도 찾지 못하자 그 슬픔을 견디지 못하고, 그해 10월에 두곡에서 세상을 떠나 두곡의 동쪽 언덕에서 장사를 지냈다고 전해진다.

　두 아들은 자결하였는데, 장남 도절은 부여왕 대소가 양국이 볼모를 교환하고 수교할 것을 사신을 보내 제의하자 받아들이고, 장남을 인질로 부여에 보내려고 하였으나 가기를 두려워했다. 마침내 약속을 못 지키자 부여가 고구려를 쳐들어오고, 유리왕은 부여와 화친 맺기를 원했지만 강경론자들의 반대가 심해지자, 대표자 격인 탁리와 사비를 교시 사건을 구실로 제거한다.

1) 고구려의 역사

한편 도절은 부여에 인질로 갈 경우 죽임을 당할 것을 두려워하다 자살했다고 전해진다.

제2 황후 송씨 소생인 둘째 아들 해명은 유리왕이 위나암으로 천도하기 한 해 전 16세에 세자로 책봉되어 졸본에 남아 있었다. 당시 고구려는 조정의 역할을 분리한 분조(分朝)상태였다. 따라서 졸본에는 해명과 함께 많은 신하도 남아 있었던 것으로 추정한다. 해명의 용맹과 기상이 넘치는 인물로 주변국에도 명성이 자자했다. 황룡국의 왕이 해명의 힘이 세다는 소식을 듣고 그에게 든든한 활을 선물로 보냈는데, 사신이 보는 앞에서 자신을 시험한다는 느낌에 활을 꺾어 버렸다. 그 소식을 들은 유리왕은 황룡국 왕에게 "해명이 효성이 없으니 그 놈을 죽여 달라."고 밀서를 보낸다. 밀서를 받은 황룡왕이 해명태자와 만나기를 청하였을 때, 신하들이 의심하며 말리자 해명은 "하늘이 나를 죽이려 하지 않는다면 황룡왕 따위가 감히 나를 어떻게 하겠느냐!"며 초대에 응한다. 하지만 황룡왕은 고구려와의 마찰을 우려하여 그를 죽이지 않는다. 그러나 유리왕은 해명에게 자살을 명했고, 해명은 여진의 동원 별관에 창을 꽂아 두고 말을 힘껏 달려 그 창에 몸을 날려 자결해 버렸다.

외국에서 보내온 활을 부러뜨린 것은 자칫 외교문제를 일으켜 전쟁을 일으킬 우려가 있는 사건이기는 하지만, 아들을 죽일 만한 사건은 아닌데도 유리왕은 그것을 빌미로 해명을 죽인 것이다. 유리왕이 천도한 것은 자신에게 등을 돌린 민심 때문이기도 했는데, 해명이 오히려 그곳에서 세력을 형성하며 백성들의 지지를 받고 있던 것을 시기하는 한편, 해명이 반란을 일으킬 것을 두려워하고 있었다.

또 넷째 아들 여진은 물에 빠져 죽었다. 유리왕은 여진의 죽음에 충격을 받아 병을 얻어 여진이 죽은 해에 사망하고 만다.

유리왕 에게는 골천 사람의 딸 화희와, 한인의 딸 치희라는 두 후궁이 있었다. 두 여자는 왕의 사랑을 다투어 서로 화목하지 못하여, 왕은 양곡의 동쪽과 서쪽에 궁전을 지어 따로 거처를 두었다. 어느 날 유리명제가 기산으로 사냥을 나간 사이에 두 사람이 싸우던 끝에 화희가 치희에게 "한인의 집에 살던 비첩 주제에 이토록 무례할 수 있느냐?"며 욕설을 퍼부었다. 이에 치희는 화가 나서 자기 집으로 돌아가 버렸다. 유리명제가 그녀 뒤를 쫓아갔으나, 그녀는 끝내 돌아오지 않자 허탈한 마음으로 노래를 지어 부른 것이 황조가이다. 『황조가』는 우리나라 고대 시가의 맨 첫자리에서 만나는 매우 귀중한 유산이다.

황조가(黃鳥歌)

翩翩黃鳥(편편황조)	훨훨 나는 저 꾀꼬리는
雌雄相依(자웅상의)	암수 다정히 즐기는데
念我之獨(염아지독)	외로울사 이 내 몸은
誰其與歸(수기여귀)	뉘와 함께 돌아갈꼬

● **제3대 대무신제**(大武神帝. 4~44년. 재위 기간은 18년~44년까지 약27년)

대무신제는 유리왕의 셋째 아들로 이름은 무휼이다. 유리왕 33년인 14년에 태자로 책봉되었는데, 그때 무휼의 나이는 11세였다.

해명태자가 유리왕의 명으로 자결했을 때 무휼은 6살이었다. 무휼은 어릴 때부터 말을 조리있게 잘 하였으며, 10살에는 귀신같은 전술로 부여군을 섬멸하였다고 전해진다. 삼국사기에 의하면 무휼은 나면서부터 인품이 뛰어난데다가 총명하고 지략 또한 높았다고 한다. 해명태자가 죽자 태자로 책봉되어 유리왕이 세상을 떠난 18년에 왕위에 올랐다.

유리명제 28년(29년)때, 부여왕 대소의 사신이 왕을 꾸짖으며 부여를 섬길 것을 강요할 때 "대왕의 가르침을 받았으니 그 명령을 따르지 않을 수 있겠느냐!"고 회신하려하자, 여섯 살 무휼은 "우리 선조는 신령의 자손으로 현명하고 재주가 많았으나 그것을 질투하여 말이나 기르는 직위를 부여받아 어려움을 당하자 불안을 느껴 그곳을 탈출하였다. 이곳에 알을 쌓아 놓았으니 만약 대왕이 그 알을 무너뜨리지 않는다면 신하와 장수의 예로 섬길 것이요, 그렇지 않으면 섬기지 못 하겠다."고 사신에게 말했다.

부여왕은 진의를 알지 못해 자문을 구하던 중 한 노파가 "알을 쌓아 놓는 자는 위태로울 것이요, 쌓아 놓은 알을 무너뜨리지 않는 자는 안전할 것이라."고 해석했다. 그것은 자기의 위태로움을 알지 못하고 굴복하기를 강요하고 있으니, 이는 위기를 피하여 자기 나라를 잘 다스리는 것보다 못하다는 것을 의미하는 것이었다.

대무신제는 즉위 기간 동안 할아버지 주몽이 탈출한 부여의 대소와 전쟁하여 그 세력을 꺾고 동부여 땅을 병합하고, 후한 요동태수의 침공을 격퇴하였다. 한편 부여는 고구려와의 싸움으로 국력이 약화되어 고구려에게 북방의 맹주 자리를 내주게 되었다.

대무신제의 부여 정벌에 관한 일화가 있다. 대무신제가 즉위할 때는 전한 말기로 중국이 혼란할 때였다. 3년(20년) 부여왕 대소는 팽창정책의 속내를 드러내며 몸통은 두 개인데 머리가 하나인 붉은 까마귀를 고구려에 보내며 사신을 통해 말했다.

"까마귀는 검은 법인데 이제 빛이 붉게 변하여 되었고, 머리는 하나인데 몸이 둘이니 이는 두 나라가 병합될 징조이다."

이는 부여가 고구려를 합병하겠다는 선전 포고였다. 이에 대무신제는 "검은색은 북방색인데, 이제 변하여 남방의 색이 되었다. 또 붉은 까마귀는 상서로운 것인데, 그대가 가지지 못하고 내게 보냈으니 양국의 존망은 알 길이 없구나."라고 대항하였다.

5년(22년) 대무신제는 부여를 정벌하여 왕 대소왕의 목을 벤다. 대소의 죽음으로 부여 백성들은 두려움에 떨고 왕위 다툼에서 밀려난 대소의 막내 동생은 따로 갈사부여를 세우고, 사촌동생은 1만여 명을 데리고 고구려에 귀순해 왔다.

팽창정책을 벌였던 대무신제는 부여뿐 아니라, 낙랑정복에도 심혈을 기울였는데 제2 황후 금씨의 소생인 둘째 아들 호동이 열성적이었다. 호동 왕자는 낙랑정복의 야욕을 가지고 낙랑왕 최리의 딸과 결혼을 하였다. 호동이 적의 빈틈을 엿보기 위해서 옥저지방에서 유람을 하고 있을 때, 낙랑국 최리왕은 고구려 왕자임을 알아보고는 자기의 딸을 아내로 삼게 하여 혼인동맹을 맺고자 했다. 호동은 최리의 딸을 아내로 맞이하고 먼저 고구려로 돌아왔다. 낙랑공주가 제대로 호동의 아내가 되려면 결혼 사실을 왕에게 알리고 좋은 날을 잡아 고구려로 데려와 맞이해야 했기 때문이었다. 본국에 돌아온 호동은 아내에게 몰래 사자를 보내 "무기고에 들어가 북과 나팔을 부숴 버릴 수 있다면 예를 갖춰 당신을 맞이할 것이고 그렇게 하지 못하면 당신을 맞이할 수 없다."고 전했다. 낙랑국에는 적이 쳐들어오면 저절로 소리가 나는 북(자명고)과 나팔이 있었는데, 호동의 편지를 본 공주는 무기고에 들어가 북을 찢고 나팔을 부숴 버린 후, 호동에게 알리자 왕에게 낙랑을 습격할 것을 권했고, 낙랑국은 방비를 제대로 못하고 고구려에 항복하였고, 공주는 아버지에게 죽임을 당하였다. 그러나 고구려가 낙랑을 완전히 멸망시킨 것은 호동 왕자가 아닌 대무신제이다.

제1황후는 자신의 소생인 해우가 태자가 되지 못할 것을 우려해 자신을 욕보였다는 거짓말로 호동을 모함하자 "나의 무죄를 해명하면 어머니의 죄악을 드러내는 것이며, 부왕의 근심을 더해주는 것이니 어찌 효라 할 수 있느냐."며 칼을 품고 자살을 함으로써, 낙랑정복의 꿈을 실현하지 못하였다.

대무신제는 후한의 광무제에게 정식으로 사신을 보내 국제무대에서 처음으로 고구려를 국가로서 인정받게 하였고, 대내적으로는 을두지, 송옥구와 같은 인재를 등용, 좌우보체제로 국정을 운영하여 중앙집권적 통치체제의 기초를 다졌다.

호동의 활약이 있었던 5년 후(37년)에 대무신제는 낙랑국을 공격하는 등 주변 부족국가를 병합하며 영토를 확장하였다. 그 후 낙랑 복속은 후한의 반발에 부딪쳤는데, 즉위27년(44년)에 후한의 광무제가 이를 정벌하기 위해 군대를 일으켰고 결국 고구려는 낙랑을 동한에 빼앗겼다. 대무신제는 이 전쟁에서 세상을 떠났으며, 대수촌원에 장사 지냈다고 전해진다.

대무신제 시대 중국은 왕망의 신나라가 망하고, 후한이 들어서고 후한의 광무제는 약소국을 병합하여 팽창정책에 돌입하며, 마침내 중원의 패권을 장악하게 된다. 그리고 로마에서는 예수교가 일어나 선교활동을 하고, 인도에서는 쿠샨왕조가 일어나 간다라 문화가 형성된다.

● 제4대 민중원제 (民中原帝. ?~48년. 재위 기간은 44년~48년까지 약 5년)

민중원제는 유리명제의 넷째 아들이자, 대무신왕의 동생으로 이름은 해색주이다. 민중원제에 대한 기록은 많지 않지만, 대신들이 그를 왕으로 추대한 것으로 보아 대무신제의 동복아우일 것으로 추정되며, 유리명제의 제2황후 송씨의 소생으로 본다.

삼국사기에 '대무신왕의 아우이며, 대무신왕이 죽었을 때 태자가 아직 나이가 어려 정사를 담당할 수 없다. 이에 백성들이 해색주를 왕으로 세웠다.'고 되어 있다. 대무신제가 낙랑을 빼앗은 것에 대항해 44년에 후한의 광무제가 일으킨 전쟁에서 대무신제가 죽었을 때, 태자 해우는 아직 정사를 맡기에는 너무 어려 대무신제의 동생인 해색주를 왕으로 삼은 것이다.

민중원제는 즉위 4년째 되던 해(47년)에 민중원이라는 사냥터에서 커다란 석굴을 발견하였는데, 자신이 죽으면 그곳에 장사를 지내달라고 한 것에 연유하여 '민중왕'이라는 이름을 얻게 되었다.

그해 10월, 잠지락부의 1만여 가(家)가 한나라가 지배하던 낙랑군으로 도피하였다. 그리고 재위 5년인 48년에 세상을 떠났으며, 그가 유언하였던 민중원의 석굴에 장사 지냈다. 이처럼 장사를 지낸 장소의 이름을 그대로 임금의 묘호로 삼은 예는 세계 역사에 없다고 한다. 이는 고구려 묘호의 특징을 파악하지 않고서 편하게 묘호의 맨 앞에 붙은 능호를 묘호로 착각하고 기록한데서 연유했고, 신라 시대에 후 삼국사를 편찬할 때부터 비롯되었다고 한다. 그로 인해 잘못된 묘호를 그대로 사용하게 되었다.

● **제5대 모본왕** (慕本王. ?~53년. 재위 기간은 48년~53년까지 약 6년)

모본왕의 이름은 해우, 또는 해애루로 대무신왕의 제1황후에게서 태어난 둘째 아들이다. 대무신왕의 제1황후는 오랫동안 아이를 낳지 못해 후궁을 들여 호동 왕자를 낳았다. 호동은 똑똑하고 총명해 이웃 나라에까지 그의 명성이 드높아졌을 때, 제1왕후는 뒤늦게 해우를 낳았다.

제1왕후의 계책으로 호동왕자가 자결한 직후인 32년 12월에 해우는 태자로 책봉되었으나, 대무신왕이 사망할 당시에는 너무 어려서 민중왕이 왕위에 올랐다가 재위 5년 만에 죽자 그 뒤를 이었다.

즉위 2년째(49년) 봄에 군사를 파견하여, 한나라의 북평, 어양. 상곡, 태원을 공격하였다. 한나라 북평은 지금의 북경지역으로 하북지방에 속하며, 상곡은 북평 바로 위에 위치해있다. 또한 태원은 산서성의 태행산 서쪽에 있는데, 그곳을 공격한 것은 대단한 업적이었다. 그러나 요동태수 채동이 신의로 왕을 대접하자 화친하여 고구려에는 한동안 평화가 지속되었다. 그 무렵 3월에 나무가 뽑힐 정도 태풍이 불고, 4월에 우박이 내려 농작물 수확이 충분하지 않자 8월에 국고를 열어 굶주린 백성들을 구제하며, 덕치를 펼쳤던 기록도 있지만, 이와 정반대의 기록도 함께 전해진다.'왕은 날로 포악해져 늘 사람을 깔고 앉거나 베개를 삼아 베고 누웠는데 만약 그 사람이 조금이라도 움직이면 가차 없이 죽였으며 신하로서 간하는 자가 있으면 활을 당겨 쏘아 죽였다.'

모본왕은 성품이 어질지 못하고 국사를 제대로 돌보지 않아 백성들의 원망을 샀으며, 재위 6년인 53년에 시종이었던 두로에게 살해당하였다. 모본왕은 죽은 후 모본 언덕에 묻혔고, 태조왕이 다음 왕위를 이었다.

● 제6대 태조왕 (太祖王. 47~ 165년. 재위 기간은 53년~146년까지 약 94년)

태조왕의 이름은 궁이며 아명은 어수이다. 그는 유리왕의 여섯 째 아들인 재사와 부여 출신 어머니 사이에서 태어났는데, 태어나자마자 눈을 뜨고 사람을 보았고, 남들보다 재능이 뛰어났다고 전한다. 53년 모본왕이 살해되었을 때, 연로한 그의 아버지 재사가 왕위를 사양하여, 불과 7세 나이로 즉위하였으나, 너무 어려서 어머니 금씨가 수렴청정을 하였다.

태조왕은 활발하게 영토를 확장하기위해 전쟁을 벌였다. 즉위 4년(56년) 동옥저를 정복하여 동으로는 동해, 남으로는 살수에 이르기까지 영역을 넓했고, 16년(68년)에는 갈사국왕의 손자 도두를 항복시키고 갈사부여를 병합하고, 18년(70년)에는 관나부 패자 달가로 하여 조나를 치고 왕을 사로잡았고, 20년(72년)에는 환자부 패자 설유에게 군사를 주어 주나를 공격하여 왕자 을음을 사로잡아 고추가(임금의 아버지를 뜻하며, 외척이나 황실에서 그에 버금가는 인물에게 내려진 봉작)로 삼았다. 그리고 46년(98년)에는 책성을 순행하고 50년(102년)에는 책성을 안무하며 62년(114년)에는 남해지방까지 순행하며, 새로 병합된 지역에 대한 통제력을 다지는 한편 성장을 저지하려는 후한에도 적극적으로 투쟁하였는데, 105년(53년)에는 한의 요동을 선제공격하여 6개 현을 정복하고, 66년(118년)에는 예맥과 함께 현도군 및 낙랑군의 화려성을 공격하였으며, 69년(121년)에는 후한의 유주자사 풍한, 현도 태수 요광, 요동태수 채풍의 침공을 받자 겉으로 항복하는 척하면서 요동, 현도를 공격하고 현도군 소속 후성을 불태우는 전과를 올리기도 하였다. 4월에는 요동의 선비족과 함께 요동군의 요대현을 공격하여 태수 채풍을 죽였다. 또 그해 12월과 이듬해인 70년(122년)에는 마한, 예맥 및 현도군, 요동군 까지 공격하였으나 부여군이 후한을 돕는 바람에 숙원사업이었던 현도 수복의 꿈은 실현되지 못했다. 94년(146년)에는 요동군의 신안거향과 서안평을 공격하여 대방현령을 죽이고, 낙장태수의 처자까지 생포하여 후한과 낙랑과의 교통로를 위협하기도 하였다. 태조왕은 재위기간 동안 후한의 압력을 차단하고, 고구려의 국가발전의 기틀을 마련하였다.

한편, 태조의 동생 수성은 69년(121년) 후한의 유주자사의 침입을 물리치고, 점차 권력을 장악하면서부터 왕위를 엿보았다. 세월이 흘러도 태조가 죽지 않자, 수성은 제위를 찬탈할 마음을 먹는다. 마침내 태조가 노환으로 눕자, 권력이 수성에게 집중되었는데, 수성의 마음을 눈치 챈 우보 고복장은 태조에게 수성을 제거하라고 고했지만, 태조는 "내가 너무 늙었고 수성이

나라에 공이 많으니 제위를 주는 것이 옳지 않겠느냐!"며 양위의 뜻을 비쳤다. 결국 태조는 고복장의 반대에도 불구하고, 94년(146년) 수성에게 왕위를 물려주고, 별궁에서 은거하다가 119세(165년)로 생을 마감하였다.

고구려의 세력이 팽창할 태조왕 때, 중국의 동한(후한)은 심한 내분을 겪고 있었는데, 이 시기 왕들은 3세에서 15세에 이르는 어린 왕들로서, 환관과 외척이 권력을 장악했던 혼란한 시기였다. 그래서 107년부터 80여 년간 농민봉기가 100여 차례 계속되었고, 184년에는 결국 황건군의 대봉기로 발전하였다.

한편, 서양에서는 로마의 네로가 제위에 올라 자신의 친모 아그리피나와 황후 옥타비아를 죽인다. 네로 이후 여러 왕이 제위에 올라 안정을 찾았으며, 그리스도교에 대한 로마의 박해가 더욱 심해졌던 시기이다.

● **제7대 차왕** (次王. 71~165년. 재위 기간은 146년~165년까지 약 19년)

차왕의 이름은 수성이다. 태조대왕의 동복동생으로 용맹하지만, 인자함이 부족했다고 전해진다. 태조왕과 터울이 무려 스물네 살이나 났으며, 태조는 수성을 자식 대하듯 기르고 아꼈다 한다.

수성은 121년에 후한의 유주자사 풍환을 격파한 공으로 군사와 국정 전반 업무를 장악한 후, 세력이 더욱 커져 측근 세력들과 더불어 왕위를 노리던 차에 146년 양위를 받아 76세의 나이로 즉위하였다.

차왕은 그의 양위를 반대했던 고복장이 우려했던 데로, 즉위 후 독재체제를 만들기 위해 동생 백고를 축출하며, 태조의 맏아들 막근 태자를 죽이자 화가 미칠 것을 두려워 한 둘째아들 막덕은 자살 하였다. 그에게 걸림돌이 되는 왕족들을 죽이고 고복장도 처형하였다. 그리고 자신의 측근들을 요직에 배치하고, 반대 세력을 제거하면서 왕권강화를 도모하였다.

3년(148년) 7월 차왕이 평유원에서 사냥을 하다가 흰 여우가 따라오면서 우는 것을 쏘아서 맞히지 못하였다. 이에 분통을 터뜨리며 사부(임금을 따라다니며, 일기와 천기를 보는 사람)에게 흰 여우가 따라 다니며 우는 이유를 묻자 "여우는 상서롭지 못한 짐승인데 빛깔까지 흰 것은 더욱 괴이한 일로서, 하늘의 간절한 뜻을 말로 할 수 없어 요괴한 것을 보여 주는 것입니다. 이는 임금으로 하여금 두려워할 줄 알고 반성할 줄 알게 하여 새롭게 하도록 하려는 것입니다."라고 말하자, 차왕은 사부를 죽이고 말았다. 이 일화를 통해 차왕의 횡포스러운 성품을 알 수 있다.

재위 기간 중에는 천재지변이 계속되고, 그의 폭정으로 사회불안은 계속되었다. 마침내 165년 연나부 조의 명림답부가 주동이 되어 차왕을 시해하였다. 그는 95세로 생을 마감하게 되었다.

● **제8대 신왕** (新王. 89~179년. 재위 기간은 165년~179년까지 약 15년)

신대왕의 이름은 백고 혹은 백구이다. 유리왕의 아들 재사의 셋째 아들로서, 태조와 차왕의 이복동생이다. 차왕 때는 몸을 숨겼다가 165년 차왕이 시해된 후, 77세의 노구로 제위에 오르게 된다. 그는 성품이 영특하고 인자하였다.

제위에 오른 이듬해(166년)에 대 사면령을 내려 차대왕의 태자 추안을 양국군에 봉하고, 식읍을 내려주는 등 세력 통합에 힘을 기울이며, 위무정책을 펼쳤다. 한편, 고구려 최고관직이던 좌보와 우보를 개편하여 국상이라는 관직을 설치하고, 명림답부를 임명하여 귀족세력들을 조정하고 통제하였다. 그리고 12년(176년)왕자 남무를 태자로 책봉하여, 왕위의 부자상속제의 기틀을 마련하였다.

당시 북방에서는 선비의 세력이 팽창하여 남하하였고, 부여와 동한의 관계가 악화되면서 고구려·선비·부여·동한 등의 변방에 전운이 감돌았는데, 3년(167년)에는 부여왕 부태가 현도군을 공격하면서 더욱더 악화되었다. 이후 5년(169년)과 8년(172년)에 후한의 현도태수 경림의 침입을 받았지만 고구려의 승리였다. 이후 한동안 후한은 고구려를 넘보지 못했다. 고구려의 안정을 이루는 데 크게 기여한 대국상 명림답부가 179년 9월에 사망하고, 신왕은 그해 12월에 91세로 생을 마감한다.

● 제9대 고국천왕 (故國川王. ?~197년. 재위기간은 179년~197년까지 약 19년)

고국천왕은 신왕의 둘째 아들로 이름은 남무이며 국양왕이라고도 한다. 신왕12년(176년)에 태자로 책봉되었고, 신대왕이 죽은 뒤 대신들의 지지를 받아 즉위하였다.

고국천왕은 키가 9척이나 될 정도로 위엄을 갖춘 외모를 지녔으며 가마솥을 들 만큼 힘이 장사였다고 한다. 또한 판단력이 정확하며, 관용을 베풀고 용맹스럽기도 해서 왕으로서의 자질을 충분히 갖추었던 것으로 보인다.

고국천왕이 즉위할 당시 조정은 연나부와 환나부 출신 외척들에 의해 장악되어 있었는데, 즉위 이듬해인 180년에 연나부 우소의 딸을 왕비로 맞아 연나부와는 친밀한 관계를 유지하는 한편, 외척의 손아귀에서 벗어날 기회를 엿보던 중, 180년 후한의 요동태수가 고구려를 침범해왔다. 고국천왕의 동생 계수가 군사를 이끌고 나갔던 첫 번째 싸움에서는 한군을 격퇴시키지 못하고 퇴각하였으나, 6년(184) 고국천왕이 직접 군사를 이끌고 나가 대승하였다. 이후 한군은 고구려를 넘보지 못했고 독자적인 힘을 갖게 된 고국천왕은 외척 세력의 대표자였던 좌가려와 어비류가 12년(190년)~13년(191년)에 일으킨 반란을 진압을 하고 왕권을 회복 하는데 성공하였다.

고국천왕은 국상 안류가 천거한 을파소의 인물됨을 알아보고 그를 기용하고, 실무를 총괄하는 중외대부 벼슬을 제수한 후 대대적인 개편을 단행했는데 뛰어난 정치 감각으로 사회를 안정시키는데 크게 기여한다. 먼저 당시 고구려의 행정기반이었던 나부체제를 탈피하고, 신분에 관계없이 인재를 등용하는 파격적인 개혁을 주도하였다. 16년(194년)그는 백성들이 가장 많이 굶주리는 3월에서 7월까지 곡식을 빌려주었다가 추수한 뒤에 상환하는 구휼제인 진대법을 실시하여 농민들의 생활을 안정시켰는데 이후 고려와 조선의 환곡제도의 기초가 되었다.

그 무렵 동한을 손아귀에 쥐고 있던 동탁이 14년(192년)에 여포에 의해 살해되었고, 고구려 접경지역 요동에는 공손도, 유주에는 공손찬이 고구려의 공손씨 세력과 대치하게 되었다. 고국천왕의 즉위에 불만을 품고 있던 형 발기는 18년(196년)에 소나부 산하 백성 3만여호를 끌고 공손도의 아들 공손강에게 항복하고 군사를 지원받아 고구려 도성을 치려했으나, 패퇴하여 가까스로 목숨만 건진 후 공손강의 영토로 도망을 친다.

19년(197년)에 사분오열된 동한에서 한족들이 고구려 변방으로 몰려들었을 때, 고국천왕은 이들을 받아들이고 변방의 군대를 증강하여 공손씨의 침입에 대비하였다. 국방강화에 전력을 쏟으며 백성들의 안위에 힘썼던 고국천왕은 197년 5월에 생을 마감하였다.

● **제10대 산상왕** (山上王, ? ~ 227년, 재위 기간은 197년~227년까지 약 31년)

산상왕의 이름은 연우 혹은 이이모로, 신대왕의 아들이며 고국천왕의 동생이다. 고국천왕이 후사 없이 죽자 황후 우씨와 귀족세력의 추대를 받아 뒤를 이어 즉위하였다. 고국천왕이 돌아가셨을 때, 왕후 우씨는 임금의 죽음을 비밀로 하고 처음에는 고국천왕의 형 발기에게 왕위 계승을 권유했지만, 역모를 꾸미려는 것으로 오해하고 우씨를 내몰자, 다시 연우의 집으로 갔다. 형과는 반대로 연우는 일어나 의관을 갖추고, 왕후를 맞아들여 잔치를 베풀자 임금의 사망사실을 알리고 함께 궁으로 들어가 밤을 보낸 후, 다음날 아침 선왕의 유언이라면서 연우를 황제로 추대한다. 한편 발기가 사망 사실을 듣고 크게 노하여 군사를 일으켜 연우의 처와 자식을 죽인 후, 궁성을 공격하려 하였으나 무너질 기미가 보이지 않자, 한나라 요동 태수 공손도를 찾아가 군사를 지원받아 한군과 함께 다시 성을 공격하였지만 대패하였다. 발기는 도망을 치다 동생 계수에게 잡혀 꾸짖음을 받고 부끄러움에 자결하자 계수가 그를 거두어 간략하게 장례를 마치고 돌아왔다. 그런데 장례 치르는 것을 연우가 나무라자 계수는 "왕후가 비록 선왕의 유언이라 할지라도 예로써 사양하는 것이 마땅한데, 즉위한 것은 형제의 우애를 저버린 행동입니다. 저는 대왕의 미덕을 이루고자 발기의 시신을 거두어 염습한 것입니다."며 도리어 연우를 꾸짖자 계수의 충언을 받아들여 발기의 장례를 왕례로 치러주었다.

 당시 중국은 후한 말 어지러운 때였다. 이를 틈타 산상왕은 즉위 2년(198년)에 환도성을 축성하기 시작하였다. 위나암에는 황후 우씨 일가가 권력을 잡고 있었지만, 대통을 이을 왕자가 없어 정치적 입지는 몹시 나약했다. 산상왕은 형수를 황후로 맞아들인 불륜을 저지르고 민심을 잃자 천도를 계획하고, 마침내 환도성을 쌓기 시작한지 11년이 지난 13년(209년) 10월 천도를 감행하였다. 산상왕의 환도성 천도는 외척 세력에서 벗어나 왕권을 회복하는데 많은 도움이 되었고, 고구려는 200여년 동안 지속되었던 위나암시대에서 환도성시대를 맞이하게 되었다.

이때 중국은 위·촉·오의 삼국시대를 맞고 있었고, 산상왕은 영토 확장정책을 자제하고 민생의 안정을 꾀하는데 주력하던 중 31년(227년) 5월생을 마감한다. 그는 산상이라는 곳에 능을 만들어 산상왕이라는 묘호를 갖게 되었다.

산상왕은 우씨 황후에게서 아이를 얻지 못하고 관노부 주통촌 출신의 후궁 소후에게서 아들 교체를 얻었다.

● **제11대 동천왕** (東川王. 209 ~ 248년. 재위 기간은 227년~248년까지 약 22년)

동천왕은 신상왕과 후궁 소후 사이에 태어난 맏아들로 이름은 우위거이고, 아명은 교체이다. 별호를 위궁이라고 하였는데, 태어나자마자 눈을 뜨고 사물을 본 것이 선조인 태조왕 궁을 닮아서 붙여진 이름이라고 한다. 다섯 살 때 태자로 책봉되고, 산상왕이 죽자 즉위하였다.

성격은 너그럽고 인자하고 힘이 세고 용감했으며, 사냥과 활쏘기도 잘했다. 그래서 백성들에게 존경을 받았다. 그를 못마땅하게 여겼던 우씨 황후는 시중드는 사람을 시켜 식사를 올릴 때, 일부러 왕의 옷에 국을 엎지르게도 하고, 말의 갈기를 다 잘라 외출을 방해하는 심술을 잘 부렸다. 그러나, 동천왕은 자신에게 못되게 굴었던 황후를 정성을 다해 섬겼다. 동천왕은 우씨 황후가 이끄는 연나부 세력이 너무나 크고 강하다는 것도 알고 있었다. 그래서 국상 벼슬자리도 산상왕 시절부터 맡아오던 고우루가 죽자, 명림답부의 후손으로 짐작되는 연나부 출신의 명림어수에게 맡겼다. 고국천왕 이후 밀려났던 연나부 세력을 중용함으로 왕후 우씨와 외척 세력 간 불만을 해소시켜 화합하는 정치를 이끌었다. 안정된 정책을 바탕으로 동천왕은 산상왕 때 마련된 서길정책을 적극적으로 추진하였다.

당시 중국은 위·촉·오 삼국의 1세대 시대가 끝나고, 유선과 조비가 이끄는 2세대 시대를 맞이하고 있었다.

즉위7년(233년) 오나라는 장군 하달을 보내 화친을 맺으려 했지만 실패하고, 다음해 위의 사신을 받아들여 화친을 맺었다. 이후 13년(239년) 위나라가 사마의를 보내 연나라 왕 공손연을 토벌할 때, 동천왕은 군사 1천을 보내 공손씨의 배후를 공격하여 공손씨는 마침내 멸망하고 말았다. 고구려군은 비록 위나라군에 비해 숫자는 적었지만, 연나라를 멸망시키는데 중요한 공을 세웠다. 공손연이 죽고 연나라가 멸망하자 연이 차지하고 있던 요동으로 세력을 확대하였다. 16년(241) 동천왕은 위나라 서안평을 공격하고, 다음해에 현도를 무너뜨림으로써 태조 이래 숙원사업이었던 현도수복을 이루었다.

그러나, 고구려의 요동 점령에 위기감을 느낀 위나라에서는 유주자사 관구검에게 군사 1만을 주고 고구려에 속해있던 현도를 치게 하지만, 두 번씩이나 패배하였다. 그러자 동천왕은 더욱 거세게 그들을 공략하였다. 동천왕 시대 고구려와 위나라와의 이러한 패권다툼은 7년간이나 계속된 것으로 전해진다.

고구려가 전쟁을 수행하면서 서남쪽으로 세력을 확대하고, 19년(245년)한반도 동쪽 신라 북쪽변방을 침입하였다. 신라와는 22년(248) 2월에 화친을 맺었다.

하지만 지나친 공격으로 전쟁의 상처를 너무 크게 입었다. 환도성이 불에 타고 많은 성민들이 죽고, 마침내 성이 완성되기도 전에 급하게 평양으로 도성을 옮겨야만 했다. 동천왕은 평양으로 수도를 옮긴지 1년 7개월 만에 병을 얻어 22년(248년) 9월에 40세를 일기로 생을 마감하게 된다.

동천왕이 죽자, 백성들은 무덤에 함께 묻히기를 원하는 사람이 많을 만큼 크게 슬퍼했다. 삼국사기는 당시 상황을 '백성들이 왕의 은덕을 생각하고, 그의 죽음을 슬퍼하지 않는 자가 없었다. 심지어 자살하여 순장되기를 바라는 자가 많았으나, 새로 등극한 왕이 예가 아니라하여 허락하지 않았다. 실제로 장례일 왕릉에 찾아와 자결한 자가 많았다. 백성들이 섶을 베어 그 시체를 덮어 주었다. 그 때문에 그곳을 시원이라고 불렀다.'고 묘사해 놓고 있다.

● 제12대 중천왕 (中川王. 224~ 270년. 재위 기간은 248년~270년까지 약 23년)

중천왕은 일명 중양왕이라고도 한다. 평양으로 천도한 동천왕의 아들로 이름은 연불인데, 언제 태어났는지 누구의 소생인지에 대한 기록이 없지만, 외모가 준수하고 지략이 뛰어났다고 한다. 동천왕 즉위 17년이 되는 243년에 태자가 되었고, 동천왕이 죽자 왕위를 계승하였다. 왕비는 연나부 출신인 연씨이다.

중천왕은 새 도읍지 평양을 중심으로 국력을 회복하고자 노력했다. 즉위한지 2개월이 지났을 때 동생 예물 등이 모반을 꾀하자, 연나부의 지원을 받아 진압하고, 정국을 안정시켰다.

3년(250년)에 국상 명림어수로 하여금 기존 행정 뿐 아니라, 군사업무까지 도맡아 관장하게 하였다. 중천왕은 왕비 연씨와 관나부인 2명의 부인이 있었는데, 4년(251년)에는 왕비 연씨와 더불어 왕의 총애를 다투던 관나부 출신 관나부인을 투기가 심하다는 이유로 서해바다에 수장시켜 버렸다. 왕비 우씨 출신인 연나부는, 관나부에 비해 막강한 세력을 가지고 있었던 것으로 보아 관나부인의 죽음은 단지 여인들의 투기에 의한 결과라기보다, 권력을 둘러싼 각 세력 간의 현실을 반영한 것이다.

7년(254년) 명림어수가 죽자, 비류나부 출신인 음우를 국상에 임명하였고,

8년(255년) 왕자 약로(뒤의 서천왕)를 태자로 삼고, 다음해에는 공주를 연나부 출신 명림홀도에게 시집보냈다.

위나라의 실권자 사마소는 고구려에 대한 침략야욕으로 12년(259년) 12월에 위지해로 하여금 고구려를 침략하게 하지만, 직접 군사를 이끌고 양맥곡에서 격파하여 대승을 거두었다.

중천왕은 재위 23년만인 270년에 생을 마감하고 중천의 언덕에 묻혔다.

● **13대 서천왕** (西川王. ?~292년. 재위 기간은 270년~292년까지 약21년)

서천왕은 서양왕 이라고도 한다. 이름은 약로 또는 약우로 불렸다. 중천왕의 둘째아들로 중천왕 8년(255년)에 태자로 책봉된 후, 왕위를 계승하였다. 성품이 총명하고 인자하여 사람들로부터 사랑과 존경을 받았다. 왕위에 오른 이듬해에 서부대사자 우수의 딸인 우씨를 황후로 맞아들였다.

즉위2년(271년) 국상 음우가 죽자 그의 아들 상루를 국상으로 임명하여 연나부에서 황후를 선택하고, 비류나부에서 국상을 선택해서 권력의 균형을 이루는 선대의 정치질서를 유지하였다.

3년(272년)과 이듬해, 여름 서리와 한해가 들어 민심이 흉흉해지자 창고를 열어 백성을 구제하여 민생을 안정시켰다.

한편, 고구려의 북방정책에 위협을 느낀 숙신이 11년(280년)에 고구려인들을 학살하는 사태가 벌어지자, 서천왕은 특출한 계략을 지닌 인재를 천거하라는 명을 내린다. 그때 대신들은 서천왕의 친동생 달가를 정벌대장으로 천거하였다. 달가는 숙신의 본거지인 단로성을 빼앗고, 추장을 생포하여 죽였다. 이 전과로 인하여 달가를 안국군에 봉하고, 도성과 지방의 군사를 통괄하는 임무를 맡게 하였고, 17년(286년)에는 동생 일우와 소발이 일으킨 모반 사건을 제압하였다.

21년(292년) 3월에 서천왕은 죽어 서천언덕에 묻혔는데, 295년(봉상왕5년)에 모용씨의 군대가 고구려를 침입하였을 때 도굴되었다고 삼국사기에 전한다. 봉상왕본기에 의하면, 그때 도굴하던 자들이 갑자기 죽고 무덤 안에서 음악소리가 울려나와 귀신이 있는 것으로 생각하고, 이를 두려워한 모용씨의 군사들이 고구려로부터 철수하게 되었다고 전한다.

● **14대 봉상왕** (烽上王. ?~300년. 재위 기간은 292년~300년까지 약 9년)

봉상왕은 서천왕의 아들로 이름은 상부 또는 삽시루이다. 삼국사기에 의하면 그는 어려서부터 의심이 많고, 교만한 성품을 가지고 있었다고 한다. 봉상왕은 왕권을 강화하는 데에 힘을 쏟으며, 즉위하자마자 자신의 왕권에 위협이 될 수 있는 세력들을 모두 제거해나갔다. 제일 먼저 숙신을 격파하고, 탁월한 정치력과 덕망으로 백성들의 신망을 얻고 있던 숙부 달가를 역모죄를 씌워 죽이고, 다음 해에 자신의 동생인 돌고에게도 모반죄를 씌워 자결하게 만든다. 또한 훗날의 보복이 두려워 돌고의 어린 아들 을불까지 죽이려 하였으나, 시골로 도주하여 목숨을 부지하였다. 그리고 훗날 미천왕으로 즉위하게 된다.

5년(296년)에 서북방에서 세력을 형성하고 있던 선비족 모용외가 고구려를 침입하여 서천왕의 능까지 판 사건이 발생하자, 고노자를 신성 태수로 명하고, 그에게 북부지역을 맡겼는데, 고노자가 선정을 베풀어 권력과 명성이 높아지면서부터 모용외는 다시 쳐들어오는 일이 없었다.

7년(298년)에는 추수를 앞둔 시기에 서리와 우박이 내려 농사를 망치고, 다음해(299년)에도 큰 지진이 일어나 사람들이 많이 죽고 유랑민이 늘어나고,

그 이듬해 2월부터 7월까지는 비가 내리지 않아 백성들은 지옥 같은 고통을 겪는데도 차츰 사치와 방탕을 일삼았다.

7년(298년) 대기근으로 백성들이 굶주릴 때, 화려한 궁궐을 증축하는 공사를 강행했다. 조정대신들이 증축공사를 중지할 것을 건의했지만, 이에 아랑곳하지 않자, 마침내 국상 창조리는 9년(300년) 8월 반정을 감행한다. 창조리는 임금이 잘못을 고치지 않을 것을 알았고, 또 자신에게 해가 미칠까 두려웠다. 창조리는 반정을 실행하기 전에 을불을 찾아내고, 그 사실을 비밀에 부친 채 신하들을 모아놓고 갓에 갈대를 꽂는 것으로 뜻을 같이한다는 동의를 얻은 후, 봉상왕을 붙잡아 별궁에 가두었다. 그리고 을불을 데려다 옥새를 바치고 제위에 오르게 하였다.

봉장왕은 돌이킬 수 없는 상황을 알고 자결하였고, 그의 두 왕자도 아버지를 따라 자결하였다. 봉산 언덕에 장례를 지내고 호를 봉상왕이라 하였다.

● 제15대 미천왕 (美川王. ?~331년. 재위기간은 300년~331년까지 약 32년)

이름은 을불 또는 을불리, 우불 등으로 전해진다. 서천왕의 손자이며 봉상왕의 조카이다. 자신을 죽이려는 봉상왕의 손길에서 벗어난 을불은 시골로 도주하여 머슴살이를 하고 소금 장사를 하기도 하였으며, 흉년이 든 해에는 거지 행렬에 끼여 떠돌아다녔다. 그러다 국상 창조리가 보낸 조불과 소우에 의해 발견되어 왕위에 올랐다.

미천왕이 통치하던 시기에는 중국에서 사마염에 의해 세워졌던 진나라가 와해되고, 5호 16국시대로 접어드는 혼란스러운 정세에 있었다. 미천왕은 이러한 주변상황을 이용하여 서방과 남방으로 급속한 팽창정책을 시도하여 영토를 넓히는 일에 열심이었다.

즉위 3년(302년)에는 현도군을 공격해 마침내 적 8천여 명을 사로잡았고, 12년(311)년에는 요동의 서안평을 점령하고 16년(317년)에 다시 현도성을 공격하기도 하였다. 또한 14년(313년)과 다음해에는 낙랑군과 대방군을 병합하면서 평양주변과 황해도일대의 넓은 평야지대를 개발하여 고구려의 중요한 생산기지로 만들었다.

당시 고구려의 가장 큰 적은, 진나라 평주자사로 진나라의 변방을 방어했던 모용외가 이끄는 선비족으로 고구려와 모용선비 간에는 치열한 영토전쟁이 계속 되었다. 18년(319년)에는 장군 여노자가 모용부의 군대에 의하여 포로가 되면서 고구려와 선비측은 일진일퇴를 되풀이하며 서로 대립하고, 요동지역을 확보하기 위해 국력을 쏟았다. 비록 모용선비가 강성해짐에 따라 미천왕의 원대한 계획은 제대로 성취되지 못한 채, 재위 32년(331년)만에 죽어 미천 언덕에 묻혔다. 그런데 342년 전연의 군대가 능을 파헤쳐 시체를 가져가는 일이 일어났다. 고국원왕은 다음해 전연에 사신을 보내어 진귀한 물건들을 주고 시체를 찾아왔으나, 그 뒤 재 매장에 관한 기록은 알려지지 않고 있다. 미천왕은 황후 주씨 사이에 장남 사유와 차남 무를 얻었는데, 장남 사유는 미천왕의 뒤를 이어 고국원왕이 된다.

● **제16대 고국원왕** (故國原王. ?~371년. 재위 기간은 331년~371년까지 약 41년)

고국원왕은 국원왕 또는 국강상왕이라고도 하며, 한때 소열왕이라 칭하기도 하였다. 이름은 사유 혹은 유라고도 한다. 미천왕 15년인 314년 정월에 태자로 책봉되어 331년 2월 미천왕이 죽자 왕위에 올랐다.

그는 고구려 역사상 외부의 적에게 가장 많은 고통을 겪은 왕이다.

즉위4년(334년)에 평양성을 증축하고, 평양성 동쪽에 동황성을 축조하기 시작하였고, 북쪽에 새로운 성을 쌓아 강성해지고 있는 모용선비의 침입에 대비하였다. 6년(336년) 동진에 외교사절을 파견하는 한편, 모용황의 즉위에 반대하여 일어난 모용인의 난에 가담하였던 곽충과 동수가 고구려로 도망쳐 오자 이들을 받아들였으며, 8년(338년)에는 전연 공격에 실패한 후조와 연결을 꾀한 한편 338년 후조가 전연을 공격할 때, 후조에 내통하였던 봉추 및 송창 등이 투항해 오자 이들 역시 받아들이며 외교정책을 다각화하였다.

고구려는 미천왕 대에 이어 모용부의 국가 전연과 심각한 대립을 보이고 있었다. 7년(337년)에 중국의 모용황은 국호를 연이라 하고, 남하정책을 펴고 있었다. 왕은 9년(339년)에는 연과 동맹관계를 맺고, 맏아들 구부(뒷날 소수림왕)를 연의 도성 양안에 보냈고, 12년(342년)에 환도성을 수리하고 일시적인 천도를 단행하였는데, 모용황은 이때에 맞춰 고구려를 침략하여 태후 주씨와 황후를 용성으로 압송하였으며, 미천왕의 무덤을 파고 시신을 꺼내 가는 범행을 저질렀다. 다음해 미천왕의 시신은 돌려받았으나, 태후와 왕후는 용성에 그대로 남아 있었다. 또 환도성이 짓밟히자 13년(343년) 7월에 평양 동황성으로 천도하였다. 그러나 고구려는 계속 당하면서도 태후와 황후가 볼모로 잡혀있어 섣불리 그들과 싸움을 벌일 수도 없었다. 18년(348년)에 모용황이 죽고, 그의 아들 모용준이 왕위에 오른 후 고구려는 연나라와 협상을 하여 태후와 황후를 찾아오고 한동안 두 나라는 평화를 유지한다.

이때 백제가 북진을 하려하자 39년(369년)에 고구려는 백제를 공격하였지만 밀리는 형국이 되자, 백제의 근초고왕은 북진정책에 더욱 박차를 가했다. 그 후 41년(371년) 고구려는 또 한 번 백제를 공격하였지만, 백제왕이 병사 3만을 거느리고 평양성을 공격하였다. 임금이 병사를 이끌고 방어하다가 화살에 맞았고, 태자 구부가 백제군에 대항하였다. 고국원왕은 결국 상처가 심해져 생을 마감하고, 고국의 언덕에 장사 지냈다.

● **17대 소수림왕** (小獸林王. ?~384년. 재위 기간은 371년~384년까지 약 14년)

소수림왕은 소해주류왕 혹은 해미류왕이라고도 한다. 이름은 구부이고, 고국원왕의 장남으로 고국원왕 25년(355년)에 태자로 책봉되었다.

소수림왕은 기골이 장대하고 지략이 뛰어난 인물이었다고 전해진다. 그는 태자에 오르기 전부터 정사에 관여하면서 행정경험을 쌓았다. 그 뒤 아버지 고국원왕이 백제의 화살에 맞아 죽자, 백제에 대한 압박정책을 폈다.

소수림왕 때에 중국은 서진과 동진으로 나뉘어 대립하고 있었고, 산동과 하북은 백제의 세력이 버티고 있어 팽창정책에 신중을 기해야 했다. 국제정세에 밝았을 뿐 아니라, 정치 감각도 뛰어난 소수림왕은 전진과 동진에 화친을 맺으며 백제를 압박

17대 소수림왕

하였다. 그러자 백제도 동진과 외교관계를 맺으며 고구려의 압박정책에 맞섰다.

나라의 기틀을 마련한 소수림왕은 2년(372년)에 전진에서 온 승려 순도를 통해 우리나라 최초로 불교를 받아들였다. 그리고 4년(374년) 전진에서 온 승려 아도를 맞아들이고, 이듬해 초문사와 이불란사를 지어 순도와 아도가 머물면서 불교를 수용하고 널리 보급하기 위해 노력하였다. 그리고 2년(372년)에는 유교 교육기관인 태학을 설립하여 인재의 양성에 주력하였고, 3년(373년)에는 국가의 기본법인 율령(율(律)은 형법법전, 영(令)은 비형벌적 민정법전으로 중국에서 성립된 성문법)을 반포하여 중앙집권적인 법치국가체제를 확립하였다.

이렇게 나라의 근간을 다져 안정을 추구하면서 6년(376년) 고구려는 백제

를 침공하였지만 반격에 퇴각하였고, 이듬해 백제가 다시 평양성을 공격해 오자 고구려는 수성전을 펼쳐 백제를 퇴각시켰다. 한편 8년(378년)에는 거란족의 침입을 받아 8개 부락이 함락되고, 극심한 가뭄 때문에 백성들이 굶주려 서로 잡아먹을 지경에 이르고 국력마저 흔들렸다.

소수림왕은 국가의 위기를 극복하려고 애쓰던 끝에 병을 얻어 즉위14년 되는 384년 11월에 생을 마감하였는데, 왕후나 자식에 대한 기록은 전해지지 않는다.

● **제18대 고국양왕** (故國壤王. ?~391년. 재위 기간은 384년~391년까지 약 8년)

고국양왕의 이름은 이련, 이속 또는 어지지이며, 국양왕이라고도 불린다.

소수림왕의 동생이며, 고국원왕의 둘째 아들이다. 소수림왕에게 아들이 없어 소수림왕의 뒤를 이어 즉위하였다. 광개토왕이 그의 아들이다.

고국양왕이 제위에 올랐을 때는 전진에 의해 멸망한 연(후연)이 재건되어 고구려와 대치하고, 백제는 고구려를 칠 준비를 하고 있었다.

고구려는 적극적인 대외활동을 전개했는데 북으로는 말갈을 압박하여 백제를 공략하고, 즉위 2년(385년)에는 후연을 공격하여 요동과 제3현도군을 점령하였는데 다음해에 다시 후연에 빼앗겼다. 또, 남쪽으로는 3년(386년) 백제를 공격하였고, 6년(386년)과 이듬해 9월에 백제의 진가모가 도압성을 공략하여 주민 200명을 포로로 잡아가는 등 백제와 공방전을 되풀이하였다. 그러나 고국양왕이 병으로 눕게 되자 후연과 백제에 대한 공격 계획은 전면 취소되었다. 결국 고국양왕은 392년 5월에 생을 마감하고 장남 담덕이 광개토왕으로 즉위하였다.

● **제19대 광개토왕** (廣開土王. 374~413년. 재위 기간은 391년~413년까지 약 23년)

　광개토왕의 이름은 담덕이다. 고국양왕 재위 3년인 386년에 태자로 책봉되었고, 392년 고국양왕이 죽자 17세의 나이로 고구려 19대 왕으로 등극하였다. 재위기간 동안에는 영락이라는 연호를 최초로 사용하였다.
　광개토왕이 활동하던 시기 동아시아는 격동적이고 활력이 넘치는 시대였다. 중국 북쪽은 흉노, 선비 등 이민족이 통치하고, 한족은 남쪽을 통치하며 남북 대립의 형세를 띠고 있었다. 그리고 한반도는 고구려와 산동지역을 차지한 해상왕국 백제의 대립을 축으로 강성해진 신라와 함께 삼국의 대립이 본격화되는 시기였다. 당시 신라는 백제보다 열세에 있었고, 일본과도 사이가 좋지 않아 고구려에 화친정책을 제의하였다.
　제위 2년(392년)에 신라가 실성 이사금을 고구려에 볼모로 보내며 화친을 맺자, 백제와 왜, 가야 등의 연합세력이 신라를 침략하려 했다. 신라는 고구려에 도움을 청했고, 4만의 군사를 보내 백제군과 진평군 일대를 공격하고, 주둔군을 남겨두며 여세를 몰아 북진하여 거란까지 공격하였다. 고구려 대군은 지레 겁을 먹고 달아난 거란인 500명과 거란으로 이주 당했던 고구려인 1만 명을 데리고 왔다. 그리고 다시 남진하여 백제의

장수왕 3년에 세워진 광개토왕비

1) 고구려의 역사 71

최후 보루지인 관미성을 함락시켰다. 백제는 황하 남쪽으로 밀려났지만, 백제의 진사왕은 향락에 빠져 이를 방관하자 침류왕의 맏아들 아신왕이 진사왕을 제거하고, 왕위에 올라 고구려를 공격하였다가 별다른 성과 없이 퇴각하였다. 이후 백제와 고구려는 계속해서 전쟁을 치른다.

백제가 4년(394년)과 다음해에도 영토 탈환을 위해 침입이 계속되자, 광개토왕은 대대적인 공격을 준비하여 6년(396년) 마침내 한강 너머 백제의 도성에까지 진격하였다. 백제는 뒤늦게 군대를 도성에 집결시켜 고구려군을 막아보려 했으나 역부족이었다. 결국 백제의 아신왕은 화친을 제의하였고, 백제는 고구려에 대해 영원한 노객이 될 것을 맹세하였다.

고구려는 이 전쟁을 통해 한강 이북 58성 700촌을 고구려 영토 내에 편입시켰을 뿐만 아니라, 수많은 전리품을 획득하고 백제 왕족 및 대신을 볼모로 얻는 쾌거를 이루었다.

한편, 백제의 아신왕은 영토회복이라는 야심을 버리지 못하고, 계속해서 군대를 증강하고 성을 쌓는 등 대 고구려전을 위해 준비하는 한편, 7년(397년) 왜에 구원병을 요청하여 2년 후(399년) 왜는 고구려와 동맹관계에 있었던 신라를 공격하였다. 그러나 이듬해 광개토왕은 보병과 기병 5만을 신라에 파견하여 왜를 물리치고, 가야 지역까지 추격하여 왜 세력을 완전히 궤멸하였다. 신라 공략에 실패한 백제는 이후, 다시 왜와 함께 고구려 영토인 대방고지 공격에 나섰으나, 역시 실패하였다.

후연이 무너지면서 남연과 북연으로 갈라졌고, 고구려와 영토가 접한 북연의 왕은 고운이다. 그는 고구려 출신으로 고구려에 대해 호의를 가지고 있었고, 고구려는 북연과 화친을 맺고 변방을 안정시킬 수 있었다.

변방이 안정되자 광개토왕은 19년(409년) 왕자 거련을 태자로 삼고, 평양의 백성들을 동쪽의 독산 등 새로 쌓은 6개의 성으로 이주시켰으며, 백제로

부터 빼앗은 남쪽 지역을 순행하며 백성들을 위무와 격려를 아끼지 않았다. 또 20년(410년)에는 부여를 정벌하였고, 부여의 주요 귀족들이 대거 고구려에 귀순하였다.

고구려는 후연과 왜, 백제 등의 침략을 막아내는 동안 국력 소모가 많았지만 왕성한 정복활동을 통해 광개토왕은 서쪽으로는 요동을 확보하고, 시무라렌 강 유역까지 원정을 나갔으며, 동쪽으로는 목단강 유역으로부터 연해주 일원, 북쪽으로는 송화강 유역의 북만주 일대, 남쪽으로는 한강 유역을 확보하는 한편 낙동강유역까지 진출할 수 있었다.

당시 백제는 대륙기지를 확장하여 고구려에게 가장 위협적인 세력으로 성장함에 따라 고구려는 백제를 지속적으로 공격하였고, 광개토왕이 확장한 대부분의 영토는 백제로부터 빼앗은 것이었다.

광개토왕은 대외 정복사업뿐만 아니라, 평양에 9사를 창건하여 불교를 적극 권장하고 장사, 사마, 참군 등의 관직을 신설하여 체제 정비를 도모하는 등 내정에도 힘을 기울였다. 광개토왕릉비에 '나라가 부강하고 백성이 편안하였으며 오곡이 풍성하게 익었다.'는 내용에서도 광개토왕은 단순한 정복군주만은 아니었다는 사실을 알 수 있다.

그러나 왕성한 에너지를 가졌던 광개토왕은 413년 39세라는 젊은 나이에 세상을 떠났다. 능은 자세하지 않으나, 414년에 장수왕이 만주 봉천 지안현 퉁커우에 세운 광개토대왕의 능비에 그 업적이 기록되어 있다. 묘호는 '국강상광개토경평안호태왕(國岡上廣開土境平安好太王)'이다.

장군총과 태왕릉을 두고 광개토왕릉으로 보는 의견이 엇갈렸으나, 태왕릉의 분구 정상부에서 '원태왕릉안여산고여구(原太王陵如山固如岳)'라고 양각한 명문전이 발견되어 현재는 태왕릉이 광개토왕릉일 것이라고 추정하고 있다.

1) 고구려의 역사

● **제20대 장수왕** (長壽王. 394~491년. 재위 기간은 413년~491년까지 약 78년)

　장수왕은 광개토왕의 장남으로 이름은 거련 또는 연이다. 광개토왕 재위 18년인 409년 태자에 책봉되었고, 413년 광개토왕이 죽자 스무 살의 나이로 고구려 20대 왕에 등극하여 98세까지 살았었다고 해서 장수왕이라는 시호가 붙었다. 신체가 크고 기개는 호탕하였다.

　장수왕이 즉위할 당시 중국은 여전히 여러 이민족들에 의한 혼란이 거듭되었으나, 439년 북위에 의해 통일이 되고 화남지방에 동진(317-420), 송(420-479), 제(479-502)가 들어서면서 남북조시대가 시작되고, 5호16국 시대는 막을 내리게 된다.

　장수왕은 이러한 중국의 상황을 교묘히 이용하여 이원외교를 펼쳤다. 먼저 즉위 원년인 413년 동진에 사신을 보내 동진왕 안제로부터 '고구려왕 낙랑군공'으로 봉해졌고, 동진에 이어 차례로 들어선 송나라와 제나라에 대해서도 동진과 같은 동맹관계를 유지했다. 그리고 즉위13년(425년)과 23년(435년)에는 북위에 사신을 통해 조공을 보내자, 북위왕 세조는 장수왕을 '도독 요해제군사 정동장군 영호동이중랑장 요동군개국공 고구려왕'으로 삼았다. 이처럼 남조의 여러 왕조들과 북조의 북위에 모두 화친을 맺고, 조공을 바치는 등거리 외교를 통해 정세를 안정시켰다.

　23년(435년)에는 북연이 북위의 힘에 밀려 몰락할 지경에 이르자, 북연왕 풍홍이 고구려에 도움을 청해 장수왕은 장수 갈로와 맹광에게 많은 군사를 보내 풍홍을 안전하게 맞이하자, 풍홍은 궁궐을 불태우고 백성들을 고구려 땅으로 이주시켰다. 북위에서 풍홍을 압송할 것을 요청했으나 장수왕은 이를 거절한다. 북위군은 고구려군의 위세에 눌려 정면으로 대응하지 못하였다. 그러나 이후 풍홍이 자신의 처지를 인식하지 못하고, 황제인양 계속 거들먹거리자 26년(438년) 풍홍의 시종을 빼앗고 태자를 볼모로 잡았다. 한편 풍홍은 송에 망명을 요청하였으며, 이 사실을 알게 된 장수왕은 군대를 보내 풍홍을 살해하였다. 이때 송의 사신 왕백구가 군사를 이끌고 고구려군을 공격하여 장수 고구가 죽고, 손수가 생포되었는데, 장수왕은 다시 왕백구를 붙잡아 송으로 압송하였다. 고구려와 외교 관계를 망칠 수 없었던 송나라에서는 왕백구를 감옥에 가둬 고구려의 눈치를 본 후 석방하였다.

　요동지방을 완전히 장악하게 된 고구려는 북연을 멸망시키고, 요서지방을 장악한 북위와 서로 대치하게 되었다.

　한편 장수왕은 왕권 강화와 중앙집권체제 정비를 위해 15년(427년) 평양으로 천도하였다. 고국원왕이 343년에 동황성을 도읍으로 삼은 지 84년 만에 다시 평양성으로 돌아간 것이다. 중국과의 외교 관계가 안정된 가운데, 장수왕은 백제를 정벌하는 남진 정책을 천도 이후에 더욱 적극적으로 시도하였다

　한편 백제는 고구려를 견제해 신라와 함께 연합을 추진하여, '나제동맹'을 맺고 남진 정책에 적극적으로 대처하였는데, 26년(440년) 신라가 고구려의 변경을 침략하여, 장수를 죽이는 사건이 발생하자, 곧바로 신라는 고구려에 사신을 보내 사죄했고, 고구려가 사죄를 받아들여 한동안 평화를 유지했다.

　그러나 고구려는 신라가 백제와 더욱 친밀해지자, 42년(454년) 7월에 부터 신라와 적대관계가 되었는데, 56년(468년)에는 신라의 실직주성을 공격하여 점령하였으며, 이듬해 10월에는 백제가 남쪽 변경을 침공하자, 60년(472년) 백제 개로왕이 북위에 사신을 보내 고구려를 공격해 줄 것을 요청하였는데, 북위는 이 사실을 고구려에 알려주었다. 그러자, 고구려는 백제와 전면전을 준비하는 한편, 승려 도림을 첩자로 보내 백제의 내정을 정탐하고, 백제 개로왕에게 대대적인 토목공사를 벌리도록 유도한 뒤 백성들의 원성이 높아

지는 틈을 타, 63년(475년)에 직접 3만의 군사를 이끌고 침략하여 백제의 도읍 한성을 함락시켰다. 그리고 장수왕은 개로왕을 사로잡아 아차성 밑에서 죽였다. 이 전쟁으로 백제는 개로왕을 잃고 웅진으로 천도해야만 했다.

이로써 장수왕대의 고구려 영토는 서쪽으로는 요동지방, 동쪽으로는 목단강 유역으로부터 연해주 일원, 북쪽으로는 송화강 유역의 북만주일대, 남쪽으로는 한강 이남의 충청도와 경상북도 일원에까지 이르게 되었다.

고구려는 60년(472년)부터 북위에 매년 2차례씩 사신을 보내고 공물을 두 배로 늘리는등, 북위와의 관계에 있어 각별히 신경을 썼고 북위도 이에 상응하는 대우를 해주었다. 『삼국사기』에 따르면 장수왕 72년(484)에는 '당시 북위에서는 고구려가 강하다고 생각하여 외국 사신들의 숙소를 둘 때 첫째로 제나라 사신의 숙소를 두었고, 그 다음에 고구려 사신을 두었다.'라고 전한다. 장수왕은 이렇게 북위와 긴밀한 관계를 유지하면서도 북위를 견제하기 위해 유연과도 외교적 관계를 맺었다.

내정을 안정시키려는 노력과 함께 영토 확장에 힘쓰면서도 태평성세를 구가하던 장수왕은, 무려 78년이란 긴 세월 동안 제위에 올라 있었다. 491년 98세를 일기로 생을 마감하자, 북위의 효문제는 흰 위 모관과 삼베 심의를 지어 입고 동쪽 교외에서 애도식을 거행하였으며, 알자 복야 이안상을 보내 장수왕을 '거기대장군 태부요동군 개국공 고구려왕'으로 추증 책봉하고 시호를 강이라고 하였다. 이것만 보아도 북위가 고구려를 어떻게 대했는가를 짐작해 볼 수가 있다.

장수왕대에 유럽은, 서로마에 진출한 게르만족들이 세력을 확대하여 리키메르가 서로마 제국의 정권을 장악하지만,(456년) 황제가 되지 못한 채 죽고, 게르만 용병대장 오도아케르가 정권을 장악한다. 하지만 오도아케르가 점령하고 있던 이탈리아 지방은 490년에 동고트에 격파됨으로써 서유럽은

이베리아 반도의 서고트, 프랑스 지역의 프랑크, 독일 지역의 부르군트, 영국 지역의 앵글로색슨 왕국 등이 세력다툼을 벌이게 된다.

● 제21대 문자명왕 (文咨明王. ?~519년. 재위 기간은 492년~519년까지 약 28년)

일명 명치호왕이라고도 하는 문자명왕의 이름은 나운이다. 장수왕의 아들인 조다가 일찍 세상을 떠났기 때문에, 할아버지인 장수왕에 의해 양육되어 장수왕의 뒤를 이어 왕위를 계승하였다. 문자명왕이 즉위하자 북위 왕 효문황제가 고구려에 사신을 보내 왕자로 하여금 자신을 예방할 것을 요구하지만, 왕자가 병이 들어 갈 수 없다고 거절하고, 종숙인 승간을 보내 화친을 맺자, 양국 간의 이면적인 긴장관계가 계속되었다. 상호 경계와 견제를 지속하면서도 겉으로는 조공을 통하여 화친 관계를 지속적으로 유지하였다.

즉위 2년(493년) 2월, 물길족에 의해 함락된 부여왕과 가족이 투항해 옴으로써, 서기 전 4세기 이래 약 800년 간 지속되던 부여 왕조는 완전히 몰락하게 된다. 4년(495년) 신라의 우산성을 공격했다가 패배했지만 이듬해 다시 공격하여 함락시켰다. 그러자 신라는 고구려에 휴전을 제의하였다. 백제가 이를 두고 신라를 책망하면서 백제와 신라의 동맹관계는 종결되었고, 고구려에게 백제를 공략하는 기회를 만들어 주었다. 11년(502년)메뚜기 떼가 몰려들어 농사를 망치고, 지진이 일어나 많은 사망자가 생기자 백제는 이때를 놓치지 않고 고구려를 공략해 온다. 문자명왕은 좋지 않은 경제적 여건 때문에 방어만 하고 있었다. 경제적 어려움으로 위와의 무역량을 줄인 것에 대해 왕실의 비난을 받자, 백제를 원망하며 15년(506년)에 백제를 공격했지만 폭설로 인해 퇴각해야만 했다. 그 후 21년(512년) 백제를 침공하여 가불성과 원산성을 함락시키고, 1,000여 명을 사로잡음으로써 백제와의 싸움에서 최초로 승리를 하였다. 이 싸움을 끝으로 문자명왕대에는 백제와 더 이상 싸움이 없었다. 백제와 신라는 나·제동맹을 통한 연합 작전으로 일진일퇴를 거듭하였다.

그 후 문자명왕은 선대왕에 이어 중국 남·북조 와 화친을 맺으며 나라를 안정시키는데 주력하였고, 고구려 남쪽 영토를 확장 시켰으며, 7년(498) 금강사를 창건하여 불교를 진흥시키며, 고구려의 최대 전성기를 이룩하였다. 문자명왕은 이름에서 느낄 수 있는 것처럼 문치를 펼친 왕으로 알려져 있다.

● **제22대 안장왕** (安臧王. ?~531년. 재위 기간은 519년~531년까지 약 13년)

안장왕은 문자왕의 맏아들로서 이름은 흥안이며, 문자왕 7년(498년)에 태자로 책봉되었다. 안장왕은 중국 양나라로 부터 '영동장군 도독 영평이주제군사 고구려왕'이라는 칭호를 얻고, 북위로 부터도 '안동장군 영호 동이교위 요동군개국공 고구려왕'의 지위를 인정받았다. 선대왕들이 그래왔던 것처럼 중국의 남조와 북조 국가들과 조공 무역 관계를 유지함으로써 양면 외교 정책을 지속하였다.

즉위 5년(523년)과 11년(529년)에 백제를 침략하였다. 오랫동안 말갈과의 싸움으로 지쳐 있던 백제에 홍수와 메뚜기 떼가 몰려오는 천재지변이 겹치자, 900여 호의 백성들이 신라로 이주하는 사태가 벌어졌으며, 격무에 시달리던 무령왕마저 죽는 일이 벌어진 틈을 타 11년 백제를 공략했지만 큰 성과를 이루지는 못한다. 한편, 위기를 느낀 백제는 신라에 화친을 제의하여 다시 동맹관계를 맺게 된다. 재위 13년인 531년에 음력 5월에 왕이 죽었는데, 귀족이 반란을 일으켜 처형당한 것으로 추정된다.

안장왕에 대한 자료는 많이 남아 있지 않지만, 전해지는 자료로 선대의 정책을 잘 이으려 노력했던 것을 알 수가 있다.

● 제23대 안원왕 (安原王. ?~545년. 재위 기간은 531년~545년까지 약 15년)

안원왕은 문자명왕의 차남이고, 안장왕의 동생으로 키가 7척 5촌이나 될 정도로 기골이 장대하였으며, 인품이 훌륭하여 세인들로부터 존경을 받았다고 전해진다. 일명 곡향강상왕, 향강상왕 또는 안강상왕이라 하며 이름은 보연이다. 형 안장왕의 사랑을 받던 보연은 안장왕이 후사가 없이 죽자 왕위를 계승하였다.

당시 중국은 북위와 양나라가 대립하고 있다가 즉위 4년(534년) 북위가 동위와 서위로 분열되자, 동위와 양과의 양면외교를 적극 전개하여 안정을 유지하였다. 지리적으로 가까운 동위는 서위를 저지할 목적으로 고구려에 먼저 손을 내밀었다. 고구려는 동위의 화친 제의를 받아들이는 한편 산동의 백제를 견제해 줄 것을 부탁하였다. 동위의 공격을 받은 백제는 양나라에 구원을 요청했지만, 고구려와 동위의 관계 때문에 원군을 보내지 않았다. 이로 인해 백제는 대륙의 기지를 완전히 상실하고 말았다. 마침내 백제 성왕은 8년(538년)에 부여로 도읍을 옮기고 국호를 남부여로 바꾸었다. 그러나 잃어버린 땅을 되찾기 위해 10년(540년) 고구려의 우산성을 공격하였다. 고구려는 가뭄과 태풍, 메뚜기 떼로 인한 재난이 계속되어 어려움을 겪고 있었지만 정예기병 5천명을 파병하여 백제를 막아냈다. 하지만 귀족들이 추군과 세군으로 나뉘어 사회가 동요되고 무력충돌 속에서 죽음을 맞았다. 그 이후 고구려는 이후 국력이 급속히 쇠퇴해갔다. 안원왕은 황후에게 아들 하나를 얻었다는 것 이외에 가족에 대한 기록이 별로 없다.

● **제24대 양원왕** (陽原王. ?~559년. 재위 기간은 545년~559년까지 약 15년)

　양강상호 또는 양강왕이라고도 불린 양원왕의 이름은 평성이다. 안원왕의 맏아들로 안원왕 3년인 533년에 태자로 책봉되었다. 안원왕에게는 세 명의 왕비가 있었는데 첫째 왕비에게는 후사가 없고, 둘째, 셋째 왕비는 서로 자기 소생의 왕자를 왕의 후사로 삼으려고 귀족들을 끌어 모았는데, 안원왕이 세상을 떠난 후 그 세력들 사이에 군사적 충돌이 발생하였다. 이렇게 순탄하지 못한 과정을 거쳐 왕위에 오른 양원왕은 즉위 후 왕권이 점차 약화되어 갔다. 『삼국사기』거칠부 열전에 따르면 '양원왕 7년(551년)에 거칠부를 만난 고구려의 고승 혜량이 나라에 정란이 있어 멸망이 멀지 않다.'고 말한 것으로 당시 고구려의 지배세력 간에 분쟁이 있었다는 사실을 짐작해 볼 수 있다.

　중국 대륙에서 동위의 실력자 고환이 죽자, 그의 아들 고양이 동위왕 원선견을 폐위시키고, 왕위에 올라 550년에 북제를 세운다. 고구려는 이러한 변화에 촉각을 세우고 있는 틈을 타, 6년(550년) 백제는 고구려 도살성을 기습하여 함락시켰다. 백제와의 전면전으로 국력이 소모된 틈을 타 신라가 공격을 하여 금현성과 도살성을 차지하였다.

　한편 북쪽에서 돌궐이 고구려 국경을 넘어오자, 장군 고흘이 군사 1만을 거느리고 그들을 크게 격파하였으나 국력 소모가 매우 컸다. 마침내 7년(551년) 신라와 백제의 연합군에 의해 한강유역을 잃어버렸다.

　이후 8년(552년) 양원왕은 대비책으로 평양 부근에 장안성을 축성한다. 이 무렵 백제의 성왕과 신라의 진흥왕은 결혼동맹을 맺었지만 두 나라 사이에 큰 도움은 주지 못했는데, 백제의 성왕이 신라를 공격하려다 복병에게 살해되는 사태가 벌어지자, 10년(554년) 고구려는 백제를 공격하였지만 왕자 창이 이끄는 백제군에 밀려 퇴각하였다. 이후 백제에 대한 고구려의 공격은 이루어지지 않는다.

이 시기 중국은 남북조 시기의 막바지로 접어들어 어지러웠는데 557년, 환도성의 장수 간주리가 모반을 일으키지만, 반란군은 관군에 생포되어 처형됨으로써 반란은 끝이 난다.

즉위 과정에서부터 강력한 왕권을 확보하지 못해 귀족들의 힘에 눌려 있던 양원왕은 559년 3월에 세상을 마감하였다.

● **제25대 평원왕** (平原王, ?~590년. 재위 기간은 559년~590년까지 약 32년)

평원왕의 이름은 양성 또는 탕이고, 일명 평강상호왕, 평강왕, 평국왕이라고도 한다. 양원왕의 장자로 태어나 양원왕 13년(557년)에 태자가 되었으며, 담력이 크고 승마와 활쏘기에 능하였다고 전해진다.

양원왕 재위시절 지나친 국력 소모로 평원왕 즉위 당시 고구려의 국력은 많이 위축되어 있었는데, 광개토왕 이후 최악의 상황이었다. 그래서 평원왕은 될수록 전쟁을 피하고 주변 국가에 온건한 태도를 보였다.

즉위 이듬해인 560년에 졸본에 행차하여 동명성왕의 사당에 제를 올리고 돌아오는 길에 자신이 머무른 지역의 죄수들을 대거 사면하여 민심을 위로하였으나 3년(561년)에는 대홍수로, 5년(563년)에는 가뭄으로 민심이 흉흉하였다.

한편 백제와 신라가 치열한 패권다툼을 벌이고 있었는데, 신라의 성장은 고구려에 매우 위협적이었다. 신라의 진흥왕이 10년(568년) 고구려로부터 빼앗은 황초령과 마운령에 순수비를 세우자 매우 불쾌한 고구려는 신라의 후미를 공략할 수 있는 기반을 마련하기 위해, 고구려인들이 왜에 건너가 건설한 고마국(한자로는 고려이며 일본식 발음으로는 구메)에 사절단을 파견하여 화친을 맺는데 성공하였다.

  모처럼 경제적 안정을 누리며 궁궐 중수작업을 하던 그해 8월에 가뭄이 한동안 계속되고, 메뚜기 떼가 농토를 덮치게 되는 일이 일어나자 평원왕은 백성들의 재난을 구휼하기 위해 먹는 음식을 줄이고, 백성을 위로하고, 양원왕이 장안성에 대규모의 축성 공사를 시작한 궁궐 중수작업을 중단하고, 민간경제 회복에 나섰으며 28년(586년) 장안성으로 궁성을 옮겼다.

  중국과는 표면적으로 순탄한 관계를 가진 듯하지만, 북조와의 관계는 평탄하지 않았다. 북주의 무제가 요동을 공격해왔을 때, 왕은 직접 군사를 거느리고 배산에서 북주군을 격퇴하여 난국을 수습하였다. 이때 온달이 두각을 나타내어 마침내 평원왕의 사위로 인정받고 대형의 직위까지 오른다. 577년에 북주왕 우문옹이 북제를 멸망시킨 후 죽고, 제4대왕인 우문빈이 등극하여 또 몇 개월 만에 죽자, 외척 양견이 권력을 장악하고 수를 세우고 장안에 도읍지를 정했다. 평원왕은 사신을 통해 양견이 호방하고 야심찬 인물이란 것을 알고는 전쟁을 일으킬 것을 대비해 백성들의 부역을 줄이고, 양잠과 농사를 지원하여 민심을 안정시키는 한편, 왜와 북주에 사신을 보내 화친을 맺음으로써 백제와 신라를 제외한 주변 국가들과 화친관계를 유지하였다. 또한 양견은 588년에 남쪽의 진을 공격하여 강남지방을 완전히 장악하고, 590년에는 수나라가 남조의 진나라를 멸망함으로써 중원을 통일시켰다는 소식을 듣고 전쟁준비를 서두르게 하였다. 이후 수나라가 32년(590년) 고구려에 사신을 보내 조공할 것을 요구하였지만, 평원왕은 이를 거절하여 두 나라 사이에 긴장이 감돌았다. 그 해 10월 생을 마감하고 만다. 평원왕은 제1황후에게서 왕자 원과 평강공주를, 제2 황후에게서 왕자 성과 대양왕을 얻었다.

온달공원 충북 단양군 영춘면. 온달장군의 형상과 평강공주가 새겨진 기념탑

● **제26대 영양왕** (嬰陽王. ?~618년. 재위 기간은 590년~618년까지 약 29년)

　이름은 원 또는 대원이며, 평양왕이라고도 한다. 평원왕의 맏아들로 풍채가 준수하고 제세안민(濟世安民)의 뜻을 펼쳤는데, 영양왕이 재위하던 시기에 고구려의 영토가 가장 넓었다. 평원왕 7년인 565년에 태자로 책봉되었다가 평원왕의 왕위를 계승하였다.

　재위 기간 동안 수나라의 침략을 네 차례 받았지만, 모두 물리쳤다. 1차는 즉위 9년(598년) 수나라 문제(양견)가 고구려를 치려 한다는 소식을 접하고 말갈의 군사 1만을 동원하여 요서를 선제공격하자, 수 문제는 30만의 수륙군을 동원하여 고구려를 쳐들어왔다. 그러나 장마와 전염병과 굶주림 등을 겪으며 스스로 물러설 수밖에 없게 되었고, 양견은 분노하여 다시 공격을 계획하였으나 중신들의 반대로 중단하게 되자, 고구려는 때를 놓치지 않고 수나라에 사신을 보내 화친을 맺었다.

　한편 수나라에 사신을 보내 고구려로 가는 길을 인도하겠다고 접근을 시도했던 백제를 9년(598년)과 18년(607년)에 공격 하면서 백제와 신라는 다시 긴장을 하게 되었다. 영양왕은 신라에게 빼앗긴 한강 유역을 회복하겠다는 의지를 버리지 않았다. 온달장군이 아차성을, 14년(603)년에는 북한산성을 공격하였지만, 신라 진평왕이 직접 군대를 이끌고 방어에 나섬에 따라 북한산성을 차지하지는 못했다. 하지만 영양왕은 포기하지 않고 19년(608년)에 다시 신라의 북쪽을 공격해 우명산성을 빼앗고 8천 명을 포로로 사로잡는 전과를 올렸다. 그러자 다급해진 신라가 608년과 611년 두 차례에 걸쳐 수나라에 사신을 보내 도와줄 것을 요청하였다.

왜나라와 교류는 활발했는데 즉위 6년(595년)에는 혜자가 일본으로 건너가 쇼토쿠 태자의 스승이 되었으며, 21년(610년)에는 담징 등을 파견하여 고구려 문화를 전파하였다.

또, 영양왕은 역사를 정리하여 왕실의 위상을 높이고, 정신적 역량을 강화하기 위해 태학박사 이문진에게 옛 역사서를 요약한 『신집』 5권을 편찬하게 하였다. 신집은 고구려 건국초기 100권의 책으로 묶은 역사서 유기와 그 이후의 역사서를 정리한 것인데, 두 책은 모두 현재는 전해지지 않고 삼국사기에 그 사실만 기록되어 전하고 있다.

수나라의 네 차례 침략 중 2차 공격은 아버지 양견을 죽이고, 왕위에 오른 수 양제가 23년(612년)에 113만 대군을 이끌고 수륙 양면으로 고구려를 공격하였다. 이때 을지문덕장군이 30만을 지휘한 살수에서 대패하여 퇴각하고 만다. 을지문덕이 수나라 장수 우중문에게 시 한편을 보냈는데, 이것은 현재 전해지는 한시 중 가장 오래된 것으로 알려져 있다.

신책구천문(神策究天文)	신기한 책략은 하늘을 통달했고,
묘산궁지리(妙算窮地理)	묘한 계략은 땅의 이치에 도달했다.

전승공기고(戰勝功旣高)　　　전쟁에 이겨 공이 높으니,

지족원운지(知足願云止)　　　만족하고 돌아가는 것이 어떤가.

　수나라의 3차 침입은 24년(613년)에 있었다. 살수대첩에서 우중문과 함께 왔던 우문술이 대장군으로 선봉부대를 지휘하여 요동성·신성까지 공격하였으나 성은 함락되지 않았다. 때마침 수나라에서는 예부상서 양현감의 반란이 일어났다는 소식을 전해 받은 수 양제는 할 수 없이 고구려에서 철수하였다. 다음해에 4차 침입이 있었는데, 수나라 내부의 혼란과 함께 때맞춰 고구려가 평화교섭을 시도하자 철군하였다. 고구려와의 오랜 전쟁에서 큰 피해를 입은 수나라는 경제가 피폐해졌고, 곳곳에서 반란이 일어나 혼란 속에 빠져들고, 마침내 617년에 귀족 이연의 반란군에게 618년 수 양제가 피살됨으로써 수나라는 몰락하고 당나라가 일어났다. 고구려 역시 수와의 싸움으로 국력이 많이 소진되었지만, 고·수 전쟁을 승리로 이끌며 고구려의 전성기를 이룩하였다.

● **제27대 영류왕** (營留王. ?~642년. 재위 기간은 618~642년까지 약 25년)

　영류왕의 이름은 건무 혹은 성으로 영양왕의 이복동생이다. 평원왕과 그의 제2황후에게서 태어났다.
　영류왕이 즉위한 해(618년) 중국에서는 당나라가 건국되었다. 당시 당나라는 내부의 혼란을 수습하고, 강대해진 돌궐의 위협에 대처하는 것이 급했던 한편, 후방을 안정시키기 위해서 고구려와 화친을 제의하였다. 고구려 역시 수나라와 전쟁에서 입은 피해를 복구하기 위하여 당나라와 우호적인 관계를 유지해야 했으므로 고구려는 당나라의 화친제의를 받아들였다. 영류왕은 온건주의적인 성향으로 2년(619년), 5년(621년), 6년(622년)에 당나라에 사신을 보내 두 나라의 우호를 다졌는데, 특히 622년에는 수나라와의 전쟁 때 사로잡힌 2만의 포로들을 교환하였다. 그리고 8년(624년) 당나라에서 도교를 받아들이고, 그 이듬해에는 당나라에 사신을 보내어 불교와 도교를 배워오게 하여 당과의 문화교류를 활발히 하였다.

한편 626년 당나라에서는 이연(당 고조)의 아들 이세민이 태자 건성을 죽이고 왕위를 찬탈하는 사건이 일어났다. 왕위에 오른 이세민은 영토 확장을 가속화하며, 주변국들에게 압박을 가하자 고구려, 백제, 신라 모두가 당나라와 화친을 맺었다. 이 과정에서 백제와 신라가 "고구려가 길을 막고 당나라를 예방하지 못하게 하며 국경을 자주 침략하니 견제해 달라."고 요청하였다. 그리고 고구려도 당나라가 백제, 신라와 연합하는 것을 견제했다. 하지만 당나라가 고구려에 사신을 보내 백제, 신라와 화친하라고 강요하자, 고구려는 외교 갈등을 우려해 당의 요구를 받아들이겠다고 답신을 보냈다.

당이 강력한 대국으로 떠오르자, 고구려는 한층 긴장하고 대비하여 14년(631년) 2월부터 부여성에서 시작하여 서남쪽 바다 발해에 이르는 천리장성을 쌓기 시작하였는데, 길이가 1천여 리나 되었다. 이 성은 16년 만에 준공되었다. 이 작업을 지휘하던 연태조가 도중에 죽자, 그의 아들 연개소문이 대업을 이어받아 축성작업을 하였다.

신라와는 한수 이북의 땅에 대한 소유권 문제로 갈등이 계속되고 있었는데, 당의 고구려 침공을 대비하느라 고구려가 한반도에 소홀히 할 것으로 예상하고, 12년(629년) 고구려를 침공하여 낭비성을 함락시켰다. 그 뒤로도 신라와 21년(638년) 임진강 주변의 칠중성을 공격하게 하는 등 신라와 계속 충돌하였다.

한편, 당에서는 태자를 보낼 것을 요구하자 고구려 조정에서는 당에 굴복해서는 안 된다는 강경파와 온건파로 나뉘었다. 영류왕은 온건파의 의견을 받아들여 23년(640년)에 태자 환권을 장안에 보내 당나라의 국학에 입학시키자, 다음해 당나라에서 태자의 예방에 답하여 직방 낭중 진대덕을 보내겠다는 서신을 보내자, 온건파와 강경파의 대립은 최고조에 달했다. 강경파는 진대덕이 병법과 지리에 밝아 그가 고구려에 들어올 경우 좋지 않은 일이 생길 것이라고 주장하였지만, 영류왕은 귀 기울이지 않았는데 고구려에 들어온 진대덕은 여러 성읍을 돌아다니며, 지세와 방어체계를 살피고 당 태종 이세민에게 고구려를 칠 것을 간언하였다.

강경파의 주장을 무시하며 천리장성 축성작업마저 중단하려 하자 연개소문이 강하게 반발하였고, 영류왕과 온건파 대신들은 연개소문을 제거하려 하였다. 그 소식을 들은 연개소문은 25년(642년) 평양 남쪽 성 밖에서 부병의 열병식을 구실로 귀족들을 초청한 뒤, 장안성으로 군사를 이끌고 정변을 일으켜 이들을 모두 죽이고, 왕궁에 돌입하여 왕을 시해하고 보장왕을 세웠다. 영류왕은 황후에게서 태자 환권을 낳았으나, 연개소문이 영류왕을 살해할 때 함께 살해된 것으로 추정된다.

영류왕 때, 서양에서는 페르시아가 세력을 팽창하다가 사라센에 의해 무너지고, 프랑크 제국이 3차 분열시기를 맞는다. 622년에는 이슬람교의 창시자 마호메트가 세력을 펴다가 궁지에 몰려 메카에서 메디나로 옮기는 성스러운 도망을 감행하였다.

● 제28대 보장왕 (寶藏王. ?~682년. 재위 기간은 642년~668년까지 약 27년)

보장왕은 고구려의 마지막 왕으로, 이름은 장 혹은 보장이다. 평원왕의 셋째 아들인 대양왕의 아들로 영류왕은 보장왕의 큰아버지이다. 영류왕을 시해한 연개소문의 추대로 보장왕은 허수아비 왕이 되었다. 한편 안시성 성주가 연개소문에 대항하여 항거 준비를 하자, 연개소문은 안시성을 공격하였지만 번번이 실패하였다.

연개소문은 도교를 선호하고 있던 당 황제 이세민에게 도교를 유포시킨다는 구실로 2년(643년) 사신을 보내자, 별 의심 없이 도사 8명과 노자의 도덕경을 보내주었다. 하지만 당나라의 상황파악이 목적이였던 사신에게 전쟁 준비 정보를 얻은 연개소문은 군사를 늘리고, 변방 성곽을 수리하는 등 당의 침략에 대비하였다.

한편, 한반도에서는 백제와 신라의 싸움이 치열했는데, 백제가 신라의 성 40여 개를 함락시키며 우세하였다. 이때, 신라의 선덕여왕은 김춘추를 고구려에 보내 구원병을 요청하였지만, 연개소문은 거부하고 사태의 추이를 관망하였다. 그러자 신라는 643년 당에 사신을 보내, 백제와 고구려가 신라의 조공길을 막고 있다며 원군을 요청하자, 신라와 손을 잡고 고구려와 백제를 칠 계획을 세운다. 이를 눈치 챈 연개소문이 백제와 손을 잡고 적극적으로 신라 공략에 나서자 이세민은 당장 신라 공격을 멈추지 않으면 군사를 출동시키겠다는 선전포고를 한마디로 거절하자, 당나라 황제 이세민은 왕을 죽이고 권력을 휘두르는 연개소문을 처단한다는 명목으로 4년(645년) 신하의 반대에도 불구하고 직접 10만 대군을 이끌고 고구려로 출정한다. 10만 대군 중 4만은 전함 500척을 거느리고 발해를 통해 평양으로 진격하였고, 6만은 왕이 직접 육로로 진군하여 비사성과 개모성까지 함락시켰다. 이어 총사령관 이세적이 요동성으로 진군하자, 연개소문은 4만의 병력을 출동시켰지만 12일만에 함락되고, 백암성 마저 위태로웠는데도 성주 손대음은 당에 쉽게 성을 내주었다. 힘을 얻은 이세민이 안시성까지 진격해오자 연개소문은 고연수와 고혜진에게 15만의 군사를 주고 지원하였으나, 이세민은 "고구려를 정벌하기 위해 온 것이 아니라 신하의 예절을 가르치기 위해 왔다."면서 신하의 예만 갖추면 돌아가겠다고 회유책을 썼다. 그러자 고연수는 적극적으로 싸우지 않고 항복을 하여 안시성이 고립이 되었지만, 안시성의 군민들은 사기를 잃지 않고 끝까지 대항하였다. 한편 당 군은 오랜 전쟁으로 인한 피로에 사기가 저하되고, 겨울이 닥쳐와 추위와 배고픔을 이기지 못하고 퇴각하였다. 이세민은 이를 갈며 전함 축조작업을 하고, 7년(648년) 정월, 설만철에게 전함과 군사 3만을 주고 다시 평양으로 향하도록 하였으나, 당군은 별다른 성과를 거두지 못하고 돌아갔다. 그리고 다음해에 이세민은 다시 30만의 병력으로 또 한 번 고구려를 침공할 계획을 세웠으나, 웬일인지 고구려를 더 이상 정벌하지 말라는 유서를 남기고 죽음으로써 고구려와 당은 일시적인 휴전에 들어갔다.

한편 한반도에서는 고구려군과 백제군에 의해 신라가 수세에 몰리자 신라의 무열왕 김춘추는 당에 원군을 요청하였다. 당 고종은 소정방에게 군사를 내주고 고구려를 공격하였으나 패배하고, 17년(658년) 다시 정명진과 설인귀에게 군사를 주어 침공하였으나 또 대패하고 돌아갔다. 18년(659년) 11월. 설인귀는 다시 고구려를 침략하였고, 이듬해 6월에 소정방이 군사 13만을 거느리고 신라와 함께 백제 공략에 나서 백제 의자왕은 항복하였다. 그리고 의자왕과 백제 신하들은 당나라로 끌려가고, 백제에 남아 있던 신하들을 중심으로 백제는 부흥운동에 돌입하였다.

백제를 무너뜨린 소정방이 이끄는 나·당 연합군은 그 여세를 몰아 고구려로 향하였다. 나·당 연합군은 대동강의 하평양을 향해 진군하였고, 당 고종은 4만 4천의 병력을 징발하여 대국 쪽 고구려 변방을 공격하였다. 그때 백제 부흥군이 나·당연합군의 후미를 치자 신라군은 남진하여 백제군과 싸워야 했고, 고구려는 그 상황을 이용하여 당 군을 패주시켰다. 당 군은 다시

1) 고구려의 역사 89

수륙 양동작전을 펴며 평양으로 진군해 왔지만 다시 패배하여 돌아갔다. 그 사이 연개소문은 뇌음신에게 군사를 주어 신라의 북한산성을 공격하게 하였으나 장마가 계속되자 퇴각하였다. 그 후에도 당 군은 계속 고구려에 진격해 왔고 번번이 패배하여 되돌아갔다.

그러나, 25년(666년) 연개소문이 죽자 그의 아들 사이에 권력 다툼이 일어났다. 보장왕은 남생을 막리지로 삼고 조정을 개편하였지만, 조정은 어수선하고 그의 동생 남건과 남산이 불만을 품고 남생이 변방을 순행하는 사이 황명이라 속여 측근을 없애고, 남생을 소환하려 하자 자신의 아들을 당에 보내 구원을 요청하였다. 그러자 당 고종은 계필하력을 보내 당으로 탈출시키는 한편 남생의 군사를 앞세우고 이적, 계필하력 등에게 대군을 주고 고구려를 치게 하였다.

어수선한 틈을 타 연개소문의 동생 연정토는 한반도 쪽 12개 성을 가지고 신라에 투항하자 당은 대대적인 공격을 해왔다. 26년(667년) 신성 근처 16개 성을 함락한 후 부여성과 주변 40여 성을 함락하고, 다음해 9월에는 보장왕이 머무르던 평양성마저 함락하였다. 그러나 당나라로 잡혀간 보장왕은 전쟁에 직접적인 책임이 없다 하여 벼슬을 받고 당이 평양에 설치한 안동도호부에 머물렀다.

그 후 670년 검모잠이 보장왕의 외손자 안순을 왕으로 세우고 고구려 부흥운동을 전개하였지만, 둘 사이에 갈등으로 안순이 검모잠을 죽이고 신라로 도주하였다. 그 뒤 671년까지 저항을 계속했던 안시성이 무너졌고, 672년 당의 대대적인 공격에 밀린 고구려 잔여 병력은 대부분 신라에 투항하였다.

이후 보장왕은 677년에 요동 지방을 다스리는 '요동 도독 조선군왕'으로 임명되어 요동에 머물렀는데, 고구려를 재건하기 위해 말갈과 함께 군사를 일으키다 발각되어 681년 사천성의 공주로 유배되었다가 682년 그곳에서 일생을 마치고 말았다. 그의 시신은 장안으로 옮겨져 돌궐의 추장 힐리의 무덤 옆에 장사 지내고 비를 세웠다. 나라가 망해 시호를 받지는 못하고, 그의 이름 보장을 묘호로 삼게 되었다.

(2) 고구려 문화

① 산성

고구려는 당시 중국 중심의 질서로 주변의 세력들을 통일하고자했던 중국 세력에 맞선 고대의 제국이었다. 고구려는 산성의 나라라 일컬을 만큼 산성 축조를 잘했다. 당 태종이 고구려를 직접 치러 나섰을 때 많은 신하들이 만류했는데, 그 이유는 고구려가 산악 지형으로 골이 깊고 산성이 많아 깊이 쳐들어가면 보급로가 차단되고, 지구전을 펼칠 경우 버티기가 곤란하다는 이유에서였다. 당태종이 전쟁에 직접 나선 것은 재임하는 동안 고구려와의 전쟁이 유일한 사건으로 기록되어 있다.

고구려의 도성 체제는 지리적으로 요충지에 자리를 잡고 전쟁시 수도를 보호하기 위해 적이 쳐들어오기는 쉽고 치기에는 어려운 곳에 성을 쌓았다. 산성과 평지성을 결합한 특이한 구조를 가지고 있으며, 또 동, 서, 북쪽이 절벽이고 남쪽은 완만하여 성 안 골짜기의 물이 모여 강을 이루는 고로봉식이라는 독특한 구조를 가지고 있는 난공불락의 요새가 많았다고 전해진다.

평상시에는 왕이 평지성에서 거주하고 있다가 적이 쳐들어오면 피난성인 산성으로 들어가 버티었다. 졸본 지역에 오녀산성과 하고성자성, 국내성 지역에서는 국내성과 환도산성이라는 세트 체제를 가지고 있었다. 말기에는 적의 공격에 평지성이 파괴되는 점을 보완하기 위해 중국처럼 도시 전체를 감싸는 새로운 체제의 도성 장안성을 쌓았다.

성은 주로 돌을 많이 사용하였으며, 제일 아래에 큰 돌을 깔고 그 위에 정방형의 성 돌을 쌓았다.

고구려인이 쌓은 산성은 졸본 지역과 국내성과 만주 지역 그리고 북한과 남한에 남아 있다. 만주 지역에 있는 것으로 당의 침략에 대비하여 연개소문을 시켜 구축한 천리장성이 유명하고, 북한에는 태백산성, 황룡산성 등이 있고, 남한에는 아차산성, 반월산성, 온달산성 등이 남아 있다.

② **벽화**

고구려 역사에 대한 기록이 많지 않아 고구려의 사회상을 엿보는 문화유적으로 벽화는 상당히 중요한 역할을 하고 있다. 다행히도 고구려인들은 고분 벽화에 그려져 있는 의상이나 무악, 씨름 등의 풍속을 보면서 고구려인의 문화를 짐작해 볼 수가 있다.

고구려에서 제작된 벽화는 4세기에서 7세기까지 300여 년 동안 90여 기가 넘지만, 벽화를 그린 화가나 그려진 방식 등에 대해서는 알 수가 없다. 제1기는 4세기 중엽에서 5세기 초까지, 제2기는 5세기 중엽에서 6세기 중엽까지, 제3기는 6세기 후반에서 7세기 전반까지가 해당된다.

황해도 안악과 평양 지역에서 발견된 안악 3호분과 덕흥리 벽화고분, 태성리 1호분 등은 고구려 벽화 제1기 때 것으로 주로 묘 주인의 초상화가 중심을 이루고 있다. 대규모의 행렬도와 아래 관료들과의 대면식 같은 궁궐이나 관청의 행사, 또 부엌, 푸줏간, 외양간 등의 생활상이 담겨 있는데 주로 묘 주인의 공적·사적인 풍속도를 보여 주고 있다.

5세기 중엽 이후 제2기에 들어서며 소재가 조금 더 풍부해지고 회화의 기량도 많이 진전되어 있다. 5세기 중엽에서 6세기 중엽까지 제작된 벽화가 60-70여 기로 전체 벽화의 3분의 2가 넘는다. 통구 사신총(수렵총)등이 제2

기의 벽화이다. 이 시기는 장수왕이 평양 천도 이후의 안정적인 때여서 벽화가 많이 그려졌는데, 상류층의 여유로운 생활도와 풍속화가 주류를 이루고 있다.

고구려 후기인 6세기 후반에서 7세기 전반의 제3기에는 생활 풍속도가 자취를 감추고 사신도가 주로 나타난다. 길림성 집안의 통구 사신총, 통구5회분 4호와 5호묘, 평양 지역의 진파리1호와 4호분, 강서대묘와 중묘, 호남리 사신총 등이 이때의 고분벽화에 속한다. 사신은 실내 네 벽 동서남북 혹은 좌우전후에 각각 청룡, 백호, 주작, 현무를 장식하는 형태이다.

고구려 고분벽화는 크게 회벽화와 석벽화로 나누어지는데, 주로 활용된 기법이 회벽화법이다. 돌로 묘실을 쌓고 석회를 발라 평평한 화면을 만든 다음 그 위에 그림을 그리는 방식이다. 고구려 회벽화는 조선 시대의 것보다 불순물이 적고 순도가 높은 석회 혼합기술을 가졌고, 고구려의 회벽화는 회면이 떨어진 부분을 제외하면 변색이 적고 보존상태가 좋은 편이다.

③ 고구려인의 상무정신 (尙武精神)

고구려가 중국 세력에 대항할 만큼 강성했던 요인으로 고구려의 상무정신을 드는데, 나라를 지키기 위해 싸우다 의연하게 죽을 각오가 되어 있는 것이 고구려인의 상무정신이다. 광활한 대륙을 호령하던 초강대국 고구려의 힘은 강인한 전사를 만들기 위해 평소 교육과 훈련에 심혈을 기울였던 상무정신에서 비롯됐다. 상무정신의 실천이란 곧 살신성인을 의미한다. 중앙에는 태학, 지방에는 경당을 설립하여 청소년들에게 문과 무를 겸비하는 교육을 시켰다.

고구려는 산악 지방이 많아 목축과 사냥이 농업 다음으로 중요한 생업이었다. 그래서 남자들은 어렸을 때부터 활쏘기, 말 타기, 칼 쓰기 등 각종 무술 연마를 생활화하였으며, 달리기 등의 체력 훈련을 통해 몸을 튼튼히 하는데 게을리 하지 않았다. 주몽 설화에서도 주몽이 어렸을 때부터 활쏘기에 비상한 재주를 가진 것을 볼 수 있다. 그 외 씨름과 태껸으로 심신을 단련했던 것으로 보여진다.

뿐만 아니라, 중국 기록에 따르면 교육열이 매우 높은 것으로 평가되고 있다. 고구려인들은 중국의 역사책인 사기, 한서, 후한서, 삼국지 등과 5경(춘추, 예기, 시경, 서경, 역경)을 주로 읽었다고 한다. 중국책을 읽었다고는 하지만, 고구려인들이 나라 이름이나 벼슬, 땅, 사람 이름 그리고 왕의 시호까지 고구려 식으로 지켜낸 것은 고구려만의 문화를 간직하는 힘을 갖고 있었다는 것을 증명해 준다. 그런 자주적이고 고유한 민족정신의 바탕에서 『유기』와 『신집』이라는 역사서를 편찬할 수도 있었던 것이다.

또한 벽화에서 보는 것처럼 가무를 무척 즐겼던 고구려인들은 예술, 문화적인 면으로도 상당히 높은 수준을 갖고 있었던 것으로 짐작된다. 고구려인들의 전형적인 춤 동작은 넓고 긴 소매를 펄럭펄럭 날리며, 두 팔을 자유자재로 움직이는 것이었다고 한다.

현재 중국이 동북공정이라는 이름으로 고구려를 자국 역사에 편입하려는 시도를 계속하고 있지만, 고구려는 엄연히 중국의 한족과는 다른 우리 민족의 문화를 간직하고 있음을 알고 자부심을 가져야 하며, 고구려의 역사를 바로 아는 것에서부터 민족적 자부심을 세우는 것이 올바른 순서이다.

(3) 고구려 역사가 간직하고 있는 아름다운 이야기

① 바보 온달과 평강 공주

평강 공주는 고구려 제25대 평원왕의 딸이다. 공주는 어렸을 때 울기를 잘해서 아버지 평원왕이 놀리며 "자꾸 울면 바보 온달에게 시집 보내련다." 라고 겁을 주어 달래곤 했다.
　공주가 커서 시집갈 나이가 되었을 때, 평원왕은 귀족 고씨 집안으로 시집을 보내려 하였지만, 공주는 나라를 다스리는 임금이 말을 쉽게 바꾸면 안 된다면서 평소 아버지가 말한 대로 온달에게 시집을 가겠다고 하였다. 왕은 노하여 평강 공주를 궁궐에서 쫓아내었다. 궁궐에서 나온 평강 공주는 그 길로 온달을 찾아갔다. 온달은 노모와 단둘이서 궁색한 살림을 살고 있어 공주를 선뜻 받아들일 수 없었다. 온달의 노모는 "어린 여자가 할 짓이 아니다."고 타일렀고, 온달은 "혹시 여우가 아니냐?"고 반문을 하기도 하였다. 온달과 노모에 의해 받아들여지지 않은 공주는 온달의 집 담벽에 기대어 잠을 자며 끈질기게 두 모자를 설득하여 마침내 혼인에 이르게 된다. 평강 공주는 온달에게 학문과 무예를 닦도록 격려하는 한편, 궁궐에서 나오기 전에 챙긴 패물을 모두 팔아 살림 밑천으로 삼고, 궁궐에서 나온 병든 말을 헐값에 사들여 자신이 직접 기르기 시작한다. 비록 병이 들었지만 궁궐에서 나온 말이라면 명마라는 것을 알고 있었기 때문이다. 공주의 정성으로 말들은 모두 명마가 되었다.
　고구려에서는 매년 봄 3월 3일 낙랑 언덕에서 사냥대회를 여는데, 온달은 공주가 키운 명마를 타고 사냥 대회에 나가 남다른 활약을 보였다. 온달의 이름이 왕에게 알려지고 온달은 고구려의 장수로 발탁되었다.
　북주와의 전쟁에서 혁혁한 전공을 세운 온달은 평원왕의 사위로 인정을 받고 대형이라는 높은 직위에 오르게 된다.
　590년 영양왕이 즉위하여 신라에게 빼앗긴 죽령 이북의 한강 유역을 탈환하고자 자원하여 참전하였다. 싸움에 나가기 전에 온달은 공주에게 "한강변을 차지하기 전까지는 돌아오지 않겠다."고 다짐한 온달 이였지만 아차산성까지 밀고 내려가 전투에서 화살에 맞아서 수도로 돌아오던 중 전사하였다. 이때 관에 넣어 옮기려 하는데 움직이지가 않았다. 그 소식을 듣고 달려온 평강공주는 남편의 주검을 부둥켜안고 울면서 "자, 이제 모든 것이 끝났으니 돌아갑시다. 억울한 마음을 푸소서!"라고 간곡히 속삭였다. 그러자 수많은 병사의 힘으로도 꿈쩍하지 않던 온달의 영구가 서서히 움직이기 시작했다.

온달 장군의 유적으로는 서울 광진구 광장동과 구의동에 걸쳐 있는 아차산성과 충북 단양군에 있는 온달산성이 있다. 전해지는 설화에 의하면 온달 장군이 죽은 곳은 아차산성이지만 온달산성에서 죽었다는 설도 있다.

온달산성(사적 264호)은 가장 남쪽에 위치한 고구려의 성곽이다.

논술로 다지는 고구려

고구려 벽화에 나타난 고구려인의 생활에 대해 논하시오.

1. 머리말

　한민족이 세운 대표적인 국가인 고구려는 만주 일대와 한반도 중부 이북까지 이르는 광대한 영토 및 광범위한 해양 영토를 보유하면서 700여 년 이상 존속하였다.
　고구려는 정치와 군사적으로 강국이었으며, 제국적인 성격을 띠웠고, 동시에 정신이 자유롭고 문화가 매우 발달한 문화국가였다. 고조선과 부여를 계승하였으므로 초기부터 문화가 발달했으며, 5세기에 이르러 영토가 확대되면서 질적으로 더욱 성숙해졌고, 보다 다양성을 띠게 되었다.
　독창적인 고구려 문화 중에서도 현존하는 고구려 문화를 대표하는 것이 바로 벽화고분이다. 이는 세계적인 문화유산으로 우리 문화유산의 자랑거리인 동시에 고구려 당시의 생활을 알게 해주는 귀중한 역사적 자료이다. 벽화고분의 등장은 고구려인의 내세관과 관련이 있다. 점차 내세와 현세가 구분되면서 모든 부장품이 상징화되기 시작하였다. 순장이 사라지고 토용(土俑)을 부장하거나, 실제 사용하였던 물건을 묻지 않고 고분 안에 벽화를 그려 이를 대신하는 벽화고분이 등장하였다.
　현재까지 발견된 고구려 벽화는 85기로 집안지역에서 20기, 평양 및 안악

지역에서 65기가 발견되었다. 고구려 고분벽화의 주제는 크게 생활풍속도, 장식문도, 사신도, 연화문도로 나누어볼 수 있고, 이들 벽화를 통해 고구려인들의 의식주와 같은 생활상 뿐 아니라 종교까지도 알 수 있다.

2. 본론 – 고구려 벽화에 나타난 고구려인의 세계

● 농업

오회분 5호묘 벽화(6C)에 나타난 '쇠머리를 한 농사의 신'을 통해 고구려가 농업국가임을 알 수 있다. 흰 뿔, 푸른 눈에 쇠머리를 한 농업신이 오른손에 벼이삭을 들고 달리는 모

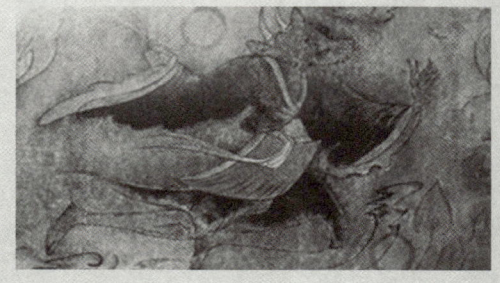

습을 나타낸 이 벽화는 흩날리는 옷자락과 몸짓에서 농업신의 힘찬 움직임이 느껴진다. 고구려가 끊임없이 영토를 넓혀갔던 것도 사실은 안정된 농업생산을 확보하기 위해서였다. 고구려 농민들의 수호신인 '농업신'이 '벼이삭'을 들고 있을 만큼 고구려에서는 평양 주변과 황해도 일대, 그리고 랴오둥 지방을 중심으로 벼농사가 발달하였다. 그러나 584년(양원왕 4년) 가을 환도성에서 좋은 쌀을 평양에 진상한 사례(삼국사기)처럼 맛 좋은 쌀은 대개 특권층 차지이고, 일반 백성은 쌀보다는 좁쌀을 주식으로 먹었다. 또한 국가에서는 농민들의 안정된 생활을 보장해주기 위하여 봄에 곡식을 꾸어주고, 추수한 뒤 약간의 이자를 붙여 거두어들이는 진대법이라는 빈민구제 제도를 실시하였다. 가난한 농민들이 모두 몰락하는 것은 농업에 근거한 국가의 안정을 위협하는 일이기 때문이다.

철기

청동기에 이어 새롭고 높은 차원의 문명을 가져온 철은 인류 역사의 발전에 가장 큰 기여를 한 발명품중의 하나이다. 고구려에는 일찍이 풀무를 사용하여 1200℃에 달하는 고온을 내는 기술을 발달시켜 수준 높은 철기 문화를 누렸  다. 중국 지린성 오회분 4호분 묘호 벽화 (6C) '야철신'에는 대장간에서 철을 제련하는 동작을 사실감 넘치게 묘사하고 있다. 준수한 용모에 점잖게 상투를 틀고, 고급스러운 검정색 옷을 입고 있는 모습에서 기술자인 대장장이를 고구려 사회에서 우대했음을 알 수 있다. 고구려시대 유물인 철제 가위, 철제 보습, 쇠로 만든 정, 도끼와 같은 철제 유물들의 성분을 분석한 결과, 당시의 철강은 탄소함량이 0.86%에 이르는 고 탄강으로 오늘날의 공구강 수준에 맞먹는 강도를 지니고 있었다.

수레의 발달

고조선 때 등장한 수레는 고구려에서도 운송 수단으로 널리 이용되었다. 열여덟 군데의 고구려 고분 벽화에 40대의 수레 그림과 4개의 수레바퀴 그림이 남아있다. 특히 중국

지린성 우회분 4호묘 벽화에 나타난 수레바퀴의 신은 바퀴살을 쥐고 쇠망치로 바퀴의 테를 내리치고 있는 모습이다. 야철 신과 바퀴 신은 둘 다 맞섶의 나래옷을 입었으며, 코끝이 뾰족하게 솟은 검은 가죽신을 신고 있다. 이처럼 수레바퀴의 신은 신화의 나라에도 없었던 고구려만의 특징으로 고려에서 수레가 발달되어있음을 알려준다. 고구려 수레는 여러 가지 용도로 사용되었다. 농민들이 농작물 같은 짐을 옮길 때는 소달구지로, 귀족들에겐 외출시 자가용으로 사용되었다. 조선시대의 지배 계급인 양반 관료들은 주로 사람이 메는 가마를 타는데, 무용총을 비롯한 많은 고분에서는 무덤의 주인공은 바퀴 달린 수레를 타고 있는 점으로 보아 그들의 호사스런 생활의 한 단면을 보여주고 있다. 외출용 수레는 신분이나 지위에 따라 모양도 달랐다. 덕흥리 고분벽화의 행렬도를 보면, 무덤 주인인 유주자사의 수레가 부하 관료의 수레보다 더 크고 화려하다. 이렇게 수레가 보급되다 보니 수레바퀴를 이용한 오락도 나타난다. 장천 1호분 수산리 고분 벽화에는 수레바퀴와 막대, 공을 던지고 받는 재주를 부리는 사람들이 보인다. 없어서는 안 될 교통수단에서 놀이까지 고구려에서 수레는 당시 고구려인들의 생활상을 알 수 있는 중요한 자료이다.

남경여직(男耕女織)사회

'남자는 밭을 갈고 여자는 베를 짜는' 남경여직이라는 말은 고대 농경사회의 성적분업을 상징하며, 이는 남포시 덕흥리 고분 벽화 '견우직녀도'에서 잘 나타난다. 오른쪽에

서 있는 직녀가 소를 끌고 가는 견우를 떠나보내는 장면으로 둘 사이에 흐르는 것은 은하수이다. 멋을 한껏 낸 견우와 직녀의 옷차림은 꽤 높은 신분임을 나타내는 듯하다. 이 그림은 남경여직을 상징하며, 생업을 권장하는 것이라고도 해석 할 수 있다. 고구려인들의 평상시 남녀의 일은 견우(牽牛)와 직녀(織女)라는 고대 사회의 대표적인 캐릭터에서 짐작할 수 있다. 즉, 소를 끌면서 농사짓는 남자와 길쌈하는 여자가 고구려의 보통 남과 여인 것이다. 고구려인은 베옷을 입었기 때문에 여성들이 짠 직물들은 옷감으로 쓰이기도 하고, 세금으로 내거나 시장에 팔기도 하였다. 그렇기 때문에 고구려 여인들은 베틀 앞에 앉아 있는 시간이 많았을 것이고, 농사를 짓는 남자들 못지않게 많은 부가가치를 생각해냈다고도 볼 수 있다. 이런 고구려의 남녀 분업은 조선시대와는 달리 재가(再嫁)도 가능했고, 데릴사위제로 신랑이 신부 집에 머물면서 노동력도 제공했던 비교적 평등한 고구려의 결혼풍습과도 연관 지어 볼 수 있다.

주거공간(住)

고구려는 삼국 가운데 기와를 가장 먼저 사용하였다.

황해도 안악1호분 벽화(4C 말) '전각도'에는 나타난 성안의

호화 저택을 보면, 이층 전각(중앙) 주위에 지붕 있는 담을 두르고 네 모서리와 담벼락 가운데 기와지붕을 가진 대문을 두었다. 기와지붕 양쪽에 뿔 모양으로 장식된 치미가 인상적이다.

초가집의 단점을 극복하여 등장한 기와는 국내성이 수도일 때부터 기와를 얹은 목조 건물로 지어지기 시작했다. 지붕이 기와로 바뀌어 지붕의 무게

가 무거워지면서 튼튼한 기둥이나 서까래 등이 필요하게 되어 건축기술도 발달하게 되었다. 그러나 기와를 지붕에 얹으려면 한두 장이 아니라 대량의 기와가 필요하기 때문에 막대한 비용이 들어간다. 그래서 일반 백성들은 지붕에 기와를 얹는 것은 엄두도 내지 못한다. 고구려에서 기와를 쓸 수 있는 곳은 성안에 잇는 궁궐과 절, 관청, 그리고 귀족들의 집 정도이다.

중국 지린성 무용총 벽화(5C)의 평상 위의 선인 그림은 성안 귀족들의 생활을 형상화한 것이지만, 성 밖의 서민들도 이와 비슷한 입식 생활을 했다. 쪽구들로는 방바닥을 데울 수 없었기 때문에 이 같은 입식 문화가 발달할 수 밖에 없었다.

의복(衣服)

고구려의 의복은 아름다움과 실용성의 조화를 이루고 있다. 씩씩하고 호방한 삶을 사는 그들답게 활동에 전혀 지장을 주지 않으면서도, 아름다운 고분 벽화를 창조한 미적 감각 그대로 세련된 옷맵시를 드러내고 있다. 옆의 남포시 덕흥리 고분벽화(408년)는 귀족 부인들의 화려한 외출모습이다. 가운데 쇠수레에는 주인마

님이 타고 있는 듯하다. 주름치마를 입은 여인들에 둘러싸여 바지를 입고 소를 모는 두 여인의 모습이 인상적이다. 고구려의 일반적인 의복은 남녀 모두 길이가 허리 아래까지 내려오는 긴 저고리에 띠를 둘렀고 여러 가지 바지를 입었으며, 여자는 바지 위에 주름잡은 치마를 입었다. 치마는 여성 전용 의례복으로 색동, 주름치마도 입었다.

식생활(食生活)

고구려시대에 평소 밥상은 주로 좁쌀이나 기장쌀로 차조밥이나 기장밥을 짓거나 죽을 만들어 차린다. 주로 토기를 사용했으나 토기는 물러서 장시간 음식을 넣고 가열하면 흙냄새가 베는 단점이 있었다. 이를 보완한 것이 시루였으며, 시루로 곡물을 찌는 방법이 고안되었다. 황해도 안악3호분 벽화(357년)의 주방그림에서 시루로 음식 만드는 모습이 이런 변화를 보여준다. 이 벽화에는 부뚜막 아궁이 앞에 쭈그리고 앉아 불을 지피는 여인, 탁상에 반상기를 두 줄로 쌓아 올리는 여인이 나와 있다. 뒤쪽 고기 창고에는 개·사슴·돼지 등의 고기가 갈고리에 걸려있다. 황해도 안악 3호분 벽화에 외양간에 여러 마리의 소들이 있는 모습이 그려져 있는 것으로 보아 소 역시 제사에 쓰이기도 했으며, 농사에도 활용하고 있었던 만큼 고구려 사람들에게 주요한 식량이었을 것이다. 또 안악 3호분 벽화에는 우물에서 물 뜨는 모습도 남아있다. 무영총에는 주인과 손님이 담소하는 모습 뒤편으로 그릇에 가득 담은 과일이 그려져 있다. 이것을 보더라도 고구려 사람들의 식생활은 대단히 발달했다.

● 사냥

넓은 만주 벌판과 험한 산악을 끼고 있는 고구려에서는 일찍이 사냥이 발달하였다. 특히 집안지역의 무용총 벽화 '수렵도'가 고구려시대의 사냥모습을 가장 생동감 있게 나타내고 있다. 무용총의 서쪽 벽에 그려져 있는 수렵도는 기마무사들이 호랑이, 사슴, 토끼 등을 사냥하고 있는 장면을 그린 것이다. 기복이 있는 산악에서 달아나는 두 마리의 사슴을 잡으려고 말 탄 무사가 휜 활에 화살을 끼워 힘껏 당기고 있다. 앞산 근처에서는 호랑이, 사슴, 토끼를 말 탄 무사가 사냥하려고 한다. 활을 겨누며 말을 달리는 기마 인물들이나 사력을 다해 달아나는 산짐승들이 모두 힘찬 운동감에 휘말린 상태로 표현되어 있다. 사냥은 먹을거리를 얻는 수단으로 시작되었지만, 후에는 군사 훈련이자 여가로 자리잡았다. 동맹 같은 국가 제사를 앞둔 때에는 왕도 직접 대규모 사냥에 참여하여 희생 제물을 마련하기도 하였다. 이럴 때면 젊은이들은 그 동안 기른 기량을 뽐내며 시

합을 하기도 했다. 평양시 덕흥리 고분 벽화(408년) '기마궁술도'에 나타난 기마 궁술 대회도 그런 시합 중 하나였다. 차례로 말을 다리며 활을 쏘아 화살로 과녁을 가장 많이 맞힌 사람이 이기는 놀이로 기마 전투 능력을 향상시키는 훈련을 겸한 놀이였다.

씨름과 수박희

하늘세계에서 신선들도 즐기는 것으로 믿을 만큼 신성한 종목으로 여겨온 두 가지 운동인 씨름과 수박희는 서로 닮은 점이 많다. 우선 집안지역의 각저총벽화(5C) '씨름도'에 나타난 씨름을  볼 수 있다. '각저'란 힘을 겨루어 기예를 보이던 유희의 일종으로 씨름을 뜻한다.

큰 나무 밑에서 잠방이 차림의 장부 둘이서 씨름을 하고 있고, 그 옆에서 지팡이에 몸을 기대고 씨름 장면을 보고 있는 노인이 그려져 있다. 큰 나무는 약간 기울어진 붉은 갈색의 줄기에서 뻗은 가지의 끝이 마치 곰의 발 모양을 하고 있고, 가지 끝에는 솜뭉치 같은 연한 녹색의 잎이 나 있으며, 가지에는 네 마리의 검은 새가 앉아 있다. 두 씨름 선수와 심판하는 노인 사이에 하늘 세계의 상징 새 무늬 구름이 표현되어 있는데, 이는 씨름이 신성한 운동으로 여겨졌음을 알려준다. 그림을 자세히 보면 안쪽으로 보이는 선수는 눈이 크고 매부리코에 코털이 길게 콧구멍 밖까지 나와 있는 전형적인 서역인의 모습을 하고 있다. 이것은 고구려뿐 아니라 서역 다른 나라에서도 즐겼을 뿐만 아니라 고구려와도 활발한 외교 관계를 펼쳤다는 것을 알 수 있다. 그것은 집안지역 무용총벽화(5C) '수박도'에서도 나타나는데 수

박도에서도 한쪽은 고구려인인데 다른 한쪽은 코가 높고 눈이 큰 서역인임을 알 수 있다. 주변에 연꽃이 그려져 있는 것으로 보아 수박희가 신성한 운동으로 여겨졌다는 것을 알 수 있다. 수박희는 고려 시대와 조선 시대에도 무술 훈련의 기본기로 삼았고, 조선 시대에는 무과시험과목으로 삼았다. 수박희 그림은 삼실총, 안악 3호분에서도 찾아볼 수 있다.

⊕ 음악과 춤(歌舞)

전통적으로 가무를 즐기는 우리민족의 특성은 고구려 벽화에서도 나타난다. 중국 지린성 무용총 벽화(5C)에서는 모두 14인의 무용수와 악사가 상하로 그려져 있다. 즉,

중앙에 5인이 뒤로 손을 뻗어 춤추는 동작을 표현하고 그 위에 벽화가 떨어

져 나갔으나 악사가 춤에 가락을 넣고 있으며, 그 왼편으로 무용수가 같은 동작으로 춤을 추며 나타나고 있다. 아래로는 역시 가락을 넣는 가수로 보이는 7인이 표정을 달리하여 그려졌는데, 이들도 위의 무용수들과 같이 소매가 긴 저고리를 입은 것으로 보아 무용과 가창을 겸한 교대 조인 듯하다. 중앙에 춤을 추고 있는 무용수들의 맨 앞에는 새 깃 모양 관을 쓴 남자 도창이 배치되고, 그 뒤로 두루마기를 입은 두 여인과 바지저고리를 입은 두 무용수가 같은 동작으로 따르고 있다. 이승에서 숨을 거두는 것으로 삶이 끝나는 것이 아니라 죽음 이후에도 또 다른 삶이 계속된다고 믿었던 고구려인들은 죽은 다음에도 살아있을 때와 같이 노래와 춤을 즐기고자 무희도를 그렸을 것이라 생각된다.

⊙ 손님대접

외국과의 교류가 많았던 고구려 집에는 외국인들을 손님으로 모시는 일이 있었다. 중국 지린성 무용총 벽화에 있는 '주객대화도'에서 고구려인의 손님맞이 모습을 살펴볼 수 있다. 벽화에는 주인과 손님이 식탁의자에 앉아

식사를 하고 있다. 머리가 짧고 주름치마를 입은 왼쪽 두 사람이 손님인 스님으로 보인다. 각자 앞에 말굽모양의 흰 소반을 놓고 과일, 차, 식사 등을 차렸다. 두 상의 뒤편에도 상이 네 개 놓여 있으며, 상에 올린 그릇들에는 음식이 높이 쌓여 있다. 검은 그릇은 당시 고급 식기로 사용되던 칠기이다. 한 사람이 하나의 상을 받는 '독상'차림이 재미있다. 손님과 주인은 크게 그린 반면 시종을 작게 그려 신분의 차이를 나타내고 있다. 이 벽화의 내용은 손님맞이의 일반적인 분위기를 알려주는 좋은 자료이다.

● 종교

고구려 벽화의 사방 벽면이나 천장 고임 부분에는 네 마리 짐승이 그려져 있는데, 이것은 사신도(四神圖)라고 한다. 고구려 고분 중에서도 강서의 대묘와 중묘의 사신도가 수법이 가장 세련되어 있는데, 좌·청룡(靑龍), 우·백호

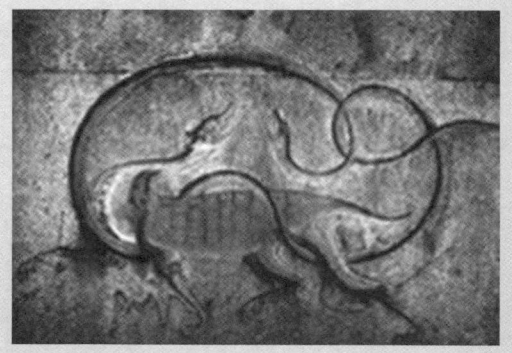

(白虎),전·주작(朱雀),후·현무(玄武)가 음양오행설에 따라 동서남북 네 방위에서 수호하면서 나쁜 기운을 막아주어 무덤 주인이 죽은 뒤에도 안녕을 누릴 수 있을 것으로 믿었다. 청룡은 상상의 동물로서 몸에는 뱀의 비늘로 문양을 넣고 머리에 뿔이 한두 개 돋아 있고 불을 내뿜는 모습으로 표현된다. 백호는 호랑이 얼굴에 몸에는 호피문(虎皮文)이 표현되며 날개가 달려 있고, 혀를 내밀어 위용을 나타내었다. 주작은 봉황의 모습과 유사하다. 현무는 거북과 뱀으로 표현되는데, 뱀이 거북을 휘어 감고 있는 모습으로 표현되기도

한다. 위의 그림은 평안도 강서대묘의 현무도이다. 불교에 등장함에 따라 불교의 하늘 세계나 정토에서 다시 태어나기를 원하는 사람들도 나타나게 되었다. 그러면서 무덤을 연꽃으로 장식하고 벽화에도 연꽃이 많이 등장하게 되었다. 중국 지린성 장천 1호분의 여래상 벽화(5C)는 최고의 불교 회화로 여래상은 남녀 귀족 부부의 절을 받는 모습으로 표현했다. 위에는 비천들이 연꽃잎을 뿌려 여래의 덕을 기리고 있다. 위로는 깨달음을 구하고 아래로는 중생을 교화하여 마침내 부처가 된다는 보살도 그려져 있으며, 모두 연꽃 위에 서 있다.

3. 맺음말

고구려라고 하면 척박한 영토에 터를 잡아 정복 활동을 통해 가장 넓은 영토를 차지했던 나라로만 떠올렸었다. 군사 강국이라는 이미지가 너무 강해서 고구려의 화려한 문화는 가려져 있었던 것이다. 하지만 고구려는 넓은 영토를 바탕으로 다양한 문화를 흡수해 어느 다른 국가보다도 독자적이고 화려한 문화를 가지고 있었다는 것을 알 수 있다. 그리고 벽화를 통해 나타나 있는 고구려인들의 모습을 생생하게 만날 수 있었다. 화려했던 귀족들의 생활이며 가무를 즐겼던 우리 민족의 모습, 기마민족으로 사냥을 즐겼던 모습 뿐만 아니라 내세에서도 현세의 삶이 유지되길 바라던 고구려인의 신앙도 볼 수 있었다. 고구려 벽화는 단순한 문화재적 가치를 넘어서 살아있는 고구려의 모습이라고 생각한다.

※ 참고문헌
① 「우리역사 우리문화」 '한용근 지음, 서경문화사'
② 한국생활사박물관 03 「고구려생활관」 '사계절출판사'

백제 연대표 (660년간 31명의 왕)

① 온조왕 (재위기간 BC18 ~ AD28)
　　　　BC18년 : 시조 온조왕 위례성에서 즉위
　　　　BC16년 : 말갈족 침입
　　　　AD9년 : 마한 멸망시킴

② 다루왕 (재위기간 28 ~ 77년)
　　　　33년 : 처음 벼농사 시작
　　　　56년 : 동부 우곡성 축성(말갈침략 대비)

③ 기루왕 (재위기간 77 ~ 128년)
　　　　105년 : 신라와 화친
　　　　108년 : 말갈 우곡성 침략 민가 노략질

④ 개루왕 (재위기간 128 ~ 166년)
　　　　132년 : 북한산성 축성

⑤ 초고왕 (재위기간 166 ~ 214년)
　　　　167년 : 신라 서쪽 성 공격
　　　　214년 : 말갈 석문성 함락

⑥ 구수왕 (재위기간 214 ~ 234년)
　　　　218년 : 신라 장안성 공격 패배

⑦ 사반왕 (재위기간 234 즉위하자마자 폐위)

⑧ 고이왕 (재위기간 234 ~ 286년)
　　　　242년 : 남쪽 택지 논 개간
　　　　260년 : 대대적 행정개편

⑨ 책계왕 (재위기간 286 ~ 298년)
　　　　　298년 : 한군(낙랑)과 맥인(동예로추정) 침입 사망

⑩ 분서왕 (재위기간 298 ~ 304년)
　　　　　304년 : 낙랑의 서현 습격

⑪ 비류왕 (재위기간 304 ~ 344년)
　　　　　327년 : 이복동생 우복 반역 토벌

⑫ 계왕 (재위기간 344 ~ 346년)

⑬ 근초고왕 (재위기간 346 ~ 375년)
　　　　　371년 : 고구려 평양성 공격
　　　　　372,373년 : 진나라 사신왕래
　　　　　375년 : 고구려 침공 수국성 침탈

⑭ 근구수왕 (재위기간 375 ~ 384년)
　　　　　376년 : 고구려 수국성 함락
　　　　　377년 : 고구려 평양성 침공

⑮ 침류왕 (재위기간 384 ~ 385년)
　　　　　384년 : 인도 마리난타 불교 도입
　　　　　385년 : 한산에 절 창건

⑯ 진사왕 (재위기간 385 ~ 392년)
　　　　　389,390년 : 고구려 침공 예성강 일대회복
　　　　　392년 : 고구려 광개토왕 침공 관미성 함락

⑰ 아신왕 (재위기간 392 ~ 405년)
　　　　　394년 : 고구려 침공 대패, 친정체제 강화
　　　　　397년 : 왜국과 우호
　　　　　403년 : 신라 변경 침범
　　　　　405년 : 일본에 한학 전파

⑱ 전지왕 (재위기간 405 ~ 420년)
　　　　　406년 : 진나라 사신, 조공 외교관계유지

⑲ 구이신왕 (재위기간 420 ~ 427년)

⑳ 비유왕 (재위기간 427 ~ 455년)
   429년 : 송나라 문황제로 작위받음
   433년 : 나·제 동맹 형성

㉑ 개로왕 (재위기간 455 ~ 475년)
   472년 : 위나라에 구원병 요청 실패
   475년 : 고구려 장수왕 침공

㉒ 문주왕 (재위기간 475 ~ 477년)
   475년 : 수도 웅진 천도

㉓ 삼근왕 (재위기간 477 ~ 479년)
   479년 : 대두성을 두곡으로 옮김

㉔ 동성왕 (재위기간 479 ~ 501년)
   482년 : 말갈의 한산성 습격
   493년 : 신라와 혼인동맹
   498년 : 우두성, 사현성, 이산성 축성. 수도방비주력

㉕ 무령왕 (재위기간 501 ~ 523년)
   501년 : 고구려 수곡성 습격
   507년 : 고구려 장수 고로와 모의 말갈 물리침
   512년 : 양나라 사신 고조에게 작위 받음

㉖ 성왕 (재위기간 523 ~ 554년)
   524년 : 양나라 고조에게 왕 책봉 조서 받음
   525년 : 무렬왕릉 만듦
   538년 : 사비(부여)로 도읍. 일본에 불교 전파
   552년 : 일본에 노리사치계, 다양한 전문가 및 기술자 파견
   554년 : 관산성 전투

㉗ 위덕왕 (재위기간 554 ~ 598년)
   554년 : 고구려 웅천성(공주) 침공
   572년 : 북제에 조공

㉘ 혜왕 (재위기간 598 ~ 599년)

㉙ 법왕 (재위기간 599 ~ 600년)

㉚ 무왕 (재위기간 600 ~ 641년)
607년 : 수나라에 조공
611년 : 신리의 가잠성 함락
624년 : 당나라에 조공

㉛ 의자왕 (재위기간 641 ~ 660년)
641년 : 당 태종에게 책봉받음
642년 : 대야성(경남 합찬) 함락
655년 : 고구려 말갈 합세 신라 침공
660년 : 백제의 멸망

🔵 확 잡히는 백제

백제는 기원전 18년에 온조가 한강 유역에서 넓은 평야를 기반으로 작은 부족국가를 세우고 660년간 존속한 고대국가다. 백제의 전성기는 4세기 근초고왕 때이다. 북쪽으로는 한강 이북 지역까지 남쪽으로는 마한을 모두 통합하고, 중국과 일본에도 세력을 뻗쳤다. 황해를 통해 중국과의 교류로 삼국 중 가장 먼저 전성기를 맞았다. 다루왕부터 초고왕때에는 국력을 강화시켜 국토를 넓히고, 고이왕때는 마한의 여러 부족국가를 통합하여 강성하게 되었다. 또한 고이왕은 관등을 제정하고 품계에 따라 옷의 색깔을 정하였으며 율령을 반포하는 등 고대국가의 체제를 마련했다.

🔵 기억할 유물

미륵사지 석탑, 정림사지 오층석탑, 백제 금동대향로, 공주 의당 금동보살입상, 익산 연동리 석불좌상, 나주 신촌리 금동관

🔵 기억할 인물

* **온조대왕** : 백제 건국의 시조이다.
* **무령왕** : 한강 유역을 고구려에 빼앗긴 뒤 혼란에 빠져 있던 백제를 안정시키며, 백제의 제 2 전성기를 열었다.
* **계백, 성충, 흥수** : 백제가 멸망할 때 충절을 지킨 세 사람.
* **왕인박사** : 일본에 천자문과 논어를 처음으로 전하였다고 학문의 신 으로 추앙받을 정도로 일본의 문화발전에 기여하였다.

1) 고구려의 역사

2) 백제의 역사

　바다와 가까운 위치에 있어 보통 해상왕국이라고 불리는 백제의 영역을 우리는 한반도 안에 국한시켜서 배워 왔다. 그것은 삼국사기에서 백제의 영역과 그 활동 세력을 많이 축소시켜 놓은 것을 그대로 따른 결과이다. 그러나 백제의 영역이 한반도에만 국한되어 있지 않고, 만주 지역과 한반도까지 영토를 갖고 있었던 사실이 여러 사료에서 계속 입증되고 있고, 사학계에서도 이미 그 사실을 인정하고 있다.

　고구려 편에서도 이야기한 적이 있지만, 한창 때의 백제는 중국 대륙의 서해안 쪽을 거의 점령하며 고구려와 끊임없이 충돌을 하였을 뿐 아니라, 일본 땅에까지 세력을 확대시켰다.

　고구려와 백제, 신라, 가야 외 여러 소국들이 끊임없이 충돌하면서 세력을 넓혀 가던 고대 사회에는 지금 우리가 갖고 있는 국가의 개념이 없던 시기이다. 부족 단위 혹은 부족끼리 연맹한 연맹체로 존재했었다.

　우리가 알고 있는 마한·변한·진한을 우리는 삼한이라고 부르는데, 삼한은 나라 이름이 아니다. 마한·변한·진한이라는 부족 연맹체 안에 속한 소국들의 연맹체의 이름이다. 변한과 진한은 12개 소국들로, 마한은 54개 소국들로 구성된 연맹체가 있었다.

마한은 월지국(또는 목지국)의 위치에 세운 소국으로 백제가 포로를 바치거나, 천도를 고하는 등 맹주국에 대한 우대의 격식을 취하였다. 그러다가 부여족의 일파로 고구려에서 남하한 비류·온조 집단이 중심이 되어 세운 백제에 의해 정복되었다.

백제시대는 일반적으로 왕이 거처하는 수도를 어디에 두었는가에 근거하여 한성백제, 웅진백제, 사비백제로 시기를 구분한다. 즉, 한성에 수도를 정하고 있던 때를 한성백제, 웅진에 수도가 있던 때는 웅진백제, 사비에 수도가 있던 때를 사비백제라 일컫는다.

백제를 세운 비류와 온조는 고주몽의 아들로서 백제는 고구려계 유이민과 한강 유역의 토착민들의 결합으로 탄생하였다. 비류와 온조가 무리를 이끌고 남으로 내려와 비류는 미추홀(인천)에 온조는 위례(하남)에 자리를 잡고 나중에 비류가 온조에 합류하였다. 이 과정은 1대 온조왕 편에서 자세히 다룰 것이다.

백제는 기원 전후에 철제 농기구를 사용하여 한강 유역에서 벼농사를 지어 식량과 농경지를 확보하며 세력을 넓혀 나갔다. 산간 지방에서는 무기와 농기구를 만드는 데 필요한 철이 생산되어, 경제를 발전시키는 데 좋은 여건을 갖고 있었다.

고이왕 때는 중앙통치조직을 정비하고, 집권국가의 형태를 갖추면서 강력해진 것은 근초고왕 때의 일이다. 근초고왕 때는 개국 이래 처음으로 박사 고흥이 편찬한 백제의 역사서『서기』를 썼으며, 왕권을 강화하고 대대적인 정복사업을 꾀하였다. 직접 정예부대를 끌고 평양성에 쳐들어가 사냥하러 나왔던 고국원왕을 살해하기도 하였다 .이 시기에는 왕위가 형제 상속에서 부자상속으로 바뀌었다.

고구려의 광개토왕과 장수왕이 남하정책을 폈을 때 백제는 신라와 동맹을 맺고 그에 맞섰다.

장수왕이 백제를 공격하자 개로왕은 신라에 왕자를 보내 원병을 요청하였으나, 아쉽게도 신라 원병 2만명이 도착하기도 전에 개로왕은 고구려에 패하였고 왕도 전사하고 말았다.

그리고 문주왕 때 수도를 웅진(공주)으로 옮기고(475년), 성왕 때에는 수도를 사비(부여)로 옮기고 국호를 남부여라 바꾸고 중흥을 꾀하였다. 통치제도를 중앙에 22부를 두어 재정비하고, 불교를 진흥시켜 사상적 통일을 이루려 하였다.

백제의 마지막 왕 의자왕은 잦은 전쟁으로 백성들의 생활이 궁핍한 상황에서도 화려한 궁정과 정자를 짓는 공사에 백성들을 자주 동원하였다. 그러자 신라의 무열왕은 백제를 칠 때가 되었음을 당에 알리고 백제를 공격하였다. 결국 백제는 망하고 의자왕은 왕자와 대신들과 함께 당나라로 끌려갔다.

백제 왕조는 망했지만 무왕의 조카 복신과 승려 도침이 중심이 되어 주류성에 진을 친 후, 일본에 가 있던 왕자 부여풍을 옹립하고 백제 부흥 운동을 벌인다.

항전을 하던 가운데 도침과 복신 사이에 다툼이 벌어져 복신은 도침을 암살하고 모든 권한을 쥐게 되었다. 나중에 부여풍과 복신 사이에도 내분이 일어나 부여풍은 복신을 죽이고 최고 지휘자가 되었으나, 항전을 제대로 이끌지 못해 부흥 운동은 끝나고 만다.

(1) 왕의 치사로 본 백제 역사

● **제1대 온조왕** (溫祚王. ?~28년. 재위 기간은 BC 18년~AD 28년까지 약 46년)

　백제의 시조로 알려진 온조왕은 고구려의 시조인 고주몽의 아들이다. 주몽의 부인 소서노는 북부여의 상장 연타발의 딸로 부여 왕족 우대와 결혼하였다가 우대가 죽자, 고주몽과 재혼하여 비류와 온조를 낳았다. 혹은 비류와 온조는 우대와 소서노 사이에 낳은 자식이라고도 한다. 소서노는 주몽보다 8살 연상이다.
　스무 살의 주몽이 졸본으로 망명했을 때 소서노는 28살 이였다. 주몽이 죽어 유리가 뒤를 이은 것으로 미루어 볼 때 비류와 온조는 주몽의 자식이 아닌 것으로 받아들여지고 있다.
　고주몽이 고구려를 세우고 나라를 다스리고 있을 때, 북부여에 있던 아들 유리 왕자가 주몽을 찾아오자 주몽은 비류와 온조를 두고 유리를 태자로 선택한다. 이에 불만을 가진 비류와 온조가 오간과 마려 등 10여 명의 신하와 함께 남쪽으로 내려왔다.
　고구려를 떠난 지 2년 만에 한강 북쪽에 도착한 여러 신하들이 하남을 도읍지로 추천하였으나, 비류는 듣지 않고 백성을 두 무리로 나누어 한 무리를 데리고 미추홀(현 인천 지역)로 가서 도읍을 정했다. 한편 온조는 하남 위례성에 도읍을 정하고, 열 명의 신하에게 보좌하게 하고 나라 이름을 십제라 하였다.
　비류는 미추홀이 토지가 습하고 물맛이 짜 생활하기에 불편함을 느낀 백성들이 하나, 둘 위례성으로 되돌아가자 부끄러움을 이기지 못해 스스로 목숨을 끊고 말았다. 온조가 처음 남으로 내려올 때 백성이 즐겨 따랐다하여 나라 이름을 백제(百濟)로 고쳤다. 고부여족의 후손임을 자처하며, 성씨도 부여(扶餘)를 성씨(姓氏)로 삼았다

　온조왕은 즉위한 해(기원전 18년) 5월에 동명왕의 묘를 세웠다. 이것은 고구려의 후신임을 강조하며 강력한 왕권 정착을 서두르려는 의지였다. 그리고 2년(기원전 17년) 정월에 말갈족의 침입을 막아내기 위해 족부(왕의 7촌 형제) 을음을 우보로 임명하고 군사권을 맡겨 다음해 9월에 쳐들어온 말갈을 막아냈고, 8년(기원전 12년) 군사 3천명을 거느리고 위례성을 쳐들어온 말갈족을 정예병으로 뒤쫓아 500명을 죽였다. 이후 11년(기원전 8년)에도 말갈의 침입을 막았으나, 이후에도 계속해서 백제를 쳐들어왔다.

송파구 풍납동에 있는 풍납토성

　4년(기원전 15년) 8월에는 사신을 낙랑으로 보내 우호를 다지는 한편, 마수성을 쌓고 병산책을 세우자 낙랑 태수가 자기나라와 우호를 지키려면 성을 허물고 목책(울타리의 긴 나무 말뚝)을 뜯어내라고 하였다. 당연히 나라를 지키

는 일을 화친과 연관시키는 것은 말이 안 된다고 하여 낙랑과 관계가 끊겼다. 17년(기원전 2년)에 낙랑이 위례성을 불사르자 낙랑의 우두산성을 습격하려다 구곡에서 큰 눈을 만나 돌아와야만 했다.

24년(서기 6년) 7월에 운천책을 세우자 마한 왕이 "처음 강을 건너왔을 때 동북 100리 땅을 주어 안주하게 하였는데 의리가 없다."는 질책에 목책을 헐었다. 그러나 이듬해(서기 8년)에 사냥을 가장해서 마한을 습격해 원산과 금현 두 성만 남기고 모두 함락하였다. 25년(서기 7년)에는 왕궁의 우물물이 갑자기 넘치고, 한성에서는 말이 머리는 하나이고 몸통이 둘인 소를 낳자, 예언가 일자(일관)가 우물물이 갑작스레 넘치는 것은 왕께서 융성하여 이웃나라까지 아우를 징조라고 말을 듣고 진한과 마한을 정복할 마음을 품었다. 그리고 마침내 27년(서기 9년)에 두 성마저 정복해 마한을 멸망시켰다. 34년(서기 16년)에 마한의 옛 장수 주근이 우곡성을 거점으로 반란을 일으키자, 왕이 직접 5천 명의 군사를 거느리고 공격하자 주근은 목을 매어 자결하였고, 그의 처자식도 죽임을 당했다. 36년(서기 18년)에는 원산과 금현 성을 고치고 고사부리성을 쌓았다.

28년(서기 10년) 다루를 태자로 삼고, 중앙과 지방 군사권을 주었다.

13년(기원전 6) 봄 2월에 서울(왕도)에서 할머니가 남자로 변하는 기이한 일이 생기고, 호랑이 다섯 마리가 궁성으로 들어오기도 했다. 그리고 온조의 어머니가 61세의 나이로 죽었다. 이 부분은 매우 상징적으로, 백제의 건국과 비류와 온조간 세력 다툼이 내포되어 있다 "왕도에서 할머니가 남자로 변하고, 다섯 마리의 호랑이가 궁성으로 들어오더니 온조의 어머니가 61세로 죽었다."는 구절은 은유적으로 표현한 부분이다.

황하의 남쪽 산동 지방에서 대방군의 도움으로 위례성에 정착한 비류와 온조는 낙랑의 압력에 시달렸다. 그러자 비류는 온조에게 군사와 백성 반을 주고 그곳을 떠나도록 했다. 온조는 바다 건너 한반도 마한에서 왕의 도움으로 한반도에 정착하였다. 한편 비류는 목책 쌓는 일로 낙랑과 화친관계가 끊어지고, 낙랑의 침략을 받게 되자 온조에게 왔으나 왕위를 내주기 싫은 온조는 비류를 달가워하지 않았다. 이에 비류와 온조의 어머니 소서노가 분개하여 군사를 진두지휘하여 온조를 공격하는데 이 싸움에서 소서노가 전사한 것으로 보인다.

미추홀에 있던 비류는 자신이 소서노를 말리지 못한 것을 한탄하다 스스로 목숨을 끊었고, 온조는 죄책감과 싸움의 후유증으로 한강 이남에 위례성을 짓고 천도하였다. 그러자 온조는 "동쪽에는 낙랑이 있고, 북쪽에는 말갈이 있어 평안한 날이 적은데, 국모마저 세상을 뜨시니 나라를 옮겨야겠다."며 한산 아래에 목책을 세우고 위례성의 백성들이 이주했다.

8월에 사신을 마한에 보내 도읍 옮긴 것을 알리고 국경을 확정하였는데 북으로는 패하에 이르고 남으로는 웅천까지였으며, 서로는 큰 바다에 닿고, 동으로는 주양에 이르렀다. 그해 9월에 성과 궁궐을 세우고 이듬해 정월에 수도를 옮겼다.

37년 (서기 19년) 봄에 큰 우박이 내리고, 한수 북쪽에서는 흉년이 들자 1천여 가구가 고구려로 도망가 패수와 대수지역이 텅 비게 되자, 이듬해에 온조는 직접 50일간에 걸쳐 백성들을 순찰하면 위무하였다.

43년(서기 25년) 9월에 기러기 100마리가 왕궁에 모여들자 일자가 "기러기는 백성의 형상이니 장차 먼 곳에서 투항해 오는 자가 있을 것입니다."라고 예언했는데, 10월 남옥저의 구파해등 20여 가구가 부양에 와서 복종하고 한산 서쪽에서 편히 살게 하였다. 즉위 46년(서기 28년) 2월 봄에 온조왕은 생을 마감하였다.

● **제2대 다루왕** (多婁王. ?~77년. 재위 기간은 28년~77년까지 약 50년)

몽골어의 다루(daru)가 그 어원일 것이라는 주장이 있는데 '지배자'를 뜻하는 당시 말이다. 다루왕은 온조왕의 맏아들로 도량이 넓고 후덕하며 위엄까지 있어서 백성들로부터 신망이 두터웠다.

다루왕 대에는 말갈과의 전투가 자주 나타나는데, 즉위 3년(30년) 10월, 동부 흘우가 마수산 서쪽에서, 4년(31년) 8월, 고목성에서 곤우가 말갈과 싸워 이겼다. 그러나 7년(34년), 9월에는 마수성을 빼앗겼는데 10월, 말갈이 또 병산책의 습격을 받았다. 29년(56년)에 말갈족의 침략에 대비하기 위해 동부에 우곡성을 쌓았고, 36년(63년) 겨울에는 땅을 개척해 낭자곡성(지금의 청주)까지 영토를 넓히고, 신라와의 교역을 위해 노력을 했지만 신라가 거부하자 이듬해 와산성에서 전투를 하였지만 실패했고 구양성만 빼앗았다. 그 후 39년(66년) 다시 와산성을 빼앗고 2백 명의 병사로 지키게 하였으나 얼마 지나지 않아 다시 신라에 빼앗겼다. 이후에도 몇 차례에 걸쳐 신라와의 전투를 하였다.

6년(33년) 처음으로 벼농사가 시작됐고 남쪽 주군에 논을 개척했다. 11년(38년) 가을에 곡식이 여물지 않자 백성들에게 술 빚는 것을 금지시키고, 그 해 10월에는 동부와 서부 백성을 순행하시며 자력으로 생활할 수 없는 백성 한 사람당 곡식을 두 섬씩 나누어 주며 민심을 위로했던 어진 다루왕은 77년 가을 9월에 숨을 거두었다.

● **제3대 기루왕** (己婁王. ?~128년. 재위 기간은 77년~128년까지 약 52년)

다루왕의 맏아들인 기루왕은(다루왕 6년) 33년 태자로 책봉되었고, 77년 다루왕이 사망하자 왕위에 올랐다. 대범한 인물로 식견이 크고 넓었다.

즉위 9년(85년) 정월, 신라를 침범 하였지만, 29년(105년)에는 신라와 화친의 관계를 유지하고 49년(125년)에는 말갈의 침입을 받은 신라를 도와주기도 했다. 그러나 말갈은 백제를 여전히 공략했는데 32년(108년)7월, 우곡성에 침범하여 흉년으로 힘든 민가를 노략질하였다.

기루왕대에는 유난히 천문이변이나 지진 또는 큰 가뭄과 태풍 그리고 기상이변에 대한 기록이 많은데 13년(89년) 6월에는 지진으로 땅이 갈라지고 민가가 넘어져서 죽은 사람이 많고, 다음해 3월에는 가뭄이 크게 들어 보리가 생산되지 못하였으며, 6월에는 나무가 뽑힐 정도 태풍이 불었다. 그리고 23년(99년) 8월에는 서리가 내려 콩 농사가 망했고, 10월에는 우박이 떨어졌다. 이후 32년(108년) 봄과 여름에는 가물고 흉년이 들었는데 백성들이 서로 잡아먹을 지경이었다. 35년(111년) 3월과 10월에는 큰 지진이 났고, 40년(116년) 6월에는 폭우가 열흘이나 쏟아져 한강의 물이 넘쳐 민가가 무너지고 떠내려가자 7월, 담당관에게 수해를 입은 전답을 보수하도록 하였다. 는 기록이 있다.

기루왕 때는 지진과 태풍 등 천재지변과 흉년으로 백성들이 서로 잡아먹을 정도로 생활이 어려웠던 백제의 첫 시련기이다. 그 중 아주 짧지만 눈에 띄는 기록은 즉위 21년째인 서기 97년에 "여름 4월에 두 마리의 용이 한강에 나타났다."는 것이다. 용은 보통 임금을 상징하는 것으로 왕권을 위협하는 어떤 사람이나 집단이 나타난 것을 은유적으로 표현한 것으로 추정되지만 다른 설명은 없다. 기루왕은 즉위 52년째 되던 128년 겨울 11월에 돌아가셨다.

● **제4대 개루왕** (蓋婁王. ?~166년. 재위 기간은 128년~166년까지 약 39년)

삼국사기 기록에 따르면 개루왕은 기루왕의 아들로 성품이 공손하고 몸

가짐을 바르게 했다고 되어 있다.

 삼국사기에 나오는 기록은 5건 뿐이다. '즉위 4년째인 131년 한산에서 사냥을 하고, 5년(132년) 북한산성을 쌓고, 10년 (137년) 경자일에 화성이 남두성 자리를 침범하였고, 28년(155년) 정월 그믐에 일식이 있었고, 39년에 왕이 죽었다.'

 그중 즉위 5년째인 132년 봄에 북한산성 (현존하는 북한산성이 아니라 고양군 신도읍 북한리에 있는 토성)을 쌓은 것과 정월 그믐에 일식이 있었던 것, 그리고 즉위 28년째인 155년 10월에 신라의 아찬 길선이 모반이 발각되자 도망해 온 것은 눈에 띄는 사건이다. 신라왕이 친히 소환을 요청했으나 그를 보내지 않자, 신라왕이 노하여 공격하였으나 모든 성을 방어만하고 나아가 싸우지 않자, 신라 군사들은 군량미가 떨어져 그냥 돌아가야만 했다. 도망 온 길선을 받아 준 것에 대해 김부식은 춘추시대에 거복이 노나라에 도망해 오자 계문자가 "지금 거복을 살펴보니 그의 행위는 모두 착한 일은 없고 흉덕한 것뿐이다."라며 길선도 간사한 역적인데 백제왕이 그를 받아들이고 숨겨 주었으니 이야말로 도적을 비호하여 탐오를 함께 하는 격이다. 이로 말미암아 이웃 나라와 화친을 잃고 백성을 전쟁에 시달리게 했으니 그 판단이 밝지 못함을 심하게 질책을 하였다.

● **제5대 초고왕** (肖古王·?~214년. 재위 기간은 166년~214년까지 약 49년)

 초고왕은 개루왕의 맏아들로 소고왕 또는 속고왕 이라고도 불린다. 수차례 신라와 전쟁을 한 기록이 있는데, 즉위한 지 2년 (167년) 부터 신라의 서쪽을 공격하여 두 성을 부수고 남녀 1천명을 잡아왔다. 그러자 신라왕 아달라가 일길찬 흥선에게 군사 2만을 주어 동쪽 여러 성을 침범하였고, 곧이어

2) 백제의 역사 125

정예 기병 8천을 거느리고 친히 한수까지 쳐들어오자 초고왕은 하는 수 없이 포로들을 돌려보냈다. 그 후 3년 뒤에 신라 변경을 침략하고, 신라의 모산성을 침공한 것은 그로부터 18년 뒤인 188년의 일이다. 그리고 그 이듬해에도 신라와 자주 충돌하였다.(189년, 190년, 199년, 204년) 그러나 39년(204년) 이후부터는 신라와 충돌은 없었다.

하지만 45년(210년)에는 말갈이 사도성을 공격하여 이기지는 못하고, 성문만 불태우고 도망가자 49년(214년) 9월에는 북부출신 장군 진과가 군사 1천 명으로 말갈의 석문성을 빼앗았으나 10월에는 말갈의 날쌘 기병에게 수천을 잃기도 하였다.

43년(208년)에는 메뚜기 떼(누리, 황충)에 의해 피해가 많아지자, 백성이 굶주리고 도적들이 일어나자 왕이 직접 위무해 안정을 시켰다고 기록 되어진 초고왕은 214년 10월 죽고 말았다.

● **제6대 구수왕** (仇首王. ?~234년. 재위 기간은 214년~234년까지 약 21년)

귀수라고도 불리는 구수왕은 초고왕의 맏아들로 키가 7척이나 되고 풍채가 빼어나고 외모가 특이하다고 전해진다. 기록을 보아 양쪽 균형이 안 맞는 짝 머리(구수)에 수염이 매우 특이하게 생긴(귀수) 외모를 가졌을 것이라고 추측한다.

구수왕 때도 말갈과 신라와의 전투로 점철되었는데, 왕위에 오른 지 3년째 되는 해(216년)에 말갈로 부터 적현성 공격과 사도성에서 대승을 거두고, 이듬해에 사도성 곁 두 곳에 동서 길이 10리가 되는 목책을 세워 적현성의 군졸들이 지키게 하였다. 7년(220년)에 말갈의 북쪽 변경 침공은 막아냈는데, 16년(229년)에는 말갈이 우곡 지역에 들어와 사람과 재물을 약탈해 갔다.

5년(218년)에는 신라 장산성을 공격하여 패배하였고, 9년(222년) 10월에는 신라 우두진을 먼저 쳐들어가 대승을 거두었으나, 2년 후인 11년(224년)에 신라의 이벌찬 연진이 침입해 봉산에서 패배하였다.

　구수왕 대에도 혹심한 가뭄이나 기근 등의 재난까지 겹친 것으로 기록되어 있는데 8년(221년)에는 산이 40여 군데나 무너지는 큰 홍수 피해를 입자 다음해(222년)에는 한재와 수재에 대비하여 제방을 수축하고, 농사를 권하여 민생의 안정을 꾀하였다. 그리고 6월에는 왕도에서 물고기가 섞인 비가 내렸다는 특이한 기록이 있다. 14년(227년) 3월에는 우박이 내리고, 4월에는 가물자 동명 묘에 가서 기우제를 지내기도 했다. 16년(229년)에는 전염병이 크게 돌았다. 18년(231년)에는 밤톨만한 우박이 내려 새들이 맞아죽은 사건이 있었다. 234년에 구수왕은 생을 마감하였다.

● **제7대 사반왕** (沙伴王. 생몰년 미상. 234년 즉위하자마자 폐위됨)

　삼국유사에서는 사반왕은 구수왕의 아들로 즉위하자마자 폐위 되었다고 전하고, 삼국사기에는 구수왕의 맏아들 사반이 왕위를 이었으나, 나이가 어려 정사를 감당하지 못하므로 초고왕의 동복 아우인 고이가 왕위에 올랐다고 전하는 것 외에는 사반왕에 대해서는 달리 전하는 바가 없는 것으로 보아 피살당했을 것으로 추측한다.

● **제8대 고이왕** (古爾王. ?~286년. 재위 기간은 234년~286년까지 약 53년)

　고이왕은 4대 개루왕의 둘째 아들이고 5대 초고왕의 동생으로 전해진다. 구수왕이 죽자 그의 맏아들인 사반왕이 왕위를 이어받았으나, 나이가 어리다는 이유로 폐위시키고 고이왕이 왕위에 올랐다. 이 부분은 조선조에 있었던 단종과 수양의 사건을 떠올리게 하는 면이 있는데, 어린 단종이 왕위에 오르자 숙부인 수양대군이 단종을 폐위시키고, 자신이 왕위에 올랐던 사건과 비슷해 보인다. 그런 정황으로 보아 고이왕은 개루왕의 아들이 아니면서 왕위를 빼앗은 것에 명분을 붙이기 위해 개루왕의 아들이라고 조작한 것으로 판단된다.

서해의 큰 섬에서 사냥을 하며 직접 40마리의 사슴을 활로 쏘아 잡았다거나, 석천에서 군대 사열 도중 두 마리의 기러기가 날아오르자 활을 쏘아 모두 맞혔다거나, 부산에 사냥을 가서 50일 만에 돌아왔다는 기록을 보면, 고이왕은 무예가 뛰어나고 호방한 성격이었던 것 같다.

즉위 7년(240년)에는 진충을 좌장으로 임명해 중앙과 지방의 군사 일을 맡기고 족장들의 독자적인 군사력을 약화시켰다. 13년(246년) 8월에는 위나라 유주자사 관구검이 낙랑태수 유무 대방태수 궁준이 함께 고구려를 치는 틈을 타서 좌장 진충을 낙랑으로 보내 주민들을 습격해 잡아왔으나, 낙랑태수 유무가 노하자 침공 당할 것을 두려워해 다시 돌려보냈다.

신라는 7년(240년), 22년(255년)에 침공하였는데, 255년에는 신라 장수 익종을 죽이고 봉산성을 침공하였으나 이기지는 못했다. 한편 말갈 추장 나갈은 좋은 말 열 필을 바쳤다고 한다. 이 기록에서는 백제의 힘이 그만큼 강했음을 엿볼 수 있다.

9년(242년)에는 남쪽 택지에 벼농사를 지을 논을 개간하게 하였고, 5년(238년), 10년(243년), 14년(247년)에 큰 제단을 설치하여 하늘과 땅과 산천에 제사를 지냈다. 왕이 하늘에 제사를 세 번씩이나 지냈다는 기록은 국왕의 권위를 강조하기 위함으로 보인다.

13년(246년) 여름에 크게 가물어 보리가 남아나지 않았고, 15년(248년)에는 가물어 백성들이 굶주리자 창고를 열어 구휼하며 1년 동안 납세를 면제해 주었다.

27년(260년)에는 대대적인 행정개편을 진행하였다. 내신좌평을 두어 왕명의 출납을 맡게 하고, 내두좌평에게는 창고 관리를 맡기는 등 6좌평제도를 만들고, 관등을 16품계로 나누어 6품 이상은 자색 옷을 입고 은꽃으로 관을 장식하며, 11품 이상은 붉은 옷을 입고, 16품 이상은 청색 옷을 입게 하였다. 그리고 이듬해에 왕은 큰 소매의 자주색 도포에 청색 비단바지를 입고, 금꽃으로 장식한 검은 비단 관을 쓰고, 흰 가죽 띠와 검은 가죽신 차림으로 남당에 앉아 정사를 보아 국가의 중요정책을 결정했다.

고이왕의 생애를 보면 여러 방면에 관심을 보인 점을 알 수가 있다. 관제를 마련하여 국가체제를 정비하고, 왕권을 강화하여 강력한 중앙집권체제로 발전시켰다.

행정개편을 단행한 것이나 개간을 하고 어려울 때 백성들에게 1년간 세금을 면제시켜 주는 등 활발하게 정사를 본 것으로 보인다. 어린 왕을 폐위시키고 직접 왕위에 오른 것은 자신의 그런 일을 감행할 만한 열정을 주체할 수 없어서인지도 모르겠다.

● **제9대 책계왕** (責稽王 ? ~ 298년. 재위 기간은 286년~298년까지 약13 년)

책계왕은 청계라고도 하며 고이왕의 아들이다. 키가 크고 의지가 굳세었고, 대방왕의 딸 보과를 부인으로 삼았다고 삼국사기는 전한다.

왕위에 오르자 장정들을 징발해 위례성을 보수하였다. 고구려의 대방 공격에 구원을 요청하자, 군사를 보내어 고구려군을 물리치게 도움을 주었다. 그러자 고구려가 원망하였다. 곧 임금은 고구려가 침략해 올 것을 대비하여 아차산성과 사성을 수리하였다. 그 후 즉위 13년(298년)에 한군(낙랑)과 맥인(동예로 추정됨)들의 침입을 막다가 죽고 말았다.

우리나라 기록물 중에서 처음으로 보이는 국왕의 첫 번째 전사 기록은 책계왕에 대한 기록이다. 삼국사기의 기록은 책계왕의 재위 기간에 비해 너무 싱겁게 기록되어 있다. 이를 두고 대륙에 있는 백제에 대해 전혀 모르고 있던 삼국사기 편찬자들이 책계왕이 중국 대륙에서 죽었다는 내용의 중국 사료를 납득할 수 없어 간단하게 적은 것으로 추론하고 있다.

● 제10대 분서왕 (汾西王. ?~304년. 재위 기간은 298년~304년까지 약 7년)

책계왕의 맏아들인 분서왕은 어려서부터 총명하고, 어질었으며 풍채가 아름답고 빼어나 왕이 그를 옆에서 떼어놓지 않았다고 한다. 분서왕은 즉위하자마자 죄수를 크게 사면하였고, 즉위 2년(299년)에 동명왕 묘에 참배하였다. 낙랑에 대해서는 강경책을 폈는데 7년(304년)에는 낙랑의 서현을 습격해 빼앗았다. 그러나 그해 10월에 낙랑 태수가 보낸 자객에게 피살되었다.

● 제11대 비류왕 (比流王. ?~344년. 재위 기간은 304년~344년까지 약 41년)

비류왕은 구수왕의 둘째아들이다. 성품이 너그럽고 인자해 다른 사람들을 아꼈으며, 힘이 세고 활을 잘 쏘았다. 분서왕이 죽었을 때 아들이 어려서 왕으로 세울 수가 없자, 신하와 백성들에 의해 추대를 받아 즉위하였다.

즉위해서 9년까지의 치세에 대해서는 기록이 없고, 오랫동안 민간에서 생활하였으므로 서민의 실정을 잘 알아 선정을 베풀었는데, 즉위 9년째인 512년 봄에는 사신을 파견해 백성들의 살림을 살피며 홀아비, 과부, 고아, 자식 없는 늙은이 등 스스로 생활할 수 없는 이들에게 곡식 3석을 내려주었다.

18년(321년) 봄에 왕의 이복동생 우복을 내신좌평으로 삼았는데, 24년(327년)에 북한산을 거점으로 반역을 일으키지만 토벌했다. 그로부터 4년 뒤인 28년(331년)에는 봄부터 여름에 걸쳐 크게 가물었는데 가을이 되어서야 비가 내렸다. 이 해에 흉년이 늘어 사람들이 서로 잡아먹을 정도였다. 30년(333년) 여름에 별이 왕궁에 떨어져서 큰 화재가 일어나자, 인근 백성들의 집까지 불에 타고 가을에 궁실을 수리했다. 32년(335년)에 일식이 있었고, 33년(336년)에 혜성이 규성 자리에 나타나는 등 천재와 반란 등 뒤숭숭한 가운데 41년을 재위하고 344년에 생을 마감하였다.

● 제12대 계왕 (契王 ?~346년. 재위 기간은 344년~346년까지 약3년)

분서왕의 맏아들인 계왕의 기록은 간단하다. 타고난 자질이 강직하고, 용맹했으며 말 타기와 활쏘기를 잘하였다. 분서왕이 죽었을 때 어려서 왕위에 오르지 못하고, 비류왕이 죽은 후 왕위에 올라 3년째 되던 346년 가을에 죽고 말았다. 왕위도 비류왕의 아들인 근초고왕이 계승하였다.

● 제13대 근초고왕 (近肖古王. ?~375년. 재위 기간은 346년~375년까지 약30년)

근초고왕은 비류왕의 둘째 아들로 체격과 용모가 대단히 훌륭하고 원대한 식견을 가졌다고 전해진다. 강력한 군사력과 경제력을 바탕으로 왕권을 강화하고, 백제의 정치, 경제, 문화적 기반을 튼튼히 하였다. 근초고왕의 묘호에 '근(近)' 자를 붙인 것은 선대 초고왕의 혈통을 이었다는 것을 강조하기 위해서라고 해석한다.

즉위 2년(347년)에 진정을 조정좌평으로 임명하였는데, 진정은 왕후의 친척으로 성품이 패악스럽고 어질지 못해 사람들이 미워하였다는 기록이 있으며, 근초고왕이 즉위한 후 20년간의 치세에 대한 특별한 기록이 없어 즉위 21년째 되던 해로 넘어간다. 근초고왕은 대륙 백제의 계왕을 내쫓고 대륙 백제와 한반도 백제를 통일한 것으로 알려졌는데, 삼국사기 편찬자들이 대륙 백제에 대해 전혀 알지 못해 그 기록들을 무시하고 빼버린 것으로 보여 진다. 지방을 효율적으로 통제하기 위해 영역을 나누고 지방관을 파견하는 담로제를 실시하여 중앙 집권화를 보다 확고히 했다. 박사 고흥으로 하여금 국사책 '서기'를 편찬했다. 서기의 편찬은 왕실 계보 정리와 왕실 전통을 과시하고, 왕권의 위엄을 돋보이게 하려는 조처였다. 그리고 왕인과 아직기등을 일본에 보내 천자문과 논어를 전해 줌으로써 일본에 유학 사상을 일으켰다.

다져진 국력을 바탕으로 사방으로 정복활동을 활발히 전개하였다. 남으로는 영산강 유역을 중심으로 마한의 잔여세력을 복속시킴으로써 전라도 지역 전부를 지배영역으로 확보하였고, 서쪽으로 소백산맥을 넘어 낙동강 유역의 작은 소국들을 정벌해갔다. 그 뒤에는 북방으로의 진출을 도모하였는데, 24년(369년)에는 고구려의 고국원왕이 기병 2만을 거느리고 치양성에서 민가를 침범하자, 근초고왕은 태자(후에 근구수왕)에게 군사를 주어 물리쳤다. 이 싸움으로 고구려에 대한 백제의 위상이 높아졌다. 2년 후 26년(371년)에 겨울에 근초고왕은 직접 평양성을 공격하여 고구려의 고국원왕은 화살에 맞아 죽음을 맞고 대방고지까지 차지하는 개가를 올렸다. 이때 백제는 사상 최대의 영역을 차지하게 되었다.

대외 활동도 활발히 전개하였다. 우선 고구려에 대항하기 위해 21년(367년) 봄에 신라에 사신을 보내고, 2년 후에는 말 두 필을 보냈다. 이처럼 신라와 형제와 같은 우호 관계를 맺음으로써 한반도에서 힘의 균형을 이루었으며,

이듬해인 즉위 27년(372년)과 28년(373)에 진나라와 사신 왕래를 하는 등 외교 활동 무대를 넓혔다.

30년(375년)에 고구려가 쳐들어와 수곡성을 빼앗겨 보복하려 하였으나, 흉년이 들어 실행하지 못하고 11월에 근초고왕은 생을 마감하고 만다.

송파구에 있는 백제 고분군 제3호분인 근초고왕의 능

앞서 얘기했듯이 근초고왕은 백제의 최대 전성기를 이룰 수 있었다. 즉위 초부터 20여 년간 대륙에서 지낸 것으로 보이는데, 하남의 위례성은 그곳에 있던 왕성으로 추정하고 있다.

● **제14대 근구수왕** (近仇首王. ?~384년. 재위 기간은 375년~384년까지 약 10년)

근구수왕은 근초고왕의 맏아들로 이름은 수이다. 부왕을 도와 정복 사업에 적극적으로 활동하였는데, 태자시절에 고구려 고국원왕이 쳐들어와 반걸양에서 싸울 때, 사기라는 사람이 태자에게 왔다. 사기는 본래 백제 사람인데 국마의 발굽을 실수로 다치게 하고, 죄 받을 것이 두려워 고구려로 달아났던 사람이다. 그가 "고구려 군사는 많기는 하지만 모두 가짜 군사로 수를 채운 것에 불과합니다. 그 중 제일 강한 부대는 붉은 깃발을 든 부대입니다. 그들을 먼저 친다면 나머지는 제풀에 무너질 것입니다."라고 했다. 태자는 그 말을 믿고 따라 진격하여 크게 이겼고, 달아나는 적들을 추격해 수곡성의 서북쪽까지 이르렀을 때 장군 막고해가 "도가에서 말하기를 만족할 줄 알면 곤욕을 당하지 않을 것이요, 그칠 줄을 알면 위태롭지 않다고 했습니다. 지금까지 거둔 성과도 많은데 어찌 더 많은 것을 바라겠습니까?"라고 노자의 도덕경의 구절을 인용하면서 만류하자 쫓는 것을 멈추고 돌을 쌓아 표석을 세우고 올라서서 "오늘 이후 누가 다시 이곳까지 올 수 있겠는가?"하고 말했다. 그곳에는 말발굽 모양으로 틈이 벌어진 바위가 있는데 사람들은 그것을 태자의 말발굽이라고 불렀다. 백제가 고구려와의 첫 전투에서 대승을 거둔 것이다.

근구수왕은 즉위 2년(376년)에 외삼촌 진고도를 내신좌평으로 삼아 정사를 맡기고, 그해 11월에 고구려가 수곡성을 함락시키고, 북쪽 변경을 침입해 오자 이듬해 10월에는 군사 3만을 이끌고 평양성을 침공하여 국력을 키웠는데, 11월 고구려의 보복 공격이 있었다. 전쟁은 치열했지만 이상기후가 겹치면서 제1차 여·제전쟁은 사실상 끝이 났다.

왕이 외척에게 정사를 맡긴 기록이 있는데, 근초고왕이 왕후의 친척인 진정에게 벼슬을 준 이후 두 번째의 기록이다. 이것을 대륙 백제는 왕이 직접 관리하고, 한반도 백제는 외척에게 맡겼던 것으로 보면 백제사에 나타나는 여러 가지 의문이 풀리는 것으로 해석하고 있다.

5년(379년) 여름에는 흙비가 종일토록 내리고 이듬해에는 전염병이 크게 돌았고, 여름에 큰 지진이 일어나 깊이 5장에, 가로 폭이 3장으로 갈라진 땅이 3일 반에 다시 합쳐진 사건이 있었다. 8년(382년)에 가뭄이 들어 백성들이 자식을 파는 일까지 생기자 왕이 관청의 곡식을 내어 자식을 찾아 주었다. 10년째인 384년 봄에 햇무리가 세 겹으로 생기고, 궁궐의 나무가 저절로 뽑힌 일이 있던 여름 4월에 근구수왕은 생을 마감하였다.

● **제15대 침류왕** (枕流王, ?~385년. 재위 기간은 384년~385년까지 1년 7 개월)

근구수왕의 맏아들인 침류왕 어머니는 진 씨로 추정되는 아이부인이며, 그의 맏아들은 백제 17대 아신왕 이다.

즉위한 해(384년) 9월에 진나라에서 온 인도 승려 마라난타를 궁궐 안으로 맞아 예우하고 경배하며, 불교를 백제에서 처음으로 공인하였다. 2년 되던 해(385년) 2월에 한산에 절을 창건하고, 승려 열 명에게 도첩을 주었다고 전해진다. 침류왕은 겨우 19개월의 짧은 기간 동안 왕위에 있다가 그해 11월에 생을 마감하였다.

세발뚜껑 토기

새 모양의 토기

삼국 중 불교를 제일 먼저 도입한 나라는 고구려 소수림왕이 즉위 2년 되던 해인 372년 일이다. 그리고 백제에 이어 신라는 제19대 눌지왕 때 고구려 승려 묵호자와 21대 비처왕(소지왕) 때 아도에 의해 전파되었다.

● **제16대 진사왕** (辰斯王, ?~392년. 재위 기간은 385년~392년까지 약 8년)

진사왕은 근구수왕의 둘째 아들이며 침류왕의 아우이다. 사람됨이 굳고 용감했으며 총명하고 어질고 지략 또한 뛰어났다고 전해진다. 침류왕의 아들인 태자가 나이가 어려 숙부인 진사가 왕위에 올랐다.

고구려의 침입에 대비하여 즉위 2년째인 386년 봄에 15세 이상 된 남자들을 징발해 국경을 방비하는 관방을 설치하였는데, 그 길이가 청목령에서 북쪽으로 팔곤성에 이르고 서쪽으로는 바다에 닿았다. 5년 (389년)가을에는 고구려의 남쪽 변경을 침범하고, 6년(390년) 9월에는 달솔(제2위의 품관) 진가모가 도곤성을 함락시키고, 2백여 명을 사로잡자 진가모를 병관좌평으로 임명하였다. 비로소 고구려에게 빼앗겼던 예성강 일대를 모두 되찾았다. 그러나 고구려의 광개토왕이 즉위하면서부터 백제는 수세에 몰렸다. 8년(392년)7월에는 고구려 광개토왕이 군사 4만을 거느리고 쳐들어와 석현 등 10여 성을 함락했고, 10월에는 관미성을 함락 당했다. 관미성은 대륙백제의 황하 이북 지역의 최대 거점으로 전해진다.

그러나 7년(391년)부터 궁실을 중수하고, 연못을 파고 산을 만들어 기이한 새와 화초를 가꾸는 등 무리한 토목공사를 일으켜 국력을 낭비하였으며, 이로 인해 여름에는 말갈에게 적현성을 함락 당했다. 진사왕은 구원으로 사냥을 나가 열흘이 지나도 돌아오지 않았는데 11월에 구원의 행궁에서 죽었다. 아신왕 세력에 의해 피살된 것으로 전해진다.

● 제17대 아신왕 (阿莘王. ?~405년. 재위 기간은 392년~405년까지 약 14년)

아방이라고도 불리는 아신왕은 침류왕의 맏아들이다. 한성 별궁에서 태어날 때부터 신비로운 광채가 방에 비추었다는 설화가 전해진다. 장성 할 수록 뜻과 기개가 호방하고 매사냥과 말 타기를 좋아하였다고 전한다. 침류왕의 맏아들이지만 부왕이 죽었을 때에는 나이가 어려 숙부 진사왕이 즉위하고, 8년 후 진사왕이 죽자 왕위를 이었다.

즉위한 이듬해(393) 외삼촌인 진무에게 군사관련 일을 맡겼는데, 이로써 왕비족 진씨가 다시 병권을 장악하게 된다. 고구려의 남하정책에 대응한 아신왕은 고구려에게 빼앗긴 관미성을 되찾기 위해 군사 1만을 참전했지만 군량 수송이 이루어지지 않아 되돌아왔다. 3년(394년) 7월에 고구려와 수곡성 아래에서 싸워 패배하고, 그 이듬해 8월에 좌장 진무가 광개토왕이 직접 거느린 군사 7천명과 패수에서 싸웠으나 크게 패했는데 죽은 사람이 무려 8천명 이나 되자, 11월에 패전을 보복하기 위해 군사 7천을 거느리고 한수를 건너 청목령 아래까지 이르렀으나 때마침 내린 큰 눈 때문에 한산성으로 되돌아와야만 했다. 7년(398년)에 다시 고구려를 치기 위해 한산 북쪽 목책으로 군사를 출동시켰으나, 그날 밤 큰 별이 소리를 내면서 군영 가운데로 떨어지자 좋지 않은 징조라 여겨 중지하고, 이듬해 8월에 다시 고구려를 침입하고자 군사와 말을 징발하자 백성들이 신라로 달아나 호구 수가 줄어들었다.

3년(394년) 2월에 맏아들 전지를 태자로 삼고 죄수를 크게 사면하며 친정체제를 강화하였고, 6년(397년) 5월에는 왜국과 우호를 맺고 태자 전지를 볼모로 보냈다. 이것은 고구려와의 싸움으로 위기에 몰리자 왜에 구원을 요청한 것으로 보인다. 12년(403년) 쌍현성을 쌓고 7월에 신라의 변경을 침범하였다.

14년(405년) 3월에 흰 기운이 왕궁 서쪽에서 마치 피륙을 편 듯 일어났다고 전해지는 문장으로 아신왕의 죽음을 암시한 9월에 생을 마감하였다.

아신왕대에 왜로 건너가 학문과 기술을 전한 백제인이 있는데, 왜국에 귀화한 궁월군과 아직기와 대 학파 왕인이다. 이름 뒤에 '군'이라는 존칭이 붙은 것으로 보아 백제의 왕족으로 보이는 궁월군은 아신왕의 명으로 아신왕 12년에 각종 기술자 350명을 데리고 왜로 건너가 왜에 귀화하였다. 기술 인력이 왜로 건너가는 것을 경계했던 신라의 방해 때문에 인부들을 가야에 체류시키고, 궁월군만 왜국으로 가자 왜의 응신천창은 두 차례에 걸쳐 사람을 보내 무사히 왜국으로 데려와 선진적인 백제 기술을 전수받아 엄청난 문화적 발전을 이루었다. 아신왕 14년에는 아직기는 좋은 말 암수 두 필을 가지고 왜국으로 갔다. 아직기가 말을 잘 돌보고 경전을 잘 읽자, 응신천창은 그를 태자의 스승으로 삼고 "너보다 훌륭한 박사가 백제에 있느냐!"고 묻자 왕인을 천거하였고, 이듬해(405년)에 태자의 스승이 되었다.

● **제18대 전지왕** (腆支王. ?~420년. 재위 기간은 405년~420년까지 약 16년)

전지왕은 아신왕의 맏아들로 이름은 영이다. 아신왕이 왕위에 오른 지 3년 되던 해(394년)에 태자가 되었고, 6년 되던 해(397년)에 왜국에 볼모로 갔다.

아신왕이 죽은 후 둘째 아우 훈해가 정사를 대리하며 태자의 귀국을 기다렸는데, 막내아우 설례가 훈해를 죽이고 스스로 왕이 되었다. 아버지의 부음을 들은 전지가 왜 왕에게 돌아갈 것을 청하자 병사 100명에게 그를 호송하게 하였다. 전지가 국경에 들어섰을 때 한성 사람 해충이 와서 설례가 형을 죽이고, 왕위에 오른 사실을 알리면서 성으로 가는 것을 말리자 왜병들과 섬에서 기다렸다.

당시 백제는 부여 왕실 혈통의 외척 세력인 해씨와 진씨 세력이 권력 다툼을 벌이고 있었는데, 태자 영이 섬에 머무르는 동안 해씨 세력과 이복 동생 신이 설례를 제거하였다. 전지왕의 즉위는 해씨세력의 지지에 의해서 이루어졌고, 즉위 이후 해씨 가문이 크게 부상하였다. 즉위 2년 되던 해(406년) 해충은 전지왕의 옹립에 기여한 공로로 달솔의 관등에 조 1천석을 지급받았으며, 해수는 내법좌평, 해구는 병관좌평에 임명되었다. 3년(407)정월, 의붓

동생인 여신을 지금의 재상격인 상좌평으로 삼아 병사와 정사를 맡겨 왕권을 뒷받침 하였다.

전지왕이 16년 동안 즉위해 있는 동안에는 전쟁 기록은 한 번도 보이지 않고, 2년(406년)에 진나라에 사신을 보내고 조공을 하며, 동진과 긴밀한 외교 관계를 유지해 12년(416년)에 '진동장군 백제왕(鎭東將軍百濟王)'이라는 작호를 받았다. 또 왜와의 우호 관계도 계속 유지했는데, 14년(418)야명주를 보내온 왜의 사자를 우대하고, 왜에 비단 10필을 보내며 주변국과 마찰 없이 지냈다.

● **제19대 구이신왕** (久尒辛王. ?~427년. 재위 기간은 420년~427년까지 약 8년)

전지왕의 맏아들 구이신왕에 대한 기록은 거의 없다. 전지왕이 왜에 볼모로 가 있을 때 응신천황의 딸인 팔수를 부인으로 맞았는데, 구이신왕은 그녀와의 사이에서 태어난 아들이다.

구이신왕이 16세에 왕위에 오르자 정권을 장악한 팔수 부인은 임나를 장악하던 목만치와 통정하고, 목만치는 그녀의 세력을 배경으로 정사를 농단하고 무례한 행동을 일삼았다. 목반치는 왜인 목라근자가 신라를 토벌할 때 신라인을 취하여 낳은 사람이다.

스물셋 젊은 나이에 죽은 구이신왕의 죽음에 대한 기록이 별로 없는 것으로 보아 구이신왕은 비유왕 세력에 의해 살해당한 것으로 추정하고, 신변의 위협을 느낀 목만치는 왜국으로

그릇받침

도망한 것으로 짐작하고 있다.

 송나라와 긴밀한 외교관계를 유지했는데, 당시 중국 남북조의 국가들과 외교관계를 맺으며, 백제를 향한 남진정책을 추진했던 고구려를 견제하기 위해서인 것으로 보인다.

● **제20대 비유왕** (毗有王. ?~455년. 재위 기간은 427년~455년까지 약 29년)

 비유왕은 구이신왕의 맏아들이거나 전지왕의 서자라고 하는데, 구이신왕은 스물세살에 죽고 왕위에 오른 비유왕이 이미 성년 이였음으로 전지왕의 아들일 것으로 추정할 수 있다. 비유왕은 웅장한 자태와 용모가 수려하고, 말솜씨 또한 뛰어나 사람들로부터 존중을 받았다.

 송나라와 왜의 동맹관계도 그대로 유지하며 사신이 오가고 있었다. 즉위한 이듬해(428년) 왜국의 사신단 50명이 함께 왔고, 3년 된 (429년) 가을에 송나라에 사신을 보내고 이듬해에는 송나라의 문 황제로부터 전지왕의 작위와 칭호인 '사지절도독백제제군사진동장군백제왕(使持節都督百濟諸軍事鎭東將軍百濟王)'을 받음으로써 국제무대에서 백제왕으로 대접을 받았다. 7년(433년)에 신라에 사신을 보내 화친을 청하고, 이듬해에도 좋은 말 두 필을 사신을 통해 보내자 신라는 좋은 금과 빛나는 구슬을 답례로 보냈다. 그 결과 고구려에 대항하는 나·제동맹이 형성되었다.

 비유왕대에도 전쟁에 대한 기록은 없고 자연재해가 잇따라 일어났다고 기록되어 있는데, 3년(429년)에는 지진이 일어나고 기와가 날아갈 정도로 거센 바람이 불었고, 7년(433년)에는 봄부터 여름까지 비가 오지 않아 가뭄이 심하게 들었고, 21년(447년)7월에는 가뭄 때문에 굶주린 많은 백성들이 굶주림을 피해 신라 땅으로 건너가고, 28년(454년)에는 메뚜기 떼가 발생해 곡식에 큰

해를 입혀 흉년이 들었다고 기록되어 있다.

비유왕은 즉위 29년째 된 455년 9월에 생을 마감하였다. 삼국사기 기록을 보면 "가을 9월에 흑룡이 한강에 나타났다가 잠시 후 구름과 안개로 어두컴컴해지더니 날아가 버렸다. 왕이 죽었다."고 되어 있다. 용은 왕을 의미하고, 옛 기록에서는 함부로 말하기 어려운 사건은 사실 그대로 이야기하기 보다는 은유적으로 기록을 해 놓은 경우가 많다. 비유왕의 죽음 앞에 기록되어 있는 것도 뭔가 은유하는 것이 있다는 것을 눈치 챌 수 있는데, 비유왕은 '흑룡'으로 표현된 반란 세력에 의해 죽임을 당한 것으로 추정할 수 있다. 이것을 뒷받침하는 기록은 개로왕대에 '들판에 가매장되어 있던 선왕 비유왕의 시신을 왕릉으로 조성했다.'는 내용이다.

● **제21대 개로왕** (蓋鹵王. ?~475년. 재위 기간은 455~475까지 약21년)

근개루 라고도 하는 개로왕의 이름은 경사이다. 비유왕의 맏아들로 비유왕이 재위 29년만에 돌아가시자 왕위를 이었다.

즉위한 때부터 13년까지 아무 기록이 없고, 14년 되던 해(468년)겨울에 일식이 있었다는 기록부터 시작된다. 이것은 비유왕이 살해되고 왕위에 오른 개로왕 초기의 정세가 정상적이지 못했을 것이라는 추측을 반증해 준다.

개로왕 즉위년(455년)에 고구려가 백제 북쪽을 공격해오자 신라가 대신하여 지켜준다. 백제는 동쪽 국경에 적이 아닌 친구를 두게 되면서 고구려와 다시 상대할 힘을 얻게 되었다. 그리고 신라도 고구려군이 쳐들어올 요충지를 지켜냈다. 15년(469년)에는 고구려의 남부변경을 선제공격하고, 10월에는 쌍현성을 보수하고, 고구려와 사이에 있는 요충지 청목령(현재의 개성 부근으로 추정됨)에 목책을 설치하고, 북한산성에 방어태세를 갖추었다.

18년(472년)에 위나라에 구원병 파견을 요청하는 국서를 보내 고구려를 협공해야 하는 이유를 설득하였다.

〚동쪽 끝에 승냥이와 이리가 길을 가로막고 있어 천자의 궁궐로 치달리고 싶어도 바라만 보고 있으며, 우리나라는 고구려와 함께 그 근원이 부여에서 나왔는데도 추악한 부류가 많아져 업신여김과 핍박을 받으며, 30여 년 동안 병란으로 이어지고 재정은 파탄되고 힘이 고갈되어 나라가 위축되어 가고 있으니, 곡진하게 보살피는 마음으로 한 사람의 장수를 보내 우리나라를 구원해 줄 것을 요청한다.〛

그러자 현조(북위의 5대 황제 헌문제 탁발홍)는 멀고 외진 곳에서 위험을 무릅쓰고 온 백제의 사신을 극진히 대접하고 조서를 내렸다.

〚그대의 나라는 초·월과 같이 위급한 것을 내가 알고 있다. 이제 중국이 평정되어 하나가 되고 나라 안에 근심이 없으니, 높은 위엄을 동쪽 끝까지 뻗치고 나라 밖에 깃발을 드날려 황제의 위풍을 펴 보이고자 했으나 자못 고구려가 제때 상창을 진술했기 때문에 미처 정벌할 생각을 하지 않았던 것이다. 그대가 제시한 계책이 나의 뜻에 들어맞으니, 큰 군사가 출정의 길을 떠나는 것도 장차 머지않을 것이다.〛

그리고 백제에 내리는 여러 물목들을 적은 별지와 함께 사신 소안을 보냈으나, 고구려의 방해로 백제로 가지 못하고 되돌아가자 북위는 고구려를 나무라는 조서를 보냈다. 그러나 백제는 그 연유를 모르고 북위를 원망하며 조공을 끊어버렸다.

21년(475년) 9월, 고구려 장수왕이 군사 3만을 거느리고 백제의 발상지이자 중심부인 한강유역 일대를 에워쌌으나, 왕이 성문을 닫고 나가 싸우지 않자 고구려군이 병사를 네 방면으로 나누어 협공하며 바람을 이용해서 성문을 태우자, 개로왕은 아들 문주에게 난리를 피하여 있다가 왕통을 잇도록 하라는 것과 신라로 가서 구원을 요청하라는 명을 내리고, 기병 수십 명을 거느리고 성문을 나가 서쪽으로 탈출하던 개로왕은 죄를 짓고 고구려로 도망가 장수가 된 걸루와 만년에게 발견되었다. 왕을 발견한 걸루는 말에서 내려 절을 하고는 왕의 얼굴에 세 번 침을 뱉고 묶어 아차성 아래로 밀어 죽였다. 개로왕은 그렇게 비참하게 아차산 어느 산비탈에서 묻혀 생을 마감하고 말았다.

고구려는 백제를 정벌할 기회를 노리면서 승려 도림을 백제에 첩자로 보냈다. 바둑을 잘 두었던 도림은 고구려에 죄를 짓고 도망 온 것처럼 속여 백제로 들어가서 장기와 바둑을 좋아하던 개로왕에게 묘수를 알고 있으니 알려 드리고자 한다며 접근한다. 개로왕은 도림의 바둑실력에 반해 상객(상좌에 모실 만큼 중요하고 지위가 높은 손님)으로 우대하고 몹시 아꼈다. 어느 날 도림은 개로왕에게 은혜에 보답하고자 나라에 이익이 되는 자신의 생각을 말하겠다고 하며 "사방이 모두 산과 구릉과 강과 바다인 백제는 하늘이 베푼 요새이니 숭고한 기세와 부유한 업적으로 남의 이목을 놀라게 해야 할 것인데 성곽을 수축하지 않고 궁궐을 수리하지 않습니다. 그래서 성곽과 궁실을 정비하고 맨땅 위에 임시로 묻혀 있는 선왕(비유왕)의 능을 조성해야합니다."라고 간언하자, 개로왕은 사람들을 징발하여 궁실과 누각과 정자를 짓는 무리한 공사를 진행하여 국고가 비어 갔고, 도림은 고구려에 사실을 보고하고, 그 틈을 이용해 장수왕이 백제로 쳐들어온 것이다.

● 제22대 문주왕 (文周王. ?~477년. 재위 기간은 475년~477년까지 약3년)

　삼국사기에 문주왕은 개로왕의 아들이라고 되어있으나, 개로왕대에 재상격인 상좌평의 직위에 있었다. 제도가 생긴 이후 왕자가 재상에 오른 일은 없고, 현실적으로도 불가능한 일인데다 일본서기에는 개로왕의 아우라는 기록이 있어서 개로왕의 동생으로도 전해진다.
　고구려가 쳐들어왔을 때 개로왕은 피해 있다가 후일 왕위를 이으라며 문주를 남쪽으로 떠나보내자 신라로 들어가 구원을 요청하였다. 하지만 군사 1만을 얻어 돌아왔을 때 한성은 함락되고, 왕은 죽어 있어 뒤를 이어 왕위에 올랐다. 문주왕은 우유부단했지만 백성을 아끼고, 백성 또한 그를 사랑하였다고 전한다.
　문주왕은 즉위년(475년)에 수도를 웅진으로 옮기고 2년(476년)에 대두산성을 수리하고 한강 이북에서 온 난민들을 정착시켰다.
　3월에는 송나라에 보낸 사신을 고구려가 길을 막아 가지 못하고 되돌아왔는데, 4월에 탐라국에서 방물을 바쳐오자 왕이 기뻐하며 사신을 은솔(16품 관등의 셋째 위계)에 임명하였다.
　한강 유역의 지배권을 빼앗긴 백제의 국력은 크게 약화되었고, 왕실의 권위가 떨어졌으며, 난립된 귀족 파벌들을 조정해야 하는 상황에서 웅진 천도에 협조한 해구가 병관좌평에 임명되면서 군사력을 배경으로 정치적 실권을 장악하자 불안을 느꼈다. 그래서 3년(477년)에 궁궐을 고쳐 짓고, 4월에는 아우 곤지를 내신좌평으로 임명하고, 맏아들 삼근을 태자로 책봉하며 왕권을 강화해 나가고자 하였다. 그런데 7월에 아우이자 내신좌평 곤지가 죽고 실권을 장악한 해구를 더 이상 견제할 수 없는 상태에 이르렀다. 마침내 9월에 궁궐 밖으로 사냥을 하러 나갔다 해구의 사주를 받은 도적에게 살해되었다.

● **제23대 삼근왕** (三斤王. 465년~479년. 재위 기간은 477년~479년까지 약3년)

임걸 이라고도 불리는 문주왕의 맏아들 삼근왕은 13세 어린나이로 왕위에 올랐다. 당시는 곤지와 문주왕을 죽인 병관좌평 해구가 국가권력과 국정 일체를 좌지우지하고 있었다.

해구는 삼근왕 즉위 2년(478년)에 은솔 연신과 대두성에서 웅거해 반란을 일으키자, 좌평 진남이 군사 2천으로 진압하지 못하자, 덕솔 진로에게 정예병 500명을 더 주어 마침내 해구를 죽였는데, 반란에 동참한 연신은 고구려로 달아났고, 그의 처자들은 웅진의 저자에서 목이 베여 죽임을 당했다.

즉위 3년(479년)9월에 대두성을 두곡으로 옮기고, 11월에 삼근왕은 생을 마감하였다.

● **제24대 동성왕** (東城王 ?~501년. 재위 기간은 479 ~ 501년까지 약 23년)

동성왕의 이름은 모대(마제 혹은 여대)로 문주왕의 아우 곤지의 아들이다. 개로왕의 명으로 곤지가 왜국에 갔을 때 같이 같던 아들이다. 담력이 뛰어났고, 활솜씨가 뛰어나 백번 쏘면 백번 맞추는 신궁이었다.

동성왕은 삼근왕때 병관좌평 해구의 반란을 평정하고, 실권을 장악한 진로의 세력에 의해 옹립되었다. 즉위 4년(482년)에 진로를 병관좌평으로 임명하고, 중앙과 지방의 군사에 관한 일을 맡아보게 하였다.

5년(483년) 봄에 한산성에 나가 사냥을 하면서 군사와 백성들을 위무하고, 열흘 만에 돌아오고, 웅진 북쪽에서 사냥하다가 신록을 잡기도 하였다. 동성왕은 사냥을 통하여 산림과 원야에 대한 지배권을 장악하면서 왕정의 물적 기반을 확대시켜 나갔다. 왕이 사냥한 장소는 더 이상 지방 호족의 영유지가 될 수는 없었던 것이다.

4년(482년)9월에 말갈족이 한산성을 습격하여 300여 명을 사로잡아 돌아가자, 남제와의 외교에 각별한 관심을 보이며 국제적 고립을 타개하기위해 노력했다. 즉위 6년(484) 2월에 남제의 태조 소도성이 고구려 장수왕을 표기대장군으로 책봉했다는 말을 듣고 사신을 보내 표문을 올리고 속국이 되기를 청하였고, 7월에 내법좌평 사약사를 통해 조공하러가려했는데 서해에서 고구려 군사와 마주쳐서 가지 못했다. 이는 남제와의 관계를 통해 적대세력인 고구려와 북위를 견제함은 물론 신라와의 관계에서 주도권을 장악하고, 가야와 왜에 대한 정치 외교적 우위를 유지하는 것을 원했기 때문이다.

8년(486년) 2월에 궁실을 중수해 수도의 면모를 갖추었으며, 우두성을 쌓아 수도의 방어망을 정비하였고, 12년(490년)에 사현성과 이산성을 쌓았고 고구려의 군사적 압력에 대처하기 위해 신라와의 외교도 적극적으로 추진하였는데, 15년(493년) 3월에 신라의 이찬 비지의 딸을 왕비로 맞이하며 혼인동맹을 맺었다.

10년(488년)에 북위의 침공을 물리치고 남제가 전공이 있는 신하들에게 관작을 내렸다.

16년(494년)에 고구려와 신라가 살수에서 싸우다 신라가 포위되자 군사 5천을 보내 신라군을 구원해 주었다. 이어 17년(495년)에 고구려가 치양성에 쳐들어와 신라에 구원을 요청하고, 신라 장군 덕지가 군사를 거느리고 와 고구려 군이 물러갔다. 19년(497년)에 진로가 죽자 달솔 연돌을 병관좌평으로 임명하고, 요충지인 탄현에 울타리 방어시설인 책을 세워 신라의 침입에도 대비하는 주도면밀함을 보여주었고, 20년(498년)에 우두성, 사현성, 이산성 등을 쌓고 한솔 비타에게 수도 웅진의 방어망을 튼튼하게 했다. 8월에 탐라가 공물과 조세를 바치지 않자 탐라를 치기 위해 무진주에 이르렀을 때 사신을 보내 사죄하여 중지하였다.

21년(499년)에는 기상이변으로 큰 가뭄이 들고 흉년과 기근 홍수가 자주 일어나자 백성들이 서로 잡아먹고 도적들이 일어났다. 그래서 신료들이 창고를 열어 구휼해 주기를 청했지만 동성왕은 듣지 않았다. 그러자 2천여 명의 주민들이 고구려나 신라로 이탈하는 일도 일어났다.

22년(500년)에 궁궐 동쪽에 5장 높이의 임류각을 세우고, 못을 파고, 진기한 새를 기르는 것을 신하들이 항의하자 궁궐 문을 닫아걸었다. 5월에 가뭄이 들었을 때에도 동성왕은 측근들과 임류각에서 잔치를 벌이고 밤새 즐겼다.

동성왕은 신진세력을 등용해 구귀족과 신귀족간 세력균형을 도모하고, 왕권강화책을 추진해 정치적 불안정을 극복하였다. 그러나 신진세력이 점차 왕권에 압력요소로 작용하게 되자 견제조치를 취하게 되었다.

구귀족 세력을 견제하기 위해 공주지역을 기반으로 한 위사좌평 백가를 가림성 성주로 강제로 내보내려했는데, 가고 싶지 않아 병을 핑계로 사양을 했지만 왕이 허락하지 않았다. 왕을 원망하고 백가에게 기회가 생겼다. 501년 사비성 근처 벌판에서 사냥을 하다가 큰 눈이 내려 길이 막혀 마포촌에서 묵게 되자 사람을 시켜 왕을 죽였다.

● **제25대 무령왕** (武寧王 462년~523년. 재위 기간은 501년~523년까지 약 23년)

무령왕의 이름은 사마 혹은 융으로 삼국사기에는 동성왕의 둘째아들이라고 기록되어 있지만, 니혼쇼키(日本書紀)에는 문주왕의 동생 곤지의 아들로 동성왕과는 이복형제 사이라고 기록되어 있다.

개로왕이 왜국에 구원을 요청하기 위해 아우 곤지를 파견했을 때, 곤지는 형의 마음을 떠보기 위해 임신한 형수를 달라고 한다. 개로왕은 자신의 아이를 임신하고 있던 부인을 동행하게 하였고, 부인은 왜로 가는 도중 각라도에서 아이를 낳았는데 그 아이가 바로 무령왕이다. 무령왕의 출생은 아직도 베일에 싸여 있는데, 개로왕의 명령으로 곤지가 왜국으로 건너갈 때 당시의 정황과 정서로 볼 때 무령왕은 곤지의 아들로 보는 것이 타당하다는 설이다.

무령왕은 키가 8척이나 되고 외모는 눈이 그림같이 아름답고, 성품은 인자하고 관대해 백성들이 그를 흔연히 따랐다고 전한다.

백가가 동성왕을 죽이자, 군사를 거느리고 우두성에 나가 한솔 해명은 백가의 목을 베어 백강에 던져 버렸다. 백가는 동성왕을 해쳤을 당시에는 체포되지 않았다. 이를 두고 삼국사기에서는 '모반한 다음에야 처단했으니 이는 때 늦은 것'이라고 평해 놓았다.

무령왕은 지방 세력들을 담로제도를 시행하여 통제력을 강화했다. 담로는 지방의 주요 지역 22곳에 왕족이나 충성스런 신하를 파견하여 다스리게 한 제도이다. 10년(610년)에는 하천의 제방을 대대적으로 정비하고 도시로 몰려든 유민들을 농촌으로 보내 농사를 짓게 하였다. 21년(521년)에는 홍수가 나고, 가을에 메뚜기 떼가 곡식을 해쳐 굶주린 백성 900여 호가 신라로 도망가는 사태가 벌어졌다.

한편 주변국들에게 공격적인 자세로 백제를 강대국으로 변모시켰다. 즉위년(501년)에 군사 5천을 거느리고 고구려의 수곡성을 습격한 것을 시작으로 2년(502년)에 다시 고구려 변경을 침공하면서 고구려와 충돌하였다. 6년(506년) 목책을 불사르고 고목성을 침입해 온 말갈을 물리쳤는데, 다음해에 말갈이 또 쳐들어와 고목성을 부수고 600여 명을 죽이고 잡아갔다. 그리고 이듬해(507년)에 고구려 장수 고로와 모의해 한성을 치고자 횡악 아래에 주둔한 말갈을 물리쳤다. 12년(612년)에 고구려의 습격으로 가불성과 원산성을 빼앗겼는데, 백성들이 많이 죽고 노략질도 심하자 무령왕이 기병3천을 이끌고 위천 북쪽으로 나가 싸워 이겼는데, 군사가 적은 것을 만만히 여기자 계략을 세워 고구려군을 물리쳤다.

무령왕은 고구려를 견제하기 위해 그해 겨울 양나라에 사신을 보내 고구려를 깨뜨리고, 우호를 맺고 강국이 되었다는 것을 전했다. 그러자 양 고조가 '사지절도독백제제군사영동대장군(使持節都督百濟諸軍事寧東大將軍)'이라 책봉하고 백제의 위상을 세워주었다. 영동대장군은 그간에 백제왕들이 받아왔던 진동장군 보다 높은 작위이다.

23년(623년)에 좌평 인우와 달솔 사오를 시켜 한수 북쪽에 사는 15세 이상의 백성들을 징발해 쌍현성을 쌓게 하고, 5월에 무령왕은 한성에서 웅진으로 돌아온 뒤 62세의 나이로 생을 마감하였다.

무령왕은 동성왕대에 흐트러진 기강을 바로 세우고 고구려와 말갈의 침입을 막으면서 가야, 송나라와 왜와의 외교 관계도 긴밀히 하는 등 백제의 위상을 확립하는데 주력하였다. 그래서 대왕으로서의 의미가 함축된 '무령'이라는 시호를 받은 것이다.

● **제26대 성왕** (聖王 ?~554년. 재위 기간은 523~554년까지 약32년)

무령왕의 아들인 성왕의 이름은 명농이다. 지혜와 식견이 뛰어났으며 결단력이 있었다고 전해진다. 성왕이라는 이름도 그렇지만 일본사기에는 밝을 명(明)자를 덧붙여 성명왕(聖明王)으로 전해지는 것으로 보아 군주로서의 면모를 두루 갖추었던 임금이었다는 사실을 어렵지 않게 짐작할 수 있다. 성왕이 즉위한 즈음에는 백제를 둘러 싼 국제 관계가 매우 복잡했던 시기였다.

2) 백제의 역사 149

즉위년(523년) 가을에 고구려군이 패수에 이르자 좌장 지충에게 보병과 기병 1만을 주어 물리치게 하였다. 2년(524년)에 양 고조에게 성왕을 '지절도독백제제군사수동장군백제왕(持節都督百濟諸軍事綏東將軍百濟王)'으로 책봉한다는 조서를 받았고, 3년에 신라와 사절을 교환하며 수교하였다. 4년(526년)에 웅진성을 수리 보수하고 사정책을 세웠다. 남조와 연대하고, 왜와 제휴를 꾀하여 고구려에 대항하는 전통적 외교 노선을 다져나갔다.

7년(529년)에는 고구려 안장왕이 군사를 거느리고 쳐들어와 북쪽 혈성을 함락하자, 좌평 연모에게 보병과 기병 3만을 내어 준 오곡원 전투에서는 이기지 못하고 2천여 명이 죽었다. 이후 신라와 동맹을 맺어 고구려에 공동으로 대처하였으며, 12년(534년) 3월에 사신을 보내 양나라에 조공하였다.

16년(538년)에 도읍을 공산성(공주)에서 사비(부여)로 옮기고, 국호를 '남부여'로 바꾸고 백제의 부여 시대를 열었다.

18년(540년) 9월에 장군 연회에게 고구려 우산성을 공격하게 했으나 이기지는 못했고, 19년(541년)에 양나라에 사신을 보내 조공하고, 열반경을 구하고, 시경에 정통한 학자와 장인과 화가를 초빙하여 백제 문화의 질적 수준을 높였다.

26년(548년)에 고구려 양원왕이 예나라와 함께 북쪽의 독산성을 쳐들어오자 신라에 구원을 요청하였고, 신라의 주진 장군은 3천의 군사로 고구려군을 물리쳤다. 그리고 2년 후(550년) 정월에는 달기 장군에게 군사 1만을 주어 고구려 도살성을 빼앗자 3월에 고구려군이 금현성을 공격했다. 고구려의 내정이 불안한 틈을 타서, 나·제 동맹을 맺은 신라와 백제는 고구려의 한강 상류유역을 공격하여 점령하여 신라는 10개의 군을 얻고, 백제는 6개의 군을 얻었다.(551년) 그러나 31년(553년) 음력 7월, 백제는 고구려로부터 회복한 한강 유역의 대부분을 신라에 빼앗기고, 10월에 성왕은 딸을 신라 진흥왕에게 시집을 보내게 되었다.

16년(538년)에 백제는 일본에 불교를 전파하고, 석가불금동상 1구와 달솔 노리사치계 등을 일본에 파견(552년)하였다. 그리고 30년(552년)에는 사원 건설을 위해 많은 학자와 기술자, 의사나 음악가까지도 파견하였다. 성왕은 일본에 불교를 전파했을 뿐 아니라, 의박사, 역박사 등 전문가와 기술자들을 교대로 파견하여 일본에 선진문물을 전파하는데 기여하였다.

32년(554년) 가을 7월에 왕은 신라를 습격하려고, 친히 보병과 기병 50명을 거느리고 밤에 구천(현재의 옥천)에 이르렀는데, 신라의 복병이 튀어나와 싸우다 병사들에게 살해당했다. 이 싸움이 바로 관산성 전투이다.

관산성 전투는 백제와 왜, 가야가 연합하여 신라를 공격한 전투로 성왕의 아들이자 다음 왕위를 잇는 위덕왕이 아버지 성왕과 함께 했던 싸움이다.

일본서기에 전하는 성왕의 최후의 모습은 비참하다. 성왕이 출정하였다는 말을 들은 신라는 말 먹이꾼 고도에게 천한 신분으로서 훌륭한 성왕을 살해하여 후세에 이름을 떨치라고 부추겨 고도가 성왕을 붙잡게 되었다. 고도가 임금의 예우로 성왕에게 두 번 절한 후 "왕의 머리를 베게 해 주십시오" 하고 청하자, 성왕은 "왕의 머리를 종의 손에 맡길 수 없다."고 거절하였다. 고도가 "우리나라 법에는 맹세한 바를 어기면 국왕이라도 마땅히 종의 손에 죽습니다."라고 말하자, 성왕은 구차하게 살고 싶지 않다며 그에게 머리를 내밀었다.

이후 성왕의 시신에 대해서는 두 가지 이야기가 전해져 온다. 하나는 신라군이 아무 곳에나 묻었기에 찾을 수 없었다는 설과 다른 하나는 신라군이 성왕의 수급을 사람들이 밟고 지나갈 수 있도록 관청 아래에 묻었다는 설 등이다.

성왕의 아들 창은 귀족들의 반대를 무릅쓰고 싸움에 나섰다가 참패를 당한 후 부왕을 잃자, 즉위하지 않고 출가하여 부왕의 명복을 빌기 위해 승려가 되려 하였으나, 귀족들의 반대로 그렇게 하지 못하고 3년간 왕위를 비워두었다.

● **제27대 위덕왕** (威德王. 525년~598년. 재위 기간은 554년~598년까지 약45년)

성왕의 맏아들인 위덕왕의 이름은 창이며 시호는 위덕이다. 관산성 전투로 정예군 3만을 잃은 충격 후에 왕위를 이은 위덕왕은 즉위년에(554년) 겨울에 고구려군이 웅천성(지금의 공주)을 침공해오자 이를 물리쳤다. 즉위 8년(561년)에는 군사를 동원해 신라의 변경에서 1천여명이 죽고 패배하였다.

위덕왕은 수나라 등 중국 국가들과 우호 관계를 유지하여 고구려를 견제하려 했다.

삼국사기에 따르면 17년(570년) 북제 후주에게 '사지절시중거기대장군대방군공백제왕 使持節侍中車騎大將軍帶方郡公百濟王)'으로 임명받았다가, 이듬해 다시 '사지절도독동청주제군사동청주자사(使持節都督東青州諸軍事東青州刺史)'로 임명받았다. 이후 위덕왕이 19년(572년)에 북제에 조공하고 이어 북주, 수나라, 진나라에 조공한 기록을 연이어 기록해 놓았다.

즉위 36년(589년)은 수나라가 진나라를 평정한 해이다. 그해에 전선 한 척이 표류해 탐라까지 왔다. 백제의 국경을 지나게 되었을 때 위덕왕은 그 배를 후하게 돕고 호송하였으며, 사신을 보내 표문을 올려 진을 평정한 것을 축하하였다. 수나라 고조는 이를 흡족하게 여기고 "오고 가는 길이 지극히 험난하니 이제부터는 해마다 조공할 필요 없다."고 답하였다. 45년(598년) 9월에 왕변나를 수나라에 조공 보내 수나라 군사가 요동을 치는 데 길잡이가 되기를 청하였으나, 수나라 창제는 고구려가 조공을 바치지 않아 그들을 토벌하였으나, 죄를 인정하여 용서를 하였으므로 정벌을 일으킬 수가 없다며 사신을 후대해 돌려보냈다. 고구려가 이를 알고 군사를 몰고 백제 국경을 침략하였으나 백제가 승리하였다. 그해 12월 위덕왕은 74살의 나이로 조용히 생을 마감하였다.

● 제28대 혜왕 (惠王. ?~599년. 재위 기간은 598년~599년까지 약2년)

이름이 계인 혜왕은 성왕의 둘째 아들로 위덕왕의 동생이다. 즉위 당시 이미 70세의 고령이던 그는 즉위한 지 1년 만에 생을 마감하고 만다.

혜왕이 왕위를 계승했을 때는 이미 나라의 힘은 많이 약화되고 내부 문제들이 심화되고 있었다. 이전까지 귀족들의 활동무대로 경제적 이익을 취했던, 황해 연안의 해상기지들은 수나라가 중국대륙을 통일하면서 중국에 있던 백제의 해상 무역기지들까지 힘을 잃게 되었다.

위덕왕이 사망하기 전 고구려 군이 기습하였을 때, 고구려 군을 물리치는 데 혜왕의 아들 효순태자의 공이 컸던 것으로 짐작된다. 당시 위덕왕의 아들인 아좌태자는 왜국에 가 있었고, 고국으로 돌아오지만 혜왕 세력에 의해 제거된 것으로 전한다. 혜왕이 즉위 1년 만에 죽자 효순태자가 자연스럽게 법왕으로 즉위하게 된다.

● 제29대 법왕 (法王. ?~600년. 재위 기간은 599년~600년까지 약6개월)

법왕은 혜왕의 맏아들로 이름은 선 혹은 효순인데 수서에는 여선이라고 기록되어 있고 시호는 법왕이다.

불교를 숭상하여 왕위에 오른 599년 12월에 살생을 금지하는 법령을 내렸으며 민가에서 기르는 매와 새를 거두어 풀어 주었고, 고기 잡고 사냥하는 도구를 불태우게 하였다. 즉위 이듬해 (600년) 정월에는 왕흥사를 창건하고, 승려 30명에게 도첩을 주고 큰 가뭄이 들자 칠악사에 들어가 치성을 들였다.

즉위한 지 6개월인 이듬해 (600년) 5월에 생을 마감 하였다. 법왕의 죽음에 대해서는 아무 기록도 남기고 있지 않지만, 즉위 전 위덕왕의 태자를 제거하고 아버지 혜왕이 등극한 상황으로 미루어볼 때 법왕은 반대 세력에 의해 살해된 것으로 추정한다.

● **제30대 무왕** (武王. ?~641년. 재위 기간은 600년~641년까지 약42 년)

삼국사기에서는 이름이 장인 무왕을 법왕의 아들로 전하지만 무왕은 위덕왕의 서자로 본다. 위덕왕이 죽고 그의 아들 아좌태자가 제거 될 때 민가에서 살던 무왕은 다행히도 목숨은 부지할 수 있었을 것이다.

삼국유사에 전하는 무왕의 설화를 보면, 무왕의 어머니는 과부로 왕도 남쪽 못 근처에 집을 짓고 살았는데, 그 못에 사는 용과 관계를 맺어 무왕을 낳았다고 한다. 무왕의 어릴 때 이름은 서동으로 마를 캐며 살았던 데서 그런 이름이 붙여졌다. 그리고 '서동요'라는 민요에 '선화공주님은 남몰래 밤이면 서동을 몰래 안고 간다.'는 내용으로 짐작해 볼 때 무왕은 궁에서 정상적으로 자란 사람이 아니라는 사실을 알 수 있다.

무왕은 풍채가 빼어나고 헌걸찼으며, 품은 뜻과 기개가 호걸스러웠다. 재위 기간에 신라에 빼앗긴 영토를 되찾기 위해 노력해서 신라와는 계속 갈등 관계에 있었다. 삼국사기에 기록된 것만으로도 즉위 3년(602년) 8월에 무왕이 신라의 아마간성(모산성)을 에워싸자 신라의 진평왕이 정예 기병 수천을 보내와 세가 불리해지자 되돌아왔다. 그러자 신라는 소타, 외석. 천산, 옹잠 등 네 성을 쌓고 백제를 침범해 왔다. 이에 무왕은 좌평 해수에게 보병과 기병 4만을 거느리고 치게 하자, 신라 장군 건품과 무은이 병사를 거느리고 대항해 싸웠다. 해수가 불리해 군사를 이끌고 천산 서쪽 넓은 늪지대 가운데에서 군사를 매복하고, 기다렸던 무은이 승세를 타고 병사 1천 명을 거느리고 대택까지 추격해 왔을 때, 복병이 일어나 갑자기 공격하자 무은은 말에서 떨어지고 병졸들은 놀라고 당황하여 어찌할 바를 모르고 귀산과 추항이 함께 창을 휘두르며 힘껏 싸우다가 죽고, 나머지 병사들이 더욱 분발하여 백제 병사가 패배하였고, 해수만 겨우 위기를 벗어나 단신으로 돌아왔다. 이후 6년(605년) 2월에 동쪽 변경을 방어하기위해 각산성을 쌓았다.

부여 규암리 금동 관음보살입상

　8년(607년)3월에는 수나라에 한솔 연문진을 보내 조공하고, 왕효린을 보내 공물을 바치면서 고구려 토벌을 요청하자 수양제가 허락하였다. 한편 5월에 고구려는 송산성을 공격했지만 함락시키지 못하자 석두성을 습격해 남녀 3천여 명을 사로잡아 돌아 갈 때도 무왕의 '친 양제 정책'을 계속하였다. 마침내 12년(611년) 수양제의 고구려 정벌 소식을 듣고 무왕은 곧 사신 국지모를 보내 군사의 일정을 상의하자, 양제는 무척 기뻐하며 상서기부랑 석률을 보내 무왕과 고구려 침공 작전을 조율하여 8월에 적암성을 쌓고, 10월에 신라의 가잠성을 침범해 성주 찬덕을 죽이고 성을 함락시켰다.

이후 17년(616년)에는 달솔 백기에게 군사 8천을 주어 신라의 모산성을 치게 하였다. 19년(618년)에 신라 장군 변품이 가잠성을 빼앗아갔고 그 과정에서 성주 해론이 전사하였다. 24년(623년)에 신라의 늑노현을 침공하고 세를 몰아 다음해 10월에 신라의 속함, 앵잠, 기잠, 봉잠, 기현, 혈책 등 여섯 성을 빼앗았다. 그 후에도 27년(626년) 8월에는 신라의 왕재성을 치고 성주 동소를 죽이고, 이듬해 7월에 장군 사걸이 신라 서쪽 변경 두 성을 함락시키고 남녀 3백여 명을 사로잡았다. 그러자 신라가 침탈해 간 땅을 회복하기 위해 군사를 일으켜 웅진에 주둔했으나, 신라가 당에 위급함을 알려 중지하였고 29년(628년)에 신라 가잠성을 쳤으나 이기지는 못했다. 이후 33년(632년) 7월에 신라를 쳤으나 이기지 못했고, 이듬해 신라의 서곡성을 공격해 13일 만에 함락시켰다. 그리고 37년(636년) 5월에는 장군 우소가 군사 500명을 데리고 신라 독산성을 습격했는데, 옥문곡에서 군사들이 쉴 때 신라 장군 알천의 공격으로 사로잡히고 말았다.

13년(612년)에 수나라 군사가 요수를 건너자 무왕은 국경에서 군비를 엄중히 하고, 수나라를 돕는 척하면서 깊이 개입하지는 않았는데 신라의 침공을 우려했기 때문이였다. 그 뒤 백제는 고구려와 비교적 우호적인 관계를 유지하였다.

당시 중국은 수나라가 망하고 당나라가 들어섰다. 무왕은 당나라와의 관계개선에 무척 힘썼는데, 22년(621년)에 과하마(키가 아주 작은 말을 말하는데 타고서 과일 나뭇가지 밑으로 지나다닐 수 있다는 뜻으로 붙여졌다. 고구려와 예에서 났다는 전설이 있다.)를 보냈고, 25년(624년)에 당나라에 조공하자, 당고조가 무왕을 '

대방군왕백제왕(帶方郡王百濟王)'으로 책봉하였다. 이후에도 무왕은 해마다 당나라에 사신을 보내 당나라와 친하게 지냈다. 27년(626년)에는 명광개(황칠을 하여 그 광채가 상대방의 눈을 찔렀다 하는 백제의 갑옷)를 바치면서, 고구려가 길을 가로막아 상국에 들어갈 수 없다고 호소하였다.

31년(630년)2월에 사비의 궁궐을 중수하였는데 여름에 가뭄이 들어 역사를 중단하였다. 그리고 33년(632년)에 맏아들 의자를 태자로 책봉하고 2월에 마천성을 고쳤다.

35년(634년)에 아버지 법왕때 부터 짓기 시작한 왕흥사를 완공하였다. 독실한 불교신자였던 무왕은 배를 타고 절에 가 행향(향을 사르거나 향 가루를 뿌리면서 돌아다니는 불교 의식)을 하고, 3월에는 궁궐 남쪽에 못을 파 물을 20여 리나 끌어들이고, 사방 언덕에 버드나무를 심었으며 물 가운데에 섬을 만들기도 하였다. 그러나 무왕은 말년에 향락에 빠져 있었던 것 같다. 기록에 따르면 37년(636년) 3월에 측근 신하들을 거느리고 양 언덕에 기암괴석이 있고, 그 사이에 기묘한 꽃과 특이한 풀이 한 폭의 그림 같은 사비하 북쪽 포구에서 잔치를 베풀며 놀았는데, 무왕은 술을 마시며 거문고를 타면서 직접 노래를 불렀다. 사람들이 그곳을 대왕포라 불렀다. 39년(638년) 무왕은 궁녀들과 함께 큰 못에 배를 띄우고 놀았다고 기록되어 있다.

42년(641년) 3월에 무왕은 생을 마감하였다. 사신이 당나라에 들어가 소복을 입고 표문을 올리자 창제가 현무문에서 애도식을 거행하고 조서를 내렸는데 보통의 예법 이상으로 애도를 표한다며 광록대부(光祿大夫)로 추증하고 부의를 후하게 내렸다. 이는 당나라에 사신을 보냈던 무왕과 당나라의 관계가 얼마나 화친했는지를 짐작할 수 있다.

● 제31대 의자왕 (義慈王. ?~660년. 재위 기간은 641년~660년까지 약 20년)

　의자왕은 무왕의 맏아들로서, 뛰어나게 용맹스러웠으며 담대한 결단력이 있었다고 전한다. 무왕이 왕위에 오른지 33년 되는 해에 태자로 세워졌다. 부모를 효성으로 섬기고 형제와 우애가 좋아 해동증자로 불렸다. 증자는 공자의 제자로 춘추시대 노나라 사람으로 스스로 하루에 세 번 성찰하며 부모에게 극진히 효도하였던 인물이다.
　즉위 원년(641년)에 당 태종이 사부랑중 정문표를 보내 '주국대방군왕백제왕(柱國帶方郡王百濟王)'으로 책봉하자, 8월에 사신을 보내 감사의 뜻을 밝히고 방물을 바친 것을 시작으로 의자왕도 거의 매 년 당나라에 사신을 보내 당과 화친을 다졌다.
　2년(642년)에 각 고을을 돌아다니면서 백성들을 위무하고, 죄수들을 살펴 사형에 해당하는 죄 이외는 모두 용서해 주었다. 그리고 7월에 군사를 거느리고 신라를 침공해 미후 등 40여개 성을 함락시켰고, 8월에는 장군 윤충이 군사 1만으로 전략적 요충지 대야성(경남 합천)을 치고, 남녀 1천여 명을 사로잡아 서쪽의 주와 현에 나누어 살게 하였다.
　3년(643년)에 고구려와는 화친을 맺고 신라 당항성을 빼앗아 당에 들어가는 길을 막으려고 신라를 공격했지만 신라가 당에 사신을 보내 구원을 요청하자 철수하였다. 4년(644년)에 왕자 융을 태자로 삼고 죄수를 사면하였다.
　그해 9월에 신라 김유신이 침공하여 일곱 개 성을 빼앗아가고, 이듬해(645년)에 당 태종이 고구려를 치려고 신라에서 군사를 징발했다는 말을 듣고, 그 틈을 타 신라의 일곱 성을 습격해 빼앗자, 김유신이 또 쳐들어왔다. 7년(647년)에 장군 의직이 보병과 기병 3천을 거느리고 신라 무산성 아래 감물과 동잠 두 성을 쳤으나, 김유신의 결사적 대항으로 의직만 단신으로 돌아와야만 했다. 이듬해(648년) 의직이 신라 서쪽 변경을 습격해 요거 등 10여 성을 빼앗고, 옥문곡으로 진군하였으나 김유신에 의해 패하고 말았다. 그리고 이어 9년(649년)에 신라의 석토 등 일곱개 성을 빼앗았으나 신라의 유신, 진춘, 천존, 죽지 등에게 다시 패배하였다. 이후 15년(655년) 8월에는 의자왕이 직접 고구려와 말갈과 힘을 합해 신라를 침공해 30여 성을 깨뜨리자 신라는 당에 표문을 올렸다.

의자왕 집권 전반기 백제와 신라는 곳곳에서 치열한 접전을 벌였으나 전쟁의 주도권은 분명 백제에게 있었다. 그러나 집권 15년을 넘기면서 의자왕의 치세에 변화가 일어난다. 15년(655년)에 태자궁을 사치스럽고 화려하게 수리하였고, 왕궁 남쪽에 망해정을 세웠다. 그해 5월에 붉은 말이 북악의 오함사에 들어와 울면서 며칠 동안 불당을 돌다가 죽는 일이 있었다. 16년(656년)에 궁녀들과 음란하고 쾌락을 탐닉하며 술 마시는 것을 그치지 않았다. 또 귀신 하나가 궁궐에 들어와 "백제가 망했다. 백제가 망한다."외치자 땅으로 들어가 사람을 시켜 땅을 파보니 거북이 한 마리가 있었는데 그 등에 "백제는 둥근 달과 같고 신라는 초승달과 같다."고 적혀 있었다. 이 기록들은 백제가 망하게 될 징조를 상징하고 있다.

당 고종은 좌무위대장군 소정방에게 군사 13만을 주어 신라 무열왕 김춘추를 도와 백제를 치게 하였고, 무열왕은 김유신에게 정예병 5만을 주었다.

20년(660년), 당나라와 신라의 연합군이 백제를 치려고 하자 의자왕은 신하들을 모아 놓고 대책을 물었지만, 의견이 서로 달라 귀양살이를 하고 있던 좌평 흥수에게 사람을 보냈다. "당나라 병사는 수가 많고 군율이 엄하며, 신라와 공모해 앞뒤로 서로 호응하는 형세를 이루고 있으므로, 들판에 진을 치고 싸운다면 승패를 장담할 수가 없습니다. 백강과 탄현은 우리나라의 요새지입니다. 날랜 용사를 뽑아서 당나라 군대가 백강을 넘지 못하게 하고, 신라 군사는 탄현을 넘지 못하게 하게 해야 합니다. 그리고 대왕께서는 성문을 굳게 닫아 지키다가 적군의 양식이 떨어지고 병졸들이 피로해질 때 공격을 하십시오. 그럼 반드시 이길 수 있을 것입니다."라고 간언을 했다. 그러나 대신들이 홍수의 말을 무시하고 당군을 백강으로 끌어들여야 한다고 주장하여 의자왕은 대신들의 뜻을 따랐는데, 이미 당나라군과 신라군이 백강과 탄현을 넘어 사비성으로 진격하고 있었다. 당황한 의자왕은 계백에게 5,000명의 결사대를 주어 황산(충남 연산)에서 막게 했다. 계백은 네 차례 싸워 모두 이겼지만 병력이 적어 끝내 죽고 말았다. 그 후 웅진강 어귀를 막고 강을 따라 병력을 배치하였으나, 패하고 소정방은 보병과 기병을 거느리고 곧장 도성으로 쳐들어왔다.

의자왕은 성충의 말을 안 들은 것을 후회하며 태자 효를 데리고 웅진성으로 달아났고, 둘째 아들 태가 왕이 되어 군사를 거느리고 성을 지켰다. 그러자 태자의 아들 문사가 삼촌인 융에게 "당나라 군사가 돌아가게 되면 마음대로 왕이 된 숙부가 우리 목숨을 가만히 두겠냐?"며 측근들을 데리고 동아줄을 드리워 성을 빠져나갔다.

소정방이 성에 당나라 깃발을 꽂자 태는 항복을 하였고(660년 7월 13일), 의자왕도 웅진 성문을 열고 나와 신라 무열왕과 소정방에게 술잔을 올리는 것으로 백제의 역사는 막을 내리고 말았다(660년 7월 18일).

소정방은 의자왕과 태자 효와 왕자 태, 융, 연 그리고 대신과 장병 88명, 백성 1만 2,807명을 당의 수도 낙양으로 압송하였다. 의자왕은 얼마 지나지 않아 병으로 죽어 손권의 손자 손호의 무덤 곁에 묻혔다.

비록 백제의 수도는 함락되었지만, 지방의 많은 성에서는 백제를 다시 일으키려는 저항이 계속되었고, 당나라 군사들의 노략질이 시작되면서 저항은 더욱 격렬했다.

무왕의 조카 복신은 승려 도침과 함께 주류성(충남 한산)에 웅거해 당나라에 반기를 들고 왜국에 볼모로 가 있던 의자왕의 아들 부여풍을 왕으로 세우고 백제 부흥운동을 펼쳤다. 한편, 충남 예산군에서는 흑치상지가 잔병과 유민을 끌어 모아 임존성에서 부흥운동을 벌리고 있었는데, 이후 복신과 도침이 합세해 주류성으로 다시 돌아왔다. 그 뒤 신라와 당나라가 연합해 고구려를 공격하는 틈을 타 옹산성, 사정성, 진현성 등을 공격해 이를 되찾기도 했다. 그러나 부흥운동세력 내부에 분열이 생기면서 복신은 사비성에 주둔하고 있던 당나라 장수 유인원과 맞서 싸우던 복신이 도침을 죽이고, 세력을 넓히자 부여풍도 그를 통제하지 못하고 제의만 주재하였다. 유인원과 유인궤 등은 복신을 공격해 왔고, 복신은 권력에 집착하며 부여풍과 대립하였다.

마침내 복신이 병을 핑계로 굴속에 있다가 부여풍이 문병하러 올 때 죽일 계획을 세웠는데, 부여풍이 이를 눈치 채고 복신을 먼저 죽이고는 고구려와 왜국에 사신을 보내 군사를 요청하여 당 군에 저항하였다. 그러나 결국 부여풍은 군사 통솔력이 부족하여 항전군을 이끌지 못하고 고구려로 달아났다. 흑치상지 또한 열흘 만에 3만여 명을 모아 소정방의 군사를 물리치고 200여 성을 회복하였으나 결국은 항복하고 만다.

이러한 백제부흥운동은 의자왕이 신라와 당군에 항복하고 난 후 8월부터 시작하여 무려 3년간이나 계속되었다. 백제 부흥운동은 실패했지만 당은 백제를 무력으로 진압하는 것이 어렵다고 판단하고 압송했던 귀족들을 귀환시켜 옛 땅을 통치하게 했다.

당은 백제 옛 땅에 웅진도독부를 설치하였고, 부여풍은 당과 타협하는 차원에서 이를 받아들여 웅진 도독이 되었다. 웅진도독부는 당이 시키는 대로 할 수밖에 없었던 허수아비 정권이었다. 웅진도독부는 신라의 공격으로 672년에 해체되기에 이른다.

(2) 백제의 문화

① 칠지도 (七支刀)

백제의 역사는 사료가 부족하고 삼국사기에 전하는 것조차 많이 왜곡되어 있어 제대로 알지 못하고 있는 실정이다. 백제와 긴밀한 관계에 있던 왜의 역사서 『일본서기』에서도 백제가 마치 왜국에 의지하고 속해 있던 세력인 양 묘사되어 있다. 하지만 사실은 그와 반대이다. 그 사실을 증명해주는 유물 칠지도를 들 수 있다.

칠지도는 길이74. 9cm의 철제로 된 양날의 칼로 좌우로 각각 3개씩의 칼날이 가지 모양으로 뻗어 있어 칠지도(七支刀)라고 부른다.

칠지도는 일본 덴리 시[天理市]의 이소노카미 신궁[石上神宮]에 보관되어 있으며, 1953년 일본 국보로 지정되었다.

칠지도는 근초고왕이 사신 구저를 통해 왜왕에게 하사한 칼로 현재 이 칼은 1874년 8월 신궁의 대궁사였던 간사마도모가 칼에 묻은 녹을 제거하는 과정에서 칼에 새겨진 61자의 명문을 발견한 때부터 주목을 받기 시작했다.

칠지도

칼의 명문을 해석하여 밝혀진 내용을 보면, "태화 4년 5월16일 (병오일) 정오에 백 번 단련한 강철로 칠지도를 만들었는데, 모든 병해를 물리칠 수 있으며 순탄하게 후왕으로 나아가는 게 마땅하다. 선세 이래 이 칼이 없었는데, 백제왕 치세에 기묘하게 얻은 성스러운 소식이 생긴 까닭에, 왜왕을 위해 만든 뜻을 후세에 전하여 보여라."

제작 연대는 569년(근초고왕 24년)으로 밝혀졌고, 대부분의 칼에 글자를 새

길 경우 보통에는 칼등에 새기는데, 칠지도에 새긴 명문은 훼손이 쉬운 칼면에 새긴 것으로 보아 칼로 쓰인 것이 아니고, 성스러움과 영력이 담겨 있는 종교적인 도구일 것으로 본다.

출자형 신라금관이나 칠지도에서 보듯 시베리아권 민족들의 생명의 나무인 세계수에서 그 형상을 따온 것으로 보고 있다. 중국에서도 세계수를 도도라는 신목으로 일컫고, 광명을 가져오고, 사귀를 물리치는 기능을 가진 신앙대상으로 삼고 있었다.

백제왕은 한 나라의 정치와 종교 공동체의 구심이라는 상징성을 띈 칠지도를 369년에 제작한 3년 후에 왜왕에게 하사하였다. 그 목적은 일본 열도를 대표하는 수장으로서 왜왕의 지위를 승인하는 한편, 양국 사이의 종주 관계를 설정하여 백제의 권력을 확대하려는 데 있었다.

백제가 칠지도를 왜왕에게 하사하여 이소노카미 신궁에 보관되어 있는 데 현재 우리나라에 전하는 칠지도는 없다. 1936년 부여군 군수리 절터 발굴 당시 목탑 자리에서 '금동여래상'등과 함께 칠지도의 일부로 생각되는 유물이 출토되어 보고서와 함께 39여 장의 사진을 남기고 있으나 '칠지상철기'만은 기록만 남기고 있다. 그리고 1971년 동일본의 도치기 현 오야마 시에 위치한 5세기대의 고분에서 칠지도가 출토된 적이 있지만 아직까지도 칠지도에 관한 것은 베일에 싸여 있는 실정이다.

② **무덤**

백제의 고분은 크게 두 가지로 구분되는데, 하나는 돌을 쌓아 만든 적석총이고, 그 다음 것은 흙으로 봉분을 만든 봉토분이다.

적석총은 돌무지무덤이라고 하는데, 만주 길림성 집안현에 있는 고구려의 장군총이 대표적인 것으로 백제가 고구려의 영향을 받아 조성한 것이다.

서울 석촌동의 백제 고분군은 475년 웅진으로 천도하기 이전까지 형성된 백제 전기 고분군이다. 1917년 당시만 해도 60기 이상의 적석총이 남아 있었는데 돌이 많아 '돌마리'로도 불렸고, 석촌동이란 지명은 서울특별시 관할 구역으로 편입되면서 생긴 것이다.

이 고분군에는 막돌, 포갬 돌 등을 섞어 축조한 방형단축의 적석총을 비롯하여, 즙석을 덮고 흙을 쌓아 분구를 축성한 봉토분, 지표에 장방형 토광을 파서 묘광을 만든 토광묘, 그리고 내원외방형을 이룬 고분 등 구조 형식과 축조시기를 달리하는 고분 8기가 자리 잡고 있다.

이 중에서 사적 제243호로 지정되어 보수·정비된 것은 제3호분과 제4호분 두 기이다. 제 1·2호분 및 내원외방형분 등 3기는 심하게 파괴되어 하단부의 일부만 남아 있고, 토광묘 2기는 원형 보존을 위하여 흙을 덮고 그 위에 모형 토광묘를 만들어 놓아 백제 전기 고분의 성격을 알 수 있게 하였다. 제3·4호분은 방형단축의 분구나 큰 자연석을 비스듬히 세워 놓은 지탱석 등 분구의 구조형식이 고구려의 기단식 적석총과 같아 이 시기에 백제와 고구려가 밀접한 교류가 이루어졌음을 짐작하게 한다. 고분군의 보수·정비 공사는 1983년 3월에 착수하여 1991년 6월에 완료되었다. 석촌동 고분 인근 지역 풍납리토성·몽촌토성·삼성동토성, 그리고 한강 건너 아차산성 등을 비롯하여, 가락동과 방이동에서 발견된 고분들은 백제가 이곳에 도읍하고 있던 시기의 유적으로 추정할 수 있다.

석촌동 제3호 돌무지무덤은 중국 길림성 집안에 있는 장군총보다 규모가 크고, 고구려 기단식 적석총의 외형과 축조 방법이 흡사한 사실 등을 토대로 고구려의 유이민이 백제국을 건설하였다는 삼국사기의 기록을 증명해준다. 이 고분의 축조 시기는 초기 3세기 중엽의 초대형 급 적석총으로서 근초고왕 능일 가능성이 큰 것으로 보고 있다. 공주로 천도한 475년 이전에 축조한 제4호 돌무지무덤은 3호분의 남쪽 약 80m 거리에 있으며, 정방형으로 잔자갈을 깔아 묘역을 먼저 구성하고 있다. 이 지역의 석총으로 후기에 속한 것으로 본다.

③ 궁궐

백제의 궁궐은 첫 도읍지인 위례성을 비롯하여 한성, 웅진성, 사비성 등 네 곳에 조성되었다.

위례성의 위치는 아직 정설이 없지만, 아차산성 주변이었을 것으로 본다. 또 풍납토성과 몽촌토성이 백제의 궁성이었던 것으로도 추측하고 있다. 이 두 성 중의 한 성이 위례성일 것이라는 주장도 있다.

웅진성은 충남 공주시에 위치해 있고, 사비성은 충남 부여군 부여읍 일대에 형성되어 있었다.

최근에는 전북 익산시 왕궁면 왕금리 사적 408호 '왕궁리 유적지'가 백제 말 축조된 '궁성 터'라는 주장이 잇따라 제기되고 있다. 백제 말 무왕이 익산 지역에 자리 잡고 있던 마한 전통세력의 정치적 후원을 얻어 왕위에 오른 뒤에 그의 정치적 고향이라 할 익산으로 천도하여 안정적으로 왕권을 강화하고 백제 부흥의 꿈을 실현시키고자 했다는 주장이다.

실제로 익산에는 백제의 궁터로 추정되는 왕궁성과 외곽에서 보호하는 외성 역할을 한 오금산성과 미륵산성, 저토성, 국립사찰격인 미륵사지와 왕실 기원 사찰인 제석사지 등 삼국시대 도성에서나 찾아 볼 수 있는 유적이 남아 있다. 사비도성이 정궁이라면 익산의 왕궁성은 이궁으로 이해할 수 있다고 학자들은 말한다.

또한 무왕과 관련된 서동설화는 익산시 금마면 서고도리 연동마을을 배경으로 하고 있으며, 무왕과 선화비의 무덤으로 전해지는 쌍릉 등 백제시대의 수많은 유물, 유적들이 발견되어 이를 뒷받침해 주고 있다. 그러나 이런 학설은 정사인 삼국사기에 관련 기록이 없어 아직까지 정설로 받아들여지지 않고 있다. 그러나 최근에 전북 익산시 왕궁리 유적에서 '수부(왕이 사는 곳 즉 수도라는 뜻)'라고 쓰인 명문 기와와 함께 '왕궁사'라는 글자가 쓰여진 기와가 발견되어 그 동안 논란이 되어 왔던 익산 천도설이 힘을 얻고 있다. 하지만 조선조 정조가 화성을 지어 놓고 천도를 하지 못한 것처럼 사비 지역 귀족들의 반대로 궁성만 지어 놓고 천도하지 못했을 것이라는 반대 주장도 있다.

(3) 백제 역사가 간직하고 있는 아름다운 이야기

① 도미 처 설화

도미는 백제 개로왕 때의 사람이다. 비록 벽촌에 사는 평민이지만 의리있고 아내는 아름답고 행실에 정조가 있어 당시 사람들에게 칭송을 받았다. 소문을 들은 개로왕은 도미를 불러 "무릇 부인의 덕은 정절을 지키는 것이 제일이다. 하지만 만일 어둡고 은밀한 곳에서 달콤한 말로 교묘히 꾀면 넘어가지 않을 여인이 거의 없을 것이다."라고 말했다. 그러자 도미는 "사람의 마음은 다 알 수 없습니다만 소신의 아내는 죽더라도 마음을 고쳐먹지 않을 것입니다."라고 답했다.

그러자 개로왕은 도미의 부인을 시험해 볼 생각으로 도미를 궁궐 안에 머물러 있게 하고, 신하에게 왕의 옷을 입힌 뒤 말과 몸종을 딸려 밤에 도미의 집에 가게 했다. 그에 앞서 왕은 사람을 보내 도미의 아내에게 왕이 온다고 기별을 보냈다.

왕의 옷을 입고 도미의 집에 도착한 신하가 도미의 아내에게 말했다.

"내가 오래 전부터 너의 아름다움에 대한 소문을 듣고 네 남편과 내기 장기를 두어 내가 이겼다. 내일은 너를 왕궁으로 데려가 궁인으로 삼을 것이니 이제 너는 나의 소유가 되었다."

그리고 가짜 왕은 도미의 부인에게 가까이 다가서려 했다. 그러자 부인이 말하기를 "국왕께오서 망령된 말씀을 하실 리가 없사온데 어찌 제가 감히 순종하지 않겠습니까? 청하옵건대 대왕께서는 먼저 방으로 들어가소서. 곧 옷을 갈아입고 들어가 모시겠나이다."하고 말한 뒤 물러나와 미모의 몸종을 곱게 단장시켜 대신 들어가 수청을 들게 하였다. 왕이 속은 사실을 알고 격노하여 남편 도미에게 속인 죄를 물어 두 눈을 뽑은 뒤 조각배에 실어 강물에 띄워버렸다. 그리고 도미의 아내를 강제로 범하려 하자, 도미의 아내는 "지금 저는 남편을 잃은 몸이 되었습니다. 이제 저는 혼자서 살아갈 수 없게 되었습니다. 더구나 대왕을 모시게 되었으니 어찌 감히 거역하겠습니까? 하오나 지금은 월경 기간으로 몸이 더럽사오니 다른 날에 목욕 재개하고 오겠나이다."하고 말하자 왕이 믿고 허락하였다. 부인은 그 길로 도망쳐 남편이 버려진 강가에 이르러 땅을 치며 통곡하였다. 그런데 그때 홀연히 조각배 한 척이 떠 내려왔다. 부인은 그 배를 타고 천성도에 이르러 남편을 만났다. 남편은 죽지 않고 그곳에 살아 있었다. 거기서 도미 부부는 풀뿌리로 연명하며 함께 배를 타고 고구려의 산산(蒜山) 아래로 갔다. 고구려 사람들이 불쌍히 여겨 옷과 먹을 것을 주었다. 그들은 구차스럽게 생활하면서 나그네로 떠돌다가 일생을 마쳤다.

도미가 체형을 당한 후 배에 실려 떠내려가다 도착한 섬은 천성도이며, 망명하여 여생을 마친 곳은 고구려의 산산 이라고 되어 있다. 이 두 곳은 백제 시대에는 얼매곶과 매시달로 불렸던 곳들이라고 한다.

삼국사기에서는 도미가 백제의 '소민'이었다고 되어 있지만 백제의 귀족

천성도

으로 추측된다. 입궐하여 왕과 장기를 둘 정도이고 하룻밤 사이에 왕래가 가능하다는 점에서 고관이 아니고서는 있을 수 없는 일이다. 그리고 당시 백제 수도가 현재 경기도 광주 부근임을 감안할 때 도미가 거주하던 곳은 그 근처로 보여진다.

　삼국사기 열전에 나오는 도미 처는 실존인물로 전해지며, 조선 세종 때 편찬한(1432년) '삼강행실도' 열녀 편에 제일 먼저 소개하고 있다.

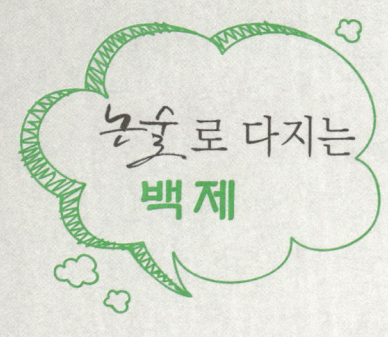
논술로 다지는
백제

백제의 멸망에 대하여 설명하시오.

백제의 멸망을 생각할 때 일반적으로 하는 말들이 의자왕이 정사에는 관심이 없고 주색잡기에 바빠서 실정을 했다고 한다. 하지만 고려시대 왕건이나 조선시대 역대 왕들의 후궁의 수를 고려해 볼 때 후궁 때문에 국가가 존망의 위기에 몰린 적은 없었다. 의자왕은 유교적인 도덕관에 상당히 충실하여 당시 해동증자라고 불렸던 기록도 있다. 그러면 백제가 멸망한 이유를 어디서 찾아야 할지는 어디서 찾을 수 있을까?

김부식의 삼국사기에서는 백제의 멸망을 사대를 소홀히 했기 때문이라고 보고 있다. 실제로 백제는 나당연합군의 침입이 직접적인 멸망의 원인인 것이다. 그러므로 백제 멸망의 원인을 탐구하기 위해서는 당시의 대외관계에 대한 고찰이 필요하다.

1. 의자왕 이전의 정치 동향

의자왕대의 정치상황을 살펴보면 이 시기 좌편관등을 역임하였던 이들이 의자왕 15년을 전후로 정치적인 위기를 맞게 된다. 이것은 의자왕과의 정치적 대립관계에서 비롯된 것이라는 생각이다. 성충과 흥수가 의자왕에게 극간하여 투옥되거나 임자가 김유신과 내통하였던 점은 이를 잘 반영한다. 그러면 좌편관등을 지낸 사람들은 왜 의자왕과 대립하였을까?

이 시기의 좌평성씨를 조사해 보면 대부분이 대성팔족이 이 자리를 차지하고 있었음을 알 수 있다. 그렇다면 의자왕은 왜 대성팔족과 대립하였을까?

1) 성왕의 한강유역 회복작전

성왕은 사비천도 이후 16관등제 정비, 5부 5방제도 개편, 22부사 설치 등 혁신적인 제도개혁을 하였고 이로써 왕권을 강화하였다. 신라와 동맹하여 한강유역을 회복한 후 다시 그 지역을 잃었을 때 여창 즉 위덕왕이 아버지 성왕의 뜻에 따라 한강을 재탈환하기 위한 관산성 전투를 일으키려 하였을 때 기로들은 아직 때가 되지 않았다는 이유로 반대를 하였는데, 그들은 대부분 웅진 천도 이후 등장한 세력이었고, 한강유역이 회복된다면 그들의 정치적 입지가 약화될 것이기 때문에 이해관계에서 비롯된 것이었다. 이 시기의 기로들은 백제의 대성팔족이라는 것이 유력하기 때문이다. 한강유역의 회복에 반대하였던 기로들의 입장에서는 나제동맹 체제를 계속 유지해야 할 필요가 있었을 것이다. 기로들의 반대를 무릅쓰고 치렀던 관산성 전투는 성왕의 전사로 끝났고, 결국 한강 유역 회복은 실패했다. 이후 위덕왕의 왕위 인준은 매우 굴욕스러웠을 것이고, 대성팔족을 중심으로 한 귀족의 발언권은 커졌을 것이다.

2) 무왕의 권력 강화

위덕왕 이후 국왕은 귀족세력을 누르면서 왕권강화를 시도했을 것이다.

이시기 위덕왕은 왕실의 권위 회복을 위하여 많은 노력을 하였으며, 이후 여러 왕들이 단명하였고 무왕이 왕권강화를 이루었다. 무왕 대에 건립된 두 개의 커다란 사찰 미륵사와 왕흥사는 그것을 대변한다.

(1) 미륵사의 건립

미륵사에 있는 미륵사지 석탑은 통일신라기에 만들어진 탑에 비하여 대단히 규모가 크다. 누가 무슨 목적으로 이러한 사찰 건립을 했을까? 미륵사를 창건한 왕은 무왕이라고 추정한다. 백제에서 미륵과 귀족의 관계는 매우 밀접했는데 미륵사는 미륵 3존상을 봉양하였고, 미륵을 봉양하였던 미륵사는 귀족의 사찰이었다고 할 수 있지만 무왕이 미륵사를 주도적으로 건립한 이유는 무왕이 미륵을 받들어 모심으로서 스스로 전륜성왕이 되는 것이기 때문이었다. 즉 무왕이 미륵사 건립을 주도하였던 것은 자기 스스로를 전륜성왕으로 격상시키기 위해서였던 것이다.

실제로 『삼국사기』 백제본기를 보면 무왕 대에 여전히 대성팔족이 주도적으로 활동하였음을 확인할 수 있다. 이러한 상황에서 무왕이 귀족사찰인 미륵사를 주도적으로 건립하였다는 사실은 미륵사의 건립이 무왕과 귀족세력의 타협 하에 이루어진 것이라고 할 수 있다.

그렇다면 미륵사가 지금의 익산에 건립되었다는 것은 어떤 까닭이 있었을까? 동국여지승람과 삼국유사의 사료를 보면 익산은 당시 백제의 수도로 여겨질 만큼 중요하게 설명되고, 삼국사기에서도 천도와 같은 국가의 중대사가 빠졌을 리는 없기 때문에 익산이 수도의 일부였을 가능성도 있다. 익산은 무왕의 탄생지이고 성장지였기 때문에 귀족세력과의 타협을 유도하기 위해 익산을 수도와 같은 행정구역인 별부로 편성하였다고 할 것이다. 이렇게 하여 귀족세력의 반발을 억제하고, 자신의 고향인 익산을 수도로 격상시키는 이중의 효과를 기도한 것이다.

즉 미륵사는 창건 연기설화를 통해 볼 때 무왕 대에 창건되었고 무왕과 귀족세력의 타협하에 건립되었음을 알 수 있다.

(2) 왕흥사의 건립

무왕 대에는 백제사에 있어서 또 하나의 중요한 사찰인 왕흥사가 건립되었다. 36년이라는 오랜 시간에 걸쳐 왕흥사를 완공하였던 것은 왕흥사가 사비시대 백제사에 있어서 차지하는 비중이 컸다는 것을 의미한다. 사찰의 완공이 이렇게 장기간에 걸쳐 진행되었던 것은 무엇인가 부자연스럽다. 법왕의 사망과 무왕의 즉위라는 정치적 사건을 통해 고찰해보겠다.

엄격한 정치를 시행했던 법왕은 즉위 2년 만에 사망한다. 법왕 이전, 위덕왕·혜왕 대에는 귀족들이 정치적 실권을 장악하고 있었고 계율을 중시하는 극단적인 명령을 내렸던 것은 혁신적인 방법을 통한 급격한 왕권 신장과 무관할 수 없다고 할 것이다. 법왕은 아마 계율을 중시하는 극단적인 명령이 아니라면 왕권 강화가 불가능 했을지도 모른다. 이러한 이유로 엄격한 계율 수행을 위한 사찰이 필요하였을 것이고 왕흥사가 시공되었던 것이다. 이런 이유로 단명한 법왕 이후 무왕이 즉위하여 상당한 시간이 경과되어 왕흥사의 건립이 재추진 되었을 것이라는 생각이다. 왕흥사는 명칭 상으로도 국왕의 국위 신장을 위한 국왕 사찰로 추정 가능하다. 이러한 왕흥사 건립을 무왕이 재추진한 것은 왕흥사 건립이 무왕의 입장에서 중요한 의미를 지니고 있을 것이라고 생각된다.

호암사는 정사암회의가 개최되었던 곳이고 정사암회의가 열렸던 곳은 귀족들에게 있어서는 대단히 중요한 의미를 갖는다. 신라의 경우에 비추어 정사암이 있었던 호암사는 귀족들에게 신성한 사찰로 여겨졌을 것이다. 왕실은 정사암회의의 권위를 약화시키기 위하여 호암사의 권위를 약화시킬 필요성이 있었을 것이다. 그를 위해 대응될 수 있는 사찰인 왕흥사를 재 건립하여 정사암회의의 권한을 약화시킴과 동시에 귀족세력을 경감시키려는 조치였다. 이렇게 건립된 왕흥사는 예불에 있어서도 특별한 의식이 거행되었다. 신라의 화백회의가 권위를 신장시키기 위해서 신성한 장소를 택하여 제의가 개최되었듯이 왕흥사의 화려한 장식도 국왕의 권위를 신장시키기 위해서 일 것이다.

  왕흥사의 건립은 백제의 국왕에 의해 주도되었고 그것의 목적은 호암사 자체의 권위를 약화시키기 보다는 정사암회의의 권한을 약화시키기 위함이었을 것이다. 무왕이 왕흥사를 건립한 의도가 귀족세력과의 연합을 한 걸음 더 진전시켜 귀족세력의 견제 혹은 약화까지 의도 하였던 것이다.

  무왕이 미륵사 왕흥사의 건립을 통하여 왕권을 강화할 수 있었다면 어떠한 계기가 있었을까? 그것은 아막산성 전투이다. 아막산성 전투의 결과 대패한 후 백제에서는 상당한 사회적 혼란이 야기되었을 것이다. 이 사회적인 혼란을 극복하기 위해 무왕은 먼저 귀족세력과의 타협을 원했을 것이다. 관산성 패전 이후 정치적 실권을 쥐고 있던 대성팔족의 세력을 무시하고서는 당시의 사회적 혼란을 극복하기는 어려웠을 것이다. 이러한 국왕과 귀족의 입장을 함께 만족시켜 줄 수 있는 조치로 미륵사가 건립되었다. 미륵사는 귀족사찰이면서 국왕을 전륜성왕으로 격상시켜 줄 수 있었고 무왕은 아막산성 패전 이후 상당히 왕권을 강화해 갈 수 있었다고 생각된다. 무왕은 왕흥사 건립 이전에는 사비궁을 중수한다거나 의자를 태자로 임명하였고 궁남지라는 못을 만들고 경치가 수려한 대왕포와 망해루에서 대단한 연회를 개최하기도 했다. 이러한 것이 가능하였던 것은 무왕의 권력 강화가 상당히 추진되었다는 증거이다. 무왕이 아들을 태자로 임명 하므로서 귀족회의의 간섭을 약화시키고 방지신산을 만들었던 것은 무왕의 전제 권력이 상당히 강화되었음을 반영한다고 생각한다.

　대성팔족의 세력은 의자왕 대까지 상당한 세력으로 남아 있었다. 대성팔족의 세력이 비록 쇠퇴해가고 있었다고는 하지만, 적어도 의자왕 15년까지 백제 사회 내에서 여전히 좌평을 거의 독점하고 있었을 정도로 상당하였으므로 무왕은 상당한 정치권력을 회복할 수 있었지만 대성팔족을 완전히 장악할 수 는 없었다고 하겠다.

신라 연대표 (992년간 30명의 왕)

① 혁거세 거서간 (재위기간 BC57 ~ AD4년)
　　　　BC57년 : 신라의 건국
　　　　BC41년 : 농업과 양잠 권장
　　　　BC37년 : 경주에 금성 축성
　　　　BC5년 : 동옥저에서 명마24필 조공

② 남해 차차웅 (재위기간 4 ~ 24년)
　　　　14년 : 왜인 100여척 병선 격퇴

③ 유리이사금 (재위기간 24 ~ 57년)
　　　　32년 : 6부 촌장 각 성을 줌. 관직 17등급으로 둠

④ 탈해이사금 (재위기간 57 ~ 80년)
　　　　59년 : 왜국과 화친
　　　　61년 : 마한 장수 맹소 복암성을 바치고 항복
　　　　63년 : 백제의 침공
　　　　76년 : 와산성 회복

⑤ 파사이사금 (재위기간 80 ~ 112년)
　　　　87년 : 가소성과 마두성 축성(수도를 벗어나 맨 처음 축성기록)
　　　　105년 : 백제에 사신 화친관계 유지
　　　　106년 : 가야 정벌

⑥ 지마이사금 (재위기간 112 ~ 134년)
　　　　123년 : 왜국과 강화 협상
　　　　125년 : 말갈 침략. 백제의 도움으로 물리침

⑦ 일성이사금 (재위기간 134 ~ 154년)
　　　　138년 : 금성에 정사당 설치
⑧ 아달라이사금 (재위기간 154 ~ 184년)
　　　　156년 : 계립령(문경새재 동쪽고개)개통
　　　　158년 : 죽령(풍기 북쪽고개)개통
⑨ 벌휴이사금 (재위기간 184 ~ 196년)
　　　　185년 : 군주라는 명칭 사용
　　　　193년 : 굶주린 왜인 1천명 신라 투항
⑩ 내해이사금 (재위기간 196 ~ 230년)
　　　　201년 : 가야국과 화친
　　　　209년 : 백제 사현성 함락
　　　　224년 : 봉산성 신축
⑪ 조분이사금 (재위기간 230 ~ 247년)
　　　　231년 : 감문국(김천시개령면) 정벌
　　　　236년 : 골벌국(경북 영천) 항복
⑫ 첨해이사금 (재위기간 247 ~ 261년)
　　　　248년 : 고구려와 화친
　　　　249년 : 남당 세움
⑬ 미추이사금 (재위기간 261 ~ 284년)
　　　　264년 : 황산에 거둥하여 가난한 사람을 진휼
　　　　266년 : 백제 봉산성 침입
　　　　283년 : 백제 괴곡성 침입
⑭ 유례이사금 (재위기간 284 ~ 298년)
　　　　286년 : 신라, 진나라 사신보냄
　　　　287년 : 왜인 일례부 침입
　　　　292년 : 왜인 사도성 침입
　　　　293년 : 이서고국(지금의 청도) 정복

⑮ 기림이사금 (재위기간 298 ~ 310년)
　　　　　300년 : 왜와 사신 교환
　　　　　307년 : 신라를 국호로 사용

⑯ 흘해이사금 (재위기간 310 ~ 356년)
　　　　　312년 : 왜왕 사신
　　　　　330년 : 벽골지(전북 김제) 만듬
　　　　　345년 : 왜왕 국서를 보내와 절교
　　　　　346년 : 왜병 풍도와 금성 침입

⑰ 내물이사금 (재위기간 356 ~ 402년)
　　　　　364년 : 왜병 침입 부현에서 격퇴
　　　　　373년 : 백제 독산성주 투항
　　　　　392년 : 고구려에서 사신 보내옴
　　　　　395년 : 말갈 침입 북쪽 변경에서 격퇴
　　　　　399년 : 고구려에 구원요청
　　　　　401년 : 고구려에 볼모로간 실성 돌아옴

⑱ 실성이사금 (재위기간 402 ~ 417년)
　　　　　402년 : 왜와 통교 미사흔 볼모로 보냄
　　　　　403년 : 백제 변경 침범
　　　　　405년 : 왜병 명활성 침입 격퇴
　　　　　412년 : 고구려에 아들 복호 볼모로 감
　　　　　413년 : 평양주(경가 양주) 다리 준공
　　　　　415년 : 왜병 풍도 침입 격퇴

⑲ 눌지마립간 (재위기간 417 ~ 458년)
　　　　　418년 : 고구려 복호, 왜 미사흔 귀국
　　　　　429년 : 백성에게 우차사용법 전파 화물유통 원활
　　　　　433년 : 백제와 화친 동맹 체결

⑳ 자비마립간 (재위기간 458 ~ 479년)
　　　　462년 : 왜구 활개성 침입
　　　　464년 : 고구려 신라를 공격
　　　　470년 : 삼년산성 축조
　　　　477년 : 왜구 동쪽 변경 침입 격퇴

㉑ 소지마립간 (재위기간 479 ~ 500년)
　　　　480년 : 말갈 북변 침범
　　　　482년 : 왜구 변방 침입
　　　　487년 : 관도(오늘날 국도) 건설
　　　　490년 : 경주에 시장을 열음
　　　　493년 : 백제와 결혼 동맹

㉒ 지증마립간 (재위기간 500 ~ 514년)
　　　　502년 : 순장법 폐지, 우경법 사용
　　　　503년 : 국호를 신라, 준호를 왕
　　　　505년 : 주, 군, 현 정함
　　　　512년 : 이사부 우산국 정벌

㉓ 법흥왕 (재위기간 514 ~ 540년)
　　　　517년 : 병부 설치
　　　　520년 : 율령반포, 공복제정
　　　　528년 : 불교 처음 시행, 이차돈 순교
　　　　536년 : 연호를 세워 건원이라함

㉔ 진흥왕 (재위기간 540 ~ 576년)
　　　　541년 : 백제에서 사신 화친요청
　　　　544년 : 흥륜사 준공
　　　　545년 : 거칠부 등 국사 편찬
　　　　551년 : 개국이라 개원함
　　　　555년 : 북한산 신라진흥왕순수비 세움
　　　　566년 : 황룡사 준공
　　　　568년 : 연호를 태창으로 변경
　　　　576년 : 화랑제도 창시

㉕ 진지왕 (재위기간 576 ~ 579년)
　　　　577년 : 내리서성 축조
　　　　578년 : 진나라에 사신 보냄

㉖ 진평왕 (재위기간 579 ~ 632년)
　　　　581년 : 위화부 설치
　　　　584년 : 연호를 건복으로 개원
　　　　589년 : 원광 진나라에 가서 불법구함
　　　　623년 : 당나라에 사신 보냄
　　　　629년 : 고구려 낭비성 격파

㉗ 선덕왕 (재위기간 632 ~ 647년)
　　　　632년 : 대신 을제가 나라 정사 총괄
　　　　634년 : 연호를 인평으로 바꿈
　　　　636년 : 자장법사 당나라에 건너가 불법 구함
　　　　638년 : 고구려 칠중성 침략 격파
　　　　642년 : 대야성 함락, 김춘추 고구려 군사요청
　　　　645년 : 황룡사 9층탑 건립, 당나라 연합 고구려 공격

㉘ 진덕왕 (재위기간 647 ~ 654년)
　　　　647년 : 연호를 태화
　　　　649년 : 중조의관제, 당나라연호 영휘 사용
　　　　651년 : 정조하례제 실시, 품주 개편

㉙ 태종무열왕 (재위기간 654 ~ 661년)
　　　　655년 : 원자 법민 태자 책봉
　　　　660년 : 김유신 상대등됨, 백제멸망시킴
　　　　661년 : 고구려와 말갈 술천성 공격

㉚ 문무왕 (재위기간 661 ~ 681년)
- 662년 : 백제부흥군 토벌
- 668년 : 당과 연합 고구려 멸망시킴
- 670년 : 말갈과 연합한 당군 대파
- 676년 : 당 설인귀 기벌포에서 격파(삼국통일)
- 678년 : 북원소경 설치
- 680년 : 금관소경 설치

🔵 확 잡히는 신라

 신라는 경주 지역의 토착민 집단과 유이민 집단의 결합으로 기원전 57년 건국되었다. 4세기 내물 이사금 때 낙동강 동쪽 진한 지역 까지 진출하였고, 중앙 집권 국가로 발전하기 시작하였다. 내물 마립간 이후에는 고구려의 간섭을 받자 백제와 동맹을 맺어 고구려의 간섭을 배제하고자 하였다. 지증왕 때에 이르러서는 정치 제도가 더욱 정비하고, 군주의 칭호도 마립간에서 왕으로 고치고 지방의 지배 세력을 확실하게 장악하여 갔다.
이어 법흥왕은 율령을 발표하고, 골품 제도를 정비하고 불교를 공인, 이로써 신라는 중앙 집권 국가 체제를 완비하였다.
6세기 진흥왕 때에 이르러 활발한 정복 활동을 전개하면서 삼국 간의 항쟁을 주도하기 시작하였다. 이를 토대로 고구려와 대가야를 정복하면서 삼국 경쟁의 주도권을 신라가 장악하였다. 정치 질서의 문란과 지배층의 향락으로 국가적 일체감을 상실한 백제는 결국 660년 사비성이 함락되면서 멸망하고, 고구려는 잦은 전쟁으로 국력의 소모되고 정치적 불안정으로 인하여 국론이 분열되어 나당연합의 공격으로 668년 멸망하였다. 신라는 최초로 이루어낸 민족통일입니다.

🔵 기억할 유물

 북한산 신라 진흥왕순수비, 분황사석탑, 경주 첨성대, 창녕 신라 진흥왕 척경비, 단양 신라 적성비, 단석산 신선사 마애불상군, 봉화 북지리 마애여래좌상, 금관총 금관,황룡사지, 온달산성

기억할 인물

* **김춘추** : 당나라와 연합을 이루며 삼국 통일의 초석을 마련했다.
* **김유신** : 김춘추와 문무왕을 도와 백제와 고구려를 멸망 시켰다.
* **문무왕** : 삼국 통일의 대업을 완수 했다.
* **장보고** : 청해진 설치를 하고 국제 무역을 주도했다.
* **원효** : 불교의 대중화에 힘쓰고 불교 사상의 발전에 크게 기여하였다.
* **신문왕** : 통일신라의 왕으로써 왕권강화에 힘썼다.
* **최치원** : 진성여왕에게 시무책을 올려 정치 개혁을 추진하였다.
* **설총** : 국학에서 학생들을 가르치고 유학 발전에 기여했다.
* **김대성** : 불국사와 석굴암을 건설한 인물이다.
* **경덕왕** : 개혁정치와 강력한 전제왕권을 펼쳤다.

3) 신라의 역사

역사서에 나타나는 신라의 국명은 여러 가지로 사로, 사라, 서나, 서나벌, 서야, 서야벌, 서라, 서벌 등 이두식의 국명을 사용하였다가 '신라'라는 국호를 정한 것은 지증왕 4년인 503년에 와서이다.

신라를 말할 때 보통 '천년'이라는 낱말을 붙여 신라 천년이라고 말을 한다. 이는 신라 건국시기부터 마지막 경순왕이 고려에 투항하기까지 992년의 역사를 이어갔기 때문이다.

아직 논란이 있기는 하지만 고구려의 개국을 BC 37년으로 보고 AD 668년 신라에 의해 멸망할 때까지 705년간 나라를 유지하는 동안 중국에서는 한·수·당나라 외 35개 국가가 일어섰다 사라지기를 반복하였다.

그것만을 기준으로 비교해 볼 때 신라가 천년 동안이나 나라를 유지할 수 있었던 것은 대단한 일이다. 그렇다면 분명 오랫동안 나라를 유지할 수 있었던 신라만의 독특한 힘이 있었을 것이다.

또 신라는 한반도의 동남방에 치우쳐 있던 까닭에 외부의 침략이나, 문화적 접촉이 상대적으로 적어 고구려나 백제에 비해 안정기에 이르는 시간이 좀 더 많이 걸렸다. 그래서 삼국 중 가장 늦게 국가 체제를 갖추고, 청년기에 해당하는 활발한 역사를 누리게 된 것은 4세기 후반에 이르러서였다. 늦게 출발한 신라가 긴 역사를 가질 수 있었던 힘이 무엇이며, 그 힘은 어디에서 얻어진 것이었을까를 생각해 보면서 신라 역사를 알아보기로 하자.

신라에 관한 신화는 고구려 건국신화에 비해 조금 복잡하지만, 사로국에 살던 6촌의 우두머리들이 하늘에서 내려온 박혁거세를 왕으로 받들었다는 것을 골격으로 하고 있다.

고조선이 멸망한 뒤 고조선의 유민들은 한반도로 이주해 와서 한반도의 토착민들에 영향을 끼쳤다. 고조선의 유민들은 이미 철기를 사용할 줄 알았기 때문에 그 영향력이 무척 컸으리라는 것을 쉽게 짐작해 볼 수 있다. 경주의 토착세력인 6촌의 우두머리들이 박혁거세를 받들었다는 말은 박혁거세가 토착민들을 지배하였다. 혹은 박혁거세와 6촌의 촌장들이 서로 연합하며 나라를 세웠다는 사실을 입증해 준다.

먼저 『삼국사기』에 전하는 혁거세의 탄생설화를 보기로 한다.

시조의 성은 박씨, 이름은 혁거세이다. 그때 나이는 13세로 전한(前漢) 효선제(孝宣帝) 오봉(五鳳) 원년 갑자(서기전 57) 4월 병진(또는 1월 15일이라고도 하였다.)일에 즉위하여 왕호를 거서간이라 하였고, 국호는 서나벌이라 하였다. 일찍이 조선의 유민들이 이곳으로 들어와 산곡간에 여섯 촌락을 이루었다. 첫째는 알천 양산촌, 둘째는 돌산 고허촌, 셋째는 취산 진지촌(간진촌), 넷째는 무산 대수촌, 다섯째는 금산 가리촌, 여섯째는 명활산 고야촌이다. 이들이 진한육부가 되었다.

고허촌장 소벌공이 양산 밑 나정(신라의 시조 박혁거세가 나온 알이 그 곁에 있었다고 하는 전설상의 우물. 경주 양산에 있었다고 한다.) 곁에 있는 숲에 흰말이 엎드려 앉아 절을 하는듯해서 가보니 말은 오간데 없고 큰 알만 하나 있었다. 그 알을 깨뜨려 보니 한 어린아이가 나와 소벌공이 데려다가 키웠다. 그가 13세가 되었을 때 영리하고 지각이 뛰어나서 육부 촌장들이 높이 받들고 임금으로 모셔 삼았다. 그 때 그를 임금으로 받든 사람들은 표주박을 '박'이라 하였는데, 혁거세가 나온 커다란 알이 박과 같다하여 박을 성으로 삼았다. 거서간은 진한의 말로 '왕'이라는 뜻이다.

신라의 왕위는 박·석·김의 세 성씨가 돌아가면서 차지하였는데, 그것은 신라가 여러 세력이 합쳐져 이루어진데서 비롯된 것이다. 신라는 골품제라는 신분제도를 통하여 왕족끼리만 혼인을 하여 지배층의 권위를 보장하였고, 국가의 중대한 일은 화백제도라는 왕족들의 회의에서 결정하였다.

알지의 후손으로는 김씨로서 처음으로 왕위에 오른 13대 미추왕이 있고, 17대 내물왕 다음부터는 계속 김씨가 왕위에 올랐다. 6세기초 지증왕 때 농업이 크게 발전하였고, 국호를 '신라'로 정하였다.

법흥왕 때에는 율령을 반포하고 중앙집권적 왕조국가로서 체제를 정비하였고, 귀족들의 반대를 물리치고 불교를 공인하여 국가적인 종교로 받아들였다. 그리고 진흥왕 때에는 활발한 정복사업을 벌여 가야 연맹지역을 정복하여 낙동강 유역을 차지하였다. 또 독자적으로 '개국'이라는 연호를 사용하였고, 신라의 통일을 이루는 데 큰 역할을 했던 화랑제도를 만들었다. 화랑제도는 귀족출신의 뛰어난 인물을 뽑아서 화랑과 평민으로 구성된 낭도를 두어 산천을 유람하면서 심신을 단련시킨 제도이다.

신라가 국가의 통치조직을 확대하고 정비한 것은 6세기 무렵이다. 지방의 소국이나 읍락들을 주나 군으로 재편하고, 지방관을 파견하여 지방민을 지배하고 통제하였다.

신라는 지리적으로 한반도의 동남방에 치우쳐 있어서 외부와 문화적 접촉이 상대적으로 적었고, 풍류도(풍월도)라는 토착적인 고유 사상을 가지고 있었다. 신라의 독특한 화랑도의 수련은 풍류도에 기인한 것이다. 그래서 외래 종교인 불교를 받아들이는데도 고구려나 백제보다 쉽지 않았다.

화랑정신을 기반으로 부분적으로나마 삼국을 통일한 신라는 통일 이후에는 당나라군을 한반도에서 내몰기 위해 많은 노력을 하였다.

675년 매소성 전투에서는 당의 20만 대군을 무찌르고 전마 3만 필을 빼앗는 큰 승리를 거두었고, 이듬해 기벌포 전투에서는 당의 해군을 크게 무찌르고 대동강 이남지역을 완전한 신라의 영토로 확보하게 되었다.

(1) 왕의 치사로 본 신라 역사

● 제1대 혁거세 거서간

(赫居世 居西干. BC 69년 ~ 기원후 4년. 재위 기간은 BC 57년~AD 4년까지 약61 년)

알영은 재위 5년(BC53) 되는 해 정월에 알영정이라는 우물에 용이 그의 오른쪽 갈빗대(삼국유사에는 왼쪽 옆구리)에서 한 계집아이를 낳았다. 우물에서 물을 기르던 할머니가 범상치 않는 일이라고 여겨 데려다 기르고 우물이름을 따서 '알영'이라고 지었다. 삼국유사에는 알영의 모습을 "얼굴과 용모는 매우 아름다웠으나, 입술이 닭 부리와 같았다."고 표현하고 "월성 북천에서 목욕을 시키자 그 부리가 떨어져 나가서 시내의 이름을 발천이라 하였다."는 설명을 덧붙여 놓고 있다. 여섯 마을의 족장들은 남산 서쪽에 궁궐을 짓고 성스러운 아기를 받들어 길렀는데, 고허촌장 소벌공이 양산 밑 나정에서 큰 알을 깨고 나온 혁거세가 13세가 되던 해 여섯 마을 족장들은 그를 왕으로 받들고 알영을 비로 삼아 신라가 건국되었다. (BC57년)

17년(BC 41년)에 혁거세는 왕비와 함께 육부를 순행하며 농업과 양잠을 권장하여 농토를 충분히 이용하도록 하였는데 백성들은 둘을 이성(二聖)이라 칭송하며 따랐다. 21년(BC37년) 경주에 금성을 쌓고 26년(BC 32년) 정월에 궁실을 지었다.

8년 되던 해(BC50년)에는 왜인이 변방을 침범하려 하다가 혁거세가 비범치 않은 인물임을 알고 그냥 가 버렸고, 19년(BC39년) 정월에는 변한이 침입하였으나 항복하였고, 30년(BC28년) 낙랑 군사가 침입하였는데 변방에 사는 사람들이 밤에 문을 닫지 않고 노적가리가 들에 가득한 것을 보고는, "이곳 사람들은 서로 도적질을 하지 않는 도가 있는 나라다. 그런데 우리가 몰래 군사를 끌고 침범하는 것은 도적질과 같으니 어찌 부끄럽지 않느냐?"하고 곧바로 돌아갔다.

신라 건국 전까지 진한과 변한은 마한 왕에게 조공을 바쳤으나, 박혁거세가 신라를 건국한 후부터 진한은 마한 왕에게 조공을 바치지 않았다. 38년(BC20년) 2월에 사신 호공을 마한에 보내자 "진한과 변한은 우리의 속국인데 요즘에는 공물을 보내지 않으니 대국을 섬기는 예가 이 같을 수가 있느냐?"고 호공을 꾸짖으며 말했다. 그러자 호공이 "우리나라는 두 분의 성인이 출현하면서 창고가 가득 차고, 백성들은 공경과 겸양을 알게 되었다. 그리하여 진한 유민으로 부터 변한, 낙랑, 왜에 이르기까지 두려워하지 않는데도, 우리 왕께서 겸허하게 저를 보내어 예방하게 하였으니, 이는 오히려 과한 예절이라 할 수 있을 것입니다. 그런데 대왕께서 크게 노하여 힘으로 핍박하시니, 이는 어떤 의도입니까?"그러자 마한 왕이 크게 노하며 호공을 죽이려고 하였는데 신하들이 말려 그를 보내 주었다. 그런 마한 왕이 다음해 죽자 신하가 "전에 우리 사신을 욕보인 일이 있으니 지금 마한을 치면 정벌할 수 있다."고 말하였으나 "남의 불행을 좋게 여기는 것은 어질지 못한 일이라."

고 하며 사신을 보내 조문하였다.

53년에(BC5년) 동옥저에서 '우리 왕이 남한에 성인이 나신 것을 듣고 신하를 보내 드리는 것.'이라고 명마 24필을 바쳤다.

60년(3년) 9월에 두 마리의 용이 금성 우물에 나타나더니, 폭풍우가 심하게 불고, 성의 남문에 벼락이 떨어졌다. 용이 금성 우물에 나타났다는 표현은 내란이 일어났음을 말해준다. 일반적으로 용이란 임금을 상징하는 동물인데, 왕궁의 우물에 두 마리의 용이 나타났다는 것은 왕이 둘이 된 사건에 대한 은유적인 표현일 것이다. 61년(4년) 혁거세 거서간이 사망하여 사릉에 장사 지냈다.

『삼국유사』에 혁거세의 죽음을 "박혁거세는 61년 동안 나라를 다스리다가 하늘로 올라갔는데 7일 후 시신이 땅에 흩어져 떨어졌고, 왕후도 세상을 떠났다. 나라 사람들이 한곳에 장사를 지내려 하자 큰 뱀이 쫓아다니며 이를 방해하였다. 그래서 머리와 사지를 제각기 장사 지내 오릉으로 만들었다. 이것을 사릉(蛇陵)이라고도 한다."고 태생설화처럼 기이하게 묘사하고 있다.

● **제2대 남해 차차웅** (南解次次雄. ?~24년. 재위 기간은 4년~24년까지 약21년)

남해 차차웅는 혁거세와 알영 부인 사이에 태어난 맏아들이고 그의 왕비는 운제 부인이다. 남해 차차웅은 키가 크고 성품은 침착하고 중후하였으며 지략이 뛰어났다.

남해 차차웅이 왕위에 오른 해(4년) 7월에 낙랑군사가 금성을 에워싸자 왕이 신하들에게 "이성이 돌아가시고 내가 왕위에 오르자 이웃나라가 침벌한 것은 내가 부덕한 까닭이니 이를 어찌하면 좋으냐?"고 물었다.

"도적이 국상이 있는 때에 함부로 군사를 이끌고 치는 일을 하늘이 돌봐

주지 않을 것이니 두려워할 것이 없다."는 답처럼 얼마 지나지 않아 낙랑군이 물러갔다.

5년(8년)에는 석탈해의 인물됨을 알아보고 그를 사위 삼고, 2년 뒤에 대보의 벼슬을 주어 군사권을 맡겼다.

11년(14년)에는 왜인이 100여 척의 병선으로 바닷가 마을에서 노략질을 하자 6부의 군사로 격퇴시켰다. 그리고 낙랑이 나라의 내부에 빈틈이 있다고 판단하여 금성을 공격해 왔는데, 밤에 유성이 적의 진영에 떨어지자 두려워 퇴각 하면서 알천가에 돌무더기 20개를 쌓아놓고 물러갔는데, 그들을 추격하던 6부의 병사 1천 명은 토함산 동쪽부터 알천에 이르는 돌무더기를 보고 적의 무리가 많은 것으로 알고 추격을 멈추었다.

16년(19년)에 강릉 사람이 북명에서 밭을 갈다가 예나라 왕의 인장을 발견하여 임금께 바쳤다. 삼국지 동이전 부여 조에 "그 나라 인장에는 '예왕지인'이라는 글귀가 있다."라고 했는데, 이것은 신라에서 예나 부여가 그리 멀지 않고 가까운 곳에 있었음을 알 수 있다.

15년(18년)에 가뭄과 누리(메뚜기 종류)의 재해로 백성이 굶주리자 창고를 열어 구제하고, 19년(22년)에 역질로 백성이 많이 죽고, 그해 11월에 물이 얼지 않았다는 기록이 있다.

재위 21년째 되던 해에 62세 나이로 남해 차차웅은 생을 마감하였고 사릉원에 장사 지냈다.

● **제3대 유리 이사금** (南解次次雄. ?~57년. 재위 기간은 24년~57년까지 약34년)

이사금은 '이의 자국'이란 말이다. 남해왕이 죽으면서 "나 죽은 뒤에는 아들이나 사위를 막론하고 나이 많고 어진 자로써 위를 계승토록 하라."고 유

3) 신라의 역사 189

언을 남겼다. 태자인 유리가 매형 탈해에게 왕위 자리에 오를 것을 권하였지만, 탈해는 유리를 왕으로 추대하여 남해왕을 이어받아 신라 3대왕이 되었다.

유리 이사금은 노례 니질금이라고도 하는데, 니질금이라는 칭호는 노례에게 처음 사용한 것이다.

즉위 5년이 되던 해(28년) 1월에 유리 이사금은 나라 안을 순행하다가 한 할머니가 굶주리다 얼어 죽어가는 모습을 보게 되었다. 그러자 "왕위에 있으면서도 세상을 똑바로 보지 못하여 능히 백성을 보살피지 못하여 이런 지경에 이르게 되니 이는 나의 죄."라 말하고는 옷을 벗어 덮어주고 음식을 먹인 후 관리에게 명하여 각지에 있는 홀아비, 홀어미, 고아, 아들 없는 사람, 늙은이, 병들어 자활할 수 없는 사람들에게 음식을 주어 부양하게 하자, 소문을 들을 이웃나라 사람들까지 많이 왔다고 전해진다.

유리이사금

또한 가악의 시초로 훗날 향가의 기원이 되는 도솔가를 지어 불렀는데 전해지지는 않는다.

9년(32년)에 6부 촌장들의 건국 공로를 영원히 기리기 위해 6부의 이름을 고치고 각기 성을 주었는데 양산부는 양부로 성은 이씨로, 고허부는 사량부로 성은 최(혹은 정)씨로, 내수부는 모량부로 성은 손씨를, 간진부는 본피부로 성은 김씨(혹은 최)로, 가리부는 한지부로 성은 배씨를, 명활부를 습비부로 성은 설씨를 하사하였다. 이로써 신라의 여섯 성씨가 탄생하였다. 또한 관직에는 17등급을 두었는데 제1은 이벌찬, 제2는 이척찬, 제3은 잡찬, 제4는 과진찬, 제5는 대아한, 제6은 아찬, 제7은 일길찬. 제8은 사찬, 제9는 급벌찬, 제10은 대내마, 제11은 내마. 제12는 대사, 제13은 소사, 제14는 길사. 제15는 대오, 제16은 소오, 제17은 조위이다.

왕은 6부를 정하고 두 편으로 나눈 뒤 임금의 두 딸로 하여금 각각 편을 거느리고 길쌈을 하여 진 편이 이긴 편에게 술과 음식을 대접하고 가무를 즐겼는데 이를 가배라 하였다. 이때 진 편에서 한 여자가 일어나 춤추며 '회소, 회소'하고 탄식하였는데, 그 음조가 슬프고 아름다워 후세 사람들이 이 곡에 노랫말을 붙이고 회소곡이라 했다고 전해진다.

13년(36년)에 8월에는 낙랑이 북쪽 변경 타산성을 점령하였고, 14년(37년)에는 고구려 대무신방에게 멸망한 낙랑 사람 5천여 명이 귀순해 오자 6부에 나누어 살게 하였다.

34년째 되는 해(57년) 9월에 유리왕이 병이 나자 신하들에게 "탈해는 임금의 친척이요, 지위가 재상에 이르고, 여러 번 공을 세웠다. 나의 두 아들은 재능이 그를 따르지 못한다. 그러므로 내가 죽은 뒤에는 탈해를 왕위에 오르게 하라."는 유언을 남기고 10월에 생을 마쳐 사릉원에 장사 지냈다.

● **제4대 탈해 이사금** (脫解尼師今. 19~80년. 재위 기간은 57년~80년까지 약24년)

탈해는 왜국에서 동북쪽으로 천 리쯤 되는 곳에 있는 다파나국(또는 완하국, 용성국) 출생이다. 그 나라 국왕이 적녀국왕의 딸을 데려다 아내를 삼았는데, 아이를 밴 지 7년 만에 큰 알을 낳자 사람이 알을 낳는 것은 상서롭지 못한 일이니 버리라고 하였다. 하지만 왕비는 차마 그러지 못하고 알을 비단에 싸서 보물과 함께 궤짝 속에 넣어 바다에 띄워 보냈다. 그 후 금관국 해변에

신라 왕의 칭호

　신라에서는 왕을 거서간이라 일컬었는데, 이는 귀한 사람을 일컫는 말이라고 한다. 또 차차웅이라 하기도 하고, 자충이라 하기도 하고, 이사금이라고도 했다. 이사금은 이빨 자국 혹은 나이의 순서를 말하는 신라의 방언으로 여기에는 전하는 이야기가 있다.

　남해왕이 승하하자 아들 노례가 매형인 탈해에게 양위하자 탈해가 "임금의 자리는 보통 사람이 감당하지 못하는 것이기에 덕이 큰 사람이 임금의 자리에 오르는 것이 마땅합니다. 내가 듣기에 성스럽고 지혜가 많은 사람은 치아가 많다고 합니다. 떡을 씹어 나타난 이빨 수를 세어 덕의 크기를 비교해 봅시다." 하며 떡을 물어 시험해 보아 유리 태자가 이가 더 많자 유리가 먼저 왕위에 오르고 탈해는 그의 뒤를 이어 제4대 탈해 이사금으로 즉위하였다. 치아가 많다는 것은 단순히 그 수가 많다는 뜻이 아니라 나이가 많은 것을 뜻하고, 그만한 지혜를 갖추었다는 의미이다. 거서간이라는 호칭은 혁거세에게만 붙였고, 차차웅이라는 호칭은 그의 아들 남해왕에게만 붙였다. 그 외 이사금이라고 부른 임금은 열여섯 명이고, 마립간이라고 부른 임금은 네 명이라고 삼국유사에 전한다. 또 왕을 마립간(최고의 우두머리란 뜻)이라고도 한다. 김대문에 의하면 '마립이란 말뚝을 말하는 방언으로, 말뚝을 위주로 신하의 말뚝들은 그 아래 벌려 두었으므로 왕호를 그렇게 이름했다.'고 한다.

　이사금이란 지위는 왕처럼 막강한 통치력을 갖지는 않았으며, 큰 집단의 족장 정도여서 그 지위를 둘러싸고 사생결단하는 전쟁이 일어날 만한 단계의 지배자가 아니었다. 한 이사금이 아들이 없이 죽을 경우, 갈문왕이나 후의 아들 중 명민한 사람을 이사금으로 추대했는데 제16대 흘해 이사금의 경우를 들 수 있다.

닿은 것을 괴이하게 여겨 그냥 보낸 후 진한의 아진포에 이르렀을 때 한 노파가 데려다 키웠다.

　이때가 시조 혁거세 39년(기원전 19)되던 때였다. 커가면서 아이의 키는 9척이나 되었고, 인물이 수려하고 지식은 남보다 뛰어났다. 그런데 아이의 성을 알지 못해 고심하던 중 처음 궤짝이 당도 했을 때 까치 한 마리가 울면서 따라 날아왔으니, 까치 작(鵲)자에서 조(鳥)자를 버리고 석(昔)씨로 삼고, 상자를 풀고 나와 탈해(脫解)라 지었다고 삼국사기에서는 전한다. 하지만, 삼국유사에서 전하는 탈해 설화는 삼국사기와 좀 다르다.

탈해 이사금

　신라 2대 남해왕 때 가락국 바다 한가운데 닻을 내리는 낯선 배 한 척을 가락국 수로왕은 나라에 큰 복이 들어왔다고 생각하여 신하와 백성들과 함께 북을 두드리며 맞이하여 머물게 하려 하였으나, 배는 달아나 계림 동쪽 하서지촌 아진포에 이르렀다. 그때 혁거세 왕에게 해산물을 진상하던 어부의 어미 아진의선이라는 할머니가 까치들이 잔뜩 모여 있는 이상한 배가 포구 앞바다에서 흔들거리는 것을 보고, 이를 기이하게 여겨 배로 올라가 확인하자 상자 하나가 있었다. 배를 끌어다 나무 숲 아래 매어 두고 길흉을 알 수 없어 하늘을 향해 고하고, 배를 열어 보니 잘생긴 사내아이가 일곱가지 보물을 품에 안고 노비들을 거느리고 앉아있었다. 7일 동안 잘 대접하자 그 남자가 말했다.

　"나는 본래 용성국 사람입니다. 저의 아버지는 함달파로 적녀국왕의 딸을 왕비로 맞았는데, 오랫동안 아들이 없자 아들 구하기를 빌어 7년 만에 알 한 개를 낳았습니다. 깜짝 놀라 신하들이 이구동성으로 사람으로서 알을 낳은 것은 좋은 일이 아니라고 했습니다. 그러자 아버지는 상자에 나를 넣어 바다에 버렸습니다. 사람들이 축원하기를 부디 인연이 있는 땅에 가서 나라를 세우고 집을 이루어 살라 하였고, 붉은 용이 배를 보호하여 여기까지 왔습니다."

탈해왕릉

탈해는 대장장이를 하며 평범하게 살았으나 노모는 골상이 보통 사람이 아니니 학문을 배워 공명을 떨치라고 말하였는데 특히 지리에 통달하였다. 경주의 명산 토함산에 올라가 자기가 살 땅을 찾던 어느 날, 양산 밑에 있는 호공의 집터가 길지(吉地)인 것을 알고 몰래 그 집 곁에 숫돌과 숯을 묻고 이튿날 그 집이 자기 조상의 집이었다고 주장하였다. 호공이 이를 인정하지 않자 탈해는 관가에 찾아가 땅을 파서 확인하였고, 그의 말대로 땅을 파보니 숫돌과 숯이 나와서 그 집을 차지하게 되었는데 그곳이 바로 월성이다. 남해왕은 탈해의 소문을 듣고 지혜가 있는 사람이라고 여기고 탈해를 사위로 삼았다.

설화 속 이야기에는 많은 상징이 들어있다. 상징하는 것이 무엇인지 알아내지 못하면 설화는 그저 황당한 이야기에 그치고 만다. 그것은 탈해 설화에서도 마찬가지이다. 이야기에서 전개되듯 버려진 아이가 사로국의 한 바닷가 마을에 닿아 키워져 그 총명함으로 왕이 된 것으로 해석하면 너무나 단순한 일이 되어 버린다.

탈해는 외국에서 들어온 세력으로, 동해안을 통해 경주 지방으로 들어왔는데, 중간에 금관국(가야)에 닿았었지만 당시 강력한 왕권을 행사하고 있던 수로왕을 받아들이지 않았다는 것을 알 수가 있다. 그리고 이민족이 수로국(신라)의 토착세력을 누르고 왕권을 잡았다는 것은 그만한 실력을 행사할 만한 강력한 그 무엇이 있었다는 사실을 짐작해 볼 수가 있는데, 그 강력함이란 '우수한 철기 문화'일 것이라고 추정한다. 탈해의 우리말 '돌히'의 뜻이 '달장이' 혹은 '대장장이'의 뜻으로 해석했을 때 그 추측이 맞아떨어진다. 사로국은 박씨 부족과 석씨 부족의 연맹으로 힘을 얻어 군사력과 정치력을 갖추고, 더욱 강력한 국가로 나아갈 수 있었던 것이다.

탈해의 이름은 토해라고도 하며, 성은 석씨이고 부인은 아효부인이다. 즉위할 당시의 나이는 62세였다. 탈해는 즉위 2년(58년)정월에 집을 빼앗았던 호공을 데려다 대보로 삼았다.

3년(59년)에는 왜국과 화친을 맺었는데, 17년(73년)에는 목출도를 침범하자 각간 우조를 보내 지키려 했으나 우조가 전사하였다.

5년(61년) 8월에는 마한의 장수 맹소가 복암성을 바치고 항복해 왔으며, 7년(63년)에는 백제왕이 낭자곡까지 영토를 개척하며 사자를 보내 만나기를 청했으나 응하지 않자, 다음해에 서경인 와산성(현재 충북 보은 근방)과 구양성을 쳐들어 왔으나 기병 3천으로 물리쳤다. 그러나 10년(66년)에 백제에게 와산성을 빼앗겼고, 14년(70년)에 또다시 백제의 침략을 받았는데, 20년(76년)에는 와산성을 다시 찾았다.
　9년째 되는 해(65년) 밤에 탈해왕은 금성 서쪽 시림 숲에서 닭 우는 소리를 듣고 새벽에 호공을 보내 상황을 알아보게 했는데, 나뭇가지에 금색의 작은 궤가 걸려 있고 그 밑에 흰 닭이 울고 있다는 것을 보고 받고 궤를 가져왔다. 궤 안에는 작은 사내아이가 들어 있었는데 자태와 용모가 기이하고 컸다. 탈해왕은 하늘이 자기에게 준 아들이라며 아이를 키웠는데 아이는 총명하고 지략이 뛰어났다. 삼국유사에는 왕이 알지를 수레에 싣고 대궐로 돌아오는데 새와 짐승이 서로 뒤따르면서 춤을 추었다고 묘사되어 있다. 아이의 이름은 알지라 하고 금궤에서 나왔다 하여 성을 김씨라 하였다. 또 시림을 계림이라 부르고 그것을 국호로 삼았다.
　즉위 24년 되던 해 8월에 탈해왕은 생을 마감하여 성북(城北)의 양정 언덕에 장사 지냈다.

● 제5대 파사 이사금 (婆娑 尼師今. ?~112년. 재위 기간은 80년~112년까지 약33년)

　파사왕은 유리왕의 둘째 아들이지만, 태자인 형 일성보다 현명하여 왕위에 올랐다. 왕비는 김씨 사성부인으로, 갈문왕 허루의 딸이다
　파사는 검약하고 백성을 사랑하는 현군으로 전해지는데, 즉위한 지 2년(81년) 되던 해에 지방을 순행하면서 창고 문을 열어 백성들에게 곡식을 베

풀고, 사형죄수 외는 모두 다 풀어주었다.

6년(85년)에 백제와 외적의 위협이 있자, 8년(87년)에 "우리나라는 서쪽으로는 백제를 이웃하고 남쪽으로 가야와 닿아있다. 과인이 부덕한데도 나라를 맡았으니 성과 보루를 수리하여 적의 침략에 대비하는 것이 마땅하도다."고 명하여 가소성과 마두성을 쌓았다. 이것은 수도를 벗어난 맨 처음의 축성기록이다. 15년(94년)에 가야국이 마두성을 공격해오자 아찬 길원이 기병 1천으로 쫓아내었는데, 17년(96년)에 또 침범하자 성주 장세를 보냈는데, 그가 전사하자 왕이 직접 용사 5천을 거느리고 나가 대승을 거뒀다. 그 뒤 26년(105년)에 백제는 사신을 보내 화친관계를 유지하였다.

18년(97년)정월에 가야를 치려했으나 가야 왕이 사신을 보내 중지하였다. 22년에 언덕 위에 반월형으로 흙과 돌을 혼용하여 월성을 쌓고 궁궐을 옮겼다.

23년(102년) 8월에 음즙벌국과 실직곡국이 영토 분쟁이 발생하자, 두 나라는 왕에게 판결을 요청했지만 파사왕은 금관국 수로왕에게 판결을 청했다. 수로왕은 다투던 땅을 음즙벌국에 귀속하도록 의견을 내서 따르고 왕은 6부에 명해 수로왕을 위해 향연을 베풀었다. 5부는 모두 이찬으로 연회의 주인을 삼았는데, 오직 한기부만 직위가 낮은 자가 접대하자 수로왕이 노하여 종 탐하리를 시켜 한기부의 부주 보제를 죽이고 달아나 음즙벌국 우두머리 타추간의 집에 숨었다. 파사왕이 죄인을 돌려보내기를 청하였으나, 타추간이 돌려보내지 않자 음즙벌국을 쳐서 병합하였다. 그뒤 실직과 압독 두 나라 임금도 와서 항복하였고, 27년(106년) 8월에 마두성주가 가야를 정벌하였고, 29년(108년)에는 다벌국과 초팔국까지 합병하였다. 파사왕은 즉위 33년 되는 112년 10월에 생을 마감하였다.

● **제6대 지마 이사금** (祇摩 尼師今. ?~134년. 재위 기간은 112년~134년까지 약23년)

　지마 이사금은 파사왕의 적자로 어머니는 사성부인이고, 왕비는 갈문왕 마제의 딸 김씨 애례부인이다.
　파사왕이 태자 지마와 함께 유찬의 연못가에서 사냥을 마치고 돌아가는 길에 한기부를 지날 때, 이찬 허루가 향연을 베풀어 대접하는 자리에서 술이 오르자 허루의 아내와 마제 이찬의 아내가 어린 딸을 데리고 나와 춤을 추게 하였는데 태자는 마제의 딸을 반겼다. 왕은 "이찬 허루에게는 훌륭한 음식과 술을 차려 잔치를 베풀어 즐기게 하여주었으니 직위를 주다(酒多, 술이 많음)라고 하여 이찬 위에 두어야 마땅하겠다."라고 하고 마제의 딸을 태자의 배필로 삼았다. 그가 애례부인이다.
　4년(115년) 2월에 가야가 남쪽 변경을 침략하자, 7월에 왕이 친히 가야 정벌에 나서 황산하(낙동강 하류)를 건넜는데, 가야인들이 복병을 숨기고 포위하는 바람에 하는 수 없이 퇴각하고, 이듬해 다시 가야공격을 시도 했는데 비가 내려 돌아와야만 했다.
　10년 되는 121년에는 왜인이 동쪽 변경을 침범하였는데, 이듬해에 또 왜병이 크게 몰려온다는 소문이 돌자 백성들이 다투어 산골짜기로 도망하는 일이 벌어지자, 12년(123년)에 왜국과 강화를 협상 하였다.
　14년 (125년)정월과 7월에 말갈이 대령책(대관령) 습격하자 백제가 다섯 명의 장군을 원병으로 보내와 물리쳤다. 23년 8월에 지마왕은 아들이 없이 생을 마감하였다.

<갈문왕>

신라에서는 추봉한 왕을 모두 갈문왕이라고 하는데 그 뜻은 자세하지 않다고 삼국사기는 전한다. 하지만 갈문왕은 통일되기 이전의 신라에서 보이는 칭호로서, 왕과 특별한 인척관계여서 일반 신하처럼 대우할 수 없는 사람들 즉 왕의 장인이나 큰아버지, 작은아버지 혹은 왕의 나이든 동생에게 내린 칭호로 '왕에 버금가는 사람'이라는 의미를 가진 말로 해석하고 있다.

● **제7대 일성 이사금** (逸聖 尼師今. 44~154년. 재위 기간은 134년~154년까지 약21년)

일성 이사금의 아버지에 대해서는 유리이사금, 일지갈문왕, 노례이사금의 형, 지마이사금이라는 네 가지 설이 있지만 모두 타당성이 없다.

여러 차례 말갈이 4년(137년) 장령의 다섯 목책을 불태우고, 또다시 6년(138년) 8월에 장령을 습격해 주민들을 노략질하고, 10월에 또 쳐들어왔으나 눈 때문에 물러갔다. 그래서 이듬해 장령에 목책을 세워 말갈을 방비하고, 9년(142년) 7월에 신하들과 말갈 정벌을 의논했는데, 이찬 웅선이 불가능하다고 하여 실행하지는 못했지만 13년(146년)10월, 압독에서 반란을 평정했다.

5년(138년) 2월에 금성에 국가 중대사를 회의하는 장소인 정사당(政事堂)을 설치하고, 11년(144년) 2월에 "농사는 정치의 근본이요, 먹는 것은 백성에게 하늘과 같은 것이니, 모든 주군에서 제방을 수리보완하고 밭과 들을 개간하라."고 명하고, 민간에서의 금, 은, 구슬, 옥 사용을 금지했다.

이후 왕이 생을 마감하는 즉위 21년 되던 해까지 별다른 기록이 없다.

● **제8대 아달라 이사금** (阿達羅 尼師今. ?~184년. 재위 기간은 154년~184년까지 약31년)

일성왕의 맏아들 아달라 이사금은 키가 일곱 자나 되고, 콧마루가 우뚝한 기이한 모습이라고 전한다. 어머니 박씨는 지소왕의 딸이고, 왕비는 지마왕의 딸 박씨 내례부인이며 8촌 사이로 족내혼이었다.

3년에(156년) 계립령(지금의 문경 새재 동쪽고개)과 5년(158년) 3월에 죽령(풍기 북쪽고개)을 개통하여 소백산맥 이북까지 세력을 뻗쳤다.

12년(165년) 아찬 길선이 모반했다 발각되어 백제로 도망가자 그를 돌려 보내달라는 요구에 응하지 않아 쳐들어갔으나 식량이 떨어져 돌아 와야만 했고, 2년 후 7월에 백제가 서쪽 두 성을 습격해 오자 군사 2만과 기병 8천을 거느리고 한수를 건너 공격하여, 서북쪽으로의 영토개척을 이루자 백제가 노략해 간 사람들을 돌려보내고 화친을 청했다.

31년에 박씨계의 마지막 이사금 아달라왕은 아들 없이 죽고, 석씨왕계가 즉위하게 되었다.

● 제9대 벌휴 이사금 (伐休尼師今. ?~196년. 재위 기간은 184년~196년까지 13년)

벌휴 이사금의 어머니는 김씨 지진내례부인이고, 부계는 탈해 이사금의 아들인 구추 각간의 아들로 성은 석씨이다. 왕비가 누구인지는 알 수 없으나 어머니가 김씨인 점으로 보아, 이제 박씨계는 고립되고 석씨와 김씨의 제휴 시대를 맞게 된 듯하다. 아달라 이사금이 자식이 없어 석씨 벌휴에게 왕위가 다시 돌아갔다.

이때만 해도 왕권이 강력하게 확립되지 않은 시기여서 중요한 일들을 가부장이나 족장들이 모여 논의하여 결정했는데, 왕을 선출하는 문제는 그 중 가장 중요한 문제였다.

벌휴는 천체의 운행을 살펴 홍수나 가뭄 및 한 해의 풍흉을 미리 점치고, 사람의 마음이 정직함과 바르지 않은 것을 알아맞히는 능력이 있었는데, 그를 백성들은 성인이라 추대하며 임금으로 세웠다.

즉위 2년(185년) 군주라는 명칭이 사용되었는데, 2월에 파진찬 구도와 일길찬 구수혜를 좌·우 군주로 임명해서 소문국을 치게 하였고, 백제와 공방전을 여러 차례 치렀는데 파진찬 구도가 5년(188년)에 모산성 (지금의 충청북도 진천 또는 경상북도 의성 부근)과 다음해 7월에 구양(지금의 괴산 또는 옥천)싸움을 이겨서 500여명을 죽이거나 사로잡고, 7년(190년) 8월에 서쪽 국경 원산향(지금의 예천군 용궁)과 부곡성(지금의 군위군 부계) 을 포위하자 날랜 기병 500명을 거느리고 공격하였는데 백제에게 속아 와산에서 패하였다. 그러자 책임을 물어 구도를 부곡성주로 좌천되고 설지를 좌군주로 삼았다. 한편 10년(193년) 6월에 굶주림을 피한 왜인들1천여 명이 신라에 도망왔다.

벌휴왕은 13년(196) 2월, 궁실을 다시 수리하고 4월에 죽었다.

● 제10대 내해 이사금 (奈解尼師今. ?~230년. 재위 기간은 196년~230년까지 약35년)

내해 이사금은 벌휴왕의 손자로 어머니는 내례부인이고 왕비는 조분왕의 누이 석씨이다. 용모와 풍채가 걸출하고 재주가 뛰어났다고 전한다. 벌휴왕의 태자 골정과 둘째 아들 이매는 죽고, 적손인 골정의 아들 조분은 아직 어려서 이매의 아들인 내해가 이사금이 되었다.

즉위하던 해 (196년)정월부터 4월까지 비가 오지 않다가 왕이 즉위하는 날에 큰 비가 내리자 백성들이 즐거워하며 임금을 크게 반기고 경축하였다.

재위기간 동안 백제와 말갈의 침략을 받아 국내 사정은 불안하였다. 백제가 4년(199년)에 국경을 침범해 왔고, 19년(209년) 7월에는 서요거성을 공격해 성주 설부를 죽이자, 이벌찬에게 정예 6천명을 주어 백제의 사현성을 함락시켰다. 그 뒤 23년(218년)7월 장산성 침입을 왕이 몸소 군사를 이끌고 격퇴하였다. 25년(220년) 죽은 이음 뒤로 충훤을 이벌찬으로 임명하여 군사업무를 겸해 보았는데, 27년(222년) 10월에 우두주 침입에 이벌찬 충훤이 나갔으나 패해 돌아오자 진주로 좌천시키고 연진을 이벌찬으로 삼았다. 이후 29년(224년) 7월에는 이벌찬 연진이 봉산 아래서 백제 1천여 명을 죽이거나 사로잡았으며 봉산성을 신축하였다. 그밖에 6년(201년)가야국과는 화친을 요청하며 밀접한 관계을 맺었다.

말갈이 8년(203년)에 침범하였고, 13년 되는 해(208년) 4월에 왜가 침범하였다. 다음해 7월에는 포상팔국이 가락국 침공을 공모하자 가락국 왕자 우로가 구원을 요청하였다. 신라는 이벌찬 이음이 6부의 군사를 거느리고 가락을 도와 팔국장군 등 6천명을 되돌려 받았다. 35년 3월에 왕은 생을 마감하였으나 아직 왕릉은 찾지 못하고 있다.

도기 기마인물형 명기

● **제11대 조분이사금** (助賁尼師今. ?~247년. 재위 기간은 230년~247년까지 약18년)

조분이사금은 벌휴이사금의 손자이며, 골정갈문왕의 아들이다. 어머니는 김씨 옥모부인으로 구도갈문왕의 딸이다. 왕비는 아이혜부인으로 내해왕의 딸이다. 조분왕은 키가 크고 외모가 훌륭했으며 일을 명쾌하게 판단하여 사람들이 두려워하면서도 존경했다고 전해지는데, 내해왕이 죽으면서 사위

조분에게 왕위를 잇게 하라는 유언을 남겼다.

 조분왕대에는 외적의 침입이 그리 많지 않았고 영토 확장에 주력하였다. 2년(231년) 7월에 이찬 우로를 대장군으로 삼아 감문국(경상북도 김천시 개령면)을 정벌하고, 그 땅을 군(郡)으로 만들었고, 다음해 4월에 왜인이 쳐들어와 금성을 포위하자 몸소 싸워 물리치고 날랜 기병으로 1천여 명의 포로를 사로잡았는데, 4년(233년)에 다시 왜병이 동쪽 변경을 노략질 하자, 7월 이찬 우로가 사도에서 바람을 이용하여 불로 배를 태워 적들을 섬멸 하였다. 6년(235년) 2월에는 골벌국(경상북도 영천)을 병합하여 군으로 삼고 다음해 2월에 골벌국의 항복을 받았다. 한편 16년(245년)에는 고구려가 북변을 쳐들어왔다.

 이 같은 대외전쟁을 주도하였던 장군은 내해이사금의 태자인 우로인데, 그는 15년에 이찬에서 서불한(이벌찬의 별칭)이 되었고 병마사도 맡아보았다. 왕위에 있던 18년 되던 해 5월에 조분왕은 생을 마감하였다.

● 제12대 첨해이사금 (沾解泥師今. ?~266년. 재위 기간 247년~266년까지 약20년)

 첨해이사금은 이해이사금 또는 점해이사금 이라고도 하며 조분왕의 친동생이다. 아버지는 골정이고, 어머니는 옥모부인이다. 아버지 골정을 세신갈문왕으로 봉하였는데, 첨해이사금의 즉위를 형제상속으로 보기도 하고, 골정계(骨正系)의 독립이라는 점에서 가계내의 계승으로 보기도 한다. 이를 두고 삼국사기 편찬자는 예가 아니므로 정녕 본받아서는 안 될 일로 못 박고 있다. 이는 삼국사기 편찬 당시인 고려 인종 때 인종의 외조부이며 장인인 이자겸에 대해 특례 조처를 한 일을 염두에 두고 평한 것이다.

 즉위 2년(248년)에 첨해 이사금은 사신을 보내 고구려와 화친을 맺었다. 다음해에는 왜인에게 서불한 우로가 죽임을 당했다. 9년(255년) 9월 일벌찬 익종이 백제의 침입에 맞서 괴곡 서쪽에서 싸우다 살해되었고, 10월 봉산성 공격은 지켜냈다. 한편, 영토의 확장에 노력하여 15년(261년) 2월에 달벌성을 쌓고 극종을 성주로 삼자, 3월에 백제가 화친을 청했으나 허락하지 않았다. 그리고 사벌국(지금의 경상북도 상주)을 점령하였다. 이때에 사로국은 진한의 전 지역을 통일하였다.

5년(251년) 정월, 처음으로 남당에서 정무를 보았다. 청렴하고 필체가 좋고 셈을 잘하여 당시 이름이 나 있던 한기부사람 부도를 불러 아찬으로 삼고 물장고의 사무를 맡겼다. 그는 즉위 20년 12월에 갑자기 병에 걸려 생을 마감하였다.

● **제13대 미추 이사금** (味鄒尼師今. ?~284년. 재위 기간은 262년~284년까지 약23년)

미추이사금(또는 미조, 미고, 미소라고도 하였다.)의 성은 김씨이다. 어머니는 박씨로 갈문왕 이칠의 딸이며 왕비는 석씨 광명부인으로 조분왕의 딸이다. 그의 선조 알지는 계림에서 태어나서 탈해왕이 데려다가 궁중에서 길러 후에 대보(大輔)로 삼았다. 알지는 세한을 낳고 세한은 아도를 낳았으며, 아도는 수류를 낳고 수류는 욱보를 낳았다. 그리고 욱보가 구도를 낳았는데 구도가 곧 미추왕의 아버지이다. 첨해에게 아들이 없었으므로 미추가 임금으로 추대 되었는데 김씨가 처음으로 신라의 왕이 된 것이다.

2년(263년) 2월 몸소 국조 묘에 제사 지내고 죄수들을 크게 사면하였으며, 죽은 아버지 구도를 갈문왕에 추봉하여 김씨 족의 정치적 위상을 고양시켰고, 7년(268년) 봄과 여름에 비가 내리지 않자 신하들을 남당에 불러 정치와 형벌 시행시시비를 따졌다. 또한 사자 다섯 명을 통해 민심을 살폈다는 기록을 통해 남당을 통하여 왕권을 행사하는 모습이 뚜렷이 나타난다.

미추왕의 치세를 잘 살펴보면 다른 어떤 왕보다도 백성들의 편에 서서 정사를 폈다. 3년(264년) 3월에 창산에서 나이 많은 사람과 가난하여 제 힘으로 살 수 없는 이들을 위로하고 구휼에 힘썼으며, 15년(276년)에 신하들이 궁실을 고칠 것을 요청했으나, 사람들을 수고롭게 하는 일이라며 따르지 않았다. 그리고 19년(280년)가뭄이 들자 죄수들의 사정까지 살폈다.

백제와의 싸움은 계속되었다. 5년(266년)에 봉산성을 공격해 왔을 때 성주 직선이 막아내자 직선을 일길찬으로 임명하고, 사졸들에게까지 큰 상을 내렸다. 17년(278년)에 괴곡성을 점령하자 파진찬 정원이 막아냈는데 그 뒤 22년(283년) 9월과 10월에 연이어 침범해 왔지만 일길찬 양질이 지켜냈다.

미추 이사금은 즉위 23년 되는 10월에 생을 마감하였다. 신라의 왕으로서 장사 지낸 장소가 처음으로 언급되었는데 대릉(죽장릉이라고도 한다.)에 장사 지냈다고 전한다. 미추왕대는 신라사에서 실질적인 김씨 왕실의 시작으로서 내물왕 이후의 김씨 왕실이 세습할 수 있는 토대를 마련했다는 점에서 그 역사적 의미가 있다.

● 제14대 유례 이사금 (儒禮尼師今. ?~298년. 재위 기간은 284년~298년까지 약15년)

유례 이사금은 조분왕의 맏아들로 그의 어머니 박씨는 갈문왕 내음의 딸이다. 밤길을 가다가 별빛이 입으로 들어온 태몽을 꾸고 유례를 낳던 날 저녁에는 기이한 향기가 방안에 가득 찼다고 한다.

재위기간 동안 백제와는 잠시 화친했고, 왜병의 침입이 많았다. 왜군은 4년(278년) 4월에 일례부를 습격해 불을 지르고 천여 명을 사로잡아 갔다. 6년(280년)왜병의 공격 소식에 선박을 수리하고 갑옷과 무기를 손질하여 대비하였으며, 9년(292년)에 사도성이 함락되자 일길찬 대곡에게 복구하여 이듬해에 사도성에 80여 가구를 이주시켰다. 11년(294년)에 장봉성에 쳐들어오자 다음해 왕은 백제군과 연합해 왜나라에 원정하려 했으나, 서불한과 홍권이 수전에 익숙하지 않고, 백제를 믿을 수 없다는 이유로 반대하여 실행하지는 못했다.

14년(297년)에는 이서고국으로부터 금성을 공격 받았는데 신라 군사만으로 막아내기는 역부족이였다. 그런데 알 수 없는 곳으로부터 대나무 잎을 귀에 꽂은 군사가 헤아릴 수 없을 정도로 많이 나타나 신라군을 도와 적을 쳤다는 기록이 있다. 많은 사람들이 죽장릉에 대나무 잎이 수만 장 쌓여 있는 것을 보고 선왕이 음병(신령한 비밀 군대)을 보내 전쟁을 도운 것이라고 생각하였다. 즉 죽엽군은 죽장릉에 묻힌 미추이사금과 연관된 군사를 은유적으로 나타낸 것이며, 이들이 유례이사금의 국난을 해결해준 것은, 미추로 대표되는 김씨족이 석씨왕대에도 지속적인 영향력을 행사하였던 것으로 볼 수 있다는 주장이 있다.

박씨 집단과 제휴하여 권력을 유지하는 한편, 김씨 집단이 지닌 무력에 많이 의존하여 균형을 유지했다. 특히 김씨 집단에서 처음으로 이사금 자리에 오른 미추와 형제로 전해지는 말구를 8년(291년)정월, 이벌찬으로 삼았는데 그를 직접 방문하여 정사를 물을 정도였다고 한다. 즉위 15년째 되는 298년 12월에 유례왕은 생을 마감하였다

● 제15대 기림 이사금 (基臨尼師今. ?~310년. 재위 기간은 298년~310년까지 약13년)

기림 이사금은 이찬 석걸숙의 아들이며, 조분 이사금의 손자라고 삼국사기에 기록되어 있다. 기림왕의 성품은 너그럽고 덕이 두터워 백성들로부터 칭송을 받았는데, 즉위 3년(300년)2월에 비열홀에서 노인과 가난한 사람들을

위문하여 식량을 차등 나누어 주었다.

　3년(300년) 정월에 왜국과 사절을 교환하며 화친관계를 유지하고, 2월에는 낙랑과 대방 두 나라가 항복해 왔고, 10년(307년)에 국호를 다시 신라로 확정했다. 13년(310년) 5월에 병을 얻어 다음 달에 생을 마감하였는데 장지는 알 수가 없다.

● 제16대 흘해 이사금 (訖解尼師今. ?~356년. 재위 기간은 310년~356년까지 약47년)

　흘해 이사금의 성은 석씨로 내해 이사금의 손자이다. 아버지는 각간 우로이고, 어머니는 조분 이사금의 딸 명원부인이다. 우로는 임금을 섬기는 공로로 서불한(각간, 십칠 관등 가운데 첫째 등급)의 직책에 있었는데 용모가 뛰어나고, 두뇌가 명민해 일처리 또한 뛰어난 아들 흘해가 있었다. 그는 제후들에게 "우리 집안을 일으킬 사람은 이 아이일 것."이라고 입버릇처럼 말했다. 때마침 기림왕이 아들이 없이 죽자, 여러 신하들이 흘해가 어리지만 노성한 덕행이 있다고 판단하여 왕으로 옹립하였다.

　즉위 3년(312년)에 왜국 왕이 화친의 징표로 아들의 배필을 구하자 아찬 급리의 딸을 시집보내 친교를 유지하였으나, 35년(344년)에 또 한 차례 공주와 혼례를 청하였으나, 이미 출가하였다는 이유로 거절하자 이듬해 왜왕이 국교를 끊고, 그 이듬해인 37년(346년) 되는 해에 왜병이 변방(풍도) 민가를 노략질하고 금성까지 공격하였다. 흘해왕이 즉시 맞서려 하자 이벌찬 강세가 "왜병이 피로해지기를 기다리자!"고 하여 양식이 떨어져 스스로 물러갈 때까지 기다려 추격하여 격퇴시켰다.

　8년(317년) 봄과 여름에 크게 가뭄이 들자 죄수들을 심사해 석방하고, 이듬해에는 지난해 가뭄 피해를 복구하고, 농업에 힘쓰게 위해 백성들에게 노역시키는 것을 금지했다. 21년(330년) 처음으로 저수지 벽골지(전라북도 김제)를 만들어 물을 대기 시작하였는데 둑의 길이가 무려 1천 8백보나 되었다. 재위 47년 되는 356년에 아들 없이 승하하였다. 흘해는 석씨계의 마지막 이사금이다.

● 제17대 내물 이사금 (奈勿尼師今. ?~402년. 재위 기간은 356년~402년까지 약47년)

내물 이사금의 성은 김씨이고, 구도 갈문왕의 손자이며 각간 말구의 아들이다. 어머니는 휴례부인 김씨이며, 미추 이사금의 동생이다. 왕비는 미추왕의 딸인 보반부인 김씨이다.

삼국사기 편찬자는 신라의 경우에는 같은 성씨를 아내로 맞기도 하고, 심지어 형제의 자식과 고종·이종 자매들과 혼인하는 신라의 풍습이 중국의 예법으로 따진다면 커다란 잘못이라고 이를 꼬집고 있다. 내물 이사금은 흘해왕이 아들 없이 죽자 흘해왕 뒤를 이어 즉위하였는데, 마침 김씨들이 크게 세력을 확장하고 있을 때여서 그 세력의 힘으로 이사금이 되었다.

내물왕은 삼국사기에는 이사금으로 되어있고, 삼국유사에는 마립간으로 되어 있지만, 이사금으로 즉위했다가 권력이 강화되면서 마립간으로 명칭을 바꾸었을 것으로 추정한다. 이때부터 김씨가 왕위를 세습하였으며 '마립간'이라는 왕의 칭호를 사용하였다.

내물 마립간은 기지가 큰 임금이였다. 신라 해안가에 왜구의 침입이 잦았는데, 9년(364년) 4월에 큰 무리의 왜병이 쳐들어 왔을 때는 초우인(풀로 만든 허수아비) 수천을 만들어 옷을 입히고, 무기를 들려 토함산 아래에 벌려 세워두자 병사의 수가 많다고 믿은 왜병들이 들녘으로 직진하던 중 속았음을 알고 돌아 나올 때, 병사 1천명을 부현 동쪽에 매복시켜 놓았다가 공격하여 크게 이겼다. 그 후 38(393년)년 5월에는 금성을 닷새 동안 에워싸고 대치하자 장수들이 모두 나가 싸우기를 청하였으나 내물왕이 판단하기를 "지금 적들은 배를 버리고 육지에 깊숙이 들어와 죽기 살기로 기를 쓰고 있으니 그 날카로운 기세를 당할 수 없다."며 성문을 닫아걸고, 왜병들은 기세가 누그러질 때까지 기다렸다가 아무 소득 없이 물러나,자 기병 200명을 보내 돌아가는 길목을 막고, 다시 보병 1천명을 보내 독산까지 추격하여 크게 이겼다.

　11년(366년) 음력 3월 백제가 사신을 보내와 동맹을 맺었으며, 13년(368년) 봄에는 근초고왕이 명마 두 필을 보내오며 화친의 관계를 유지하던 중 18년(383년)에 백제 독산성주가 300명을 거느리고 투항해 오자 6부에 나누어 살게 하였다. 그러자 백제왕의 돌려 달라는 요청에 "백성을 편안하게 보살피지 못한 것을 반성하지 않고 도리어 과인을 나무라는 것은 심한 일."이라고 오히려 근초고왕을 나무라고 그들을 돌려보내지 않았다.

내물 이사금 묘

　37년(392년)에는 고구려 광개토대왕의 위력에 눌려 사신과 이찬 대서지의 아들 실성을 볼모로 보냈다. 이때 볼모로 간 실성은 401년에야 돌아왔고, 40년(395년)에는 말갈이 북쪽 변경을 침입하자 실직에서 격파하였다.

26년(381년) 위두를 전진왕 부견에게 보내어 친교를 맺고, 중국문물 수입에 힘썼는데 이때부터 고구려를 거쳐 중국문화가 들어왔고, 한자도 이때부터 사용된 것으로 추정된다.

즉위 2년에 홀아비, 과부, 고아, 자식 없는 늙은이들을 보살피게 하고 곡식 3곡(곡은 열 말로, 3곡 은 곧 서른 말 정도 분량이다.)을 내렸다. 또 부모에 효도하고 형제 간에 우애가 좋은 사람들에게는 관직을 한 등급씩 주었다. 44년(399년)에 가뭄이 들고 누리가 생겨 농사를 망치자 죄수들을 사면하고, 1년간 납세를 면제하는 등 내외로 많은 치적을 남기고, 즉위 47년(402년)2월에 내물마립간은 생을 마감하였다.

내물 마립간 이후 신라의 왕계는 거의 김씨로 이어졌으며, 4촌이나 6촌 내 친척들끼리 결혼하며 권력의 핵심을 이루었다. 내물에 이어 왕위를 계승하는 실성 마립간은 내물과 사촌지간이다.

● 제18대 실성 이사금 (實聖尼師今. ?~417년. 재위 기간은 402년~417년까지 약16년)

실성 이사금은 실주왕 또는 실금왕이라고도 불린다. 알지의 후손이요, 이찬 대서지의 아들이고, 어머니는 아간 석등보의 딸 이리부인이며, 왕비는 미추왕의 딸 아류부인이다. 실성은 키가 7척 5촌이나 되었으며, 명민하고 사리에 통달하여 앞일을 멀리 내다보는 식견이 뛰어났다.

392년(내물왕 37년)에 고구려에 볼모로 갔다가 401년 귀국하여 내물왕이 죽었을 때 태자가 너무 어려 실성이 왕위에 추대 받아 즉위하였다.

즉위 원년(402년)에 왜국과 우호를 맺고 내물왕의 아들 미사흔을 일본에,

11년(412년) 내물왕의 아들 복호를 고구려에 볼모로 보내 수호를 맺었다. 이와 같은 실성왕의 왜와 고구려의 인질외교는 양국과 관계개선이라는 대외 명분이 있었다. 그러나 실제로 내물왕의 왕자들을 외국에 볼모로 보냄으로써 내물왕계의 세력을 약화시키고, 실성왕계를 중심으로 왕권을 강화시키려는 의도로 보인다.

2년(403년)에 효과적으로 국가를 통치하기 위해 미사품을 서불한으로 삼고 군국의 일들을 위임하였다. 실성왕 때에도 왜와는 관계개선을 위한 외교적 노력을 기울였지만 왜병의 침입이 많았다. 4년(405년)에 명활성을 공격하자 왕이 직접 기병을 거느리고 독산 남쪽에서 막고 싸워 300여명을 죽이고 사로잡았다. 이어 6년(407년) 3월에 동쪽 변경을, 6월에는 남쪽 변경을 침입하여 100명을 노략해 갔다. 7년(408년) 2월에는 대마도에 군영을 설치하고, 무기와 군량을 비축하여 신라를 습격한다는 정보에 정예병으로 먼저 군사 시설을 치고자 했으나 서불한 미사품이 "그들이 올 때 막고 유리할 때 나가 사로잡자."는 건의로 중지하였다. 14년(415년) 8월에는 왜병을 풍도에서 크게 이겼다. 2년(403년) 7월에 백제로부터 변경을 침범 받았다. 이 밖에 12년(413년)에는 평양주(지금의 경기도 양주)에 큰 다리를 준공하기도 했다.

실성왕은 16년(417년) 5월에 생을 마감하였다. 삼국사기에는 왕의 죽음을 앞둔 몇 해 전에 우물물이 솟구쳤다는 표현이 자주 나온다. 용이 군주를 상징하는데 용의 신변에 심상치 않은 일이 일어난 것을 비유한 것이라고 볼 수 있다.

실성왕은 내물왕 즉위 37년(392년)에 고구려에 볼모로 갔다가, 401년에 고구려에서 귀국하였으며, 다음해에 내물왕이 죽자 왕자들을 제쳐놓고 즉위했다. 왕위에 오른 실성은 자신을 볼모로 보낸 내물왕에 원한을 품고, 그의 아들 눌지를 죽이려고 계책을 꾸몄다. 고구려 사람을 시켜 죽이려 눌지에게 보냈다. 그런데 사주를 받은 고구려 사람은 눌지의 사람됨이 시원하고, 우아하여 군자의 풍모가 있는 것을 보고 실성의 계책을 알리고 그냥 돌아갔다. 이에 눌지는 실성을 죽이고 왕위에 오른다. 기록으로 미루어보아 눌지의 왕위계승에는 고구려의 군사적 후원이 작용했을 가능성이 있다. 이 정변으로 실성왕의 모계인 석씨세력은 김씨계에 의해 소멸되었다. 실성왕에 뒤이어 내물왕계인 눌지왕이 즉위하였다.

삼국사기에는 실성왕의 왕호가 '실성이사금'으로 되어 있고, 삼국유사에는 '실성마립간'으로 되어 있다

● 제19대 눌지 마립간(訥祇麻立干. ?~458년. 재위 기간은 417년~458년까지 약42년)

삼국사기에 의하면 최초로 마립간이라는 왕호가 19대부터 사용한 것으로 되어있다. 눌지의 성은 김씨이며 내지왕 이라고도 한다. 내물왕의 장자로, 어머니는 미추왕의 딸 보반부인이고, 왕비는 실성왕의 딸 아로부인이다.

고구려의 지원을 받아 실성이사금을 이어서 즉위하게 되었다. 즉위 후 신라에 대한 고구려의 영향력을 배제하기 위해 즉위 2년(418년) 고구려에 볼모로 가 있던 아우 복호가 박제상과 함께 돌아왔고, 가을에는 아우 미사흔도 왜국에서 귀국시켰다.

8년(424년) 2월에 고구려에 사신을 보내 교류하며 정상적인 외교관계를 유지하는 한편, 고구려의 평양천도 이후의 남진정책에 대항하기 위해 17년(433년) 7월에 백제와 화친을 맺고 동맹을 체결하였다. 이후 39년에 고구려군이 백제를 침략하자 나·제동맹에 입각해서 군사를 지원하여 도와주었다.

왜나라의 여러 차례 침입을 15년에(431년) 명활성을, 24년(440년)에는 남쪽 변경과 동쪽 변경을, 28년(444년)에는 금성을 모두 막아냈다. 금성 싸움에서

는 열흘간 성을 에워싸다가 양식이 떨어져 돌아갈 때, 신하들의 반대를 무릅쓰고 왕이 기병 수천을 거느리고 독산 동쪽에서 싸워 장수의 반을 잃고 포위되는 지경까지 이르렀을 때, 갑자기 낀 안개가 지척을 분간할 수 없게 되자, 왜병들은 신령이 돕는다고 생각해 그냥 돌아갔다는 일화가 있다.

34년(450년)에는 고구려 장수가 실직의 들에서 사냥을 할 때 신라의 하슬라 성주 삼직이 그를 죽였는데, 이에 노한 고구려왕이 서쪽 변경을 침범하자 눌지왕은 겸손하게 사과하고 외교적으로 해결하였다. 이후에도 고구려 군은 38년(454년)에 북쪽 변경을 침입해 왔다.

이 밖에도 7년(423년) 4월에는 남당에서 왕이 친히 노인들에게 곡식과 비단을 내려 민심을 수습했고, 13년(429년)에는 둘레가 2,170보 되는 저수지인 시제를 축조해 농업생산력을 향상시키고, 백성들에게 우차사용법을 가르쳐서 화물유통을 쉽게 하였다.

42년(458년) 8월에 눌지왕은 생을 마감하였다. 왕실 내부의 분쟁을 막기 위해 왕위 계승을 부자상속제로 확립시켰다. 이후 직계인 자비마립간과 소지마립간은 혼란 없이 왕위를 계승할 수 있었다.

● 제20대 자비 마립간 (慈悲麻立干. ?~479년. 재위 기간은 458년~479년까지 약22년)

성은 김씨이며, 눌지왕의 장남이다. 어머니는 김씨로 실성왕의 딸이며 왕비는 내물왕 아들이었던 미사흔의 딸 김씨로 4년(461년)에 맞아들였다. 눌지마립간 재위 시 마련된 왕위 부자상속제에 따라 즉위, 보다 강화된 왕권을 보여주었다. 당시 중앙집권적 통치체제를 이룩하기 위해서는 우선 6부를 개편할 필요가 있었다. 그래서 12년(469년) 정월, 서울의 방(坊)과 리(里)의 이름을 정하였다. 방(坊)과 리(里)는 6부의 하부 행정구역으로 수도 경주는 족제적 성격을 탈피하고 행정적 성격이 강한 지역이 되었다.

한편, 고구려의 남진정책에 대비해 눌지마립간 때에 체결되었던 백제와의 동맹을 보다 강화하였다. 17년(474년) 고구려가 백제를 공격하자 위기에 처한 백제의 개로왕이 아들 문주를 신라에 보내 구원을 요청하였다. 신라는 동수동맹에 입각해 백제에 군사를 파견하였다. 그러나 신라의 구원병이 백제에 이르기도 전에 백제의 한산성은 함락되고 개로왕은 전사하였다.

고구려는 군사적으로 압력이 심했다. 11년(468년) 말갈 1만군사와 함께 신라의 실직성(지금의 강원도 삼척)을 침략한 후 동해안로를 이용하여 신라 북변을 공략하였다. 그러자 자비왕은 백성을 징발해 11년에 니하, 13년에는 삼년산성(지금의 충청북도 보은), 다음해에는 모로성, 17년(474년)에는 일모성·사시성·광석성·답달성·구례성·좌라성등 요새지에 산성을 축조하였다. 이로써 고구려의 남하에 대비하고, 이미 확보한 점령지에 대한 효과적인 통치를 꾀하였다.

한편 몇 차례에 걸쳐 왜가 침입했는데 모두 효과적으로 격퇴 하였다. 즉 위 2년(459년) 4월에 100여척의 배로 동쪽 변경과 월성을 습격하자, 공격하여 달아나는 왜병들을 추격했는데 이때 물에 빠져 죽은 왜병이 절반이 넘었다. 5년(462년) 5월에는 왜인들이 활개성을 쳐부수고 백성 1천명을 사로잡아 갔고, 이어 이듬해 2월에는 삽량성을 침범했지만 이기지 못하고 물러가자 벌지와 덕지에게 군사를 주어 크게 물리치게 하였다. 10년(467년) 전함을 수리하고, 왜인들이 자주 침범하는 연해지방의 변경을 따라 두 개의 성을 쌓았다. 19년(476년) 6월에 왜인들이 동쪽 변경을 침범하여 장군 덕지가 200여명을 죽이거나 사로잡았으나, 20년(477년) 5월에 다시 다섯 갈래로 쳐들어왔다가 아무 소득 없이 돌아갔다.

22년(479년) 되는 해 2월 3일 자비왕은 생을 마감하였다.

● **제21대 소지 마립간**(炤知麻立干. ?~500년. 재위 기간은 479년~500년까지 약22년)

비처마립간이라고도 불리는 소지마립간의 성은 김씨이다. 자비왕의 맏아들로 어머니 김씨는 서불한 미사흔의 딸이고, 왕비 선혜부인은 내숙 이벌찬의 딸이다. 소지는 어려서부터 효성이 깊었고, 공손해 사람들로부터 존경받고 그를 따르는 사람이 많았다.

9년(487년)에 관도(오늘날의 국도)를 건설하고 처음으로 우역(공문서의 전달, 관물의 운송, 공무를 띤 출장관리의 숙박 편의 등을 위해 설치한 국가의 육상 통신 교통기관)을 설치하였고, 12년(490년)에는 처음으로 경주에 시장을 열었다. 이러한 정책들은 선왕대의 경주의 방리명(坊里名) 확정에 이어 육부체제를 개편해 중앙집권적인 통치체제를 수립하려는 노력으로 이해할 수 있다.

또한 왕은 2년(480년) 10월에 백성이 굶주리자 곡식을 풀어 구휼하였고, 3년(481년) 2월에 비열성에서, 10년(488년) 2월에는 일선군에 행차하여 홀아비와 과부, 고아와 자식 없는 노인들을 위문하고 곡식을 나누어 주었고, 돌아오는 길에 지방 감옥에 갇힌 죄수 중 사형죄를 제외하고 나머지 죄수는 풀어주며 재해지나 전쟁지역의 주민들을 위로하며 민심을 수습하였고, 직업 없이 빈둥거리는 백성들을 귀농시키기도 하였다.

소지왕때는 고구려의 변경지방 공격이 많았다. 신라는 백제와 동맹을 맺고 가야와도 연합하면서 고구려를 격파하였다. 3년(481년) 3월에 말갈과 함께 북쪽 변경에 침입해 호명 등 일곱 성을 빼앗고, 다시 미질부로 진군하는 것을 백제, 가야와 연합하여 공격, 천여 명의 목을 베었다. 6년(484년) 7월에 북쪽변경을 침범한 것을 백제군과 함께 모산성 아래에서 막아내었다. 또한 11년489년) 9월에 북쪽 변경을 침범해 과현과 호산성을 함락시켰다. 17년(495년) 7월에는 고구려에 대항해 장군 실죽이 살수에서 싸우다 견아성으로 물러났을 때 백제 모대왕이 군사 3천을 보내 포위가 풀렸다. 이후 고구려는 3년을 이어 신라에 쳐들어와 19년(497년) 8월에 우산성을 함락시켰다. 이러한 고구려와의 전투 과정에서 변경 지방의 요충지에는 8년(486년) 일선지역 장정 3천명을 징발해 굴산성과 삼년산성을 개축하거나, 증축해 고구려의 침입에 대비하였다.

사적 제47호 경주 명활성 북문지 발굴유적 현장에서 신라 궁성 축조에 사용된 철제유물

특히 15년(493년)에 소지마립간은 백제 동성왕의 결혼요청을 받아들여 이찬 비지의 딸을 시집보냄으로써 결혼 동맹을 맺었다. 이것은 신라의 대내외적 결속력을 강화하는 기반이 되었다.

22년(500년) 9월에 자비왕이 날이군(지금의 영주)에 행차했을 때, 날이군의 세력가 파로는 딸 벽화에게 비단옷을 입혀 가마에 태우고 색깔 있는 비단으로 가려서 왕에게 바쳤다. 왕은 음식으로 알고 열어보니 어린 소녀여서 취하지 않았으나, 궁궐에 돌아와서도 벽화에 대한 그리움을 가누지 못해 남몰래 일반 백성으로 위장해 몇 차례 벽화를 만나러 갔다. 그러던 어느 날, 고타군(지금의 안동)을 지날 때 해가 져서 어느 할머니 집에 묵게 되었다. 왕이 문득 백성들이 자신을 어떻게 생각하는지 궁금해 할머니에게 나라사람들이 왕을 어떤 임금으로 생각하는지를 물었다. 노파는 "모두들 성인이라고 하지만 저는 그것을 의심합니다. 왜냐하면 왕이 날이군의 여자를 사랑해 여러 차례 복장을 숨기고 온다 합니다. 무릇 용이 물고기의 옷을 입으면 어부에게 붙잡히는 법입니다. 지금 왕은 만승의 지위에 있으면서 신중하지 않으니 그것을 성인이라 한다면 어느 누가 성인이 아니겠습니까?"라고 하였다. 왕은 그 말을 듣고 너무 부끄러워 벽화를 궁궐 별실에 두고 아들 하나를 낳았지만, 자비왕은 11월에 생을 마감하고 말았다.

정월 대보름의 유래

　소지 왕 즉위 10년(488년)되던 정월 대보름날. 소지왕이 경주 남산 기슭에 천천정 이라는 정자로 행차하였을 때 까마귀와 쥐가 와서 울어대더니 쥐가 "이 까마귀가 가는 곳을 살피세요"라고 말했다. 이 말을 들은 왕이 말을 탄 부사에게 명하여 까마귀를 뒤쫓았는데 피촌(남산의 동쪽) 기슭에서 두 돼지가 싸우는 것을 보다가 까마귀를 잃어버리고 말았다. 이때 한 노인이 연못(서출지)에서 홀연히 나타나 글을 올렸는데 겉봉에 "떼어보면 두 사람이 죽을 것이요, 떼어 보지 않으면 한 사람이 죽을 것이다."라고 쓰여 있었다. 글을 받아든 왕이 판단하기를 "두 사람이 죽는 것보다 떼어보지 않고 한 사람만 죽는 것이 낫겠다."라고 하였다. 그때 일관이 해석하기를 "두 사람이란 백성이요, 한 사람이란 왕이십니다." 라고 하고 뜯어보기를 권하자 〈사금갑 (射琴匣)〉 즉 "궁궐 내전에 있는 거문고 꿰짝을 활로 쏘라."고 적혀 있었다. 임금이 궁궐로 돌아와 거문고 갑을 활로 쏜 뒤 그 궤짝을 열어보니 왕실에서 향을 올리던 중과 왕의 비빈이 활을 맞고 죽어 있었다. 두 사람은 주살되었다. 두 사람은 불륜의 관계를 맺어온 사이로 그날 밤 왕을 죽이기로 모의했던 것이 밝혀졌다.
　왕은 목숨을 살려준 까마귀에게 감사의 뜻으로 매년 음력 1월 15일 까마귀 제삿날로 정하고 당시 귀했던 재료를 넣어 제물을 바쳤다.(궁에서는 잣, 대추, 밤 등을 넣어 약식을 먹었지만 일반 서민들은 구하기 어려워 오곡밥으로 대신하여 지금까지 전해오고 있다.)

3) 신라의 역사　219

● **제22대 지증마립간**(智證麻立干. ?~514년. 재위 기간은 500년~514년까지 약15년)

지증마립간의 성은 김씨이며, 이름은 지대로 혹은 지도로, 지철로이다. 내물왕의 증손자이며 습보 갈문왕의 아들이니 소지왕의 재종아우가 된다. 어머니는 눌지왕의 딸 조생부인 김씨이고, 왕비는 이찬 박등흔의 딸 연제부인이다. 선대 소지왕이 후사가 없이 돌아가시자 대신들의 추대로 64세 때 즉위하였다. 그는 체격이 매우 크고 담력 또한 보통 사람보다 강해서 젊은 시절부터 사람들을 잘 다스렸다.

시호는 왕이나 높은 관리가 죽었을 경우에 업적을 바탕으로 국가가 지어 주는 이름인데 지증왕 때 처음으로 생겼다. 지증왕은 신라에서 가장 먼저 시호를 받았는데 '지증'은 지대로의 시호이다. 고구려나 백제왕의 경우는 호가 따로 있어 왕의 이름이 무엇인지 소개가 있었는데, 신라왕의 경우 이름이 무엇이라고 밝히지 않은 이유는 지증왕 이전에는 시호가 따로 없었기 때문이다.

4년(503년) 10월에 여러 신하들이 "시조께서 나라를 창업하신 이래 국호가 정해지지 않아 사라(斯羅) 혹은 사로(斯盧), 신라(新羅)로 불렸는데, 나라 이름을 왕의 덕업이 나날이 새로워져서 사방까지 두루 펼치라.(新者德業日新 羅者網羅四方之義)"는 뜻으로 사로에서 신라로 변경하였다. 그리고 "22대 이르기까지 존귀한 칭호를 정하지 못한 것이 안타까운 신하들이 한뜻으로 '신라 국왕'이라는 칭호를 올리나이다."고 하였다. 이때부터 신라 고유의 왕호인 마립간을 중국을 비롯한 동양 각국에서 쓰던 '왕'으로 바뀌었다.

그는 임금이 되자 의례와 민생에 관련된 시책을 실시하였는데, 이전에는 왕이 죽으면 남녀 각각 다섯 사람을 순장했었던 제도를 3년(502년) 3월에 금했다. 5년(504년) 4월에는 상복법을 제정해 시행하였고, 10년(509년)에 수도 경주 동쪽에 시장을 열었다.

즉위 3년(502년)에는 농사를 권장하고, 처음으로 소를 이용해 논밭을 갈게 하면서 농업생산력 증대의 계기를 마련하였고, 5년(504년) 11월에 얼음을 저장하게 하고 선박이용제도를 제정하였다.

6년(505년)에는 지방을 주와 군으로 나누고 관리를 파견하여 자신의 명령을 지방 구석까지 정확하게 전달하였다. 이것은 중앙집권적 통치체제를 수립하여 전쟁에서 얻어진 점령지의 통치와 영토 확장의 수단이다. 15년(514년) 정월에는 무력으로 완전하게 정복하지 못한 아시촌에 소경을 설치하고, 7월에 6부 및 남부지방 주민들을 옮겨 신라의 직할 영토로 편입시키기 위한 사전조처를 취하기도 하였다.

6년(505)에는 실직주(지금의 강원도 삼척)를 설치하고 이사부를 군주로 삼았다. 지증왕은 정복활동도 활발하게 전개하여, 13년(512년) 6월에 우산국이 항복하여 토산물을 공물로 바치게 되었다. 우산국은 지금의 울릉도로 이곳 사람들은 우매하고 사나웠고, 지형 또한 험하여 정복하기가 쉽지 않았다. 지증왕의 명령을 받은 이사부장군은 계책을 써서 굴복시킬 수밖에 없겠다고 생각하고 나무를 깎아 사자인형을 많이 만들어서 병선에 나누어 싣고, 우산국 앞바다에 띄워놓고 만약 항복하지 않으면 맹수들을 풀어 쑥대밭으로 만들어 죽일 것이라고 하여 항복하게 되었다. 바야흐로 울릉도와 인접해 있는 섬 독도가 신라 영토에 편입되는 순간이다.

지증왕은 신라가 융성기를 맞는 발판을 만들고 왕위에 오른 지 15년 만에 78세의 나이로 죽었다.

● **제23대 법흥왕** (法興王. ?~540년. 재위 기간은 514년~540년까지 약27년)

법흥왕의 성은 김씨, 이름은 원종으로 지증왕의 맏아들로 태어났으며, 어머니는 등흔 이찬의 딸인 연제부인 박씨이고, 왕비는 보도부인 박씨이다. 왕은 키가 7척이나 되었고, 성품이 너그럽고 후덕하였으며 사람들을 사랑하고 사람 사귀기를 좋아했다고 전한다.

법흥왕릉

왕위에 오른 뒤에 관료체제를 정비하여 왕권 강화와 중앙집권화를 추진하였다. 4년(517년) 4월에 처음으로 병부를 설치하고, 1명의 영을 두어 통솔케 하고, 19명의 감사자를 두어 각 지방에 설치된 군영들을 지휘하고 감독케 했으며, 11년(524년)에는 각 군영에 군사당주를 두었다.

7년(520년)에는 율령을 반포하고, 백관의 공복을 제정해 붉은색과 자주색의 옷 색깔로 관위의 등급을 표시했는데, 태대각간에서 대아찬까지는 자주색 옷을, 아찬에서 급찬까지는 붉은색 옷, 대나마와 나마는 푸른색 옷, 대사에서 선저지까지는 황색 옷을 입었다. 18년(531년) 4월에 훗날 재상에 해당하는 상대등의 직위를 신설하여 국정을 총괄케 했는데, 이찬 철부를 임명했다. 그리고 23년(536년)에는 강화된 왕권을 나라 안팎에 과시하기 위하여 처음으로 독자적인 연호를 사용하여 건원 원년으로 하였고, 25년(538년) 정월에 교서를 내려 지방외직의 관료들이 가족을 데리고 부임하는 것을 허락하였다.

법흥왕은 외교에도 힘을 기울여 8년(521년)에는 중국의 양 나라에 사신을 통해 방물을 바치면서 교류하고, 이듬해에는 가야국의 왕이 사신을 보내 혼인을 요구하자 이찬 비조부의 누이를 보내 결혼시켰으며, 11년(524년) 가야국의 왕과 회견하였다. 그리고 아라가야와 금관가야 등을 병합하고 신라의 영토를 크게 확장하며 국방에도 힘을 기울였다. 5년(518년) 주산성을 쌓고, 과거 사벌국이 있던 지역에 군사를 배치하여 상주라 하였다. 11년(524년)에는 직접 남쪽국경까지 돌아보았다. 19년에 금관가야의 왕 김구해(구해왕 혹은 구형, 구충)가 왕비와 세 아들 노종, 무덕, 무력과 함께 재물과 보물을 가지고 항복해오자, 금관가야의 옛 땅을 그에게 식읍으로 주고 상등의 지위를 부여하였고, 무력은 각간의 벼슬까지 이르렀다. 구해를 마지막으로 김해의 금관가야는 종국을 맞는다. 그리고 군대를 동원해 아라가야를 정벌하고 군을 설치함으로써 신라는 낙동강유역을 확보하였다.

즉위 15년(528년) 되던 해에 불법이 유행하기 시작하였고 불교를 공인하여 국가의 이념적 기초를 마련하였다.

눌지왕 때부터 불교에 대한 기록이 전해지는데 눌지왕 때 고구려인 사문(승려) 묵호자가 신라 일선군에 사는 모례네 집 가운데 굴을 파고 방을 만들어 편안히 지냈다. 이 때 마침 양나라에서 사신을 통해 보내준 옷가지와 향의 이름과 쓰임새를 알지 못한 임금과 신하들이 마을을 다니며 용도를 여러 사람들에게 물었다. 묵호자가 이를 보고 "이것을 사르면 향기가 자욱이 피어올라 정성이 신성한데 이르게 됩니다. 신성이라는 것은 삼보 즉 불보, 법보, 승보입니다. 이것을 태우면서 발원하면 반드시 영험한 응답이 있을 것입니다."라고 하였다. 때마침 공주의 병이 위독해 왕이 묵호자에게 향을 사르고 발원 드리기를 부탁했고, 공주의 병이 나았다. 왕이 매우 기뻐하며 예물을 후하게 주었다. 그러나 묵호자는 모례에게 예물을 주면서 "나는 지금 갈 데가 있어서 작별하고자 한다."라고 말하며 사라진 뒤 간 곳을 알 수 없었다.

또 소지왕 때에 아도 화상이 시중드는 사람 셋과 함께 모례의 집에 왔는데, 생김새가 묵호자와 비슷하였다고 한다. 아도는 몇 년 동안 살다가 아무런 병도 없이 죽고, 시중들던 세 사람이 불경과 계율을 강독하며 포교하자 불교를 믿는 사람들이 생기기 시작했다.

14년(527년) 법흥왕은 불교를 일으키고자 했으나 신하들이 반대하여 난처해하고 있었다. 이때 신하 이차돈이 왕에게 이르기를 "청컨대 제 목을 베어 여러 사람들의 논란을 진정시키소서!"하였다. 이에 법흥왕이 "본래 불도를 일으키고자 하는 것이거늘, 무고한 사람을 죽이는 것은 옳지 않은 일이다."라고 하자 "만약 불교가 퍼질 수 있다면 저는 비록 죽는다 할지라도 유감이 없겠나이다."하고 말하였다. 이에 신하들을 불러 의견을 묻자 "승려들이 머리를 빡빡 깎고 이상한 옷을 입고 강론하는 것은 괴이한 속임수 일뿐 도가 아닙니다. 비록 이 자리에서 중죄를 입을지라도 조칙을 받들지 못하겠나이다."고 하자, 이차돈이 "지금 뭇 신하들의 말은 잘못된 것입니다. 범상하지 않은 사람이 있는 다음에야 범상하지 않은 일이 있게 되는 것입니다. 불교의 연원이 심오한 것을 들으면 믿지 않을 수 없을 것입니다."라고 말하였다. 법흥왕은 마침내 "여러 사람들의 말이 단단하여 이를 깨뜨릴 수가 없구나. 너만 홀로 다른 말을 하니, 양 쪽 모두를 따를 수는 없다."며 형리에게 그의 목을 베게 하였다. 이에 이차돈은 "만약 부처에게 신통력이 있다면 내가 죽을 때 반드시 기이한 일이 벌어질 것입니다."라고 말하였다.

이윽고 그의 목을 베자 잘린 자리에서 마치 젖과 같은 하얀 피가 솟구쳤다. 이와 같은 이차돈의 순교를 계기로 왕이 신하들의 반대를 꺾고 불교를 공인했다는 이야기가 전해진다. 법흥왕 자신도 불교를 숭상하여 16년(529년) 살생을 금하는 명령을 내렸으며, 깊은 불심으로 노년에는 출가하여 법운이라는 법명을 사용했고, 왕비도 영흥사를 짓고 함께 출가하여 묘법이라는 법명을 사용했다.

법흥왕은 율령을 반포하고 왕권을 강화하여 신라를 중앙집권적 국가체제로 완성시켰다. 이후 신라

이차돈의 순교비

는 국력이 크게 융성하여 삼국통일의 기반을 마련할 수 있었다. 법흥왕 때에는 문화도 발달하였는데 '미지악'이라는 악곡이 만들어졌다고 기록되어 있다.

27년(540년) 7월에 왕위를 계승할 아들이 없이 사망했으며, 애공사 북쪽 봉우리에 매장되었고 시호는 법흥이다.

● 제24대 진흥왕 (眞興王. 534~ 576년. 재위 기간은 540년~576년까지 약37년)

진흥왕의 성은 김씨, 이름은 삼맥종 또는 심맥부이며 법호는 법운이다. 지증왕의 외손자이며 갈문왕 입종의 아들이다. 어머니는 법흥왕의 딸 지소부인이며, 왕비는 사도부인 박씨이다. 아들이 없이 죽은 법흥왕의 뒤를 이

어 7세에 즉위했는데 법흥왕 딸인 지소부인이 섭정하였다. 그래서 진흥왕 초기 10여 년간 신라를 다스린 것은 왕태후, 곧 지소부인이라고 보는 것이 옳다. 진흥왕 즉위 원년(540년)에 죄수들을 사면하고 문무 관료들에게 관직을 1등급 올려주었다. 그리고 이듬해 3월에 우산국을 점령한 장군 이사부를 병부령(지금의 국방장관)로 임명해 국가의 모든 군사업무를 관장하게 하였다. 병권 전담 벼슬을 만들고, 왕이 임명한다는 것은 왕에게 권력이 집중되기 시작했음을 의미한다. 6년(546년) 7월에 이사부는 어린 왕과 군사적 식견이 부족한 왕태후를 도와 진흥왕 초기 군사와 정치를 이끌었다. 신라 최고의 역사서인 국사를 편찬하자고 건의한 사람도 이사부이다. "나라의 역사라는 것은 임금과 신하의 잘잘못을 기록해 만대에 포폄함을 보이는 것인데, 국사를 편찬한 것이 없으면 후세에 무엇을 보겠습니까?"라고 아뢰자 왕태후는 의견을 받아들여 대아찬 거칠부에게 국사를 편찬하게 했다.

즉위 2년(541년)부터 백제와는 화친관계를 유지했는데, 9년(548년) 2월 고구려와 예인들이 백제 독산성을 공격해오고, 백제의 구원 요청에 정예병 3천을 보내 도와주었고, 12년(551년)에는 백제 성왕과 힘을 합쳐 고구려를 정벌했는데, 백제는 고구려의 도읍인 평양성을 공격하여 승리함으로써 장수왕에게 빼앗겼던 6군을 회복했고, 신라는 한강 상류 10군을 점령했다. 이때까지만 해도 고구려에 맞서기 위한 백제와 신라의 동맹이 성공적으로 유지되는 듯 보였다. 그 후 14년(553년) 7월, 가야의 왕자 출신 김무력을 시켜 백제 동북(한강 하류)쪽 변두리를 빼앗고 신주를 설치하고 아찬 군주로 삼았다.

15년(554년) 백제 성왕과의 관산성전투는 우리나라 고대 국가 간의 전쟁에서 가장 처절한 싸움이였다. 120여년 넘도록 유지된 나·제동맹을 깨트리고 공격적으로 한강유역을 차지한 진흥왕의 나이는 당시 스무 살에 불과했다. 관산성은 신라의 관문이고, 신라군의 보급로를 차단할 수 있는 전략적 요충지이다. 성왕은 귀족들의 반대에도 불구하고 총사령관으로 태자 여창을 임명하고, 가야와 왜의 연합군을 이끌고 신라를 공격하여 관산성을 함락시키고, 여창은 구천에서 전열을 정비하고 있었다. 승리를 보고받은 성왕은 태자를 격려하기 위해 친위군대 50명만 이끌고 구천으로 갔는데, 첩보를 얻은 진흥왕은 성왕을 급습하여 목을 베고, 그 여세를 몰아 관산성을 되찾았다. 이 전투에서 백제는 왕을 비롯해 좌평 4인과 2만 9,600명에 이르는 군사가 모조리 죽음을 당했으며, 한 필의 말도 돌아간 것이 없다고 기록했을 만큼 비참한 최후였다.

23년(562년) 9월에 가야의 배반을 이사부 장군으로 하여금 토벌하게 하여 가야 전역을 신라 땅으로 편입시켰다. 이때 사다함을 부장으로 삼았는데 사다함이 기병 5천을 거느리고 선두에서 달리고 이사부가 군사를 이끌고 가 항복을 받았다. 왕은 사다함의 전공을 높이 사 좋은 밭과 포로 200명을 주었으나 세 번이나 사양하다 하는 수 없이 받고는 포로들을 방면해 양인으로 만들어 주고, 전쟁에 참여한 병사들에게 밭을 주자 사람들이 그를 칭송하였다.

25년(564년)에 북제에 조공하여 화친을 청하자 다음 해에 무성황제는 왕을 '사지절

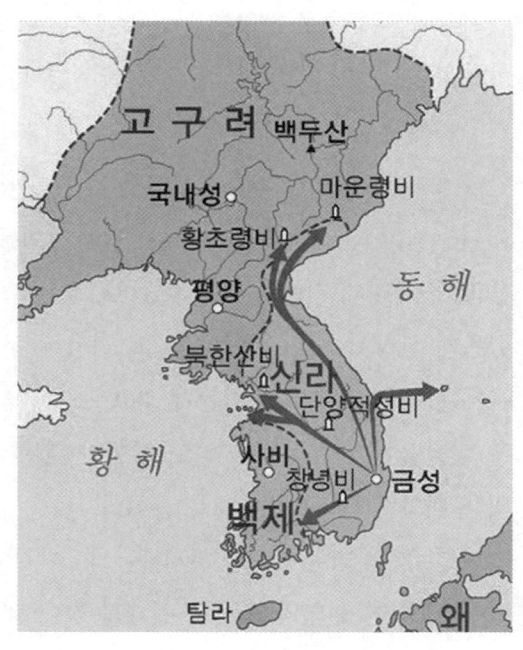

신라의 전성기

도이필위낙랑군공신라왕(使持節東夷校尉樂浪郡公新羅王)'으로 삼았다. 이후 29년(568년) 6월에 이어, 31년(570년), 32년(571년)에 진나라에 사신을 보내 조공을 바치며 화친관계를 유지하였다.

16년(555년) 완산주를 설치하였고, 10월에 북한산에 행차하여 영토를 개척하고 국경을 정하였다. 31년(572년)진흥왕은 서울을 거쳐 함경남도 함흥의 황초령, 이원군에까지 자신이 개척한 영토를 순행하면서 백성을 위로하고 포상했다. 또한 이를 기념하고 왕의 위엄을 드러내고자 비들을 세웠는데 북한산 순수비·황초령 순수비·마운령 순수비 등이 이때 세워졌다.

12년(551년)연호를 개국으로 변경하였는데 29년(568년)에는 '크게 번창하다'는 의미인 대창으로 고치고, 31년(572년)에 '크게 구제한다'라는 뜻의 홍제로 또 한 번 연호를 바꾸었다.

진흥왕은 불교를 장려했는데 즉위 5년(544년) 3월에 사람들이 출가해 승려가 되어 불교를 신봉하는 것을 허락하였다. 25년(564년) 남조 최후의 왕조인 진나라에서 사신 유사와 승려 명관을 보내면서 불교 경론 1,700여권을 들여왔다. 27년(566년) 지원사와 실제사 두 절을 낙성하고, 황룡사를 완공하였다. 33년(572년)에는 7일 동안 절에서 팔관연회를 베풀면서 국가의 평안과 발전을 빌고 나라의 기반을 다져 나갔다. 35년(574년) 황룡사 불상 장륙상을 주조했는데 신장이 1장 6척이나 되고, 사용된 구리의 무게가 3만 5천근, 도금한 무게는 1만 198푼이 되었는데, 36년(575년) 가뭄이 심할 때 장륙상이 눈물을 흘려 발꿈치까지 적시는 일도 있었다. 황룡사는 같은 절의 구층탑, 진평왕의 옥대와 함께 신라 삼보로 꼽힌다.

37년(576년) 화랑제도가 창시됐는데, 이것이 신라가 삼국을 통일하는 원동력이 되었다. 원화와 화랑은 인재를 찾아 낼 방법으로 무리를 지어 놀게 하고 행동거지를 살펴서 천거해 쓰고자 했던 제도이다. 여자를 살핀 것이 원화이고, 남자를 살핀 것이 화랑이다.

　남모와 준정이라는 아름다운 여자 두 명외 300여 명의 원화를 뽑았는데, 남모와 준정이 미모를 질투해 다투어서 준정이 남모를 자기 집으로 유인해 술을 억지로 먹여 취하게 한 다음 끌어다 강물에 던져 죽였다. 그리고 나머지 무리들도 화목하지 못해 마침내 흩어지고 말았다. 576년을 기점으로 원화는 폐지되고 화랑만이 남게 되었다.

　화랑은 미모의 남자를 골라 단장하고 꾸미며, 노래와 음악을 즐기며 산과 강을 찾아 놀며, 서로 도의를 연마하였다. 이를 살펴보며 사람됨의 옳고 그름을 가려 그 가운데 훌륭한 이를 조정에 추천하였다. 청소년 단체인 화랑도를 국가 조직으로 개편하여 많은 인재를 양성하였다.

　진흥왕은 음악적 관심도 크게 보였는데, 12년(551년) 3월에 왕이 지방을 시찰하던 중에 낭성에서 묵을 때, 우륵과 그의 제자 이문이 음악에 정통하다는 소문을 들은 진흥왕은 우륵을 불러 가야금을 연주하게 했다. 가야 출신 우륵은 가야의 가실왕이 열두 줄의 거문고를 만들어 열두 달을 상징하고는 곡을 짓게 했는데, 나라가 어지러워지자 악기를 가지고 신라로 투항해 온 사람이다.

　13년(552년) 계고, 법지, 만덕 세 사람을 시켜 우륵에게 음악을 배우라고 명하자, 우륵은 계고에게는 가야금을, 법지에게는 노래를, 만덕에게는 춤을 가르치고 왕 앞에서 연주하게 하니, 왕이 기뻐하며 크게 포상했다고 전한다.

　33년(572년) 3월에 태자 동륜이 개에 물려죽었는데 아들을 잃은 슬픔을 이기지 못한 탓인지 37년(576년) 8월에 진흥왕은 마흔세 살의 아까운 나이로 생을 마감하였다. 죽기 전에는 머리를 깎고 스스로 법호를 법운이라 하고 승려처럼 살면서 생애를 마쳤다. 왕비 역시 그를 본받아 비구니가 되어 영흥사에서 살았다.

● 제25대 진지왕 (眞智王. ?~579년. 재위 기간은 576 ~579년까지 약4 년)

　　진흥왕의 장자이자, 형인 태자 동륜이 진흥왕 33년에 개에게 물리는 사고를 당해 죽어서 둘째 아들이 왕위에 올랐다. 진지왕의 성 김씨이고. 이름은 사륜 혹은 금륜으로, 어머니는 사도 부인이고, 왕비는 오공의 딸 지도 부인이다. 당시 신라의 왕위 계승 체제는 부자 상속제로 확립되어 있었다. 진지왕의 경우 진흥왕의 적손, 즉 동륜태자의 아들인 백정(뒤의 진평왕)이 있었기 때문에 실제로는 왕위 계승권자가 될 수 없었다. 그런데도 백정을 제치고 왕위에 오른 것은 거칠부의 지원을 받아 왕위를 찬탈했을 가능성이 있다. 진지왕은 즉위하던 해(576년)에, 이찬 거칠부를 상대등으로 임명해 국정을 맡겼다.

　　대외적으로는 백제의 잦은 침공을 받았는데, 즉위 2년(577년) 10월에 백제가 서쪽 주군을 침범하자 이찬 세종에게 군사를 보내 일선군(지금의 경상북도 구미) 북쪽에서 격파해 3,700여 명을 참획하는 전과를 올리고, 내리서성을 축조해 백제의 공격에 대비하였다. 그러나 내리서성으로 통하는 길은 2년 뒤 2월 백제가 웅현성(지금의 보은군내로 비정)과 송술성을 쌓음으로써 산산성, 마지현성, 내리서성으로 가는 길을 막았다. 3년(578년)에는 중국 남조의 진나라에 사신을 파견하여 수교하며 화친관계를 유지하였다.

　　하지만 정치적으로는 무능하고 음란에 빠져 정사를 돌보지 않는다는 이유로 화백회의의 결정에 따라 폐위되었으며, 재위 4년(579년)되는 7월 17일에 왕은 생을 마감하였고, 영경사 북쪽에 장사지냈다.

● **제26대 진평왕** (眞平王, ?~632년. 재위 기간은 579년~632년까지 약54년)

　진평왕의 성은 김씨이고, 왕위에 오르기 전에 백정이라는 호칭을 사용하여 백정왕이라고도 한다. 진흥왕의 손자이자 동륜의 아들로 어머니는 진흥왕의 아버지인 갈문왕 입종의 딸인 만호 부인이다. 왕비는 갈문왕 복승의 딸인 마야부인 김씨이고, 승만부인 손씨를 후비로 두었다. 나면서부터 얼굴 생김이 기이하였고, 체격이 장대하였으며, 품은 뜻은 굳건하고 식견이 높고 사리가 밝고 활달하였다고 기록되어 있다. 키가 무려 11척이나 되어 제석궁의 돌계단이 두 개가 쪼개졌다고 하니 그가 얼마나 거구이며, 얼마나 힘이 셌는지 짐작할 수 있다.

　진평왕이 왕위에 오를 때 열세 살로 나이가 어려 할머니인 사도부인이 수렴청정을 했다. 왕위에 오르자마자 그는 동생 백반과 국반을 갈문왕으로 삼아 자연스럽게 사도부인 같은 기존 세력을 견제하는 역할을 하였다. 그리고 노리부를 상대등으로, 이찬 김후직을 병부령으로 임명해 국정을 맡겼다. 그리고 3년(581년) 정월에 고려조의 이부와 같은 위화부를, 5년(583년) 정월에는 선부서를, 6년(584년)에는 세금과 부역을 관장하는 조부령과 수레에 관한 일을 맡은 승부령을, 586년 예부령 등의 관청과 관직을 신설하여 국정을 충실하게 하였다.

　6년(584년)째 되던 해에 연호를 건복으로 고쳤다. 수도 주변 경계를 강화하기 위하여 13년(591년)에 둘레가 2천8백5십4보나 되는 남산성을 쌓고 이어서 15년(593년) 7월에는 둘레가 3천보나 되는 명활성을 고쳐 쌓았다. 특히 백제와의 싸움은 몹시 치열했다. 24년(602년)8월에는 아막성에서, 33년(611년)10월에는 가잠성에서 100일 동안 전투를 벌려 성이 함락되었고, 38년(616년) 10월에는 모산성을, 40년(618년)에는 가잠성에서 전투가 벌어지더니, 45년(623

년) 늑노현을 시작으로, 46년(624년)에는 속함, 앵잠, 피잠, 봉잠, 기현, 혈책 등 무려 6성에서 동시에 전투가 벌어졌다. 48년(626년) 백제가 주재성을, 이 듬해에는 서쪽변경의 두 성을 함락시키고 백성 300명을 잡아 갔으며, 그 이 듬해에도 가잠성을 공격했으나 막아냈다.

고구려의 공격도 많았다. 25년(603년) 8월에 북한산성을 침입하자 직접 군사를 이끌고 가서 막았는데, 다시 30년(608년) 2월에 북쪽 변경을 침범해 8천 명을 사로잡아 갔고, 이어 4월에 우명산성을 함락시켰다. 51년(629년)에는 대장군 유춘과 서현, 부장군 유신이 선두에 서서 고구려 낭비성을 침공하였으나, 고구려군의 기세에 눌려 싸울 엄두를 못 내자, 유신은 "나는 옷깃을 흔들어 펼치면 옷이 바르게 되고, 벼리를 들어 올리면 그물이 펼쳐진다고 들었다. 나는 그 벼리와 옷깃이 되겠다."고 말하고 즉시 말에 올라 검을 빼들고 적진을 향해 달려 나가 적장의 목을 베고 적군의 깃발을 뽑아 왔다. 이에 군사들이 힘을 얻어 나아가 5천여 명의 목을 베어 승리를 거두기도 했다.

고구려의 침략을 염려하여 수나라에 원군을 청했는데, 30년(608년)에는 승려 원광을 통해 군사를 요청하는 글을 올리는 한편, 33년(611년)에는 사신을 보내 군사를 요청하여 수양제의 허락을 받았다.

당과도 친교를 유지했는데 43년(621년)에 조공을 바치자, 당 고조가 창제의 조서와 그림 병풍과 비단 3백단을 보내왔고, 46년(624년)에는 '주국낙랑군공신라왕(柱國樂浪郡公新羅王)'으로 책봉하며 친교를 유지했으며, 47년(625) 고구려가 길을 막아 당나라에 조공을 제대로 할 수 없다고 호소하기도 했다. 53년(631년) 7월에 두 미녀를 바쳤을 때, 위징이 이를 받는 것은 옳지 않다고 하는 간언을 받아들여 다시 돌려보냈다.

내부의 반란도 있었다. 53년(631년) 5월에 이찬 칠숙과 석품의 반란은 다행히 초기에 발각되어 칠숙은 죽음을 당했고, 아찬 석품은 백제 국경까지 도망갔다가 처자식이 보고 싶어 낮에는 숨고, 밤에는 걸어 총산에서 만난 나무꾼의 옷으로 바꾸어 입은 다음, 땔나무를 짊어지고 몰래 집에 왔다가 감시하던 군사에게 붙잡혀 죽임을 당했다.

진평왕은 불교의 진흥에 앞장섰다. 596년 수나라로 유학을 가서 10년 동안 불교를 배운 고승 담육이 27년(605년) 3월에 수나라에 사신으로 들어갔던 혜문을 따라 돌아왔고, 35년(613년)에는 수나라 사신 왕세의가 황룡사에서 국가적 불교행사의 하나인 백고좌를 열었는데 원광법사도 이때 불경을 강설하였다.

진평왕은 54년을 왕위에 있다가 632년에 죽었으며, 시호를 진평이라 하고 한지에 장사를 지냈다. 그는 아들이 없어서 큰딸 덕만이 왕위를 계승하였는데, 그가 곧 신라 최초의 여왕인 선덕왕이다.

● **제27대 선덕왕** (宣德王. ?~647년. 재위 기간은 632년~647년까지 약16년)

진평왕의 맏딸로 성은 김씨이다. 이름은 덕만이며 시호가 선덕여왕이다. 법흥왕 무렵부터 성골만이 왕위에 오르게 되었는데, 진평왕에게는 아들이 없어 왕위계승에 문제가 생겼다. 그러나 비록 아들이 아니었지만, 선덕의 성품이 맑고 지혜롭고 인자하며 명민한 그녀를 사람들은 왕으로 세우고 '성조황고'라는 칭호를 올렸다.

일연은 삼국유사에서 '선덕왕지기삼사(善德王知幾三事)'라는 제목으로 그녀의 식견에 대해 이야기 하고 있다. 이 제목은 '선덕왕이 미리 안 세 가지 일'이라는 뜻이며, 첫 번째가 모란 이야기이다.

진평왕 때 당나라 태종이 붉은색, 자주색, 흰색으로 된 모란 그림과 그 씨앗을 석 되 보냈는데 덕만이 보더니 "이 꽃은 빼어나게 아름답지만 향기가 없을 것입니다."라고 말하였다. 왕이 "네가 그걸 어떻게 아느냐?"라고 되묻자 "무릇 여자가 국색이면 남성들이 따르는 법이고, 꽃에 향기가 있으면 벌과 나비가 따르는데 이 그림에는 벌과 나비가 없으니 분명 향기가 없을 것입니다."하고 답했다. 뜰에 씨앗을 심어 꽃이 피고 열매 맺기까지 기다렸는데 그녀 말대로 향기가 없었다.

여왕은 선정을 베풀어 민생을 안정시키고 구휼사업에 힘썼는데 즉위년(632년) 2월에 대신 을제로 하여 국정을 총괄하게 하고, 겨울에 각 지방에 특사를 보내 홀로 살아가기 힘든 백성들에게 곡식을 주어 구휼하였다.

3년(634년)에는 연호를 '인평'으로 고치고, 불교는 더욱 융성해졌다. 3년(634년) 분황사를 창건하고 이듬해에는 영모사가 낙성되었다. 자장법사는 5년(636년) 당나라에 불법을 탐구하기위해 가서 11년(643년)에 돌아왔다. 선덕여왕은 이 해에 병이 들어서 황룡사에서 승려들을 모아 '인왕경'을 강설하게 했으며, 100명의 승려에게도 도첩을 주고 백고좌를 여는 등 불법의 힘으로 병의 회복을 기원하였다.

분황사탑. 흙벽돌로 구워 쌓은 전탑이다

당나라와는 화친의 관계를 유지하여 즉위년(632년) 12월에 당에 조공을 하자, 당나라에서 '주국낙랑군공신라왕(柱國樂浪郡公新羅王)'으로 책봉하여 아버지의 봉작을 잇게 하였다. 14년(645년) 여름에 당 태종이 고구려 공격을 군사 3만을 동원해 도왔다. 하지만 백제가 이 틈을 타서 신라를 습격하여 서쪽의 일곱 성을 빼앗아갔다. 백제의 잇따른 침략으로 나라가 어려워지자 이듬해 당나라에 사신을 보내 원병을 요청하고, 김유신을 압량주(지금의 경상북도 경산) 군주로 임명하였다.

또한 5년(636년)에는 백제 장군 우소가 독산성을 기습하기 위해 숨어든 것을 미리 알고 알천을 보내 습격하여 몰살시켰다. 11년(642년)에는 백제 의자왕에게 미후성 등 40여개의 성을 빼앗겼고, 이어 백제와 고구려의 연합군으로 부터 당의 통로인 당항성이 함락되었고, 백제에게 대야성을 빼앗겼다. 백제와 대야성싸움은 큰 위기를 불러들였다. 이 전쟁에서 김춘추는 "대야성싸움에서 딸을 잃고 대장부가 어찌 백제를 집어삼키지 못할쏘냐?"하고 왕에게 고구려에 군사를 청해 원한을 갚고자 구원을 요청했으나, 고구려왕(보장왕)은 김춘추에게 "죽령은 본래 우리 땅이니 너희가 만약 죽령 서북쪽 땅을 돌려준다면 군사를 내줄 수 있다."고 하였다. 그러자 김춘추는 "환란을 구해 이웃 나라와 잘 지낼 생각은 하지 않고 사신을 겁박하여 땅을 되돌려 줄 것을 요구하시니 죽을지언정 그 밖의 것은 모르겠나이다."하고 말하자 그를 가두었다. 춘추는 몰래 본국에 이 사실을 알렸고 선덕왕은 대장군 김유신에게 1만의 군사를 주고 달려가게 하였다. 고구려는 그 소식을 듣고 춘추를 풀어 주어 돌려보냈다. 선덕왕은 다음 해 당나라에 사신을 보내 도움을 요청했는데 거절하였다. 당 태종은 세가지 방책을 제시하는데, 그 가운데 세 번째에는 "여왕이 재위하고 있으므로 이웃나라가 깔본다. 내 종친 한 사람을 보내 국왕을 삼고 군대를 파견하겠다."라는 말까지 했다. 사신은 신라 국정에 큰 영향을 끼칠 일이므로 아무 대답도 하지 못하고 그냥 물러나올 수밖에 없었다. 이후 13년(644년) 김유신을 대장군으로 임명하여 백제를 공격하여 일곱 성을 빼앗고 돌아오는 길, 백제대군이 또 쳐들어와 다시 서쪽으로 출정할 때 행군 도중에 자기 집 앞을 지나게 되었는데, 온 집안 식구가 우러러보면서 울었으나 돌아보지도 않고 갔다. 그리고 2천 군사의 목을 베었다.

7년(638년) 10월에 고구려의 칠중성 공격을 대장군 알천이 격퇴하였다. 이듬해 지금의 강릉 지방인 하슬라주를 북소경으로 만들고, 사찬 진주로 하여금 이 성을 수비하게 하였다.

9년(640년) 5월에 선덕왕은 당에 유학생을 보내 국학에 입학하기를 청하자 태종이 유학자들을 불러 강론하게 하였다. 유학생 가운데 예기나 춘추좌씨전 중 한 가지 이상에 능통한 이는 모두 관직에 임명할 수 있게 특혜를 주자, 학사를 1,200칸으로 늘리고, 학생수도 5,260명을 채웠다. 그러자 사방에서 공부하는 이들이 구름처럼 모여들었고, 고구려, 백제, 고창, 토번에서도 자제들을 보내 입학시켰다고 한다.

14년(645년) 자장의 요청으로 아비지를 데려와 황룡사 9층탑을 세웠다.

5년(636년) 5월에 궁궐 서쪽 옥문지에 두꺼비가 모여들었다. 왕이 소식을 듣고 각간 알천과 필탄 등에게 정예 병사 2천을 이끌고 서쪽 교외 여근곡으로 가 보면 틀림없이 적병이 있을 것이니 죽이라고 말했다. 왕의 말대로 습격하고 보니 백제 군사 500명이 숨어 있어서 모두 죽였고, 남간 고개 바위 위에 숨어 있던 백제 장군 우소도 활을 쏘아 죽였다. 그 뒤 후원병 1,200명 역시 모두 죽였다. 이것이 '선덕왕이 미리 안 세 가지 일' 중 그 두 번째이다.

14년(645년)이찬 비담을 상대등으로 임명하였는데, 16년(647년) 비담과 염종 등이 여왕이 정치를 잘못한다는 구실로 군사를 동원하여 반란을 일으켰다. 그 해 8월에 선덕여왕은 사망하였고, 유언에 따라 낭산에 장사지냈다. 이후 진평왕의 동복 아우인 갈문왕 국반의 딸인 승만이 뒤를 이어 왕위(진덕여왕)에 올랐으며, 이듬해 정월 17일에 반란은 완전히 진압되어 비담 등 30여명이 처형되었다.

또 다른 지혜로운 일은 왕이 건강할 때 여러 신하에게, "내가 어느 해 어느 달 어느 날짜에 죽으리니, 나를 도리천 가운데 묻어 주시오."라고 말하자 신하들이 그곳이 어딘지 모른다며 장소를 묻자, 낭산의 남쪽이라고 하였다. 신하들은 선덕이 죽은 뒤, 그 유언대로 따라 하였는데, 선덕왕은 과연 자신이 말한 날 죽고 신하들은 낭산 남쪽에 장사 지냈다. 이것이 '선덕왕이 미리 안 세 가지 일' 중 세 번째 것이다. 그 뒤 문무왕이 선덕왕의 무덤 아래에 사천왕사를 지었다.

삼국유사 기록 말미에 선덕여왕시대에 돌을 다듬어 첨성대를 쌓았다고 덧붙였다. 또 삼국사기 편찬자는 하늘로 말하자면 양은 굳세고 음은 유약하며, 사람으로 말하자면 남자는 높고 여자는 낮거늘, 어찌 늙은 할미로 하여금 규방에서 나와 국가의 정사를 재단하게 했는지, 신라가 여자를 붙들어 왕위에 있게 한 것은 난세의 일이며, 이러고도 나라가 망하지 않은 것이 다행이라고 논평하고 있는데 이는 그 시대 여성에 대한 시각이 드러나 있다.

● **제28대 진덕왕** (眞德王. ?~654년. 재위 기간은 647년~654년까지 약8년)

성은 김씨, 이름은 승만이다. 진평왕의 동생 국반 갈문왕의 딸이며, 어머니는 월명부인 박씨이다. 승만은 자태와 바탕이 넉넉하고 아름다웠으며 무척 총명했고, 키가 7척이나 되었는데 손을 늘어뜨리면 무릎을 넘었다고 전해진다. 그녀는 선덕여왕의 유언에 의해 즉위하였다.

즉위 원년(647년)에 연호를 태화로 고치고, 선덕왕대에 반란을 일으켰던 비담과 연루된 사람 50명을 함께 죽였다. 그리고 알천을 상대등에 등용하여 정치적 안정을 꾀했다.

당과는 화친의 관계를 유지했는데 당 태종이 선덕왕을 광록대부로 추증하고, 아울러 진덕왕을 주국으로 책명하고 낙랑군왕으로 책봉하였다. 4년(650년)되던 해에는 진덕왕이 5언 율시(다섯 글자의 시가 네 구를 이룬 것을 5언 절구라 하고 그 배가 되면 율시라 한다) 태평송을 비단에 수를 놓아 춘추의 아들 법민(훗날 문무왕)을 통해 당 황제에게 바치기도 했다.

고구려와 백제연합은 계속적으로 신라를 침공해왔다. 즉위년 10월에 백제군이 무산, 감불, 동잠의 세 성을 공격 해오자, 압독주 군주 김유신을 중심으로 군사를 세 갈래로 나누어 백제를 공격하였고, 달아나는 백제군을 추격해 거의 다 죽이는 전공을 세웠다. 2년(648년)에는 백제장군 의직이 요거성 등 10여개의 성을 함락시키고, 3년(649년) 8월에는 백제장군 은상이 석초성 등 일곱 성을 공격해오자, 유신과 진춘, 죽지, 천존 등에게 패해 돌아가는 등 백제군과의 충돌이 빈번하자, 김춘추를 당나라에 보내 태종에게 "신라는 후미진 바다 한구석에 있어 억세고도 교활한 백제가 능멸하니 폐하께서 군사를 빌려주시면 그들을 남김없이 사로잡을 것."이라고 말하며 태종에게 군사를 출정시켜 줄 것을 부탁하면서 지금까지 신라 문제에 대해 소극적이던 당나라로부터 군사적 지원을 허락받는 데 성공하였다.

그리고 김춘추의 주도 아래 당나라의 정치제도와 문화를 모방한 대규모 정치개혁이 단행되었다. 3년(649년)에는 의관을 중국식으로 하는 중조의관제를 실시하였고, 다음해에는 즉위 직후부터 사용하던 연호 태화를 버리고 당나라 연호 영휘를 사용하기 시작하였다. 5년(651년) 정월에 하루에 왕이 조원전에 나와 백관의 신년하례를 받았는데 새해를 축하하는 예법이 이때부터 비롯되었다. 또, 종래의 품주를 개편하여 국왕 직속의 최고 관부로서 집사부를 설치하고, 파진찬 죽지를 집사중시로 임명하고 기밀사무를 맡겼다. 그리고 품주의 본래 기능은 신설된 창부로 이관하였다. 또, 시위부는 김유신의 군사력이 주축이 되어 개편했다.

8년(654년) 3월 재위한지 8년만에 진덕왕은 생을 마감하였다. 진덕여왕은 성골 출신의 마지막 왕으로서, 그녀가 죽음으로써 성골로 이어온 신라 왕실은 종말을 맞는다.

그 동안 신라는 왕실 내 근친혼이나 최고 귀족들 간의 결혼으로 태어난 성골만이 왕위는 오를 수 있었다. 그래서 사촌간이나 이모나 고모, 삼촌과 결혼하는 경우가 많았다. 삼국사기에서는 그 사실을 다 표현해 놓지는 않았으나 은근히 비판하는 평을 해놓은 부분이 있고, 화랑세기에는 신라 성골의 근친혼에 대해 자세히 표현해 놓았다.

● **제29대 태종 무열왕** (太宗 武烈王. 603~661년. 재위 기간은 654년~661년까지 약8년)

선왕대부터 고구려나 바다 건너 당나라에 가서 외교적 능력을 펼쳐 보이며 활약을 하다 왕위에 오른 무열왕의 성은 김씨, 이름은 춘추이고, 이찬 용춘의 아들이다. 용춘은 폐위된 진지왕(진흥왕의 둘째 아들)의 아들로서 그의 어머니는 진평왕의 딸 천명부인이고, 왕비는 문명부인으로 각찬 김서현 딸, 즉 김유신의 누이동생 문희이다. 용춘은 성년이 되면서 궁내의 집사를 맡았고, 선덕여왕 14년(645년)에 완성된 황룡사 9층탑 공사 때는 백제의 대장장이 아비지와 신라의 200명의 장인을 거느리고 총감독을 맡아 지휘하기도 했다. 무열왕은 풍채가 아름답고 빼어났는데, 영특하고 어려서부터 세상을 잘 다스리고자 하는 큰 뜻을 품고 있었다. 진덕왕 대에는 관등이 이찬에 이르렀

태종무열왕 영정

고, 당 황제에게는 특진의 품계를 받았다.

진덕왕이 죽자 여러 신하들이 화백회의에서 알천 이찬에게 섭정을 청했으나, 알천은 자신의 늙음과 덕행의 부족함을 들어 사양하고 덕망이 높고 두터운 것이 춘추공 만한 이가 없다며 춘추를 왕으로 추천하자, 춘추는 세 번 사양하다 왕위에 올랐다. 신라 중대 왕실의 첫 왕으로 당시 나이가 52세였다.

신라의 시조 박혁거세 때부터 진덕왕까지 28명의 왕을 성골이라 하고 무열왕부터 마지막 왕까지를 진골이라고 하며, 무열왕이 왕위에 오름으로써 진골 왕실의 시대가 열리게 되었고, 이 시기부터 신라는 고대국가로서 최고의 전성기를 구가하였다.

즉위 원년(654년) 4월에 아버지를 문흥대왕으로 어머니를 문정태후라 추증하여 왕권의 정통성을 확립하였다. 그리고 5월에는 이방부령 양수에게 율령을 참작하여 이방부격 60여조를 제정하게 하였고, 당에서는 '개부의동삼사 신라(開府儀同三司新羅王)'으로 책봉하였다.

2년(655년)에 맏아들 법민을 태자로 삼고, 여러 아들 가운데 문왕을 이찬으로, 노차를 해찬으로, 인태를 각찬으로, 지경과 개원을 각각 이찬으로 관등을 올려주고, 3년(656년)에는 당에서 돌아온 둘째 아들 인문을 군주로 임명하고, 장산성을 쌓게 하면서 5년(658년)에는 당나라로부터 귀국한 문왕을 집사부 중시에 임명하여 직계 친족에 의한 지배체제를 구축하였다. 그리고 7년(660년)에는 김유신을 상대등으로 임명해 왕권을 강화했다.

당나라와는 친교하면서 후원세력으로 삼고 고구려, 백제와 전쟁을 벌였다. 2년(655년)에 고구려가 백제와 말갈과 연합해 북쪽 변경 33개의 성을 공격하자 신라는 당나라에 구원을 청하였다. 이에 당나라의 정명진과 소정방의 군사와 함께 고구려를 공격하였다. 6년(659년)에는 백제가 자주 변경을 침범하여 당나라에 군사를 청하고, 다음해부터 본격적으로 백제 정벌을 추진하였다.

7년(660년) 3월에 당 고종이 좌무의대장군 소정방을 신구도행군대총관으로 임명하고, 김인문을 부대총환으로 삼아 수군과 육군 13만명이 백제를 공격하여 승리하였고, 5월26일에는 태자 법민과 유신, 진주, 천존등과 더불어 왕이 직접 군사 5만명을 이끌고 6월 18일에 남천정에 이르렀는데, 소정방이 전함의 꼬리가 천리나 될 정도로 많은 병선을 이끌고 해류를 따라 동쪽으로 내려온 것을 21일에 태자 법민이 병선 100척을 거느리고 덕물도에서 맞이하였다.

7월 9일 김유신이 황산벌로 진군 했을 때 백제 계백장군이 먼저 요새를 차지하고 세 곳에 진영을 치고 기다리고 있었다. 유신은 군사를 세 갈래로 나누어 네 번을 싸웠으나 이기지 못하자 신라 장군 흠순이 아들 반굴에게 "신하된 이에게는 충성보다 귀중한 것이 없고 자식의 도리로는 효도만한 것이 없다. 이렇게 위급할 때에 목숨을 바친다면 충과 효 두 가지를 다하게 되는 것이다."고 말하자 반굴이 적진으로 들어가 싸우다 죽었다. 그러자 좌장군 품일 역시 아들 관창을 불러 말 앞에 세우고 여러 장수들에게 보이며 "내 아들의 나이가 겨우 열여섯이지만 뜻과 기백이 용맹하니 오늘 싸움에서 삼군의 모범이 되리라."말하자 관창이 갑옷을 입고 말을 타고 창 한 자루를 가지고 적진에 달려 들어갔으나 계백에게 사로잡혔다. 관창의 투구를 벗기자 나이가 어린데도 용맹한 것이 안타깝고 아까워 차마 죽이지 못하고 살려 보냈다. 관창은 아버지에게 적장을 베지 못한 것은 죽음이 두려워서가 아니라면서 우물물을 한 번 마시고 다시 적진을 향해 나아갔다. 그러자 계백은 그의 목을 베어 말안장에 매달아 보냈다. 그 모습을 본 신라군들이 함성을 지르며 죽음을 각오하고 진격하여 백제군을 쳐서 계백 장군은 죽고 좌평충상과 상영 등 20여 명을 사로잡았다. 당 군과 연합한 신라가 마침내 백제를 멸망시킨 것이다. 12일에 나·당 연합군은 백제의 수도 사비성을 함락시키기 위해 소부리(부여)의 들로 나갔을 때, 백제 왕자가 고기와 가축 등을 풍성하게 보냈으나, 소정방은 받지 않고 백제왕의 서자 궁이 좌평 여섯 사람과 함께 죄를 빌었으나 거절하였다. 13일 의자왕은 측근과 웅진성으로 도망치고, 왕자 부여융은 신라에 항복하였다. 5일 후(18일)에 의자왕은 태자와 웅진 방령의 군사와 함께 항복하였다. 무열왕은 제감 천복을 당으로 보내 승전보를 알렸고, 8월 2일에 장병을 위로하는 술자리를 열었는데, 무열왕은 소정방을 포함한 장수들과 함께 높다란 단 위에 앉고, 의자왕과 왕자 부여융을 아래 앉게 하고 술을 따르게 하자, 백제의 여러 신하들이 흐느껴 울었다. 10월에 태종무열왕은 백제에서 아직 정복되지 않은 이례성(지금의 충청남도 논산) 등 20여 성의 항복을 받고, 11월에 백제 정벌에서 전사한 사람들과 전공을 세운 자들에게 차등을 두어 상을 내려주고, 항복해 온 백제의 관료들에게도 능력에 따라 신라의 관직을 주는 회유책을 쓰기도 하였다. 이후 백제의 잔당이 사비성을 쳐들어오는 등 여러 장군들이 부흥운동을 벌이고, 고구려와 말갈이 북한산성을 공격해왔다.

신라가 백제를 정벌하는 동안, 고구려는 7년(660년) 11월 1일에 신라의 칠중성을 공격했고, 다음해에는 고구려 장군 뇌음신과 말갈군이 연합해 술천성과 북한산성을 공격하였으나, 성주인 대사 동타천이 효과적으로 방어하였다. 이 해에 압독주를 대야로 다시 옮기고 아찬 종정을 도독에 임명해 정복된 백제지역을 관리하였다.

무열왕은 극위 8년 되는 해인 661년 6월에 59세의 나이로 생을 마감하였다. 그가 죽기 전 대관사의 우물물이 핏물로 변하고, 금마군 땅에서는 피가 흘러나왔다고 한다. 무열왕은 영경사 북쪽에 장사 지내졌고 시호는 무열이며, 묘호를 태종이라 하였다. 무열왕의 부음을 들은 당 고종은 낙성문에서 애도식을 거행하였다고 한다.

● **제30대 문무왕** (文武王. ?~681년. 재위 기간은 661년~681년까지 약21년)

이름이 법민인 문무왕은 태종 무열왕의 맏아들이다. 어머니 김씨 문명왕후 문희는 소판 서현의 막내딸로 김유신 장군의 누이이다.

문명왕후의 언니 보희가 꿈을 꾸었는데, 서형산(경주서악)에 앉아 눈 오줌이 흘러 나라(서라벌)안에 가득 찼다. 꿈에서 깬 보희가 동생에게 꿈 이야기를 하자, 보통 꿈이 아니라고 생각한 문희는 비단치마를 주고 그 꿈을 샀다. 며칠 뒤에 춘추공과 함께 공을 차며 놀던 김유신이 춘추의 옷고름을 밟았는데 옷고름이 떨어져서 춘추를 집으로 데리고 와 술자리를 벌여놓고 보희를 불러 옷고름을 꿰매라고 했다. 그런데 언니 대신 문희가 와서 옷고름을 달았다. 춘추는 문희의 아름다움에 반해 청혼을 하여 혼인을 하게 되었다. 그리고 낳은 장자가 법민이다.

법민은 자태가 영특하며 총명하고 지략이 많고 통솔력이 강했다. 무열왕이 왕위에 오르기도 전 진덕여왕 때 당나라에 사신으로 다녀오고, 왕위에 오른 아버지를 도와 병부령의 자리에서 나라의 기강을 잡았고, 당나라 장수 소정방과 함께 백제를 평정할 때 큰 공을 세웠다. 즉위 후에는 계속되는 백제의 부흥운동을 제압하고, 고구려를 멸망시킨 다음 당나라 군사마저 쫓아내면서 문무왕은 통일의 주역으로서 자신의 몫을 다하였다.

문무왕은 즉위하던 해인 661년부터 정복전쟁이 계속되었다. 백제 부흥군을 물리치고자 6월에 당에서 온 동생과 사신이 "황제가 소정방 장군을 보내 고구려를 치면서 왕께서도 군사를 보내 호응하라 명령했다."고 전하자, 7월에 김유신을 대장군으로 군사를 정비하고, 하고 8월에 시이곡정에 이르렀으나 부흥운동을 벌이고 있는 백제 무리들 때문에 더 나가지 못하고 있다가, 9월 웅산성을 불사르고 수천의 목을 베고서야 항복을 받았다. 3년(663년) 2월에는 흠순과 천존이 백제 거열성을 빼앗고 700여 명의 목을 베었으며, 5월에는 백제장수 복신과 승려 도침이 왕자 부여풍을 왕으로 세우고 웅진성을 포위하자, 당 황제가 유인궤를 검교대방주자사로 삼고 이전의 도독 왕문도의 병력과 신라군과 함께 맞서 복신은 포위를 풀고 임존성으로 물러갔다. 얼마 후 복신이 도침을 죽여 그의 군사까지 흡수해 세력이 매우 커지자 군사 증원을 요청했다. 황제는 우위위장군 손인사에게 군사 40만 명을 보내 덕물도에서 웅진부성을 나가게 하고, 문무왕은 김유신 등 28명의 장군들을 거느리고 그들과 합세해 부흥군의 본거지인 두릉윤성과 주류성 등 여러 성을 쳐서 함락시켜 부여풍은 달아나고 왕자 충승과 충지 등은 항복했는데, 유독 지수신은 임존성에 웅거해 항복하지 않았다. 4년(664년) 2월에 각간 김인문과 이찬 천존이 당의 칙사 유인원과 백제의 부여융과 함께 웅진에서 맹약을 하였다. 이후 3월에도 백제 잔당이 사비산성에서 반란을 일으켰으나 웅진 도독이 막아냈다. 5년(665년)까지 백제 유민들이 반란을 일으켜 당 고종은 부여융에게 조서를 내려 남은 백성들을 위무하고, 화친하게 하라 명하며 하늘과 땅 그리고 산천의 신령에게 제사를 지내며 맹세하는 절차에서 흰 말을 잡아 입술에 그 피를 바르게 했다고 한다. 이 전쟁은 백제 왕자였으며 웅진

도독인 부여융과 화평을 맺으며 일단락된다.

3년(663년) 4월에 당이 신라의 수도 경주에 계림대도독부로 삼고, 문무왕을 계림주대도독으로 임명하여 신라왕을 신하처럼 대했다. 도독부는 당이 식민지를 다스리기 위해 설치한 관청이다.

고구려 정벌에도 나섰는데 4년(664년) 7월 인문, 품일, 군관, 문영 장군과 일선과 한산 두 주의 군사와 웅진부성의 병력이 힘을 모아 고구려의 돌사성을 얻고, 6년(666년)에는 당에 원병을 요청하여 요동도행군대총관 이적과 고구려를 공격해서 연개소문의 동생 연정토로부터 12개의 성을 얻었다. 그리고 7년(667년) 웅진부성의 유인원이 고구려의 2군 12성을 정복하고, 이세적이 이끄는 당나라 군대와 연합해 평양성을 공격하였고, 지배층의 내분으로 국론이 분열되자 8년(668년)에 함락시켰는데, 나·당연합군은 오랜 숙원이었던 고구려를 멸망시켜 신라는 드디어 삼국 통일의 위업을 달성할 수 있었다.

이후 당나라는 점령지 지배를 위해 평양의 안동도호부를 중심으로 9도독부, 42주, 100현을 두고 통치하였다. 문무왕 11년(671년) 백제 웅진에 일방적으로 도독부를 두고 당나라의 관리와 군대를 주둔시켰던 웅진 도독부를 없애고, 백제의 옛 수도 사비에 신라행정구역 소부리주를 설치하자, 당 고종은 신라를 정벌하라는 명령을 내렸는데, 가림성과 석성전투에서 당나라 군사 3,500명을 죽이는 큰 전과를 올렸다. 그러자 당나라는 12년(672년) 이후 대군을 이끌고 한강에서 대동강에 이르기까지 신라와 전투를 벌였다.

이때부터 신라와 당나라간의 전쟁이 시작

문무왕

되었다. 14년(674년) 유인궤를 계림도대총관으로 삼아 신라를 치는 한편, 문무왕의 동생 김인문을 일방적으로 신라왕에 봉하였고, 15년(675년)에는 당군이 거란과 말갈군이 포함된 20만의 대군을 이끌고 육로로 쳐들어 왔으나, 당의 침입을 예상하고 있던 신라군은 매소성(현재 경기도 양주)에서 이들을 대파했고, 16년(676년)에는 서해를 통하여 소부리주·기벌포에 쳐들어온 당나라의 설인귀 부대 1,400명을 죽이고 병선 40척과 말 1,000필을 얻는 전과를 올리며 제해권을 장악하였다.

문무왕 즉위 11년(671년) 치세의 기록이 삼국사기의 치세 기록 중 최고로 길다. 치세만 적어 놓은 것은 아니고 왕과 설인귀가 주고받은 매우 긴 편지의 내용이 실려 있다. 설인귀는 군사를 이끌고 쳐들어오기 전에 문무왕에게 당태종의 기개가 천하에 으뜸이요, 정신은 우주에 군림한다는 찬양을 시작으로 그간의 당과 신라의 긴밀했던 관계를 알리며, 충성과 의리를 다하더니 이제는 역신이 되고 말았다는 긴 편지를 보내 항복을 권유했지만, 문무왕은 당과 화친했던 그간의 사연을 확인시키고, 신라의 입장을 밝히며 충정을 배반하지 않았음을 진술하는 장문의 답장을 보내며, 당나라가 약속을 먼저 어겼다며 전쟁도 불사하겠다고 강하게 반발하였다.

문무왕의 유언

내가 죽거든 열흘 후 화장하고 예는 지키되 검소하게 하길 바란다. 내가 죽어서 바다의 용이 되어 신라를 지킬 것이다.

문무왕은 아버지 무열왕이 이룬 업적을 이어받아 백제의 영토를 차지하기 위해 당나라와 끝없는 신경전을 벌이면서도, 고구려를 멸망시키기 위해 당나라와 연합하는 정책을 취했다. 결국 문무왕은 군사대국 고구려마저 멸망시키고, 백제와 고구려 백성들의 힘까지 모아 당군을 대파하고, 평양에 설치되어 있던 안동도호부를 몰아내기에 이른다.

대왕암

영토가 확대된 나라를 효율적으로 다스리기 위해서 18년(678년) 북원소경을, 20년(680년)금관소경을 설치했고 통일이 완성되자, 무기를 녹여 농기구로 만들고, 오랜 기간 전쟁에 동원되느라 농사일을 못해 살기 어려워진 백성들의 빚을 감면해 주었다.

고구려를 멸망시킨 다음 당나라와 싸움을 벌이던 때, 당나라는 문무왕의 동생 김인문을 옥에 가두고, 14년(674년) 신라가 당의 도독부 군사를 공격한다는 핑계로 50만 대병을 일으켜 신라를 공격하자, 국가적인 위기를 부처님의 힘으로 극복하기 위해 19년(679년)에 신문왕릉 옆에 사천왕사를 창건하였다.

당나라의 침략 소식을 신라에 전한 사람은 의상이었다. 왕은 급히 신하들에게 대책을 묻자, 각간 김천존이 용궁에 들어가 비법을 전수하여 왔다는 명랑 스님을 천거했다. 명랑은 "낭산 남쪽 기슭에 신유림이 있으니, 이곳에 사천왕사를 창건하고 도량을 열면 좋을 것입니다."라고 하였다. 하지만 이미 당나라 군사를 실은 배가 신라 국경에 다가와 있어서 절 지을 만한 시간이 없었다. 그러자 명랑은 채색명주를 가지고 임시로 절을 짓자고 말하고, 채색명주로 절을 꾸미고, 풀을 가지고 동·서·남·북과 중앙의 다섯 방위를 맡는 신상을 만들었다. 그리고 비법으로 바람과 물결을 거세게 일으켜 당나라 배를 모두 침몰시켰다. 명랑은 671년에 당나라 군대가 쳐들어오자 비법을 베풀었는데, 전과 마찬가지로 배를 침몰시켰다.

문무왕은 동해로 자주 쳐들어오는 왜구들을 부처님의 힘을 빌려 막기 위해 동해구 언덕에 절을 짓기 시작해서 아들인 신문왕대에 완성되었는데, 신문왕은 '아버지의 은혜에 감사한다.'라는 의미에서 절 이름을 '감은사(感恩寺)'라 했으며, 감은사의 금당은 마루 밑에 공간이 있는데 용이 되어 동해 바다를 지키고 있는 문무왕이 쉽게 법당 안을 드나들 수 있도록 하기 위해 특이하게 설계했다고 한다. 그러나 현재는 터만 남아 있다.

백제를 병합한 아버지 태종 무열왕의 업적을 이어받아 고구려를 멸망시킨 문무왕은 즉위 21년 되는 681년 7월 1일에 생을 마감하였다. 그는 평소에 죽은 뒤에 용으로 태어나 나라를 지키겠다는 뜻을 지의법사에게 말하곤 하였다. 문무왕은 죽음에 앞서 이러한 자신의 뜻을 밝히며 장례절차를 검약하게 하고, 율령과 격식 가운데 불편한 것은 즉시 편리하게 고쳐 반포할 것을 부탁하는 조서를 남겼다. 신하들은 그의 유언대로 화장을 하고 동해 어구의 큰 돌 위에 장사 지냈다. 그 돌을 대왕석이라고 하였는데, 경주 양북면 바다에 있는 대왕암이다.

삼국 통일의 의미

1. 삼국통일의 의의

삼국간의 항쟁이 신라의 승리로 끝을 맺으면서, 우리나라는 처음으로 민족 통일의 기반을 마련하게 되었다. 그것은 비록 삼국 중 어느 한 나라가 주축이 된 민족 통일로써, 새로운 민족사적 전개를 전망하면서 이룩한 바는 아니었을지라도 분명히 우리 민족의 자기 성장과 그 발전 과정을 도모해서 획득된 위업이었다. 이에 이르러 우리 민족은 비로소 민족과 민족문화 형성의 가능성을 발견하게 된 것이다. 더구나 가장 후진국이었던 신라가 삼국을 통일하게 된 것은 크게 보아 문화적 후진성을 지닌 우리 민족이 선진세력과 대항하여 정당하게 생존할 수 있는 가능성을 제시한 것이었으므로, 오히려 고구려와 같은 강대국이 중심이 된 경우보다도 그것이 민족사에 제시하는 것은 더욱 의미심장한 것이었다.

신라사회의 건전성이야말로 백제, 고구려 양국의 모순을 극복할 수 있는 무기였던 셈이다. 그러나 신라 사회가 지닌 후진적인 한계성은 그 삼국통일에도 반영되었다.

첫째, 삼국통일을 계기로 처음으로 하나의 민족 공동체가 형성되어 민족 국가 형성의 기반을 마련하였다. 삼국 말기부터 벌어졌던 삼국간의 치열한 전쟁으로 상대국에 대한 대결 의식이 밑바탕에 깔려 있었으나, 한편으로는 미미하나마 그들 사이에 동일 역사의식이 형성되고 있었다.

삼국통일 이전부터 중국이 삼국을 삼한으로 불렀던 것은 이러한 삼국의 동질성을 염두에 두었기 때문으로 여겨진다. 그러나 삼국 사이의 대결이 약화되면서 반대로 뚜렷이 형성되는 것은 668년 이후 당이라는 공동의 적에 대항하면서부터였다. 이를 계기로 신라는 대내적으로는 백제, 고구려 유민들을 결속하고, 나아가 귀족세력을 억압하여 전제 왕권을 정점으로 한 중앙 집권화를 이루어, 삼국의 영역과 주민을 아울러서 하나의 통일체를 이룩하려 하였던 것이다.

둘째, 신라의 통일은 영토상으로 만주지역과 한반도 북부를 상실케 하여 민족 생활권의 2차적인 축소를 초래하고 말았다.

이 영토상의 손실은 그 자체에 그치지 않고 고구려 시대에 이루어지고 있었던 우리민족을 주체로 하여 말갈족이나 거란족을 포섭, 동화하는 기능까지 상실케 하였다. 실제로 신라는 통일 후 한족과 경쟁하지 못하고 발해와 적대 관계에 섬으로서 민족의 역량을 무의미하게 소모하고 말았다. 그러나 이러한 언급은 신라의 삼국통일이 민족의 가능성을 모두 실현하지 못하였던 아쉬움을 질책하고, 그 원인을 밝히는 데에 목적이 있을 뿐 외세의 침입으로 말미암아 한국 고대 문화가 전면적으로 붕괴 당하게 되었던 위기를 막은 위대한 업적을 부인하거나 감소시키려는 것이 아니다.

통일 후 신라는 여, 제의 유민과 지배층을 적극적으로 포섭하여 삼국문화의 통합을 위한 기틀을 마련하였다. 또 삼국민이 합심하여 당 세력을 몰아

냄으로서 통일작업을 마무리 지은 경험에서 보여준 삼국문화의 공동 기반은 민족문화의 주류를 형성하는 토대가 되었다.

이와 같은, 신라의 삼국통일은 민족에게 가능성과 한계성을 함께 제시하였다. 그리고 그 과정은 진실로 고구려 지역의 상실이라는 값비싼 대가를 지불하면서까지 민족의 통일을 도모하여만 했던 한국 고대 문화의 고충과 비록 그러한 손실을 보기는 했을지라도 훌륭하게 중국의 침략세력을 막아낸 민족문화의 역량이 두드러지게 나타난 역사적 경험이었다.

2. 삼국 통일을 바라보는 시각

현재 학계에서는 신라의 삼국통일을 둘러싸고 그 민족사적 의의에 대하여 대립되는 두 견해가 있다.

하나는 삼국으로 나뉘었던 사람들이 하나의 주권 아래에 동일한 영토 국민으로 일원화됨으로써, 민족국가 성립의 기반이 되었다는 긍정론이다. 서로 대립하면서 각기 발전해 온 삼국의 문화전통이 하나로 종합 집대성되고, 오랜 전쟁이 종식되면서 민생이 안정되고 경제력이 확충되어 민족체와 민족문화의 형성 발전에서 결정적인 기여를 하였다고 본다.

다른 견해는 신라가 당나라라는 외세에 의존하여 백제를 통합하는데 그쳤으며, 고구려의 옛 땅에서는 발해가 건국되었기 때문에 삼국통일이 아니라 남북국의 성립으로 보아야 한다는 부정론이다. 이렇게 신라에 의한 삼국통일의 의의를 부정적으로 평가하는 사람들은 통일신라라는 용어 대신에 후기신라라고 쓰기도 한다.

그동안 전근대사회에서는 유교사관의 정통론적 관점 때문에, 그리고 현대에서는 남북 체제대결 구도 때문에 '통일신라'의 정통성을 과도하게 강조해온 감이 있었다. 때문에 통일과정에서의 외세 의존성과 통일 후의 영토적 한계성을 지적하고, 발해가 한국사에서 차지하는 위상 등에 주목하여 신라의 삼국통일은 허구라고 보는 견해는, 삼국통일의 민족사적 위의를 지나치게 폄하한다는 문제점에도 불구하고, 상당한 지적 충격을 주었다. 이에 긍정론에서는 신라가 당나라 군대를 이용한 것은 당시 국제적 역학관계에 따라 불가피한 행동이었으며 일단 백제와 고구려를 멸망시킨 뒤에는 당나라 군대를 축출하는 자주성을 보여주었다는 등의 변론을 편다. 그런 점을 인정한다 하더라도 신라와 발해의 역사적 위상을 동등하게 평가하려고 할 때 한 쪽에만 의도적으로 '통일'을 붙여 '통일신라'라고 표현하는 것은 다소 문제가 있어 보인다. 특히 현재 남북 분단 상황에서 남한에서는 신라 중심으로 사고하고 북한에서는 고구려, 발해 계승을 강조하는 정통론적 사고방식은 평화적 통일을 지향하는 데 걸림돌이 된다.

한편 신라에 의해 '통일'된 사회에서 살게 된, 그 시대 사람들은 어떤 생각들을 하였을까? 삼국 통일전쟁이 끝난 직후인 686년 무렵에 건립된 청주 운천동 사적비는 비문의 마멸이 심하여 판독이 어렵지만, 그 내용 가운데서 삼국이 통일되어 그간 벌어져온 전쟁의 참화가 끝나고 국위가 떨치게 되었으며 창고가 가득차고 넘치니 백성들이 추위와 굶주림을 걱정하지 않아도 되는 등 태평성대를 이루었음을 칭송하는 구절이 있다. 삼국통합과 뒤이은 나당전쟁 과정에서 삼국인간에 동류의식이 확산되고, 그것을 바탕으로 하여 삼국인들을 융합시키는 정책을 펴는 한편, 문화역량에 자신감을 갖게 되었음을 보여주는 사례이다. 이러한 의식과 자신감은 이후 신라문화를 꽃피우는 바탕이 되었으며, 학계에서는 이를 삼한일통의식(三韓一統意識)이라고 부르고 있다. 그런가 하면 673년에 충남 연기지역에서 만들어진 '계유명아미타불삼존사면석상(癸酉銘阿彌陀佛三尊石像)'에는 여전히 백제의 관등을 사용하면서 신라에 동화되기를 거부하는 세력이 있었음을 보여준다. 그렇기 때문에 신라 말기 집권력이 약화되었을 때 궁예와 견훤은 고구려와 백제의 계승과 부흥을 내세워 지역주민들을 포섭할 수 있었다. 이렇게 신라에 의한 삼국통일 이후에도 사회 문화적 동질화의 한계 때문에 과거의 역사전통에 바탕을 두고 분립적인 경향을 보이는 것을 삼국유민의식(三國遺民意識)이라고 부르기도 한다.

　우리 민족이 오늘날과 같은 모습을 이룬 것은 관념론자들의 주장처럼 원래부터 존재한 천부의 실체가 아니라 역사의 소산이다. 그런 의미에서 삼한일통의식을 처음으로 고양시킨 신라의 '삼국통일'은 여러 가지 한계에도 불구하고 민족사적인 의의가 있다. 동시에 삼국유민의식이 몇 백 년 이상 남아있는 것을 보면서 서로 다른 역사경험을 가진 사람들끼리의 완전한 통합이 얼마나 어려운 과제인지를 느낄 수 있다. 권력구조의 통일에도 불구하고 계급, 지역문제 등으로 국민적 통합에 문제가 있을 때는 그것이 분열의 계기로 작용하기 마련이다.

가야 연대표 (490년간 10명의 왕)

① 김수로왕 (재위기간 42 ~ 199년)
　　　　　42년 : 가야 (김수로왕 즉위)
　　　　　43년 : 신답평에 도읍
　　　　　44년 : 궁궐과 관사 낙성
　　　　　48년 : 아유타국 공주 허황옥과 혼인
　　　　　96년 : 신라 남쪽 변경 공격 패배
　　　　　115년 : 신라 남쪽 변경 공격

② 거등왕 (재위기간 199 ~ 259년)
　　　　　201년 : 신라에 화친 요청
　　　　　209년 : 포상팔국 가라 침범, 신라에 구원요청
　　　　　212년 : 골포, 칠포, 고사포 3국 신라 갈화성 침공 대패

③ 마품왕 (재위기간 259 ~ 291년)

④ 거질미왕 (재위기간 291 ~ 346년)

⑤ 이시품왕 (재위기간 346 ~ 407년)
　　　　　400년 : 고구려 임나가라 종발성 침공 항복

⑥ 좌지왕 (재위기간 407 ~ 421년)
　　　　　금토왕, 김질, 왕비 용녀의 사람들로 관리 등용 시끄러움
　　　　　후에 왕비를 귀양보냄

⑦ 취희왕 (재위기간 421 ~ 451년)

⑧ 질지왕 (재위기간 451 ~ 492년)
    452년 : 황후사 세움(허황후 명복빌기위해)
    479년 : 가락국왕 하지 남제에 사신 파견
           보국장군본국왕 제수
    481년 : 고구려,말갈 신라의 미질부성침공
           백제와 연합 신라 구함

⑨ 겸지왕 (재위기간 492 ~ 521년)
    496년 : 신라에 꼬리가 다섯자되는 백치 보냄

⑩ 구형왕 (재위기간 521 ~ 532년)
    522년 : 대가야 이뇌왕 신라 사신 보내 혼인청함
           신라 이찬 비조부 딸 보냄(월광태자탄생)
    532년 : 신라에 항복, 신라 진골로 편입 본국을 식읍으로 삼게 함

3) 신라의 역사 255

● 확 잡히는 가야

 가야는 기원 전후부터 562년까지 낙동강 하류지역에 있던 여러 국가들의 연맹체이다. 연맹체 아래에서 가야국들은 정치적 독자성을 유지할 뿐 문화적으로 다른 지역 통합을 이루지 못함으로써, 강력한 중앙집권 국가로는 발전 하지 못했다. 또한 지정학적으로 백제와 신라의 중간에 위치에서 양국의 각축장이 되어 멸망하였지만 가야의 문화와 인물들은 신라 역사 전개와 문화 발전에 커다란 영향을 끼쳤다.

● 기억할 유물

가야금관, 기마인물형토기, 평저주형토기

● 기억할 인물

- **김수로왕** : 가락국(가야국)의 시조.
- **우 륵** : 신라에 망명해 가야금을 전수하였다.
- **강 수** : 유학에 대한 지식이 뛰어났으며, 중국 외교 문서 작성이 뛰어 났다.
- **김유신, 김흠순 형제** : 신라의 삼국통일에 결정적으로 기여하였다.

4) 가야의 역사

(1) 가야에 대한 올바른 인식

한반도에 고구려와 백제, 신라 삼국이 역사를 이루고 있는 한쪽에 가야가 존재 했으나, 지금까지 한국사에서는 거의 잊혀진 역사였다. 그것은 가야가 존속했던 시기(42년부터 562년까지)가 짧아서가 아니라 좁은 지역에서 소국 연맹체로 머무른 채 고대국가를 이루지 못하여 하나의 국가로 취급할 수 없는 면이 있기 때문이다. 앞에서 신라의 역사 초기에 가야가 쳐들어왔다는 기록이 많이 나오는데, 그 사실만 보더라도 가야가 삼국 시대에 하나의 정치체재로써 존재했다는 사실을 확인할 수 있다.

가야를 말할 때 먼저 떠올리는 잘못된 것이 있으니, 바로 '임나일본부설(任那日本府説)'이다. 가야에 대한 공부는 그것에 대한 바른 해석에서부터 출발해야 한다.

일제 강점기 때 일본의 사학자들은 가야를 '임나'로 불렀다. 왜국의 신공

황후가 360년에 임나를 정복한 이후 신라에게 멸망하는 562년까지 왜국이 임나를 통치했었다고 주장하는 것이 '임나일본부설'로 고대 일본의 신공황후의 삼한정벌 설화를 바탕으로 해서 스에마쓰 야스가즈가 1930년에 정리해 낸 것이다. 하지만 그것이 사실이라면 가야유적에서 왜의 문화의 흔적이 발견되어야 하는데 그 흔적은 전혀없다.

가야(伽倻)는 가라(加羅), 가라(迦羅), 가라(伽羅)라고도 쓰며, 가야, 가야국 또는 가락, 가락국, 가량, 가량국, 가기, 구야, 구야국, 하라라고도 하고 외부에서는 '임나'라는 10여개의 이름으로 불렸다. 보통 가야의 역사를 얘기할 때 아라가야(阿羅伽倻:함안)·고령가야(高寧伽倻:함창)·대가야(大伽倻:고령)·성산가야(星山伽倻:성주)·소가야(小伽倻:고성)·금관가야(金官伽倻:김해)·비화가야(非火伽倻:창녕)등 6가야 연맹설을 주장하지만 그것은 옳지 않다. 다만, 6가야의 개념은 신라 말 고려 초 혼란기에 소국으로 존재할 당시의 국명이 아니라, 가야 연맹 가운데 하나인 금관국이나 아라국을 나타내는 명칭으로 이해되어야 한다는 주장이 제기되는데 그것이 설득력을 얻고 있다.

(2) 가야의 건국신화

가야 지역에는 두 개의 건국 신화가 전하고 있다. 하나는 김해 지방의 것으로『삼국유사』'가락국기'에 전하는 수로왕 신화이고, 두 번째 것은『신증동국여지승람』에 전하는 이진아시왕 신화이다.

가락국기에 전하는 수로왕 신화를 보면 천지가 개벽한 이후 나라이름도 임금도, 군신의 칭호도 없고, 낙동강 서쪽에 아도간, 여도간, 피도간, 오도간, 유수간, 유천간, 신천간, 오천간, 신귀간 등 9명의 구간들이 저마다 자신들의 무리를 이끌고 모여 살고 있었다.

후한 광무제 건무18년(42년) 북쪽 구지봉에서 하늘에 제사를 지내는데, 산봉우리 쪽에서 사람들을 부르는 이상한 소리를 듣고 구간과 200~300명이 그곳으로 모여들었는데, 아무 모습도 보이지 않는 어디선가 "이곳에 새로운 나라를 세우라!"는 하늘을 명을 받고 왔다며 "산봉우리 흙을 파면서 노래를 부르고 춤을 추고 왕을 맞이하라!"는 하늘의 소리가 들렸다. 그 소리가 시키는 대로 봉우리 꼭대기의 흙을 파면서, "거북아! 거북아! 네 목을 내밀어라. 만약 내밀지 않으면 구워 먹겠다!"라고 노래 부르며 춤을 추었다. 그러자 얼마 후 하늘에서 자줏빛 새끼줄이 내려와 땅에 닿았는데, 줄 끝에 붉은색 보자기로 싼 금 상자가 있었다. 그것을 열어보니 해처럼 둥근 황금알 여섯 개가 들어 있었다. 사람들은 놀라 허리를 굽혀 백 번 절한 후, 금 상자를 싸안고 아도간의 집으로 가져와 탑 위에 두고 제각기 흩어졌다. 12일이 지난 후, 그 이튿날 아침에 여러 사람들이 모여 상자를 열어보니 여섯 개의 알은 어린아이로 변해 있었는데, 모두 용모가 빼어났다. 그들이 열흘 정도 지나자 신장은 은나라 탕왕처럼 9척이나 되고, 얼굴은 용과 같은 것이 한나라의 고조와 같았고, 여덟 가지 색의 눈썹은 요임금과 같았고 눈동자가 두 개씩 있는 것은 순임금과 같았다.

　세상에 처음으로 나타났다고 하여 이름을 수로라 하고 그 달 보름에 즉위하였다. 수로는 나라를 대가락이라 부르니, 6가야 중의 하나이다. 나머지 다섯 사람도 각각 다섯 가야의 임금이 되었다.

　즉위 2년(43년)에 임시로 지은 궁궐 남쪽 신답평에 행차하여 땅은 여뀌 잎처럼 좁지만 지세가 빼어나고 뛰어나 16나한이 머물 만한 곳이 될 것이라며, 도읍을 정하고 새롭게 궁궐을 지었다.

　수로왕은 건무 24년(48년)에 황후를 맞이하였다. 신하들의 딸들 중 제일 훌륭한 처자를 뽑아 배필로 삼으라고 간청하자, 내가 여기에 내려온 것은 하늘의 명령이고 나에게 짝을 지어 왕후를 삼게 하는 것도 역시 하늘의 명령이 있을 것이니 염려하지 말라며 거절하고 유천간에게 배와 **빠른 말**을 주고 망산도(서울 남쪽의 섬)에 가라 명하고, 신귀간(경기도 안에 있는 나라)에게는 승점으로 가도록 명하였다. 어느 날 갑자기 바다 서남쪽 모퉁이에서 붉은 돛을 단 배 한 척이 붉은 깃발을 나부끼며 다가오자 유천간이 먼저 횃불을 들어 올렸다. 그러자 사람들이 다투어 육지로 뛰어 내려왔다. 신귀간은 이것을 바라보다 대궐로 달려와서 왕께 아뢰자 수로왕은 9간 등을 보내 그들을 대궐로 모셔오게 하였다.

배에서 내린 왕후가 알지 못하는 사람을 어찌 따라갈 수 있느냐고 거절하자, 유천간이 왕에게 그 말을 전하자 수로왕은 유사를 데리고 대궐 아래에 서남쪽으로 60보쯤 되는 산기슭에 장막을 쳐서 임시궁전을 만들어놓고 기다리자, 왕후가 수로왕이 있는 곳으로 와 수로왕은 나가 왕후를 맞이하였다.

두 사람이 침전에 들었을 때 황후가 "나는 아유타국의 공주로 성은 허씨이고 이름은 황옥이며 나이는 16세입니다. 저의 아버지와 어머니가 똑같이 상제를 보는 꿈을 꾸었는데, 상제께서 가락국의 임금 수로의 짝이 되라는 말을 마치고 하늘로 올라가셨습니다. 그래서 저는 배를 타고 신선이 먹는 대추를 구하고, 하늘로 가 선계의 복숭아를 쫓으며 임금을 찾았습니다. 감히 반듯한 이마를 한 임금의 얼굴을 이제야 뵙게 된 것입니다."

수로왕은 공주가 먼 곳에서 올 것을 미리알고 기다리고 있었다며 그녀와 혼인을 하였다.

두 번째는『신증동국여지승람』에 전하는 이진아시왕 신화이다. 이진아시왕의 신화는 정견모주설화이다. 가야산의 산신인 여신 정견모주와 천신 이비가지는 대가야의 시조 가야왕 뇌질주일과 금관가야왕 뇌질청예 두 사람을 낳았다. 뇌질주일은 이진아시왕의 별칭이며 이비가를 닮아 얼굴이 해와 같이 둥

글고 붉었다고 한다. 뇌질청예는 금관가야의 시조인 수로왕의 별칭이다.

(3) 전기 가야

가야는 400년에 고구려 광개토왕의 공격을 받은 사건을 중심으로 전기 가야와 후기 가야로 나뉜다. 전기 가야에는 김해의 가락국이, 후기 가야에는 고령의 대가야가 중심 세력으로 활동하였다. 고조선이 멸망한 후 유민들이 여기저기로 흩어지는 과정에서 그 규모는 알 수 없지만 가야 지방에도 흘러들어왔다.

배모양 토기

김해의 가락국은 강한 무력과 철기 제작기술이 뛰어났던 사실이 유물에 의해 확인되고 있다. 기존의 지석묘나 석관묘와 다른 목관묘가 조성되었는데, 그 안에 고조선 계열의 세형동검이나 청동투겁창, 청동거울, 쇠도끼 등의 금속 유물이 검출되어 그런 사실을 증명해 주고 있다.

가락국 신화에서 토착 세력인 9간이 이주민 계통의 수로왕을 왕으로 추대하여, 나라를 세운다는 내용은 토착세력과 철기를 사용한 선진문화 세력이 상호 협력하여 발전한다는 사실을 반영하는 것이다. 3세기 무렵에 편찬된 진수의 『삼국지』위서동이전에 '구야국'이란 이름으로 가야국이 출현하는 것과 김해 부근에서 2세기 전후의 철기유물이 발견되는 것으로 보아 가야가 단위정치체제로서 소국을 이룬 것은 2세기 무렵인 것으로 추정한다. 그 당시에 가야는 신라와 함께 주변의 소국들을 통솔하는 중심세력으로 활동을 하고 있었다. 가야는 낙랑군이나 대방군과 같은 선진 국가들이 왜국과 교섭하기 위해 남해에 접어들었다가 잠깐씩 정박하는 선진문물의 관문으로서 선진문물을 받아들일 수 있는 위치에 있었던 것이다. 전기 가야 연맹의 범위는 북쪽으로는 추풍령일대에 달하고, 서쪽으로 소백산맥의 지리산과 덕유산으로 둘러 싸였으며, 남쪽으로는 섬진강 하구부터 해운대 해안까지이며 동쪽으로는 비슬산, 가지산과 장산 등으로 경계를 이루고 있었다.

『삼국유사』와 『삼국사기』에서 신라 내해이사금대에 포상8국이 연합하여 가야(가락국)를 공격하자 신라에게 구원을 청해 구해주었다는 기록이 나온다. 이 사건은 가야가 김해의 해상교역권을 빼앗기 위해 가락국을 공격했던 전쟁으로 신라와 가락국이 다른 주변의 나라들보다 우월한 위치에 있었다는 사실을 반영한다. 남부 교역기지였던 전기 가야연맹은 포상8국의 난 이후, 한반도 북부의 선진문물 중개기지였던 낙랑군과 대방군이 멸망하자 한때 혼란에 빠졌었다. 그 와중에서 일어난 분열을 극복하고 김해의 가락국을 중심으로 일원적으로 통합되어 백제와 왜 사이의 중개지로 안정적인 교역체계를 형성하게 되었다. 광개토왕릉비문에서 보이는 '임나가라(任那加羅)'라는 명칭은 김해 가락국을 중심으로 한 전기 가야연맹의 4세기 후반 당시의 이름으로 창원의 임나국과 김해의 가야국을 아울러 부르는 명칭이다.

낙랑군 멸망 이후 한반도 중북부에서는 고구려와 백제가 패권을 다투고 그 여파가 남부까지 미치면서 신라와 가야는 공통적인 문화기반을 상실하고 발전방향을 달리했다. 신라가 고구려의 영향을 받으며 성장했고, 가야는 백제와 동진의 문물을 받아들이면서 성장해 가던 중 고구려 광개토왕이 즉위하면서 세력을 남쪽으로 뻗쳐왔다. 399년 백제가 왜와 화친했다는 소식을 들은 광개토왕이 백제의 도발에 신속하게 응전하기위해 평양성으로 내려왔을 때 신라 사신이 왜인이 국경을 침범하려한다는 소식을 전하자, 이듬해에 군사 5만을 보내 돕자 왜군이 임나가라 종벌성으로 도망가서 항복하였다. 이때 임나가라는 전통적인 우호관계에 따라 왜의 순라병과 손을 잡고 있었던 것이다. 이 사건으로 가야 연맹의 맹주국이었던 가락국이 멸망하여 해체되었고, 낙동강의 동쪽 지역이 모두 신라의 수중에 들어갔다. 그때 가야는 모두 멸망한 것은 아니다. 오히려 내륙산간에 위치해 있던 후진지역은 화를 입지 않은 채 그곳만의 문화를 이으며 착실히 성장해 나갔다.

(4) 후기 가야

신라는 이후 고구려의 문화를 대대적으로 받아들이면서 호족을 기반으로 세력 확장을 도모했다. 한편 신라에 가까운 김천, 창녕, 부산 등 가야지역은 고구려를 후원자로 삼은 경주세력의 영향권 아래 들어가 세력을 유지하였다.

가야 역사에 대한 기록이 거의 없는데, 1830년대 실학 이후 끊어졌던 가야의 연구가 다시 이어지면서 새로운 시각으로 가야를 보게 되는 사건이 생긴다. 그것은 바로 1970년대 후반 고령 지산동 44, 45호 고분을 발굴한 사건이었다.

고령 지역의 가야는 농업 생산성이 매우 높은 지역으로서 전쟁의 피해를 입지 않았다. 그래서 전기 가야의 선진문화가 이 지역에 직접적으로 전파되어 기술자들을 받아들이면서 제철 능력을 갖추고, 급속적으로 발전을 하면서 가야 문화를 이어갔다. 대가야는 가야산 기슭의 우수한 철광산을 갖추고 있는데, 조선시대 3대 철광산 중의 하나였다. 이러한 점에 의지해 고령집단은 예전의 김해 중심의 가야 연맹 세력을 복구하여 대가야라는 이름으로 다시 살아날 수가 있었던 것이다.

후기 가야는 북쪽으로는 가야산과 덕유산을 경계로 삼고, 서쪽으로는 섬진강 줄기, 남쪽으로는 순천만에서 낙동강 하구까지, 동쪽으로는 고령 이남의 낙동강 하구에서 창녕군 지방을 포함하였다. 6세기에 고구려와 백제는 변경을 다투고, 신라는 고구려의 침입에 대비하여 변경 정비를 주력하였고, 가야는 자기 세력과 영역을 확보해 나갈 수 있는 조건에 있었다.

철광석 〈창원 다호리 유적 출토〉

신라는 법흥왕이 율령을 반포하며 국가 체제를 정비하면서 가야를 앞서 가고, 백제는 무령왕 때부터 고구려를 연속 대파하여 강국이 되었고, 직접 왜와 교역하기를 모색하면서 섬진강 유역으로 진출하여 하구에 위치한 하동을 대외교역의 거점으로 확보하였다. 마침내 가야는 백제에 밀려 섬진강 하구를 이용한 대외교역이 불가능해졌고 백제가 주도하는 국제교역망 에서 고립되었다. 가야는 더 이상 고립되지 않기 위해 신라와 화친할 목적으로 결혼동맹을 추진했다. 522년 고령 대가야의 이뇌왕이 신라에 청혼하자 법흥왕이 이찬 비조부의 누이를 보내 결혼이 성립되었다. 이후 시기는 분명하지 않으나 대가야에 시집 온 신라 왕비는 아들 월광태자를 낳았으며, 524년에 신라 국왕이 남쪽 변방지역을 돌아보며 영토를 개척할 때 이뇌왕이 가서 만나기도 했다. 그러나 이러한 화친은 얼마 후 분쟁이 일어남으로 인해 깨지고 말았다.

이뇌왕은 신라 왕실과 결혼관계를 맺은 것을 과시하기 위해 신라 왕비의 시종들을 각 지방에 분산 배치했다. 그리고 신라 법흥왕은 비밀리에 시종들에게 신라의 의관을 입도록 하여 신라의 정치적 위엄을 과시하려 했다. 이에 가야연맹 소속국가들은 대가야 왕이 신라 측과 굴종적인 밀약을 맺은 것으로 의심하고, 창원의 탁순국의 아리사등이 중심이 되어 대가야 왕의 허락 없이 시종들을 신라로 쫓아버렸다. 그러자 신라는 왕비도 당장 돌려보내라고 요구하였고, 이를 구실로 결혼 동맹을 폐기하려하자 대가야 왕은 탁순국에 책임을 묻고, 신라는 아리사등을 문책하러 가는 길에 탁기탄을 멸망시키고 북쪽 변경 다섯 성을 함락시켰다. 이때 신라에게 가장 먼저 멸망한 것은 가야 소국으로 알려진 영산의 탁기탄국인 것으로 추측한다. 이 사건으로 가야 연맹국들은 대가야를 불신하면서 자구책으로 함안의 안라국의 주도로 그들끼리 단결을 하게 되었다.

당시 왜와 친한 성향을 갖고 있던 안라국이 새로운 중심세력으로 대두되자, 낙동강 하구를 통한 교역을 주시하고 있던 백제가 안라국의 세력을 저지하였다. 왜국 사신은 쫓겨나고 안라 및 서남부의 가야 소국들은 백제의 영향력아래 놓이게 되었다. 결국 가야는 낙동강 하구 부근의 남가라국(금관국)과 탁순국만 남게 되었다.

금관국과 탁순국은 자국의 안정을 위해 왜국 사신 게나노오미를 중재인으로 신라왕과 백제왕에게 비무장지대로 인정받으려 했지만, 백제는 이미 안라 지역에 세력이 뻗쳐있고, 신라는 백제 세력을 견제해야 했기 때문에 해운기지인 김해 지방까지 백제와 왜의 영향에 휩쓸릴 것을 경계하여 서둘러 이사부를 파견하였다. 이사부는 3천명의 병사를 이끌고 다다라(다대포) 벌에 주둔하면서 군사적 시위를 하였다. 이때 게나노오미는 웅천(진해)에서 임나의 기질기리성(창원)으로 가 버리고, 신라는 금관국을 멸망시킨다. 삼국사기에는 금관국 왕 김구해가 가족들과 보물을 가지고 와서 항복하자, 이를 예우하며 상등의 품계를 주고 본국을 식읍으로 삼게 했다고 기록하고 있다.(법

4) 가야의 역사

흥왕 19년) 그 후 금관국은 신라의 금관군으로 편제되었다.

게나노오미가 신라의 침공에도 아무런 힘을 발휘하지 못하는 것을 본 창원의 탁순국은 그를 쫓아내려 하였고, 게나노오미는 창원(구사모리)에 7년 머물러 있으면서 세력을 잡으려고 하였다. 그래서 탁순국의 아리사등은 왜세를 물리친다는 명분으로 백제와 신라에 군사를 요청하지만 백제가 먼저 게나노오미를 공격하면서, 탁순국까지 점령하고 탁순국 북방 구례모라(철원)에 성을 쌓아(534년) 군대를 주둔시키고 근처 5성을 함락시켰다.

가야 서남부 지역에 군대를 주둔시켜 신라의 진출을 견제한 백제는 530년 후반에 안라에 친 백제 왜인 관교 이키미를 파견하여 '임나일본부'를 설치하였다.

백제의 지배하에 있던 탁순국은 결국 신라에 투항하였다. 백제가 구례모라에 성을 축성한 534년과 백제 성왕이 탁순국 멸망에 대해 언급한 541년 사이로, 백제가 부여 천도 등으로 대외적인 것에 신경을 쓰지 못하고 있던 538년 직후인 것으로 추정된다.

탁순국이 신라에 투항한 이후 신라는 구례산성에 주둔해 있던 백제 군사를 쫓아냈다. 이로써 백제는 가야 지역 내에 있던 전진 기지를 상실하게 되었다. 한편 안라는 백제가 설치했던 왜산린(임나일본부)을 친 안라 왜인 관료들로 재편성하여 가야 연맹 내에서 안라의 지위를 굳혀 갔다. 가야 연맹은 남북으로 분열되어 대가야와 안라의 이원체제가 되었다.

이때 백제는 성왕 집권기로서 사비 천도 이후 중흥을 모색하고 있었고, 신라는 진흥왕이 제도정비를 하며 팽창을 도모하고 있던 때였다. 그러나 가야는 10개 정도의 소국들이 연맹을 이루고 대가야 및 안라를 중심으로 남북 이원체제로 갈라져 있었다.

(5) 가야국의 해체

가야는 541년 신라와 백제 사이에서 살아남기 위해 남부가야연맹 7개 소국들과 안라 왜신관(일본에서는 임나일본부라고도 한다) 관리 그리고 백제가 백제 사비에 모여 임나부흥회의를 열었지만,(1차 사비회의) 백제는 신라가 쳐들어오면 구해 준다는 말을 한 뒤 몇몇의 물건들을 주는 안이한 자세로 임한다. 이후 가야와 백제는 서로 유리한 입장에 놓이도록 왜를 끌어들이지만, 왜는 그 사이에서 한반도의 선진 문물을 받아들일 수 있는 교역 체제를 마련하기 위한 궁리를 하는 등 가야와 백제, 왜의 미묘한 세력 다툼이 있는 가운데 544년 백제 성왕의 소집으로 2차 사비 회의가 열렸다. 백제는 일본군이 가야에 주둔하기를 희망하였으나, 가야 측 거부로 각국의 합의점을 찾지 못했다.

이후 신라와 백제는 고구려에 대항하기 위해 서로 결속하는 구도였고, 백제는 가야에 중국의 선진문물을 전수해주고, 왜에 방물을 주거나 기술자와 학자를 파견하는 외교정책을 펴나갔다. 그러자 왜는 이에 대한 보답으로 말과 배를 보내고 임나 보호를 위해 병사를 보내줄 것을 약속하였다.

급변하는 주변 정세에 불안을 느낀 안라국은 548년 백제의 병탄계획에 대한 실망으로 고구려에 백제 정벌을 요청하자, 고구려가 예병 6천을 보내 백제를 공격하자 이에 백제는 신라에게 구원을 요청하였다. 그러자 신라가 신속하게 장군 주진을 보내 독산성(충남 예산 근처) 전투에서 고구려는 패배하여 물러났다. 그런데 고구려 포로가 안라국이 백제의 정벌을 요청했다고 증언하였다. 사실 확인을 위하여 백제는 안라와 왜신관의 소환을 요청했지만 응하지 않았다. 차츰 안라와 왜는 백제에 대항할 계책이 궁해지며 백제가 가야연맹에 주도권을 확보하며 속국처럼 되었다.

그런 가운데 대가야의 가실왕 시대에 궁궐 악사 우륵이 551년 3월에 신라에 투항하는데, 이것은 대가야의 몰락을 예견할 수 있는 사건이다. 가야국 가실왕이 12줄 현금을 만든 가야금으로 우륵에게 "여러 나라의 방언이 각기 다르니 성음이 어찌 한 가지일 수 있겠는가?" 그리고 우륵에게 12곡을 짓게 명하였다. 그 뒤 우륵은 나라가 장차 어지러워지려 하자, 자신이 작곡한 12곡의 의미를 찾지 못하고 가야금을 가지고 신라의 진흥왕에게 투항하고 말았다. 진흥왕은 우륵을 국원(충주)에 거처를 주고 신라인에게 음악을 전수시켰다.

553년 신라가 한강유역을 확보한다. 한강유역을 두고 고구려와 백제, 신라 사이에 치열한 싸움이 벌어지면서 신라는 백제 성왕과 연합하여 고구려로부터 한강유역을 빼앗고, 백제군이 피로해진 틈을 타 기습적으로 한강 하류 유역을 빼앗았다. 이듬해 7월에 백제의 성왕은 신라를 관산성을 공격하는데 가야와 왜는 백제를 도와 이 싸움에 참여하였다. 그러나 백제의 성왕이 살해되었고, 신라군에 패퇴하자 가야 연맹은 크게 타격을 입게 되었다. 560년 남부가야연맹의 맹주인 함안 안라국이 제일 먼저 신라에 병합된 것으로 추정한다. 그 후 562년 북부가야연맹의 맹주인 고령 대가야도 신라에 의해 투항함으로써 가야 연맹국은 힘을 잃고 신라에 항복한 것으로 추측한다. 이렇게 추정하거나 추측하는 것은 가야에 대한 정확한 기록이 없기 때문이다. 그때까지 남아 있던 가야 10국의 이름은 가라국, 안라국, 사이기국, 다라국, 졸마국, 고차국, 자타국, 산반하국, 걸찬국, 염례국이다.

(6) 가야의 발자취

가야 지역의 고분군은 대개 5~6세기의 것들로 거의 야산에 분포해 있고, 소국들은 농업환경이나 해운입지조건 등이 대등한 상태에 놓여 있어서 비교적 독자적이고 고른 문화축적을 이루고 있다. 토기나 철기를 포함한 많은 유물이 출토 되었는데, 신라 경주의 고분군 못지않게 규모가 큰 것도 있고, 신라에 비해 총량도 많다고 한다. 비록 가야의 초기에 김해의 가야국, 금관가야, 임나가라 등이 상대적으로 우월했다고 하더라도, 다른 소국들을 도태시키면서 영토를 확장하고 앞서 나가기에는 어려움이 많았다. 그래서 가야국들은 서로 견제하며 발전했으나 중앙집권체로 통합되기가 쉽지 않았다.

낙동강을 끼고 있는 가야는 경상도 내륙과 선진 문물의 창구인 한반도 서북부 및 중부 지역까지 진입하는 수상교통이 발달하여 해운 환경이 좋고, 왜와의 교역 창구 역할을 하고 있어서, 이권을 노리는 백제와 신라는 그곳이 독자적인 권력체로 형성되는 것을 꺼렸다. 특히 가야는 4세기 말~ 5세기 초, 낙동강 유역의 패권을 둘러싼 신라와의 경쟁에서 패배함으로 인하여 국제 사회에서 한동안 고립되었고, 가야 발전의 맥을 끊어놓는 결과로도 작용했다.

백제와 신라의 경쟁에서 이기기 위해서 가야는 강력한 하나의 중앙집권체제를 빨리 마련했어야 했지만 늦어질 수밖에 없었다. 6세기에 백제나 신라로부터 도전을 받았을 때에도 강력한 왕권이 형성되지 못해서 일원적으로 대처할 수 없었다. 이는 가야 멸망의 원인 중 가장 결정적인 원인이었다.

(7) 가락국의 후예

대가야의 마지막 왕은 도설지왕으로서 탈지이질금 혹은 월광태자라고 한다. 그는 가야 이뇌왕과 신라 법흥왕 사이에 결혼동맹이 이루어졌을 때, 신라에서 온 비조부의 누이동생과 이뇌왕 사이에서 태어난 왕자로서, 대가야가 백제에 속국처럼 되자, 신라로 망명하여 진골의 신분을 보장받아 높은 지위를 받은 것으로 추정한다. 그 후 대가야가 신라에 토벌당한 후 대가야민들의 반감을 무마하기위해 왕으로 추대된 것으로 보인다.

강수

　우리가 신라의 장군으로 잘 알고 있는 김유신은 금관국 수로왕의 12대 손으로, 할아버지는 무력이고, 아버지는 서현이다. 그의 할아버지 무력은 신라에 투항한 금관국의 마지막 왕 구해왕의 셋째 아들이고, 김유신의 아버지 서현은 구해왕의 손자이다. 금관국이 신라에 병합된 뒤, 그의 가문은 신라의 진골에 편입되었다. 김유신의 첫 부인은 전하지 않고, 두 번째 부인이 태종무열왕의 셋째 딸인 지소부인이다.

　또 통일신라 때 외교 문서 작성에 능했던 문장가 강수도 가락국의 후예이다. 태종 무열왕 때 당나라 사신이 보낸 조서 중, 이해되지 않는 부분이 있어 강수를 불렀다. 그가 막힘없이 해석 하자 무열왕은 그에게 이름을 물었다. 그는 "본래 임나가라 사람으로 이름은 우두입니다."하고 대답했다. 무열왕이 "그대의 두골을 보니 강수 선생이라 불러야겠다."고 말했는데 무열왕은 그를 '임나가라에서 온 선생님'이라는 뜻으로 임생으로 불렀다고 한다.

　강수는 무열왕과 문무왕대에 이어 신문왕대까지 활동하다 죽었다. 문무왕 즉위 11년(671)에 실린 당나라 설인귀에게 보낸 문무왕의 편지글을 지은 사람이 강수라고 짐작하고 있다.

가야의 역사

1. 머리말

우리나라 고대사회를 살펴봄에 있어서 가장 큰 비중을 차지하는 것은 아마도 삼국시대에 관한 연구일 것이다. 삼국시대 중에서 특히 신라에 대한 연구 및 발굴은 거의 다 이루어져 있다고 봐도 과언이 아닐 정도이며, 백제는 요즘 한참 연구가 이루어지고 있는 실정이고, 고구려는 유물 및 유적들이 북한에 있다는 한계점에도 불구하고 여러 연구가 이루어지고 있다. 삼국시대라고 하면 3개의 국가가 있었다는 말인데 그 시기에 고구려, 백제, 신라 외에도 분명히 가야라는 국가가 있었다. 3개의 국가가 있을 때 삼국시대라고 해야 하는 것이 아닐까? 아무리 가야가 작은 국가이고, 신라에 복속되었다고는 하나 문화면에서 뛰어났다고 전해지고 있고, 이로 인해 여러 주변 국가들에 영향을 미쳤다고 하는데 왜 가야에 대한 언급은 전혀 없을 것일까? 왜 사국시대가 아니라 삼국시대라는 이름으로 지금까지 전해지는 것일까? 한번쯤 이런 의문을 가져볼만한 것 같다.

이 글에서는 가야사에 대한 개괄적인 내용을 살펴보고, 가야와 주변국들과의 교역관계를 통해서 삼국시대에 있어서 가야의 위치를 알아보고, 그를 통해서 삼국시대라고 하는 것이 옳은 것인가? 라는 문제에 대해서 알아보려 했다. 옳지 않다면 최근에 발해를 재조명해서 시대 구분상 통일신라시대라고 하는 것이 아니라 남북국시대라고 바뀐 것처럼 가야도 역시 사국시대라고 불리는 것이 어떨까 하는 생각을 해본다.

가락국 시조 수로왕 영정

가락국 시조 왕비 허 씨 영정

2. 가야의 건국설화

1) 건국설화

천지가 개벽한 후에 이 땅에는 나라의 이름이 없었고, 또한 임금과 신하라는 칭호도 없었다. 옛날에 구간(아도간·여도간·피도간·오도간·유수간·유천간·신천간·오천간·신귀간)이 있어 이들이 백성을 다스렸으니 1백호에 7만 5천인이었다. 그 때 사람들은 거의 스스로 산과 들에 모여 살면서 우물을 파서 마시고 밭을 갈아서 먹었다.

때마침 후한 세조 광무제 건무 18년 임인 3월 계욕일에 구지봉에 이상한 소리로 부르는 기척이 있어 구간 등 수 백 명의 사람들이 모여들었다. 그러자 하늘에서,

"하늘이 내게 명하여 이곳에 나라를 세우고 임금이 되라 하시므로 여기에 왔으니 너희는

이 봉우리의 흙을 파면서 노래하고 춤추어라."

라는 말이 들려왔다.

"거북아! 거북아! 머리를 내놓아라. 내놓지 않으면 구워먹으리라."

구간 등이 노래(구지가)를 부르고 춤추었다. 그러자 곧 하늘에서 자색 줄이 드리워 땅에 닿았는데, 줄 끝에는 붉은 폭에 금합이 싸여 있어 열어 보니 해와 같이 둥근 황금 알 여섯 개가 있었다.

다음날 새벽에 알 6개가 사내아이로 되었는데 용모가 매우 깨끗하였다. 이내 평상 위에 앉히고 여러 사람이 축하하는 절을 하고 공경을 다하였다. 그 달 보름에 모두 왕위에 올랐다. 처음으로 나타났다고 하여 휘를 수로라 하고 혹은 수릉이라 하였다. 나라 이름은 대가락이라 하고, 또 가야국이라고도 했으니 곧 여섯 가야국 중의 하나다. 나머지 다섯 사람도 각각 가야국의 임금이 되었다. (여섯 가야국은)동쪽은 황산강, 서남쪽은 창해, 서북쪽은 지리산, 동북쪽은 가야산으로써 경계를 삼았고, 남쪽이 나라의 끝이 되었다. 임시 궁궐을 세우게 하여 거처했는데, 특히 질박하고 검소하여 집의 이엉을 자르지 않았으며, 흙 계단은 (겨우) 석 자였다.

2) 건국신화를 통해 본 사회상

수로왕이 김해 구지봉에 내려왔다는 사실은 우리나라 고대사회에 널리 퍼져 있던 산악숭배와 관련된다. 하늘의 신이 대개 땅 위의 가장 높은 곳, 곧 산꼭대기에 내려온다는 관념은 단군신화 이래 우리나라 개국신화는 곳곳에 나타나고 있다. 하늘에서 내려왔다는 내용은 토착사회에 북쪽으로부터 새로운 이주민 집단이 도래하였음을 의미한다. 수로왕으로 대표되는 집단이 도래하기 이전에 이미 김해 가락국에는 몇몇 토착집단이 있었는데, 구간은 이들 집단을 각각 대표하는 우두머리였다. 이들 토착집단과 수로 집단이 결합하여 성립된 것이 가락국이었다.

6개의 알에서 수로왕이 태어났다는 사실은 고대사회에서 새에 대해서 하늘과 땅을 매개해 주는 존재로 인식된 것과 관련이 깊다. 새는 하늘을 비행하면서 신성한 메시지를 땅 위의 인간에게 전해주고, 땅 위의 인간 세계에서 벌어지는 모든 일을 하늘에 전달해 주는 전령으로 비쳐졌다. 이처럼 하늘과 땅을 자유롭게 왕래할 수 있는 새는 신성한 동물이므로, 새가 낳은 알에서 태어난 사람도 또한 신성하리라는 고대사회 사람들의 관념이 투영되어 있다고 볼 수 있다.

6개의 알이 황금색이며 해처럼 둥글었다는 기록은 태양숭배사상의 흔적을 보이는 것으로 수로왕이 태양신, 곧 천신의 후손이라는 관념을 가지고 있다. 천신의 후손이라는 관념은 지배자가 피지배자를 지배하는데 널리 퍼져 있었다. 또한 수로왕의 개국신화에서는 남방계의 해양적인 요소도 담겨 있는데, 거북의 등장은 이러한 수신의 상징이었다.

하늘에서 내려온 6개의 알에서 6가야(금관가야, 대가야, 아라가야, 소가야, 성산가야, 고령가야)가 성립되었다는 사실은 6가야연맹과 관련하여 주목해야 되는 점이다. 그러나 금관가야 즉 김해 가락국을 중심으로 6가야가 동시에 성립되었다는 사실을 그대로 받아들일 수는 없다. 현재의 신화적인 자료에서 볼 때 6가야 가운데에서 금관가야와 대가야(고령 가라국)에 관한 기록만 보인다. 이외의 다른 가야 제국에 대한 기록이 전혀 보이지 않고, 고고학적인 발굴 결과에 의해서도 6가야에 지정되는 곳의 지역적인 동일성을 찾기가 힘들다. 더욱이 고령 가라국의 개국신화는 가락국 수로왕의 탄생신화에서 그 주요 내용을 취해 온 것이 확인되고 있어, 6개의 알에서 6가야가 성립되었다는 이야기는 후대의 역사 인식이 투영되었다고 여겨진다.

3. 가야사 개관

1) 가야의 역사

가야의 역사는 기원 전후에 남쪽의 해안지역에서 시작되었고, 6세기 중엽 경에 북쪽의 내륙 지역에서 마감되었다. 〈삼국지·삼국사기·일본서기〉 등의 기록과 고고학 자료를 가지고 보면 그동안 일반적으로 알려진 것처럼 6개의 국가가 아니라 12개 국가가 각자 독자적인 문화와 역사를 가지고 있었다는 사실을 알 수 있다.

가야는 600년이라는 긴 역사를 가지고 있었고 그동안 고구려, 신라, 백제의 삼국과 같이 독립성을 유지하고 있었다. 가야가 신라에 복속된 것은 신라 진흥왕 때로 시기상으로 봤을 때 고구려, 백제가 멸망하기 100년 전으로 알려진다.

가야는 전기 가야와 후기 가야로 나누어지는데 이것은 400년에 고구려가 가야를 공격했던 때를 기준으로 나누어진다. 1~4세기에는 김해의 가락국이 '큰가야'였고, 5~6세기에는 고령의 반로국이 '큰가야'였다. 일반적으로 고령을 대가야로 부른다.

가야국의 대개는 3천~3천5백 명 가량의 '소국'들이었으나, 김해의 구야국과 함안의 안야국은 2만~2만5천 명 정도의 '대국'이었다. 남해안에서 가야사가 시작 된 것은 낙랑군·대방군과 같은 선진지역과 바닷길을 통해 교섭을 하고 있었기 때문이었다.

400년에 고구려의 광개토왕은 가야를 공격했다. 이러한 1세기 간의 역사적 변동은 가야사의 중심이 남부의 해안지역에서 북부의 내륙지역으로 이동하게 하였다.

대가야가 정치적 영향을 미쳤던 산물이 가야금 12곡이었다. 고령의 대가야왕은 우륵을 강제 이주시켜 작곡을 시켰고, 가야금 12곡에 서부 경남의 가야들을 포함시키는 정치적 통합체를 추진했다. 대가야왕은 축제의 마당에 가야왕 들을 불러 모았고, 가야금 12곡을 연주하게 하여 가야의 일체감을 높였다.

6세기 전반부터 가야는 신라와 백제의 침입에 휘말리게 된다. 〈삼국사기·창녕진흥왕순 수비·일본서기〉에는 당시의 사정이 자세하게 기록되고 있다. 신라와 백제의 진출에 대해 독립 유지를 위해 전쟁과 외교를 전개했다. 가야는 친 백제노선과 친 신라노선을 반복하기도 하고, 이합집산을 거듭하기도 한다. 그러나 이러한 노력들에도 불구하고 532년에 가락국(김해), 560경에 안라국(함안), 562년에 대가야(고령)가 차례로 신라의 회유와 무력 앞에 통합되었고, 가야의 역사는 한국 고대사의 울타리에서 자취를 감추게 되었다. 이후 가야인 들의 일부는 일본열도로 이주하기도 하였고, 신라의 지방 사람으로 편제되기도 하였으나, 김유신 일족과 같이 정복국인 신라에서 최고 권력의 자리까지 오른 사람들도 있었다.

2) 국가체제

사회제도의 경우 금관국은 중앙 관료 기구가 매우 세분되어 있어서, 제정을 담당하는 천부경과 사농경, 왕실 창고 관리인 내고, 무기고 등이 있는 것으로 보아 군대와 군사를 관리하는 관리가 따로 존재했음을 알 수 있다. 이런 점으로 볼 때 신분제도가 존재했을 가능성이 보인다. 예로 구형왕 때까지 태자, 왕자 자로 구별해 놓았는데, 이는 지배계급 내의 정통성을 구별할 정도의 신분질서가 있었음을 말해주는 것이다. 또한 일본서기에는 가야의 관직으로 한기와 하한기, 상수위와 이수위등이 있다. 이 또한 가야의 독특한 신분제도가 존재해 있고 계급화가 심화되었음을 의미한다. 이와 같은 계급의 분화는 계급의 뚜렷한 서열화가 이룩될 정도로의 고대 국가 수준의 단계로 발전했음을 의미한다.

군사제도로 보면 군대의 편성은 보병과 기병이 공병대와 개지극부장대 등의 특수 부대, 이들 부대의 지휘를 맞았던 상수위와 하수위 개지감등 관료들이 통솔하는 체계적인 부대 조직을 구성했으리라 본다. 또한 가야의 철 생산 능력으로 봤을 때 무기생산 능력이 뛰어났을 것으로 예상되며, 이것은 일본으로 전파되어 왜국의 공격용 무기개발에 큰 영향을 주었을 것이다.

경제적으로 볼 때는 낙동강 본류와 충적평야에 위치하여 경작에 적합한 땅이었다. 그렇기 때문에 농업이 발달하였고 풍부한 농산물과 대량의 포목 생산력을 바탕으로 무역을 할 수 있었다. 이런 경제적인 여건으로 가야는 부국으로 발전할 수 있었다.

4. 주변국과의 교역

1) 중국과의 교역

남해안에서 가야사가 시작된 것은 낙랑군·대방군과 같은 선진지역과 바닷길을 통해 교섭을 하고 있었기 때문이었다. 기원전 108년에 한은 위만조선을 멸하고 한사군을 설치했다. 남해안지역과 낙랑군의 교류는 가야사의 시작을 보장하였다. 『삼국지』는 한의 소국들이 계절마다 낙랑군에 왕래하여 인장과 의관을 받은 자가 천 여 명이나 되었다 전한다. 가야 소국의 군장들도 포함되어 있었을 것이다. 진한의 군장이었던 염사치는 변한포 15,000필을 낙랑군에 가져갔다. 이쪽 삼한지역이 후에 가야가 되었는데 이것은 가야가 낙랑군과 외교관계를 가지고 있었던 증거가 된다.

이는 당시 세계 최고의 문명국이었던 한의 선진문물이 이동하던 경로를 나타내기도 한다. 남해에 인접해 있던 가야의 소국들은 이러한 선진문물 이동로의 관문과 같은 위치에 있었기 때문에, 일찍이 중국의 선진문물을 받아들였고, 이를 바탕으로 발전할 수 있었다. 김해의 대성동 고분군·양동 고분군, 창원의 다호리 유적, 고성의 동외동 패총, 울산의 하대 고분군 등에서는 이러한 경로로 수입되었던 중국제 문물들이 출토되고 있다.

2) 일본과의 교역

『삼국지』는 3세기경에 대방군에서 일본열도에 이르는 해상 교통로를 기록하고 있다. 황해도에서 서해안을 따라 남하하여, 남해에 접어들어 동쪽으로 향하다가, 김해의 구야국에 정박한 다음, 대한해협을 건너 쓰시마를 거쳐 큐슈에 도착하는 항로였다.

가야는 일본열도의 사람들이 처음으로 의식하였던 외국이었으며, 고대 삼한·삼국 중에서 가장 먼저 교류를 가졌던 것도 가야인 들이었다. 일본열도의 왜인들이 가야의 여러 나라들을 최초의 외국으로 인식하게 되었던 배경으로 정치, 외교, 교역 때문이었다. 그러나 이 경우는 고대 한 일간의 교류 전체에 있어서 극히 적은 부분에 지나지 않았다. 오히려 가야인 들에 일본열도에의 진출 내지는 이주를 통한 직접적 인적교류가 그 대부분이었다. 일본열도에 이주한 가야인들은 왜인들과 우선 용모에서 구별되고 있었으며, 그들이 지니고 온 선진기술과 문화는 왜인들이 최초의 외국인 또는 외국으로 인식하기에 충분하였을 것이다.

　일본열도에 이주한 가야인 들이 단순한 선진문물의 전파자로서의 역할을 했던 것만은 아니었다. 가야의 여러 나라들이 신라에 의해 최종적으로 통합되는 6세기 중엽에 이르기 까지 '가야계 왜인'으로서 가야의 언어나 습관 그리고 문화에 익숙한 장점을 살려 왜의 가야에 대한 외교에 활약 하였으며, 왜의 사신으로 가야에 파견되기도 하였다.

　일본열도에 이주하였던 가야인 들의 흔적은 무려 천오백년 가량이 지난 오늘날까지도 많이 남아있다. 현재 우리들은 고대의 문헌적 자료나 고고학적 자료, 그리고 가야에 관련된 지명이나 전승 등을 통하여 이러한 사실들을 얼마든지 확인할 수 있으며, 그 수효 또한 적지 않다.

　그 예로 평양과 일본열도에서 화천(왕망전)이라는 화폐가 출토된 사실을 들 수 있다. 화천은 10년여 밖에 사용되지 못한 화폐이며, 3세기경에 황해도에서 일본열도를 왕복하는 데는 2년 반 정도가 걸린 것을 고려한다면 왕복하는데 2년 이상이 걸렸던 바닷길의 곳곳에 화천의 흔적이 있다는 것은 빈번한 왕래를 보여주는 것이다.

5. 임나일본부설에 관하여

1) 지금까지 한일학계의 임나일본부설 연구

(1) 출선기관설

　'출선기관'이란 일본어적 표현으로 '출장소'또는 '출장기관'과 같은 뜻이다. 얼마 전까지의 일본학계의 통설을 대변하는 용어로 그 연구경향을 특징적으로 표현하고 있다. 고대의 일본이 4~6세기의 이백년간에 걸쳐 한반도의 남부를 근대의 식민지와 같이 경영하였는데, 그 중심적 통치기관이 '임나일본부'였다고 해석하여, 이른바 고대 일본의 '남선 경영론'의 골자를 이루었던 견해였다. 그러나 1960년대 말~1970년대 초에 전면적인 재검토를 받게 되었다. 이 시기에 붐을 이루었던 동 아시아사에 대한 관심은 한국사 연구의 재검토로 이어졌으며 '출선기관설'이 이용하였던 『일본서기』에 대한 비판은 물론 『광개토왕릉비문』과 『칠지도』에 대한 재검토 및 논쟁이 활발히 진행되었다. 이러한 연구에 의하여 '출선기관설'은 더 이상 통설적인 위치를 가질 수 없게 되었으며, 중등학교 일본사 교과서의 기술은 별도로 하더라도 현재 이러한 학설을 주장하거나 여기에 근거하는 전문연구자는 거의 사라지게 되었다.

(2) 분국설

1963년에 북한의 김석형에 의하여 제기된 이른바 '분국설'은 '임나일본부'의 문제뿐만 아니라, 고대 한일관계사에 관련된 일본학계의 기본적인 발상을 완전히 뒤엎는 혁명적인 연구였다. 선사시대 이래 삼한 삼국의 주민들은 일본열도에 이주하여 각기 자신들의 출신지와 같은 나라를 건국하여 모국에 대하여 분국과 같은 위치에 있었다고 전제하고, 이들 분국들 중에는 가야인 들이 현재의 히로시마동부와 오카야마에 걸치는 지역에 건국한 임나국이 있다고 하였다. 이러한 임나국을 중심으로 서부에는 백제계의 분국이, 동북쪽에는 신라계의 분국이, 동쪽에는 고구려의 분국이 각각 위치하였으며, 또한 동쪽으로는 '대화정권'이 위치하고 있었다. 『일본서기』에 보이는 '임나일본부'에 관련된 역사적 사실은 이 임나국을 중심으로 신라 백제 고구려 왜가 서로 각축하였던 것으로 이해함으로써 '임나일본부'는 한반도의 가야

지역과는 전혀 무관하며, 일본열도에 있었던 역사적 사실로서 규정지었다. 고대 일본의 한반도 남부에 대한 진출론을 완전히 거꾸로 하여 고대 한국의 일본 열도 진출론을 확립하고, 같은 맥락에서 '임나일본부'의 문제를 해석하였던 것이다. 이 연구결과의 옳고 그름에 대하여는 재론의 여지도 적지 않으나, 고대 한일 관계사의 연구에 커다란 자극제가 되었으며, 기본적인 발상에 대한 재검토를 촉구하였던 의미는 크게 평가하여 좋을 것이다.

(3) 가야의 왜인설

일본 내의 '출선기관설'에 대한 재검토의 분위기와 북한의 연구에 자극되어져 일본연구자의 입장에서 제기되어진 수정론의 하나가 '가야의 왜인설'이다. 선사시대부터 가야지역과 일본열도의 교류는 활발하였으며, 그 결과 일본열도에 한반도의 주민이 이주하였던 것과 같이, 가야지역에도 일부의 왜인들이 집단적으로 거주하게 되었으며 '임나일본부'는 그러한 왜인들 내지는 왜인과 한인과의 혼혈인들을 통제하는 행정기관으로 성립하였다고 해석하였다. '임나일본부'에 대해서는 근현대의 영사관과 비슷한 성격으로 이해하였으며, 가야지역에 거주하는 왜인들의 자치기관과 같은 성격으로 보아야 한다고 하였다. 그러나 이러한 해석은 가야 지역에 있어서 왜인들의 집단적 거주가 문헌적으로나 고고학적으로 증명될 수 없다는 약점을 가지고 있다.

(4) 백제군 사령부설

과거 일본의 '출선기관설'에 대한 한국학계의 본격적인 비판 및 대안의 제시가 천관우에 의해 이루어 졌다. 『일본서기』에 보이는 임나(가야) 관련사료 중에 '일본'이 주체로 묘사되어 있는 기사들 가운데는 백제를 주체로 바꾸어 놓아 보면 사리에 맞게 되는 것들이 적지 않다고 전제하였다. 4세기 말경에 왜가 '가라 칠국'을 점령하였다는 기술에서 보이는 역사적 사실이란 백제의 가야제국 정복이라고 해석하였으며, 6세기 중엽에 보이는 '임나일본부'란 다름 아닌 '임나백제부'와 같은 것이었으며, '임나백제부'는 백제가 군사적 목적으로 가야지역에 설치하였던 군사령부와 같은 성격으로 해석하였다. 이러한 해석에서 백제의 가야제국에 대한 군사적 행동이 이해될지는 모르겠으나, 백제의 군사행동에 보이는 왜병의 활동이라든지, '임나일본부'의 관련기사에서 보이는 왜 계통의 인명은 어떻게 해석해야 좋을까 하는 의문이 남게 된다.

(5) 외교 사절설

위의 연구들은 '임나일본부'의 실체에 대해서 각기 다른 해석을 전개하고 있으면서도, '임나일본부'를 왜의 통치기관이나 백제의 군정기관과 같은 관청이나 기관의 성격으로 이해했던 점에서 일치하고 있다. 그러나 『일본서기』에 보이는 '임나일본부'의 관련 사료에 의하면 통치나 군사적 역할을 찾아 볼만한 기술은 전혀 없다.

이러한 점에 주목하면서 『일본서기』에 보이는 '임나일본부'에 관련되는 사료에 대한 비판적 연구를 바탕으로 보다 객관적인 실체 규명의 연구가 제시되기에 이르렀다.

'부'라고 하는 표기는 『일본서기』가 주장하고자 했던 역사관의 산물에 불과한 것으로, '부'의 실체가 기관이나 관청이 아닌, 사신에 해당하는 것으로 해석하여 '임나일본부'를 임나에 파견되어진 왜의 사신들로 이해하였다. 이러한 견해는 근년의 한일고대사학계에서 가장 주목받는 해석의 위치를 차지하게 되었다.

2) 종래 연구의 문제점

'임나일본부'의 문제는 한반도 남부의 가야지역에서 일어났던 역사적 사실임에 틀림없다. 그럼에도 불구하고 이상에서 살펴본 바와 같이 '임나일본부'의 실체에 대한 종래의 연구에서는 일본학계의 왜국에 의한 '출선기관설'이나 한국학계의 '백제군 사령부 설'등에서 보이는 바와 같이, 가야 지역에 대한 왜나 백제의 이해관계만 강조되어져 왔을 뿐, 당사자였던 가야제국의 이해관계가 고려되어진 바는 전혀 없다.

① 임나일본부의 표기와 그에 관련된 내용은 6세기를 서술하고 있는 일본서기 흠명기에 국한되어 있으나, 출선기관설과 백제군사령부설은 임나일본부의 성립을 4세기로 서술하고 있는 일본 서기 신공기(신라 정토 설화, 가라 치국 평정 설화)에서 구하고 있다. 일본의 연구자들은 이러한 설화를 『광개토왕릉비문』의 신묘년조의 내용과 결부시켜 4세기 말에 왜가 가야 제국에 대한 지배권을 확보하고, 그 중심적인 통치기관으로 세웠던 것이 임나일본부였다고 해석하였으나, 임나일본부의 관련기사는 4세기(신공기)가 아닌 6세기 중반(흠명기)에 한정되어 있다. 한국의 연구자(천관우, 김현구)는 가라 칠국 평정 설화에 대해 가라 칠국을 평정한 주체는 왜가 아니라 백제였다고 보고, 일본서기의 찬자가 백제와 왜를 바꾼 것에 불과하며, 임나일본부가 백제가 가야에 설치한 백제군 사령부라고 해석하였다. 그러나 4세기 말에 가야 지역의 일부를 평정한 백제가 6세기 중반에 와서야 백제군 사령부를 설치한 것은 이해할 수 없다. 따라서 백제가 가야 지역에 외교적으로 관여하게 된 것은 군정을 위함이 아니라 동쪽의 대 신라방어선의 안정을 위한 것이라 할 수 있다.

② 임나일본부의 기사를 보면 왜나 백제가 가야에 대해 조세, 역역, 군사의 동원, 그리고 정치적 강제 같은 사실은 찾아볼 수 없다. 따라서 관청이나 기관으로서의 '부'의 존재는 찾을 수 없다. 관련기사에는 가야 제국의 왕들과 보조를 맞춘 외교활동에 관련된 내용이 전부이며, 정치적, 군사적 지배의 모습은 찾아볼 수 없다.

③ 일본서기나 삼국사기에 보이는 임나의 멸망기사에는 신라에 의한 가야의 통합을 전할 뿐, 왜나 백제가 신라에 군사적 행동을 했다는 내용은 찾을 수 없다.

④ '가야의 왜인 설'에 에서는, 가야지역에 왜인이 집단적으로 거주하였고, 이들의 자치적 행정기구가 '임나일본부'였다면, 이들 왜인에 대한 통치행위가 기록되어야 하겠으나, 『일본서기』에 보이는 '임나일본부'의 활동이란 외교에 한정되고 있다. 또한 왜인의 집단적 거주를 보이는 문헌이나 고고자료가 전혀 확인되지 않는다.

⑤ '분국론'은 『일본서기』의 '임나일본부'에 관련되는 임나를 한반도가 아닌 일본열도로 규정하였던 것이 치명적 약점이 된다. '임나'라는 용어가 『일본서기』에 주로 보이는 것은 사실이지만, 그렇다고 해서 『일본서기』가 조작한 용어는 아니다. 우리나라와 중국의 사료에서도 '임나'라는 용어가 확인되기 때문이다. 『한원』에 인용된 중국의 인문지리지에 의하면 한반도 남부의 가야 지역을 총괄하여 임나라 하고, 가라, 임나의 국명을 언급하고 있다. 『광개토왕릉비문』에는 400년에 고구려 군이 정벌하였던 지역으로 임나가라가 보이는데 고령이나 김해로 보고 있다. 『삼국사기』열전은 7세기 중반의 신라인 강수는 '임나 가량'출신이라 전하였다. 이와 함께 강수의 거주지가 충주임을 보면 그가 일본열도 출신으로 생각하기 힘들고, 대가야국의 후예로서 조상대에 신라에

의해 충주로 사민이 된 인물로 보아야 한다. 또 창원사의 봉림사에 있던 「진경대사탑비」(923)에도 신라 사람인 진경대사가 임나왕족의 후예임을 밝히는 구절이 있다. 이 역시 가야 지역을 가리킴이 분명하다. 따라서 임나가 한반도의 가야 지역을 가리키는 것이며 분국론 에서처럼 일본 지역을 가리킨다고 할 수 없다.

3) 임나일본부의 실체

고대의 일본에서는 중국과 같은 막부제가 시행된 바 없으므로, 『일본서기』 흠명기에 보이는 '부'를 막부나 관청으로 생각할 수는 없다. 따라서 이에 대한 분석은 별도의 접근방법이 필요하게 되었다. 『일본서기』의 여러 필사본과 주석서를 보면 '일본부'는 '야마토의 미코토모치'로 훈독되어지고 있음이 확인된다. 즉, '부'는 원래의 '미코토모치'를 한자로 표기한 것에 불과하며, 그 실체는 '미코토모치'였다고 볼 수 있다. 대화전대(645년 이전)의 '미코토모치'는 왕의 명령을 전달키 위해 지방에 파견되어 담당의 일이 끝나면 곧바로 왕에게 되돌아오는 '일회성 사신'이었다. 이렇게 볼 때 '일본부'로 표기된 6세기 중엽의 '야마토의 미코토모치'는 왜의 사신 이였으며, '임나일본부'란 왜에서 임나(가야)에 파견된 사신이 그 실체였다. 이러한 해석은 최근 한일양국의 고대사 학계에서 많은 지지를 받고 있다. 또한 『일본서기』 흠명 15년(554) 12월조는 '안라일본부'를 "안라(함안)에 있는 여러 왜신들"로 표기하고 있다. '일본부'란 왜의 사신 내지는 왜사들의 집단이 그 실체였음이 다시 한 번 확인되는 셈이다.

6. 맺음말

위의 사실들을 통해서 본 가야의 모습은 일반적으로 생각하던 가야의 모습과는 조금 달랐다. 약 600년 동안 지속되었다는 점, 그리고 고구려, 백제의 멸망 100년 전까지 유지되었다는 사실만을 보더라도 가야라는 국가는 지금 평가되는 것보다 훨씬 높은 위치를 차지해야 한다고 생각한다.

가야가 삼국에 들어가지 못하는 것은 삼국과 비교하여 약한 나라였고 고구려, 백제, 신라가 중앙집권제를 기본으로 하는 고대국가임에 비해 가야는 연맹국가에 불과했다는 것이 하나의 이유가 될 것이다. 하지만 현재 시대를 분류하는 기준이 국가 체제이기 때문에 이러한 분류가 가능했을 것이다. 만약 국가 체제가 아니라 문화라는 면이 좀 더 강조된다면 가야는 위의 중국과 일본과의 교역관계에서 볼 수 있는 것과 같이 충분히 삼국이 아니라 사국 시대에 들어갈 수 있는 국가이다. 또한 단순히 시기적인 구분으로 봐도 엄연히 고구려, 백제, 신라와 같은 시기에 존재했던 국가이므로 삼국이라 불러서는 안 되며 삼국이라 불려 지기 때문에 당연히 가야에 대해서 관심이 적어지고, 일반 사람들이 가야에 대해서 더 모르는 것이 아닐까 하는 생각을 해본다.

마지막으로 가야가 아무리 지리적인 요건으로 인하여 자체적인 통합이 어려웠다고는 하지만 그 당시의 시대 흐름이 중앙집권제라는 점을 생각해보면 가야는 왜 중앙집권제로 발전하지 못하고, 연맹왕국으로 남아있었는지 의문이 든다. 그렇기 때문에 가야가 더 발전하지 못하고, 멸망한 이유가 되지 않았을까 하는 생각도 해본다.

후기 가야 연맹의 멸망에 대하여 설명하시오.

1. 자치 지향 안라국의 실패

제2차 사비회의 결렬 이후에도 고구려에 대항하여 신라와 백제가 외형적으로 결속하는 국제 정세의 큰 구도는 그대로 유지되었다. 그런 가운데 백제는 왜 및 가야에 지속적으로 문물을 공급하고 인원을 파견함으로써, 그 대가로 가야 지역에 대한 기존의 세 가지 계책을 관철시키려고 했다. 결국 왜는 548년 1월에 병사를 보내줄 것을 약속했으며, 성왕의 세 가지 계책 가운데 하나가 왜와의 동조 아래 이루어지려는 순간이었다.

이에 대하여 안라국은 불안을 느꼈다. 백제 장군이 지휘하는 백제·왜 연합군이 안라 부근의 6성에 주둔하게 되면, 안라의 자주적 태세의 안정판 역할을 하는 안라 왜신관에 백제의 압력이 강화되고, 이는 곧 안라국이 백제의 속국으로 전락하는 길이기 때문이다. 그래서 안라는 대항 체제를 다시 정비할 여유를 얻기 위하여 고구려에게 백제 정벌을 요청했다.

얼마 후 548년 정월에 고구려가 예병 6,000을 보내 백제의 독산성, 즉 마진성(예산군 예산읍)을 공격하였고, 이 전쟁은 신라의 신속한 참전으로 인하여 고구려의 패배로 끝났는데, 고구려측 포로가 "안라국 및 왜신관이 백제의 처벌을 요청했기 때문에 이 전쟁이 발발했다"고 증언했다. 백제는 안라 및 왜신관의 소환을 요청했지만 그들은 번번이 응하지 않았다. 그러자 백제는 가야 외곽 지역에 왜군 및 백제군을 배치하는 데 필요한 왜 및 가야 연맹의 협조를 확신할 수 없었고, 따라서 왜에 병사 파견을 중지하라고 요청했다. 왜는 백제의 의심에 변명하지 않을 수 없었다. 그에 대한 혐의를 벗기 위해, 약간의 사람을 보내 안라가 도망친 빈곳을 채우겠다고 자청했으며, 얼마 후 왜는 이나사와 마도가 몰래 고구려에 사신을 보낸 것을 따지겠다고 하여 백제 편을 들었다. 그러자 안라의 상층부는 백제에게 더 이상 대항할 계책이 궁해져 무력화되었다.

이후로는 가야 연맹의 어느 한 나라도 왜가 백제의 의사에 반대하여 행동하는 기사가 나타나지 않는다. 즉, 백제 성왕은 549년 및 550년 초에 걸쳐서 가야 연맹을 속국처럼 만들었으며, 왜에 대해서도 선진 문물을 매개로 하여 영향력을 미치는 대 맹주의 위치에 섰다.

결국 541년부터 550년까지의 10년 동안 가야 연맹의 독자적 세력을 수립키 위한 자구 노력이 모두 수포로 돌아간 채 백제의 반(半)속국으로 전락했다.

2. 백제 중심 체제에의 참여

늦어도 550년 초까지 가야 연맹 제국은 독립을 유지하고 있었으나, 그 후로는 백제에게 상당 부분 종속된 상태가 되었다. 당시 신라와 백제는 고구려의 내분 상황을 포착하고, 공동으로 북진하여 한강 유역을 탈취하려고 모색하는 중이었다. 결국 551년에 백제와 신라는 한강 유역 탈환에 나섰으며, 이때 가야는 백제군을 따라 전쟁에 동원되었다. 이 당시 낭성(청주시)에까지 순행간 신라 진흥왕은 가야에서 투항한 우륵과 그 제자 이문을 불러 음악을 들었다.

  한강 유역 탈환이 성공한 후, 552년 즈음에 가야 연맹은 그 패권이 대가야국과 안라국의 둘로 나뉘어 있는 채로 백제에게 종속적으로 연합되어, 대외관계 면에서 백제와 보조를 같이했다. 백제는 가야 연맹의 군대와 아울러 왜의 군대도 계속적으로 동원하는 체제를 모색 중이었다고 보이며, 그 궁극적인 목적은 신라를 공격하기 위한 것이었다. 그런데 이러한 백제의 웅대한 계획이 실효를 거두기도 전에, 신라는 553년 7월에 백제의 한강 하류 유역을 기습적으로 빼앗고 신주(新州)까지 설치했다. 이에 대해 백제는 왜로부터 1,000명의 군병을 받고, 그 직후인 554년 7월에 적어도 3만 명 이상의 백제·가야·왜 연합군이 신라를 공격했다. 이 전쟁의 장소는 관산성(충북 옥천)이었으나, 실질적으로는 한강 하류 유역과 가야 지역에 대한 패권을 누가 차지하는가를 다투는 일대 결전이었다. 가야 연맹 제국은 백제에 동원되어 이 전쟁에 임하고 있었다. 하지만 백제 성왕이 신라의 복병에게 시해되자 백제-가야 연합군은 크게 무너졌으며, 관산성을 둘러싼 이 전쟁의 결과 가야 연맹은 큰 피해를 입은 것이다.

3. 함안 안라국의 멸망

  그후 555년부터 558년에 걸친 일련의 한강 유역 경영을 대략 마치고 나서, 신라는 가야 연맹을 병합하기 시작했다. 그 결과 560년 무렵에 안라국이 먼저 신라에 병합된 듯하다.

560년 신라는 왜에 사신을 보내 조부(調賦)를 주었으며, 561년에도 두 차례에 걸쳐 왜에 사신을 보냈다. 그런데 왜를 대하는 신라 사신의 태도는 매우 권위적이었다. 신라는 어떤 새로운 권위를 가지고 왜에 대한 교역에서 주도권을 잡으려 시도한 것처럼 느껴지며, 그 새로운 권위란 안라를 비롯한 가야 남부 일부 지역을 신라가 이미 병합한 데서 나오는 것이었을 것이다. 하지만 왜국에서 백제에 앞서는 권위를 인정받지 못하고 돌아온 신라는 아라파사산에 성을 쌓아 왜에 대비했다. 여기서 아라파사산은 음운상으로 보아 '안라의 파사산'으로, 함안 지방의 파산(함안군 여항면 봉화산)을 가리킨다. 이는 안라의 멸망을 확인시켜주는 기사라고 하겠다. 또한 기록에 따라서는 임나가 560년(흠명21)에 멸망했다는 이설이 보이기도 하니, 역시 안라의 멸망과 관련이 있다고 생각된다.

최근에 함안의 성산산성에서 출토된 목간(木簡)은 신라군의 주둔과 관련이 있으므로, 이것이 안라 멸망 이후에 신라가 작성한 것은 틀림없다. 그 가운데 지방민과 관련된 직책으로 '상간지(上干支)'라는 글자가 나오는데, 561년의 창녕비 이후 관등 이름에서 '지(支)'가 탈락하는 현상이 나타난다는 것도 안라가 560년에 이미 멸망한 사실에 대한 방증일 수 있다.

안라가 어떠한 과정을 거쳐서 멸망했는가는 알 수 없지만, 신라의 강압과 회유에 안라가 저항 없이 응함으로써 병합된 것으로 추정된다.

4. 고령 대가야국의 멸망

대가야는 자체의 제철 능력이나 안정적인 재지 농경에 기반을 두고 있었으며, 말기에는 백제 측의 문물을 수용하면서 친 백제적인 성향을 유지하고 있었으므로, 신라에 대해 좀 더 독자적인 자세를 유지할 수 있었다.

　신라로서도 고구려나 백제 측의 동정을 살피지 않고 무작정 전쟁을 일으키기는 쉽지 않았던 듯하다. 그래서 신라 진흥왕은 창녕비에 보이듯이, 가야 연맹 제국에게 위협의 제스처를 보인 것이다.(561) 신라 측의 위협에 대하여 대가야가 어떠한 조치를 취했는지는 알 수 없다. 그런데 대가야가 군사 행위를 먼저 취한 흔적이 보이지 않는 상태에서 신라 화랑 사다함의 기병 5,000이 대가야 국도까지 먼저 쳐들어갔다. 신라 측 기록에 따르면, 진흥왕이 장군 이사부에게 가야국을 '습격'하게 했으며, 대가야는 신라 대군의 기습 공격으로 멸망한 것이다.

　이를 마지막으로 나머지 대부분의 가야 연맹 제국은 대세에 눌려서 거의 일시에 신라에게 항복했다고 추측된다. 결국 562년 9월 가라국, 즉 대가야의 멸망을 전후하여 가야 10국은 멸망하고 말았다. 전통적으로 왜와의 교역에 전념하지 않은 신라가 관산성 전투 이후 백제 측의 동향마저 무시하고 무력 병합에 나서자, 가야 연맹 제국은 자체 저항 외에 다른 수단이 없어 힘이 부족했던 것이다.

II
중세 사회

중세 사회의 특징

신라에 의한 삼국 통일은 문무왕대에 이루어졌지만, 그 과업은 태종 무열왕의 통일 전쟁으로부터 시작된 것이다. 우리나라 역사에서는 삼국통일 이후부터 중세로 본다.

중세 사회에서는 토지가 굉장히 중요한 위치를 차지한다. 원시 사회는 채집과 수렵으로 먹을 것을 해결하고, 생산물은 공동 분배하여 잉여물이 없고 따라서 사유재산이 성립이 안 되던 때이고, 고대 사회는 농업을 시작하면서 잉여물이 발생하고, 그로 인해 계급과 사유재산이 생김으로써 빈부의 격차가 발생하여 노예 계층이 성립이 되고 국가가 형성되는 단계이다. 곧 삼국이 소국가나 부족국가 연맹체에서 하나의 국가 체제를 갖추었던 때를 우리나라의 고대 사회로 볼 수 있다.

중세 사회에서는 농업공동체의 시작으로 유럽과 일본에서는 영주와 농노의 장원제도가 생기고, 동양이나 기타 지역에서는 지주와 농민으로 대표되는 소작제도가 생겨난다. 아울러 보편적인 종교가 나타나고 공동의 문어(文語)로 문화 교류가 이루어지는 때가 중세 시기이다.

삼국 통일을 이룬 신라는 영토가 넓어지자 전쟁 때 공을 세운 귀족들에게 땅을 나누어 주었는데 장군 김유신이 국가로부터 받은 식읍은 500호씩이나 되었다고 한다.

　국가로부터 일정 지역의 토지와 농민에 대한 지배권을 보장받은 귀족들은 그 지역 안에서 농민들이 국가에 내는 여러 가지 세금을 거두어들였다. 따라서 귀족들은 지주인 동시에 권력도 함께 휘두를 수 있는 지배층으로서 많은 특권을 누리게 된다.

　역사를 공부하면서 유심히 관찰해 보면, 한 시대에서 혁신이 이루어지거나 시대가 바뀔 때 제일 먼저 정비되는 것이 토지에 관한 제도이다. 토지는 국가의 경제를 마련하는데 기틀이 되는 세금과도 직접 연관이 있는 것이기 때문이다. 또 종교와 문자는 중세 사회의 특징을 결정짓는 중요한 요소이다. 통일 신라에서 종교는 불교가 매우 중요한 역할을 하였고, 문자는 당시의 보편적으로 한자를 사용하였다.

　그럼, 통일신라시대 왕들의 치세를 살피며 중세 사회로 넘어가는 우리나라의 역사를 살펴보기로 하자.

통일신라 연대표 (254년간 25명의 왕)

㉛ 신문왕 (재위기간 681 ~ 692년)
　　　　682년 : 국학설립
　　　　687년 : 군사조직 9서당 완성
　　　　689년 : 녹읍폐지

㉜ 효소왕 (재위기간 692 ~ 702년)
　　　　692년 : 설총 이두 정리
　　　　693년 : 의학 설립
　　　　695년 : 서시전, 만시전 열음

㉝ 성덕왕 (재위기간 702 ~ 737년)
　　　　722년 : 당의 균전제 본떠 정전 지급
　　　　732년 : 혜초 왕오천축국전 저술
　　　　735년 : 패강 이남(대동강) 당으로부터 신라 영유권 승인

㉞ 효성왕 (재위기간 737 ~ 742년)
　　　　740년 : 파진찬 영종 모반 처형

㉟ 경덕왕 (재위기간 742 ~ 765년)
　　　　751년 : 김대성 불국사 창건

㊱ 혜공왕 (재위기간 765 ~ 780년)
　　　　768년 : 대공의 난
　　　　770년 : 성덕대왕신종 주조
　　　　780년 : 김지정의 난

㊲ 선덕왕 (재위기간 780 ~ 785년)
　　　　783년 : 패강진의 설치 완성

㊳ 원성왕 (재위기간 785 ~ 798년)

788년 : 독서삼품과 설치

795년 : 봉은사 창건

㊴ 소성왕 (재위기간 799 ~ 800년)

799년 : 청주(경남 진주) 노거현 학생녹읍으로 설치

㊵ 애장왕 (재위기간 800 ~ 809년)

802년 : 해인사(가야산) 창건

㊶ 헌덕왕 (재위기간 809 ~ 826년)

826년 : 패강에 장성 300리 축성

㊷ 흥덕왕 (재위기간 826 ~ 836년)

828년 : 청해진(완도) 설치(장보고)

㊸ 희강왕 (재위기간 836 ~ 838년)

838년 : 김명과 이홍등 난

㊹ 민애왕 (재위기간 838 ~ 839년)

㊺ 신무왕 (재위기간 839 ~ 839년)

839년 : 장보고에 의해 왕이됨

㊻ 문성왕 (재위기간 839 ~ 857년)

846년 : 장보고의 반란

㊼ 헌안왕 (재위기간 857 ~ 861년)

859년 : 제방수리 농사권장

㊽ 경문왕 (재위기간 861 ~ 875년)

871년 : 황룡사 9층탑 수리

㊾ 헌강왕 (재위기간 875 ~ 886년)

처용가 만듦

㊿ 정강왕 (재위기간 886 ~ 887년)

887년 : 황룡사에서 벽고좌 설치

(51) 진성왕 (재위기간 887 ~ 897년)

888년 : 삼대목 편찬

(52) 효공왕 (재위기간 897 ~ 912년)

898년 : 궁예 패서도와 한산주 관내 30여성 탈취

907년 : 견훤 일선군 이남지역 10여개성 탈취

(53) 신덕왕 (재위기간 912 ~ 917년)

916년 : 견훤 대야성(경남 합천) 공격

(54) 경명왕 (재위기간 917 ~ 924년)

920년 : 태조 왕건 사절단 파견

(55) 경애왕 (재위기간 924 ~ 927년)

927년 : 견훤 고울부 습격 포석정에서 자살

(56) 경순왕 (재위기간 927 ~ 935년)

935년 : 왕건에게 항복 국서 전함

● 확 잡히는 통일신라

 통일신라는 태종 무열왕 때 백제를, 문무왕 때는 고구려까지 정복하고, 당나라의 야욕에 맞서 세 번의 전투 끝에 대동강 이남에서 몰아내고 676년 신라가 현실적 삼국 통일을 이룬다. 그러나 신라가 삼국을 통일 할 때의 아쉬운 점은 당나라의 도움을 받았다는 것과 영토가 대동강 이남에 한정되었다는 것이지만 최초의 통일로써 의미가 깊다.

 고구려와 백제의 유민들을 모두 받아 들여 그들의 불만을 줄이고, 나라를 재정비 했고, 활발한 대외교류를 통해 당 뿐만 아니라 일본과 아라비아 까지도 활발하게 교류했다.

 하지만 통일신라 말기 혜공왕 때부터는 권력다툼으로 반란이 일어났고, 새로 등장한 지방 세력들 때문에 혼란이 극심했는데, 진성여왕 때에 이르러서는 귀족들의 사치와 향락이 심해지고, 농민들의 전국에서 반란 또한 극에 달했다. 이는 통일 신라가 멸망한 내부적인 요인이 되었다.

● 기억할 유물

 다보탑, 석가탑(불국사 삼층석탑), 석굴암석굴, 성덕대왕신종, 고선사지 삼층석탑, 감은사지 삼층석탑, 경주 서악리 삼층석탑, 포석정지, 임해전,불국사

● 기억할 인물

* **김춘추** : 당나라와 연합해 삼국 통일의 초석을 마련했다.
* **김유신** : 김춘추와 문무왕을 도와 백제와 고구려를 멸망시켰다.
* **문무왕** : 삼한을 통합한 실질적인 왕으로 신라를 신라답게 만들었다.
* **장보고** : 청해진 설치를 하고 국제 무역을 주도했다.
* **원 효** : 불교의 대중화에 힘썼으며 불교 사상의 발전에 크게 기여 하였다.
* **신문왕** : 강력한 왕권을 구축해 전제왕권을 확립했다.
* **최치원** : 진성여왕에게 시무책을 올려 정치 개혁을 추진하였다.
* **설 총** : 국학에서 학생들을 가르치고 유학의 발전에 기여했다.
* **김대성** : 불국사와 석굴암을 건설했다.

1. 남북국시대

1) 통일신라의 역사

(1) 왕의 치사로 본 통일신라의 역사

● **제31대 신문왕** (神文王. ?~692년. 재위 기간은 681년~692년까지 약12년)

신문왕의 성은 김씨, 이름은 정명 혹은 명지이고, 자는 일초이다. 문무왕의 장자이며 어머니는 자의왕후이고, 왕비는 김씨로 소판 흠돌의 딸이고, 왕이 태자로 있을 때 맞이했으나 아들을 보지 못했고, 즉위 원년(681년) 8월 8일에 아버지와 파진찬 흥원, 대아찬 진공 등 반란에 연루되어 궁에서 쫓겨나고, 반역을 꾀한 무리들은 처형당했다. 그 후 3년(683년)일길찬, 김흠운의 어린 딸을 부인으로 삼았다.

2년(682년) 10월에 고구려 28대 보장왕의 왕자 안승을 보덕왕을 삼고 김씨

성을 내려주었다. 그 후 4년(684년) 안승의 조카뻘 되는 장군 대문이 금마저에서 모반했다가 처형당하자, 남은 사람들은 관리들을 살해하고 읍을 장악해 반역을 꾀했으나, 왕이 성을 함락시키고 그 지역을 금마군으로 삼았다.

감은사지 탑

2년(682년) 6월에 유교적 정치이념에 적합한 인재교육과 양성을 목적으로 국학을 설립하고, 경과 공장부감 그리고 채전감을 각각 1명씩 두어서 진덕여왕대에 시작된 국학을 완성을 보게 되었다. 그리고 4월에 위화부령 2명을 두고 인재 등용에 관한 일을 맡게 하였고, 삼국을 통일한 뒤에 늘어난 지방 통치를 위한 제도 정비를 이루었다.

9년(689년) 정월에 중앙과 지방 관리들의 녹읍을 폐지하고, 대신 해마다 직위에 따라 벼를 차등 있게 주는 것을 법으로 삼아 관리들의 경제적 기반을 마련해 주었다. 그리고 7년(687년) 4월 음성서의 장관을 경으로 고치고, 다음 해에는 선부경 1인을 더 두어 늘어난 중앙관부의 업무를 처리하게 하였다. 특히 5년(685년)에는 각 관부에 행정실무를 담당하는 사지를 설치하여 관직 제도를 완성되었다.

5년(685년) 봄에 완산주(지금의 전라북도 전주)를 설치하고, 거열주에서 청주(지금의 경상남도 진주)를 설치하여 확장된 영토를 효과적으로 지배하기 위한 9주제를 갖추고, 3월에 서원소경(지금의 충청북도 청주)과 남원소경(지금의 전라북도 남원)을 설치하였다. 그리고 이듬해에 4현을 설치하여 주와 군을 정리하여 체제를 마련하였다. 한편 7년(687년)에는 달구벌로 도읍을 옮기고자 했으나 뜻을 이루지는 못했다.

7년(687년) 새로운 정치·사회적 변화에 적합한 새로운 군사조직의 경우 신라인 중심의 군사조직을 고구려, 백제, 보덕국, 말갈인을 두루 포섭하여 9서당을 완성하였다.

12년(692년)에 당 고종이 사신을 보내 "당의 태종 문황제의 공덕이 천고에 뛰어나 태종이라는 묘호를 썼는데 무열왕 김춘추도 그와 같은 태종이라는 묘호를 쓴 것은 참람되니 칭호를 고치라."고 외교적으로 간섭하였으나, 무열왕 또한 업적에 따른 불가피한 조처라 논함으로써 문제를 해결하기도 하였다. 그리고 그해 7월에 생을 마감하여 경상북도 경주시 내동면 낭산 동쪽에 장사 지냈다.

● **제32대 효소왕** (孝昭王. ?~702년. 재위 기간은 692년~702년까지 약 11년)

효소왕 성은 김씨이고, 신문왕의 태자로 이름은 이홍 또는 이공이다. 어머니는 김흠운의 딸 신목왕후 김씨이다. 신문왕 11년(691년)에 태자로 책봉되었고 당, 일본과 수교하며 우호적인 외교 관계를 유지하였다. 당나라 측천무후로부터 왕으로 즉위할 때 신라 보국대장군(新羅輔國大將軍)·행좌표도위대장군(行左豹韜尉大將軍)·계림주도독(鷄林州都督)에 봉해졌다.

2년(693년) 의학교육기관인 의학을 설립하여 의학박사를 두고, 4년(695년)에 서시전과 남시전을 열었다.

구체적인 원인은 알 수 없으나 9년(700년)에 이찬 경영이 반역을 꾀하다 처형당했고 반란에 연좌된 중시 순원은 파면되었다.

효소왕 8년(699년)되는 해에 이상한 일이 많이 생겼다. 2월에 흰 기운이 하늘에 뻗치고 혜성이 동방에 나타났고, 7월에 동해물이 핏빛이 되었다가 5일 만에 다시 돌아왔다. 그리고 9월에 동해 물결이 맞부딪치는 소리가 왕도까지

들렸으며, 무기고 안에서 북과 뿔피리가 저절로 소리가 났다. 그리고 신촌 사람 미힐이 무게가 100푼 되는 황금 한 개를 주워 바쳤다는 기록이 있다.

11년(702년) 7월에 효소왕은 생을 마감하여 망덕사 동쪽에 장사를 지냈다. 능은 경주 낭산 동남쪽에 있다. 당의 측천무후는 효소왕이 죽었다는 말을 듣고 애도식을 거행하고, 이틀간 조회를 하지 않았다고 한다.

● **제33대 성덕왕** (聖德王. ?~737년. 재위 기간은 702년~737년까지 약36년)

성덕왕의 본명이 융기였는데 당 현종과 이름이 같았기 때문에 흥광으로 고쳤다. 신문왕의 둘째 아들로 효소왕의 동생이다. 효소왕이 돌아가시고 아들이 없었으므로 왕위를 계승하였으며, 즉위 3년(704년) 5월 소판 김원태의 딸과 혼인하였으나(성정왕후), 외척 세력의 영향력 확대를 잠재우기 위하여 15년(716년) 3월 왕후를 궁궐에서 내보내야만 했다. 이후 성덕왕은 19년(720년) 3월 이찬 김순원의 딸을 계비로 맞이하였다.(소덕왕후)

백제를 병합하고 고구려를 멸망시킨 이후 신라는 당에 조공하고 성을 쌓고, 사회 제도를 정비하는 등 나라 안의 치세에 집중하는 모습이 보인다. 특히 유교적 왕도정치를 계승하여 더욱 발전시킨 때이다.

당나라에 조공할 때 보낸 것으로는 주로 우창, 인삼, 금, 은, 과하마, 바다표범 가죽, 여자들이 머리숱이 많아 보이게 하기 위해 장식용으로 사용했던 머리채 등이다. 당에서는 답례품으로 주로 비단을 보내왔다. 30년(731년)

당 현종은 "먼 길을 마다하지 않고 폐백과 보물을 바침에 세월이 흘러도 변함이 없고 문장과 예악은 군자의 기풍이 드러나 있고 성의껏 충성을 지키며 왕의 도리를 다하니, 진실로 변방을 지키는 울타리요 충의의 모범이다. 그 간곡한 정성이 가상한 일이다."고 평가하는 조서를 보내기도 하였다.

당나라 측천무후가 효소왕이 돌아가셨다는 말을 듣고 이틀간 조회를 쉬었으며, 사신을 보내 조문하고 곧바로 성덕왕을 신라왕으로 책봉하고, 형(효소왕)의 칭호인 장군도독을 이어받게 하였다.

집사부의 중시가 모든 정치적 책임을 지게 됨에 따라 왕권은 더욱 강화되었고, 10년(711년)에는 백관잠을 지어 관료들이 지켜야 할 도리를 세우며, 백관들에게 북문에 들어와 진언하도록 언론도 개방하였다.

21년(722년)에는 자영농민을 보호하기 위한 근본 대책으로 당의 균전제를 본떠 정전을 지급하였는데 백성들의 사유지를 법적으로 인정하였고, 토지가 없는 백성들에게는 정전이라는 이름으로 초지를 지급하는 조치로 보여지는 매우 중요한 사건이라 할 수 있다.

33대 성덕왕릉

또한, 21년(722년)에는 모벌군성을 쌓아 일본 도적들의 침입로를 막았고, 31년(732년)에는 경성주작전을 설치하여 도성의 방비태세를 강화 하였다.

32년(733년) 7월에 당 현종이 발해와 말갈이 산동반도 등주를 공격해 와 태복원외경 김사란에게 군사를 출동시켜 말갈 남쪽 지방을 치라고 명하자, 신라는 김윤중과 적잖은 병사를 파견하였으나, 때마침 큰 눈이 내려 산길이 막히고, 사졸의 반이 죽자 그냥 도중에서 회군하고 말았지만, 당으로부터 34년(735년) 패강(대동강) 이남에 대한 신라의 영유권을 승인하는 파격적인 조치를 이끌어낼 수 있었다. 그리고 당과의 관계 개선에 주력하였다. 학생을 보내 당의 국학에서 유학을 배우도록 조치하였고, 16년(717년)에는 당에 들어갔던 대감 김수충이 돌아와 문선왕(당 현종이 추시한 공자의 시호)과 10철 이하 72제자의 화상(공자의 제자를 말한다)을 바치자, 대학에 비치해 두면서 유교사상과 의례를 강화하였고, 호국 불교에도 관심이 매우 컸다. 전광대왕이란 불교식 왕명을 갖고 즉위한 이후 증조부인 태종무열왕을 추복하고, 국가의 안태를 기원할 목적으로 봉덕사 건립에 착수하고, 7일 동안 인왕도량을 베풀었으며 대대적인 사면령을 내리기도 하였다. 재위 36년(737년)에 왕은 생을 마감하여 시호를 성덕이라 하고 이거사 남쪽에 장사 지냈다.

● 제34대 효성왕 (孝成王. ?~742년. 재위 기간은 737년~742년까지 약 6년)

효성왕은 성덕왕의 둘째 아들로 이름은 승경이다. 형인 중경 태자가 성덕왕 16년(717년)에 죽자 724년 태자로 책봉되었다가 선왕이 사망하고, 즉위하여 6년이란 짧은 기간 동안 재위하였다. 당나라에서는 '개부의동삼사신라왕(開府儀同三司新羅王)'으로 책봉하였다.

어머니는 성덕왕의 계비인 소덕왕후이고, 왕비는 3년(739년)에 맞아들인 이찬 김순원의 딸 혜명이다. 다음해 3월, 김씨를 왕비로 책봉하였고 동생 헌영(뒤의 경덕왕)을 파진찬으로 하여 태자로 삼았다.

선왕 때에 정상화된 당나라와의 외교적 관계를 더욱 굳건히 하고 중국의 선진 문물을 받아들였다. 2년(738년)에 당나라 사신 형도에게 '신라는 군자의 나라'라고 일러준 것을 보면 당시 신라의 문화수준을 가늠할 수 있다. 이 때 형숙은 노자도덕경을 비롯한 서책을 왕에게 바쳤다.

4년(740년) 8월에 파진찬 영종이 모반했다가 처형당했다. 영종의 딸이 후궁이 되었는데, 왕이 그녀를 몹시 사랑하자 왕비가 질투해 그녀를 죽이고자 모의하여 그녀의 아버지 영종이 원한을 가져 반역을 일으켰다 한다.

재위 6년째 되던 742년 5월에 승하하자, 시호를 효성이라 하였다. 유언에 따라 법류사 남쪽에서 화장해 유골을 동해에 뿌렸다.

● 제35대 경덕왕 (景德王. ?~765년. 재위 기간은 742년~765년까지 약24년)

경덕왕은 33대 성덕왕의 셋째 아들이며, 효성왕이 재위 5년 만에 아들이 없이 죽자 대신 동생이 태자가 되어서 왕위를 이었다. 경덕왕의 이름은 헌영이고, 그의 왕비는 이찬 순정의 딸이었으나 자식을 낳지 못하자 쫓아내고, 재위 2년(743년) 4월에 서불한 김의충의 딸을 다시 왕비로 맞아들였다.

재위 2년(743년) 3월에 당나라로부터 효성왕의 벼슬을 이어받아 '개부의동삼사(開府儀同三司) 사지절(使持節) 대도독계림주제군사(大都督雞林州諸軍事) 겸 충지절영해군사(充持節寧海軍事) 신라왕(新羅王)'이라는 벼슬을 받았다. 경덕왕은 당나라와는 우호적 이였다. 15년(755년) 당 현종이 촉 지방에 있다는 말을 듣고 사신을 보내 성도에 이르러 조공하게 하자 현종이 멀다 하지 않고 찾아왔다고 '푸르고 푸른 지조 더욱 소중히 하여 매운 풍상에도 늘 변하지 말라'는 뜻이 담긴 5언 10운의 시를 써서 보내왔다는 기록이 보인다.

하지만 즉위하던 해(742년) 10월과 12년(753년)에 일본에서 온 사신이 오만하고 무례하므로 왕이 접견하지 않고, 돌려보냈다는 기록으로 보아 일본과의 관계는 원만하지 못하였다.

경덕왕 시기는 새로운 귀족세력의 부상으로 흔들린 왕권의 재 강화를 위한 행정책임자였던 집사부의 중시를 중심으로 개혁조치를 취하고, 4년(748년)에는 정찰 1인과 5년(749년)에는 천문박사와 누각박사(물시계의 관측을 맡았다) 6인을, 다음해에는 율령박사 2인을 두어 전제왕권 체제를 유지하려 하였고, 16년(757년) 12월에 사벌주를 상주로 고치고, 1주·10군·30현을 소속시키는 등 주·군·현을 정비하였다. 그리고 18년(759년) 병부와 창부의 경과 감을 시랑으로 고치고, 대사는 낭주로 고치는 등 대대적인 정계 조직개편을 하였다. 16년(757년) 관리에게 지급한 월급 대신 녹읍을 부활시켜 귀족세력의 경제적인 욕구를 해소하려 하였다. 그러나 정치적으로 성장한 귀족세력은 22년(763년)에 경덕왕의 측근세력 상대등 신충과 시중 김옹을 면직시켰는데 전제왕권에 대한 귀족세력의 반발의 결과로 보인다. 이 밖에도 3년(747년) 국학에 제업박사와 조교를 두고 유학 교육을 진흥시켰다.

경덕왕은 한화정책(漢化政策)을 펼쳤는데, 재위 6년(747년)에 중시라는 관직 이름을 시중으로 바꾸고, 16년(757년)에는 지방 9개주의 명칭을 비롯한 군현의 명칭을, 18년(759년)에는 중앙관부의 벼슬 이름까지 중국식으로 바꾸었다.

14년(755년)에는 천재지변으로 곡식이 귀해 백성들이 굶주렸는데 웅천주의 향덕은 가난하여 봉양할 것이 없자, 다리의 살을 베어 아버지에게 먹였다는 사실을 듣고 왕이 물자를 후하게 내려주고, 마을 정문에 세워 표상으로 삼기도하였다. 해마다 빈번하게 일어나는 천재지변을 들어 현실 정치를 신랄하게 비평한 것으로 짐작되는 상대등 김사인의 상소로 15년(756년) 한화 정책 추진을 비판하였으나 긍정적으로 받아들여지지 않았고, 다음해에 병을 이유로 상대등에서 물러났다.

24년(765년) 경덕왕은 생을 마감하여 모지사 서쪽 산에 장사 지냈고, 왕릉은 경주시 내남면 부지리에 있다

경덕왕대에는 문무왕 이래 국가 체제정비와 문화 향상의 최고 전성기를 이루었다. 왕의 위업을 기리기 위해 거대한 성덕대왕신종을 조성하기 시작했고, 불국사를 대대적으로 개축하고 석굴암을 만들었다.

● 제36대 혜공왕 (惠恭王. 758~780년. 재위 기간은 765년~780년까지 약16년)

혜공왕은 경덕왕의 적자로 이름은 건운으로, 경덕왕19년(760년) 태자로 책봉되었다. 어머니는 서불한 의충의 딸 만월부인 김씨이다. 즉위할 때의 나이가 여덟 살밖에 안되어 태후가 섭정을 하였다. 이찬 유성의 딸인 신보왕후가 원비, 이찬 김장의 딸인 창장부인이 차비이다. 4년(768년) 당나라 대종으로부터 '개부의동삼사신라왕(開府儀同三司新羅王)'으로 책봉 받고 태후 김씨는 대비로 책봉하였다.

혜공왕 대에는 천재지변이 자주 일어나고 흉년이 들어 민심이 흉흉했으며, 왕은 사치와 음탕한 생활을 일삼아 궁중의 기강을 문란하게 하였다. 거기에 귀족세력들이 정치일선에 등장해 정권쟁탈전을 전개함으로써 정치적으로 불안정 하였다.

4년(768년) 7월에 일길찬 대공이 그의 아우 아찬 대렴과 함께 반역해 33일간이나 왕궁을 에워쌌으나, 군사가 이들을 토벌해 평정하고 9족을 처단한 사건에 이어 6년(770년) 8월에 대아찬 김융이 반역을 저질렀다가 사형을 당

하였으며, 11년(775년)에도 이찬 김은거와 염상이 반역을 꾀하다 처형당하였다. 16년(780년)에 또 한 번 이찬 김지정이 반란을 일으키자 상대등 김양상과 이찬 김경신에 의해 진압되었으나, 급기야 왕과 왕비는 난병에게 살해되었고, 무열왕계의 왕실은 종말을 고하고 말았다.

혜공왕의 죽음으로 신라는 귀족에 의한 정치가 이루어지는 하대(下代)로 접어들게 된다.

● **제37대 선덕왕** (宣德王. ?~785년. 재위 기간은 780년~785년까지 약6년)

선덕왕은 내물왕의 10세 손으로 이름은 양상이다. 아버지는 해찬 효방이고, 어머니는 김씨 사소부인으로 성덕왕의 딸이다. 즉위 원년에 아버지를 개성대왕으로 추봉하고, 어머니 김씨를 정의 태후로 추존했으며, 각간 양품의 딸 구족부인을 왕비로 삼았다.

즉위년의 국왕을 보좌하는 임무를 수행한 어룡성을 개편하여 봉어를 경으로 고치고 다시 감으로 바꾸었고, 2년(781년)에 패강진(대동강)남쪽을, 다음 해에는 예성강 이북지역으로 진출하는 교통의 요지에 있던 대곡성(지금의 평산)을 승격시켜 패강진을 설치하고 민호를 이곳에 옮겼다. 그리고 그 다음해인 783년에는 아찬 체신을 대곡진 군주에 임명함으로써 패강진의 설치를 완성했다.

혜공왕 16년(780년) 이찬 김지정의 반란을 진압하고, 왕과 왕비를 죽인 무열왕계인 김주원과 김경신의 강력한 뒷받침에 의해 왕위에 오르게 된 선덕왕은 즉위한 5년(784년)에 양위를 결심했으나 뜻을 이루지 못하고, 이듬해 정월에 병이 위독해져 병석에서 내린 조서에서도 선양하기를 바랐다. 죽은 후에는 불교의 법식대로 화장할 것과 유골은 동해에 뿌리도록 해달라는 유언을 남기고 6년(785년)에 돌아가셨다. 시호를 선덕이라 하였다.

선덕왕 말년에 김주원과 김경신은 각각 상재와 이재의 지위에 있었는데 김주원이 김경신보다 서열이나 왕위 계승권 모두 우위에 있었다. 그러나 선덕왕이 아들 없이 죽자, 김경신이 김주원을 제치고 신하들의 추대를 받아 원성왕으로 즉위하였다.

● **제38대 원성왕** (元聖王. ?~798년. 재위 기간은 785년~798년까지 약14년)

원성왕은 이름은 경신으로 내물왕의 12대 손이다. 아버지 효양은 명덕대왕, 어머니 계오부인 박씨는 소문태후로 추존되었다. 왕비는 숙정부인 김씨로 각간 신술의 딸이다.

혜공왕 말기의 혼란을 평정한 공으로 선덕왕 1년(780년) 상대등에 임명되고, 선덕왕이 자식이 없이 죽자, 태종무열왕의 6대손인 김주원과의 왕위다툼에서 신하들의 추대를 받아 즉위하였다.

4년(788년)에는 독서삼품과를 설치하여 관직에 나가게 하였다. 독서삼품과는 유교경전에 능통한 사람을 3품으로 나누었는데, 춘추좌씨전, 예기, 문선을 읽고 그 뜻에 능통하며, 논어, 효경을 읽은 이를 상품으로 하고, 곡, 논어, 효경을 읽은 이를 중품으로 하며, 곡, 효경을 읽은 이를 하품으로 하였다. 그리고 5경과 3사와 제자백가서에 두루 능통한 이는 3품의 차례를 뛰어넘어서 실력에 따라 관리로 발탁해 등용하였다. 이러한 개혁은 여태까지는 무예를 중심으로 사람을 선발했던 것을 고친 것이라고 볼 수 있다.

원성왕은 즉위와 동시에 왕자 인겸을 태자로 책봉하여 다음의 왕위계승권자로 확정하였다. 그러나 7년(791년) 정월에 인겸태자가 죽자 시호를 혜충이라 하였다. 9년(793년) 2월 다시 태자로 책봉한 의영태자가 죽자, 인겸태자의 맏아들 준옹(뒷날 소성왕)을 11년(795년) 1월 태자로 책봉하였다. 한편 7년 (791년) 반란의 성격은 명확하게 밝혀져 있지 않지만 이찬 제공이 반역하여 진압되자, 혜충 태자의 아들 준옹이 시중으로 삼았다.

원성왕은 불교에 관심이 많았다. 즉위한 해(785년)에 승관을 두어 정법전이라 하고, 11년(795년)에는 봉은사를 창건하였으며, 망덕루를 세웠다. 2년(786년)에는 무오대사가 병법 15권과 화령도 2권을 바치자, 왕이 신공사뇌가를 지었다.

6년(790년)에는 전주 등 일곱 주의 사람들을 징발해 신라 21대 흘해왕이 지은 저수지 벽골제를 증축했다.

14년(798년) 12월 29일에 죽어서, 유언대로 봉덕사 남쪽 토함악 서쪽 동굴에 화장하였다.

● **제39대 소성왕** (昭聖王. ?~800년. 재위 기간은 799년~800년까지 약2년)

성은 김씨이고 이름은 준옹이다. 원성왕의 큰아들인 인겸(혜충태자)의 아들이며, 즉위 원년(799년)에 아버지 혜충태자를 혜충대왕으로, 어머니 김씨를 성목태후로 추봉하였다. 왕비는 계화부인으로 숙명의 딸이다.

소성왕은 왕위에 오르기 전부터 원성왕 5년(789년)에 대아찬의 자격으로 당나라에 사신으로 갔으며, 790년에는 파진찬을 제수받고 재상이 되었고, 791년 10월에는 시중에 임명되었으나, 이듬해 8월에 병으로 물러났다. 그리고 태자에 책봉된 아버지가 일찍 죽고, 또 뒤이어 태자가 된 숙부 의영 또한 죽자 왕세손인 그가 795년 정월에 태자로 책봉되었다.

즉위 원년에 청주(지금의 경상남도 진주)의 노거현을 학생녹읍으로 설정했다. 그러나 재위 2년째인 800년 6월에 승하하였다.

삼국사기에는 왕의 죽음에 대해 아무 언급도 없는데, 신라가 백제를 병합하고 고구려를 멸망시킨 후 경덕왕에 이어 즉위한 혜공왕대 이후에는 변란이 많고 왕의 즉위가 짧은 것으로 보아 정변에 의해 죽임을 당한 것으로 보여 진다.

● 제40대 애장왕 (哀莊王. 788~809년. 재위 기간은 800년~809년까지 약10년)

애장왕의 성은 김씨이고 이름은 청명인데 즉위한 해 7월에 중희로 개명하였다. 소성왕과 계화부인 김씨 사이에서 원자로 태어나 13세의 나이로 왕위에 올라 작은아버지인 아찬 병부령 김언승(뒤의 헌덕왕)의 섭정을 받았다.

6년(805년) 왕권을 강화하기 위한 제도개혁으로 공식 20여조를 반포했으며, 9년(808년) 12도의 군과 읍의 경계를 나누어 정하였는데, 중앙과 지방제도의 개혁조치로 볼 수 있다. 7년(806년)에는 사원의 새로운 창건은 금하고 수리만 허락하고, 또 불교행사 때 비단과 금, 은으로 기물을 만드는 것을 금하였다.

4년(803년) 7월에 일본국과 사절을 교환하고, 7년(806년)에 일본국 사신을 조원전에서 접견하고, 9년(808년) 2월에 도착한 사신을 두터운 예로 접대하면서 당나라뿐만 아니라 일본과도 우호를 증진하고 국교를 맺었다.

2년(801년)에 태종무열왕과 문무왕의 묘당을 세우고, 3년(802년) 왕실에서 경영한 해인사를 가야산에 세웠다.

809년 7월 섭정으로서 실권을 장악한 숙부 김언승이 그의 아우 제옹과 함께 군사를 이끌고 궁궐에 쳐들어와 왕을 죽였다. 이때 왕의 아우 체명이 왕을 시위하다가 함께 죽임을 당했다.

● 제41대 헌덕왕 (憲德王. ? ~ 826년. 재위 기간은 809년 ~ 826년까지 약18년)

애장왕을 시해하고 왕위에 오른 헌덕왕은 이름이 언승으로 소성왕의 친동생이다. 아버지는 원성왕의 큰아들인 혜충태자 인겸이며, 어머니는 성목태후 김씨이다. 왕비는 숙부인 각간 예영의 딸 귀승부인 김씨이다.

그는 이미 원성왕 말년에 정치적인 기반을 확고하게 갖추고 있었다. 원성왕 6년(790년) 당나라에 사신으로 다녀와 대아찬이 되고, 이듬해 제공의 난을 진압한 공으로 잡찬에 승진하였으며 794년 시중을 거쳐, 이듬해 이찬이 되었고 796년에는 병부령을 제수 받았다. 이러한 세력 기반이 애장왕의 즉위와 함께 섭정의 지위에 오를 수 있었는데, 그의 이력을 볼 때 권력에 대한 욕망이 가득 찼던 듯 하다.

3년(811년) 처음으로 평의전에 나가 정사를 보면서 친당정책에 힘썼는데 당나라에 왕자 헌장을 보내 금과 은으로 만든 불상과 불경을 바치고, 순종의 명복을 빌고, 11년(819년) 7월에 당나라의 운주절도사 이사도가 반란을 일으키자, 당나라 헌종의 청으로 반란을 진압하기 위해 군사 3만을 파견하여 반란의 진압을 도왔다.

헌덕왕은 국왕의 권력을 강화하는 과정에서 형제들이 육두품의 위치에서 권력을 독점했으므로 구 귀족들의 반발이 심했다. 14년(822년) 웅천주 도독 김헌창의 반란을, 17년(825년) 3월에 김헌창의 아들 범문이 아버지 김주원이 왕이 되지 못했다고 반란을 일으켜 진압하였다. 14년(822년) 국호를 장안으로 연호를 경운 원년이라 하였다.

3년(811년) 제방을 수리하여 농사를 장려하였지만, 천재지변이 빈번하게 일어났는데 6년(814년)에는 서쪽 지방에서 큰 홍수가, 다음해에는 서쪽 변방서 기근이, 816년, 817년에 기근이 들자, 도적이 벌떼처럼 일어나 군사를 내

평정하고, 도독과 태수에게 붙잡게 하였고, 820년, 821년도 기근이 계속 들자 창고를 열어 그들을 구제하게 하였다.

18년(826년) 7월에 우잠태수 백영에게 명하여, 한산 북쪽에 여러 주군의 주민 1만여명을 징발해 패강(대동강)에 장성 300리를 쌓게 하고, 10월에 왕은 생을 마감하였다. 능은 천림사 북쪽에 있다.

41대 헌덕왕릉

● 제42대 흥덕왕 (興德王. ?~836년. 재위 기간은 826년~836년까지 약11년)

흥덕왕은 헌덕왕의 동생으로 이름은 수종인데 뒤에 경휘로 고쳤다. 아버지는 원성왕의 큰 아들인 혜충태자 인겸이며, 어머니는 성목태후 김씨이다. 왕비는 소성왕의 딸인 장화부인 김씨인데 즉위 원년에 죽자, 정목왕후로 추봉하고 왕비를 그리워하며 즐거움을 멀리하자, 신하들이 새 왕비를 들이라고 표문을 올렸지만 끝내 시녀들까지도 가까이하지 않았다.

9년(834년)에 모든 관등에 따른 복색(服色)·거기(車騎)·기용(器用)·옥사(屋舍) 등의 골품제 규정을 한층 강화하여 엄격하게 신분구분을 두었다.

10년(835년)에 김헌창의 난 진압에 공을 세운 김유신의 후손들을 우대해 주었고, 김유신을 흥무대왕으로 추봉하였고, 2년(827년) 3월에 고구려 승려 구덕이 당나라로부터 불경을 가지고 들어오자, 여러 절의 승려들을 모이게 하여 맞이하고, 5년(830년)에는 왕이 병환으로 위중하자 기도를 드리고 승려 150명에게 도첩을 주는 등 불교를 장려했다.

3년(828년) 4월, 당나라 서주에서 군중소장으로 활약하다가 귀국한 궁복(장보고)이 서해안에 횡행하는 해적을 퇴치하기 위해 진을 설치하기를 청원하여 군사 1만을 거느리고 지금의 완도에 청해진을 설치하게 하고 청해진대사로 임명하였다. 그리고 다음해에는 당은군에 당성진을 설치하였다.

한편 3년(828년) 12월에는 당나라에 사신으로 들어갔다가 돌아온 사신 김대렴이 가져온 차나무 씨앗을 지리산에 심었는데, 선덕왕 때부터 심었으나 이때에 와서 크게 유행하였다.

11년(836년) 12월에 승하하였다. 왕의 유언에 따라 장화왕비와 합장된 흥덕왕릉은 지금의 경상북도 경주시 강서면 육통리에 있다.

42대 흥덕왕릉

● **제43대 희강왕** (僖康王. ?~838년. 재위 기간은 836년~838년까지 약3년)

이름이 제륭인 희강왕은 원성왕의 손자 이찬 헌정의 아들이고, 어머니는 아간 충연의 딸 포도부인이며, 왕비는 충공 갈문왕의 딸 문목왕후이다. 즉위 2년(837년) 아버지를 익성대왕으로 어머니를 순성태후로 추봉하였다.

흥덕왕이 죽자 흥덕왕의 사촌동생 균정(원성왕의 손자)과 한 차례 왕위 다툼이 있었는데 균정은 전사하고 제륭이 왕위에 올랐다. 그뒤 시중 김명을 상대등으로, 아찬 이홍을 시중으로 삼았다.

한편 균정을 받들었던 조카 김양과 아찬 우징은 화가 미칠까 두려워 처자를 데리고 청해진대사 장보고에게로 몸을 의탁하였다.

그러나 희강왕은 즉위 3년 되던 해(838)에는 그가 임명한 상대등 김명과 시중 이홍 등이 난을 일으키고, 왕의 측근들을 죽이자 자신도 온전하지 못할 것을 알고 궁중에서 목을 매 자살을 하였다. 그리고 소산에 장사하였다.

● **제44대 민애왕** (閔哀王. ?~839년. 재위 기간은 838년~839년까지 약2년)

성은 김이요, 이름은 명인 민애왕은 원성왕의 증손으로 아버지는 대아찬 충공이고, 어머니는 귀보부인 박씨이다. 왕비는 각간 영공의 딸 윤용부인 김씨이다. 838년 시중 이홍, 배훤백과 함께 희강왕을 자살하게 하고 스스로 왕이 되었다. 한편 청해진으로 피신해 살던 균정의 아들 우징은 김명이 왕위에 올랐다는 말을 듣고 임금과 아버지의 원수를 갚겠다고 장보고에게 군사를 부탁하였다. 그러자 즉위 원년(838년)에 장보고는 군사 5천명을 이끌고 그의 친구 정년과 함께 민애왕을 토벌하기 위해 진격해 오자, 민애왕은 12월 김양을 평동장군으로 삼아 무주 철야현(지금의 나주 부근)에서 토벌군을 거의

다 죽이고 밤낮없이 행군하여 다음 해인 839년 1월에는 달벌(지금의 대구광역시)에서 이찬 대흔과 대아찬 윤린 등에게 그들을 막게 하였으나 대패하자, 왕은 서쪽 큰 나무 밑에 있다가 측근마저 모두 흩어져버리자, 혼자서 어찌할 바를 모르다 월유댁으로 황급히 도망가다 병사들에 의해 발견돼 죽임을 당했다. 그의 장지는 알 수 없다

● **제45대 신무왕** (神武王. ?~839년. 재위 기간은 839년 1월~839년 7월까지 6개월)

신무왕의 이름은 우징이다. 원성왕의 손자 균정의 아들이고, 희강왕의 사촌 동생이다. 어머니는 진교부인 박씨이고 왕비는 진종부인이다.

민애왕 2년(839년) 1월 장보고의 지원을 받아 대군을 이끌고 경주로 쳐들어가 왕을 죽이고 등극하였다. 왕권에 심각한 위협이 됨에도 불구하고, 장보고를 감의군사로 삼아 식읍 2,000호를 내리며 공신으로 책봉하였다.

한편 민애왕 대의 시중 이홍은 신무왕이 집권하자, 처자식을 버려둔 채 도망가다 왕명을 받은 기병에게 잡혀 죽었다. 민애왕은 같은 해 7월 23일에 병이 들어 누워 있는데 이홍이 등에 활을 쏘는 꿈을 꾸고, 등에 종기가 생겨 있었다는 기록이 있다. 능은 제형산 서북에 있다.

● **제46대 문성왕** (文聖王. ?~857년. 재위 기간은 839년~857년까지 약19년)

문성왕은 신무왕의 태자로 이름은 경응이다. 신무왕의 태자이며, 어머니는 정계부인이며, 왕비는 위흔의 딸 소명왕후이다.

아버지인 신무왕이 재위 반년 만에 사망하고, 왕위에 오른 문성왕은 재위 기간 동안 많은 반란이 일어난다. 3년(841년) 일길찬 홍필이 반역을 모의하다

발각되어 섬으로 도망갔는데 체포하지 못했다. 즉위 원년(839년)에 장보고를 진해장군으로 임명하고, 선대에 이어 공신으로 예우를 다했는데도 만족하지 못하고, 7년(846년) 장보고는 자기 딸을 둘째 왕비로 삼으려는 야욕을 내비쳤다. 그러자 신하들의 만류로 이루지 못하게 되고, 다음해에 실패한데 대한 보복으로 반란을 일으켰다.

조정에서는 큰 환란을 염려하고 방법을 찾지 못해 어찌할 바를 모르고 있을 때, 무주사람 염장이 찾아와 맨주먹으로 궁복의 머리를 베어 바치겠다고 하여 허락하였다. 염장은 나라를 배반한 척 위장하고 청해진에 투항하자, 궁복은 그를 귀한 손님으로 대접하면서 술에 취하자, 염장은 궁복의 칼을 빼앗아 목을 베어 모반을 진압하고 13년(851년) 청해진을 폐지했으며, 그곳 민가들을 벽골군(전북 김제)으로 이주 시켰다. 그 뒤로도 9년(847년) 5월 민애왕 측근 귀족들의 잔여 세력이 규합하여 양순과 흥종등이 11년(849년)에는 민애왕 계열중 사면 받았던 이찬 김식과 대흔등 귀족세력이 정국의 혼란한 틈을 타 연이어 반란을 일으켰다.

한편 문성왕은 불교진흥에 관심을 가졌는데, 13년(851년) 당나라에 갔던 사신 아찬 원홍이 불경과 부처의 치아를 가지고 오자 왕이 직접 교외에 나가 맞이하였다.

14년(852년) 겨울 왕태자가 죽어서 대를 이을 자손이 없자, 19년(857년) 숙부 의정에게 왕위를 계승시킨다는 유조를 내리고 사망했다. 왕의 장지는 공작지이다.

● **제47대 헌안왕** (憲安王. ?~861년. 재위 기간은 857년~861년까지 약5년)

헌앙왕은 신무왕의 이복 아우로, 이름은 의정 혹은 우정이다. 아버지는 성덕대왕으로 봉해진 균정이고, 어머니는 충공의 딸 조명부인 김씨이다.

즉위 초부터 비가 오지 않고 흉년이 들어 굶주리는 사람이 많아지자 구휼에 힘쓰고 3년(859년)에는 제방을 수리하게 하고 농사를 권장하였다.

슬하에 딸만 둘 있었는데, 모두 다음 왕인 경문왕의 비가 되었다. 즉위 4년(860년) 임해전에 신하들을 모인 자리에 참석한 열다섯 살의 왕족 응렴에게 "너는 한동안 유람하며 배울 만한 사람을 만난 적이 있느냐?"며 묻자 "제가 본 세 사람이 착한 행동을 한다고 여겼습니다. 첫째는 고귀한 가문의 자제인데도 다른 사람과 교제할 때 앞에 나서지 않고 아래에 자리하는 사람이고, 두 번째는 재물이 넉넉하여 사치할 만한데도 늘 삼베와 모시옷으로 만족해하는 사람, 그리고 마지막은 세도와 영화를 누리면서도 한번도 남에게 위세를 부리지 않는 사람입니다." 그의 대답을 듣고 옆에 있던 왕후에게 응렴 만한 사람이 없다며 사위로 삼을 생각을 하고는 "딸자식을 그대의 배필로 삼게 할 것이니 몸을 삼가라."고 말했다. 그리고 술을 가져다 함께 마시며 "큰 아이는 스무 살이고 작은 아이는 열아홉 살이니 마음에 드는 아이에게 장가를 들라!"고 말했다. 응렴은 집으로 돌아와 부모님과 상의하자 "듣자 하니 얼굴은 언니가 동생만 못하다 하니 동생에게 장가드는 것이 좋겠다."고 말했다.

응렴은 왕의 두 딸 중 누구를 선택할지 몰라 흥륜사 스님에게 묻자, 스님은 언니에게 장가들면 세 가지 이로움이 있을 것이고, 동생에게 가면 세 가지 손해가 있을 것이라 말했고, 응렴은 왕의 뜻에 따르겠다고 하여 왕은 맏딸을 응렴에게 출가시켰다.

5년(861년) 1월, 병이 깊어지자 응렴을 왕으로 옹립할 것을 유언으로 남기고 29일에 승하하였으며, 공작지에 장사하였다.

● **제48대 경문왕** (景文王. ?~875년. 재위 기간은 861년~875년까지 약15년)

경문왕의 이름은 응렴이다. 할아버지는 희강왕이고, 아버지는 아찬 김계명이며, 어머니는 광화부인이고, 왕비는 헌안왕의 큰딸 영화부인 김씨이다. 그 뒤 3년(863년) 11월에 영화부인의 동생을 둘째 왕비로 맞이한 후 흥륜사 스님에게 "세 가지 이로움이 무엇인지?"라고 묻자, "왕과 왕비는 뜻대로 된 것을 기뻐해 총애가 깊어진 것이 첫째 이로움이요, 그로 인해 왕위를 이었으니 둘째 이로움이요, 처음부터 바라던 작은 딸에게 장가들 수 있게 되었으니 셋째 이로움입니다."라는 답을 들은 왕은 그 기지에 크게 웃었다.

경문왕은 불교와 국학에 비교적 관심이 많았다. 4년(864년) 2월 감은사에서 바다에 망제를 지냈고, 6년(866년) 황룡사에 행차해 연등을 보고 관리들과 연회를 베풀고 11년(871년)에는 황룡사 구층탑을 고쳤다. 4년(864년) 2월에 국학에서 박사 이하 여러 사람으로 하여금 경전을 강론하게 하였다.

내부의 반란은 여전히 많았다. 6년(866년) 10월 이찬 윤흥이 아우 숙흥, 계흥과 반역을 꾀하다 발각되자, 대산군으로 달아나다 일족이 처단 당했고, 이어 8년(868년) 정월에는 이찬 김예와 김현 등이 반역을 꾀하다 처형당했다. 이후 14년(874년) 5월에 이찬 근종이 반역을 꾀하다 죽임을 당했다. 15년(875년) 7월8일에 경문왕은 생을 마감하였다.

● **제49대 헌강왕** (憲康王. ?~886년. 재위 기간은 875년~886년까지 약12년)

헌강왕은 경문왕의 태자로 이름은 정이다. 성품이 총명하고 민첩했으며 책 보기를 좋아했는데, 한번 본 것은 모두 외웠다고 전한다. 어머니는 문의왕후로 봉해진 헌안왕의 큰 딸 영화부인 김씨이며, 왕비는 의명부인이다. 동생은 황(뒤의 정강왕)과 만(뒤의 진성여왕) 그리고 윤이 있다. 서자 요는 뒤에 효공왕이 되었고, 딸은 신덕왕비가 되어 의성왕후에 봉해졌다.

선왕 경문왕에 이어 불교와 국학에 대한 관심이 높았다. 2년(876년)과 12년 (886년)에 황룡사에서 백고좌를 열고 직접 참관하였고 망해사를 건립했다. 5년(879년)에는 국학에서 박사들에게 강론을 주도하고, 9년(883년)에는 삼랑사에 동행한 신하들에게 시 1수씩을 지어 바치게 하는 등 국학을 지원하고 문치에 힘썼다.

5년(879년) 6월에 일길찬 신홍이 반역하다 사형을 당하였다. 또한 6년(880년)왕이 월상루에서 기와지붕에 숯을 사용하여 음식을 하는 경주의 모습이 보였는데 이러한 부유함은 신라 전체가 아닌, 금입택과 같은 진골 귀족에 국한된 것으로 본다.

당나라 뿐 아니라 일본과의 교섭을 꾀하기도 하였는데, 3년(877년) 8월에 일본국 사신을 조원전에서 접견하고, 8년(882년) 4월에 일본국 사신이 황금 300냥과 명주 열개를 진상하였다는 기록이 있다. 12년(886년) 봄에 적국 보로국과 흑수국에서 통교를 청하자 허락하였다.

왕이 동해안 개운포에 놀러갔다가 동해 용왕의 아들이라는 처용을 만나 데리고 오면서 지었다는 8구체 향가 처용가가 만들어졌다.

12년(886년) 12월 6월에 헌강왕은 병이 들자, 나라 안의 죄수들을 사면해 주었고, 7월 5일에 생을 마감하여 보리사 동남쪽에 장사 지냈다.

● **제50대 정강왕** (定康王. ?~887년. 재위 기간은 886년~887년까지 약2년)

정강왕은 이름이 황이고, 경문왕의 둘째 아들이며, 정(헌강왕)과 만(진성여왕)과 윤과는 남매간이다.

재위기간이 짧았지만, 2년(887년)정월 황룡사에서 백고좌를 설치하고, 한주에서 반란을 일으키자 이찬 김요를 처형하였다.
　그해 5월에 왕의 병이 악화되자, 시중 준흥에게 이르기를 "내 병이 위독하여 틀림없이 못 일어날 것 같고 뒤를 이을 아들도 없으니 선덕여왕과 진덕여왕을 본받아서 천품이 명민하고 체격이 장부 같은 누이 만을 왕위에 세우는 것이 좋겠다."는 유언을 남기고, 7월 5일에 생을 마감하여 보리사 동남쪽에서 장사 지냈다.

● 제51대 진성왕 (眞聖王. ?~897년. 재위 기간은 887년~897년까지 약11년)

　48대 경문왕 딸이며 헌강왕과 정강왕의 아우인 진성왕의 이름은 만이다. 즉위 원년(887년)에 죄수를 크게 사면하고, 모든 주와 군의 조세를 1년간 면제해 주었다.
　진성왕은 각간 위홍과 정을 통하는 사이였는데, 위홍이 죽자 시호를 혜성대왕이라고 추증하였다. 즉위 2년(888년)부터는 각간과 대구화상에게 향가를 정리하고 편집한 『삼대목』을 편찬하였다. 위홍이 죽은 뒤로 임금은 젊은 미남 두세 명을 몰래 불러들여 음란하게 지내고, 그들에게 요직을 주어 나라의 정사를 맡기자 기강이 문란해졌다. 5년(891년) 10월에는 북원에서 양길이 그의 막료 궁예에게 100여명의 기병을 거느리고 북원(원주)동쪽의 부락과 명주(강릉)관내의 주천 등 10여 군과 현을 습격하였고, 8년(894년) 10월에는 북원에서 하슬라로 600여명을 이끌고 스스로 장군이라 칭하고, 이듬해 8월 저족과 성천의 두 군을 쳐 빼앗고, 한주 관내의 부락과 철원 등 10여 군현을 깨뜨렸다. 한편 6년(892년) 견훤은 완산주에 웅거해 후백제를 일으켜 무주 동남쪽의 군현들이 항복하였다.

3년(889년) 지방에서 공물과 세금을 보내지 않아 창고가 비었고, 국가 재정은 궁핍해지고 도처에서 도적이 봉기하였다. 원종과 애노 등은 사벌주에 웅거해 반란을 일으키자, 나마 영기를 보내 진압하려 했으나, 실패하고 대신 촌주 우련이 진압하다 죽었다. 왕은 영기의 목을 베고, 우련의 10살 된 아들에게 아버지를 이어 촌주로 임명했다. 10년(896년), 바지에 붉은 표시를 한 적고적이라는 도적들이 주와 현을 도륙하고, 수도 서부 모량리의 민가를 노략질하였다.

　8년 (894년) 2월에 최치원이 시국과 정무에 관한 의견 10여 조목(훈요10조)을 올리자 그를 아찬으로 임명하였다. 그 해 10월 헌강왕의 서자 요를 태자로 삼았다. 요는 헌강왕이 사냥길에 만난 미모의 여자와 왕의 장막에서 관계를 하여 낳은 아들이다. 요는 장성하면서 체격과 용모가 크고 빼어나 이름을 '요'(嶢)라 하였다. 진성왕이 궁궐로 불러들여 손으로 그의 등을 쓰다듬으며, "내 형제 자매는 골격이 남들과 다른데 이 아이의 등에 두 뼈가 솟아 있는걸 보니 헌강왕의 아들이구나!" 하고 예를 갖추어 태자로 봉하였다.

성주사지

11년(897년) 6월에 진성왕은 백성들이 곤궁하고 도적들이 일어나는 것은 자신이 부덕한 탓이라며, 당나라에 사신을 보내 요에게 왕위를 물려줄 뜻을 전하고, 그해 12월에 생을 마감하여 창산에 장사지냈다.

● **제52대 효공왕** (孝恭王. ?~912년. 재위 기간은 897년~912년까지 약16년)

신라 49대 헌강왕의 서자로 태어나 왕위에 오른 효공왕의 이름은 요이며, 어머니는 의명왕태후 김씨이다. 즉위 3년(899년) 3월에 이찬 예겸의 딸을 왕비로 맞았다.

당시 신라는 왕실의 권위는 떨어지고, 궁예와 견훤의 세력다툼은 점차 열기를 더해갔다. 즉위 2년(898년) 당시 궁예는 패서도와 한산주 관내 30여 성을 탈취하고 송악군으로 도읍을 정하였고, 7월에 양길의 공격을 막아내고, 소백산맥 이북 한강 유역 전체를 평정하였고, 4년(900년) 10월에는 국원, 청주, 괴양 등지에서 청길, 신훤 등이 궁예에게 항복하자, 5년(901년) 스스로 왕위에 오르고 나라이름을 후고구려라 칭하고, 왕건을 통해 7년(903년) 금성 등 10여 군현에 병선을 이끌고 와 공취하였다. 8년(904년)에 계속해서 패서도 10여 주와 현이 항복해 왔다. 그리고 신라의 제도에 의거해 관부를 두었고, 국호를 마진, 연호를 무태라 했으며, 그 다음해에는 철원으로 도읍을 옮겼고, 8월에 죽령 동북쪽을 침탈하였고, 13년 (909년) 6월에는 병선을 거느리고 와 진도군의 항복을 받고 고이도성을 깨뜨렸다. 이듬해는 견훤이 나주를 다시 뺏기 위해 보병과 기병 3천을 거느리고 나주성에서 열흘 동안 대치하다 궁예의 수군이 습격해 오자 물러갔다. 궁예는 국호를 태봉으로 고치고 연호를 수덕만세라고 하였다.

끊임없이 후백제의 공격에도 시달렸는데, 견훤은 효공왕 4년(900년) 완산주(지금의 전주)로 도읍을 옮기고 후백제의 왕임을 자칭하고 있었다. 5년(901년) 8월에 견훤이 대야성을 공격해왔으나 실패하고, 금성 남쪽으로 군사를 옮겨 연변 부락을 약탈하여 돌아갔고, 11년(907년)에는 견훤이 일선군 이남지역의 10여 개 성을 점령하였다.

하지만 신라는 제대로 대응하지 못하였고, 왕은 애첩에게 빠져서

효공왕

정사를 제대로 돌보지 않자, 대신 은영이 왕에게 간언을 했으나 받아들여지지 않자, 15년(911년) 그 첩을 죽여 버렸다. 효공왕은 이듬해인 16년(912년) 여름에 죽어서 사자사 북쪽에 묻혔다. 경상북도 경주시 배반동에 있는 효공왕릉은 사적 제183호로 지정되어 있다. 그에게 아들이 없었으므로 아달라왕의 후손 대아찬 박예겸의 아들 경휘가 왕위를 이어받았는데, 이후부터 박씨 왕조가 시작되었다.

● **제53대 신덕왕** (神德王. ?~917년. 재위 기간은 912년~917년까지 약6년)

신덕왕의 성은 박씨이고, 이름은 경휘로 아달라이사금의 원손으로 효공왕이 아들 없이 죽어 왕위에 오르게 되었다.

아버지는 정강왕 때 대아찬을 지낸 박예겸으로 즉위 원년에 선성대왕으로 추존하고, 어머니를 정화태후로 하였으며, 왕비는 헌강왕의 딸인 의성왕후이다. 슬하에 승영과 위응이 있었는데 승영을 왕태자로 삼았다.

신덕왕대의 신라국토의 대부분은 궁예와 견훤의 세력권속에 들어가 명맥만 겨우 유지되는 형편이었다. 5년(916년)에 이르러서는 견훤이 신라의 심장부인 대야성(지금의 경상남도 합천)을 공격하기에 이르렀으나 막아냈다.

6년(917년) 7월에 왕은 생을 마감하고, 죽성에 장사 지냈다.

● 제54대 경명왕 (景明王. ?~924년. 재위 기간은 917년~924년까지 약8년)

경명왕은 신덕왕의 태자로 이름은 승영이고, 어머니는 헌강왕의 딸인 의성왕후이다.

경명왕 때 신라의 국운이 이미 기울어가고 있었다. 궁예와 견훤의 침략으로 많은 지방을 빼앗겼고, 2년(918년) 2월에 일어난 일길찬 현승이 반역해 처형을 당했는데 신라 국운을 더욱 재촉하게 되었다.

즉위 2년(918년) 6월에 후고구려는 인심이 변해 왕건을 태조로 추대하고 궁예는 달아나다 부하에게 피살되었고, 7월에 상주에서 아자개가 왕건에게 항복하였다. 이후 3년(919년) 왕건이 송악군으로 도읍을 옮겼다. 6년(922년) 정월에 하지성장군 원봉과 명주장군 순식에 이어 이듬해 명지성장군 성달과 경산부장군 양문 등도 태조 왕건에게 투항하였다..

4년(920년) 신덕왕은 태조 왕건과 사절을 교환하고 우호를 닦았는데, 그해 10월 후백제왕 견훤이 보병과 기병 1만을 거느리고 대야성을 함락시키고 진례로 진군해 오자, 아찬 김률을 왕건에게 보내 구원을 요청하였고, 왕건이 군사를 출동시키자, 견훤이 바로 물러갔다. 5년(921년) 2월에 말갈의 별부 달고의 군사가 북쪽 변경을 노략하려는 것을, 삭주를 지키고 있던 고려 장수 견권이 한 필의 말도 돌아가지 못하게 깨뜨리자 경명왕은 기뻐하며 태조 왕건에게 사신을 보내 감사의 마음을 전하였다.

재위 8년 만에 승하하여 황복사 북쪽에 장사 지냈다.

● **제55대 경애왕** (景哀王. ?~927년. 재위 기간은 924년~927년까지 약4년)

경애왕은 경명왕의 친동생으로 이름은 위응이다. 아버지는 신덕왕이며, 어머니는 헌강왕의 딸 의성왕후이다.

후고구려와는 화친을 더욱 돈독하게 하였는데, 즉위 원년(924년)에 태조 왕건에게 사절을 보냈고, 2년(925년) 1월 고울부 장군 능문이 왕건에게 투항해오자, 신라의 도성에 가깝다는 이유로 그를 타일러 돌려보냈다. 경애왕은 왕건에게 견훤은 변덕스럽고 거짓말이 많은 사람이라 그와 화친해서는 안된다고 하자 왕건도 수긍하였다고 한다. 4년(927년) 왕건이 백제를 공격하자 경애왕은 군사를 내어 돕자, 왕건이 직접 근암성을 격파하였고, 강주의 왕봉규가 관할하는 돌산 등이 왕건에게 항복하였다.

견훤의 습격을 받고 자살을 택한 경애왕의 릉

9월에 견훤이 고울부를 습격해오자 왕건에게 구원을 청하자 병사 1만을 주었으나, 그들이 도착하기 전에 견훤은 궁을 덮쳤다. 이때 왕은 왕비와 궁녀와 친척들과 포석정에서 잔치를 벌이며 즐겁게 노느라 적병의 습격을 눈치 채지 못했고, 왕과 왕비만 뒤늦게 후궁으로 들어가 몸을 숨겼다. 견훤은 재물을 약탈하고 왕비를 강간하였고, 왕을 잡아 핍박하여 자살하게 하였다. 그 뒤 견훤은 경명왕의 먼 친척 동생을 왕으로 세웠다.

● **제56대 경순왕** (敬順王. ? ~ 978년. 재위 기간은 927년~935년까지 약9년)

견훤에 의해 왕위에 오른 경순왕의 이름은 김부이다. 문성왕의 6대손이며, 이찬 효종의 아들이고, 어머니는 헌강왕의 딸 계아태후이다. 큰아들은 마의태자이고, 막내아들은 범공이다. 후백제의 침공과 약탈로 국가의 기능이 마비되는 지경에 이르렀는데, 2년(928년) 5월에 강주장군 유문이 견훤에게 항복하고, 8월에 견훤이 장군 관흔에게 양산에 성을 쌓게 하자, 왕건은 명지성장군 왕충을 시켜 쫓아버리자 견훤이 대야성에서 대치하고 있다가 10월 무곡성을 함락시켰다. 또다시 3년(929) 7월 견훤이 의성부성을 공격하자 고려장군 홍술이 싸우다 죽었고, 순주장군 원봉이 견훤에게 항복하자 왕건은 순주를 현으로 고쳤다. 10월 가은현 전투에서는 이기지 못하고 돌아갔다. 4년(930년) 정월에 재암성장군 선필이 고려에 항복하였는데 선필은 왕건이 처음 신라와 우호를 맺을 때 왕건을 인도한 사람이다. 태조 왕건과 견훤이 고창군 병산 아래에서 싸워 30여 군현이 왕건에게 항복하였고. 9월에는 나라 동쪽 바닷가 주군의 부락들이 모두 항복하였다.

5년 (931년) 2월 왕건이 기병 50여명을 거느리고 수도 부근에서 경순왕을 만나기를 청하자 경순왕이 백관과 임해전에서 잔치를 열고 맞이하자, 견훤은 의롭지 못한 일을 제멋대로하고 나라를 없애려하니 이보다 마음 아픈 일이 어디 있겠느냐며 울었다. 이에 왕건 역시 눈물을 흘리면서 위로하였고, 수일을 머물다 돌아가자, 왕은 혈성까지 나가 전송하고 사촌동생 유렴을 볼모로 삼아 왕건을 수행하게 하였다.

8년(934년) 9월에 운주 경내의 30여 군현이 왕건에게 항복하였고, 그 뒤 9년(935년) 10월 경순왕은 신하들과 의논한 끝에 왕건에게 항복하기로 하고, 김봉휴로 하여금 왕건에게 항복하는 국서를 전하게 하였다. 11월 태조 왕건이 편지를 받고 대상 왕철 등을 보내 경순왕을 영접하게 하였다. 경순왕이 백관을 거느리고 왕도를 출발해 왕건에게 가는데, 수레와 보배로 아름답게 장식한 말들이 30여리에 달해 길을 메웠는데 이를 구경하는 사람들이 마치 담장을 친 것과 같았다고 한다.

남포읍성 진서류

왕건은 궁궐 동쪽에 으뜸가는 저택 유화궁을 주고, 맏딸 낙랑공주를 아내로 삼게 하였다. 12월에 경순왕을 정승공으로 봉하고, 그 지위는 태자 위에 두고 녹봉 1천석을 지급했으며, 시종하던 관원들과 장수들은 모두 그대로 채용하였다. 신라를 고쳐 경주라 하고 이를 식읍으로 주었으며, 사심관으로 삼았다. 또한 경순왕은 큰아버지의 딸을 왕건에게 맞이하게 해 아들을 낳았다. 그가 현종의 아버지로 안종으로 추봉된 사람이다. 경순왕은 이후 정승공에서 상보령으로 책봉되었고, 978년(경종 3년) 4월에 승하하였다. 무덤은 장단에 있다

이때 마의태자는 고려에 항복하는 것을 반대하며 하직하고, 개골산으로 들어가 평생 삼베옷(마의)을 입고 나물음식을 먹으며 일생을 마쳤고, 작은 아들 범공은 머리를 깎고 화엄사에 들어가 중이 되었다.

신라는 박혁거세부터 진덕왕까지 28대를 '상대'라 하는데 부락 단위에서 나라의 기초가 닦여졌고, 무열왕부터 혜공왕까지 8대를 '중대'라 하는데 상대의 기초 위에서 한반도 일부를 통일하였고, 통일 후 체제정비와 장기간의 평화를 바탕으로 문화면에서도 최고의 전성기를 이루어 냈으며, 선덕왕부터 경순왕까지 20대를 '하대'라 한다. 하대에는 나라 안에서 반란이 많이 일어나고, 왕들의 사치와 향락이 이어지며 결국은 쇠락하고 만다.

(2) 통일신라의 문화

① 불국사

신라의 문화는 통일 이후 찬란하게 꽃피워 현재까지 전해지는 유물이 상당히 많다. 그 중에 몇 가지만 살펴보기로 한다.

불국사는 경북 경주시에 있으며, 삼국유사에는 신라 경덕왕 10년(751년)에

김대성이라는 사람이 현세의 부모를 위해 창건했다고 전하지만 그가 죽은 후 국가에 의해 완성되었기 때문에 국가가 지은 사찰이라고 할 수 있다.

창건 이후 여러 차례의 중수를 거쳐 현재 주요 건물들은 대체로 임진왜란 이후에 복구된 것으로 석탑을 포함한 구조물은 방화를 입지 않아 신라 시대의 원형을 유지한 것들이 꽤 남아 있다.

불국사는 신라인이 염원한 이상의 불국토를 세 갈래로 구현한 절로서, 대웅전은 법화경에 근거한 석가의 사바세계를, 극락전은 무량수경에 근거한 아미타불의 극락세계를, 비로전은 법화경에 근거한 비로자나불의 연화장세계를 표현한 것이다.

불국사

그리하여 불국사의 경내는 석단에 의하여 단 위는 불국토이고 단 아래는 속계로 구분된다. 크고 작은 돌을 빈틈없이 쌓아올려 만든 석단 위에 청운교·백운교, 칠보교·연화교라는 두 쌍의 다리를 놓은 특이한 구조로 지어졌다. 청운교·백운교는 자하문을 거쳐 석가모니의 사바세계인 대웅전으로 오르게 되어있다. 대웅전 앞에 있는 3층석탑(석가탑)과 다보탑은 서로 마주 서 있는 쌍탑 구조이다. 특히 우리나라 10원짜리 동전 뒷면에 새겨진 다보탑은 아주 아름답다. 대웅전 뒤편으로는 경론을 강술하는 무설전이 있고, 연화교와 칠보교를 올라 안양문을 지나면 극락전에 이르게 된다. 극락전 안에는 극동아미타불좌상이 안치되어 있다.

백운교

② 불국사 다보탑

불국사 대웅전 앞 동쪽에 세워진 다보탑은 통일신라시대에 지어진 것으로 국보 제20호이며 높이는 10.4cm이다.

신라의 전형적인 석탑 양식과 다르게 지어진 탑으로 법화경의 견보탑 품에 근거하여 건립된 것으로 다보여래를 상징한다. '견보탑'은 다보여래가 법화경의 진리를 설하는 석가여래를 찬양하자 석가여래가 자리 한쪽을 비워 나란히 앉게 했다는 내용을 담고 있다. 따라서

불국사 다보탑

불국사의 두 탑은 석가와 다보여래를 상징하며, 통일신라시대에 유행한 쌍탑의 하나이다.

925년 일본인들에 의해 해체되고 수리되었고 이때 발견된 유물은 현재 행방을 알 수 없다. 탑 사방에 있는 보계(계단) 위 갑석에는 네 마리의 사자상이 있었는데 현재는 1마리만 남아 있다.

③ 불국사 3층 석탑

다보탑과 함께 통일신라시대에 지어진 불국사 3층 석탑은 보통 석가탑(무영탑)으로 불린다. 국보 제21호이고 높이는 다보탑과 같이 10.4cm이다. 대웅전 앞 서쪽에 다보탑과 나란히 서 있다.

이 탑은 신라의 전형적인 석탑 양식을 대표하는 것으로 그 중에서도 가장 우수한 탑으로 평가받고 있다. 다보탑에 비해 간결하게 지어져 있다.

이 탑의 특이한 점은 탑 주위에 장방석을 돌려서 형성한 탑구에 연꽃무늬를 조각한 팔방금강좌가 있는 것이고, 탑의 기단부를 자연석이 받치고 있는 것은 그 유례가 드물어 주목을 받고 있다. 해체 수리 때 2층 옥신의 사리공에서 사리함과 여러 개의 장엄구가 발견되었다.

유물 가운데 두루마리로 된 다라니경(너비 8cm, 길이 600cm)은 종이의 질이나 글씨체 가운데 당의 측천무후자가 보이는 것으로 미루어 8세기경에 제작된 것

석가탑

으로 추정되며, 현존하는 최고의 목판인쇄물로 중요한 자료이다.

④ 첨성대

첨성대

신라 선덕여왕 때 세워진 것으로 그 동안 세계에서 가장 오래된 천문대로 알려져 있었지만, 여러가지를 살펴볼 때 천문대로 쓰여지기에는 부적합하여 천문대가 아니라는 견해가 더 지배적이다.

국보 제31호로 높이는 약 9.5m이다. 경북 경주시 인왕동에 위치해 있다.

구조는 기단부, 원주부, 정자형 두부로 나누어진다. 기단부는 사각형 모양으로 상하 2단으로 되어 있으며, 기단의 방향은 남쪽 변이 정남에서 동쪽으로 19도 돌아가 있다. 원주부는 총 27단으로 높이는 805cm에 이르며 술병 모양을 하고 있다. 중앙의 출입구는 제13단에서 15단에 걸쳐 있으며, 한 변의 길이가 약 95cm이다. 출입구의 방향은 정남쪽에서 동쪽으로 16도 돌아가 있다. 정자형의 두부는 상하 2단의 정자형 구조로 각 단은 306cm×32cm×32cm크기의 석재를 4개씩 정자형으로 물러놓았다. 첨성대에 사용된 석재는 화강암으로 총적재수는 365개 내외이고, 바깥은 잘 다듬어져 있으나 내벽은 잘 다듬어져있지 않다.

첨성대에 관한 기록으로는 삼국유사 '선덕왕이 미리 안 세 가지 일' 끝에 '돌을 다듬어 첨성대를 쌓았다'는 것이 처음이고 이미 고려사에도 그에 관한 기록이 있고 세종실록지리지에 경상도 경주부 첨성대조에 기록되어 있다.

첨성대는 경주부의 남쪽 원남성에 있는데, 계사년(633년)에 신라 선덕여왕이 쌓은 것이다. 돌을 쌓아 만들었는데 위는 네모지고 아래는 원형이다. 높이가 19.5척, 위의 둘레가 21.6척, 아래 둘레가 35.7척이다. 가운데를 통해서 사람이 올라가게 되어있다는 설명이 있다.

그러나, 오늘날 첨성대가 과연 천문대였는가에 대해서는 의견이 분분하다. 가장 먼저 첨성대에 대해 현대적인 해석을 한 사람은 일제강점기 조선기상관측소에서 근무했던 일본인 와다였다. 그는 1910년 『조선관측소 학술보고』의 「경주 첨성대의 설」에서 첨성대는 그 위에 목조 구조물을 세우고 혼천의 같은 관측기를 설치했던 천문대였으리라는 견해를 밝혔다. 이어 1917년 「조선고대관측기록 조사보고」에서도 같은 내용을 주장했다. 우리나라 학자인 홍이섭도 『조선과학사』에서 신라에서는 독자적인 천문 관측을 하고 있었으며 그 증거로 경주 첨성대를 들 수 있고, 이것은 현존하는 동양 최고의 천문대라고 평가했다.

또한 첨성대에 대해 처음으로 정확히 실측하고 연구한 홍사준은 첨성대 내부에 사람이 들어가 27단의 내부에 반듯이 누워 중천을 쳐다보며 관측했을 것이라는 견해를 밝혔다. 또한 첨성대가 개천설에 의거하여 백제인이 세운 신라 천문대라고 보았다. 박동현도 첨성대가 개방식 돔 형태를 가진 천문대라는 의견을 제시했다.

이와 같이 첨성대가 천문대라는 견해는 8·15 해방 전부터 1960년대까지 정설로 자리 잡았다. 그러나 이후 상설 천문대가 아니었다는 주장이 제기되었다.

불편한 내부 구조로 보아 상설 천문대로 보기 어렵다는 주장도 있었고, 수학 및 천문학에 관한 당대의 권위서였던 『주비산경』의 내용을 종합적으로 반영하여 축조한 상징적인 탑이라는 주장도 있었다. 그 밖에 토속신앙에 따른 농업신인 영성을 숭배하기 위한 제단이었다고 추측하는 설도 있다. 이처럼 첨성대에 관한 논쟁은 아직도 계속되고 있는데, 구조적으로 볼 때 오늘날의 천문대와 다르지만 소박한 의미의 천문관측대라고 보는 것이 일반적인 견해이다.

(3) 통일신라 역사가 간직하고 있는 아름다운 이야기

① 연오랑과 세오녀

신라의 제8대 아달라왕대에 동해가에 연오랑과 세오녀 부부가 살고 있었다. 하루는 연오랑이 바다에 가서 해초를 따고 있는데, 갑자기 바위가 하나 나타나더니 그를 태우고 일본으로 갔다. 일본 사람들은 연오랑을 예사로운 인물이 아니라 생각하고 그를 왕으로 삼았다.

한편 세오녀는 남편이 돌아오지 않자 이상하게 여기고 바닷가에 가서 남편을 찾다가 남편이 벗어놓은 신발을 발견하였다. 그리고 그녀가 바위 위로 올라가자, 그 바위는 그녀를 싣고 일본으로 갔다. 일본 사람들은 놀라서 세오녀를 왕에게 데리고 갔다. 이렇게 해서 부부는 다시 만나게 되어 세오녀는 귀비가 되었다.

이때 신라에서는 해와 달이 빛을 잃자 일관이 왕에게 아뢰기를 "해와 달의 정기가 우리나라에 내리다 일본으로 가 버렸기 때문에 이런 변괴가 생긴 것입니다."

일관의 말을 들은 왕이 사신을 보내 두 사람에게 돌아오기를 청하자 연오랑이 말했다.

"내가 이 나라에 오게 된 것은 하늘의 뜻인데 지금 어떻게 돌아가겠습니까? 짐의 비가 짠 비단이 있으니 그것을 가지고 하늘에 제사를 지내면 될 것입니다."

연오랑은 사신에게 비단을 주어 보냈다. 왕이 연오랑의 말대로 제사를 지내자, 해와 달이 예전의 빛을 되찾았다. 그리하여 그 비단을 임금의 곳간에 간직하여 국보로 삼았다. 비단을 간직한 그 창고의 이름을 '귀비고'라 하고, 하늘에 제사 지낸 곳을 영일현 또는 도기야라 하였다.

② 내물왕과 박제상

신라 제17대 내물왕이 왕위에 오른 지 36년 되는 390년에 왜왕이 사신을 보내 말했다.

"저희 임금이 대왕께서 신성하시다는 말을 듣고 저에게 백제가 지은 죄를 대왕께 아뢰도록 하셨습니다. 대왕께서는 왕자 한 명을 보내 저희 임금께 성심을 보이시기 바랍니다."

그래서 내물왕은 셋째 아들 미해를 왜국에 보내게 되었다. 이때 미해의 나이가 열 살밖에 안 되어 내신 박제상을 부사로 삼아 함께 보냈다. 그런데 왜왕은 30년 동안 그를 붙잡아 두고는 돌려보내지 않았다.

눌지왕이 왕위에 오른 지 3년 되는 해(419년)에 고구려 장수왕이 사신을 보내 왔다.

"저희 임금께서는 대왕의 아우 보해가 지혜가 뛰어나고 재능이 있다는 말을 듣고 서로 친하게 지내기를 바라며 특별히 소신을 보내 간청하도록 했습니다." 왕은 그 말을 듣고 매우 다행스러워하면서 서로 화친을 맺어 왕래하기로 하고 김무알을 보좌로 동생 보해를 고구려에 보냈는데, 장수왕은 보해를 억류하고는 돌려보내지 않았다.

즉위 10년 되는 425년, 눌지왕은 여러 신하들과 나라 안의 호걸들을 불러 직접 연회를 베푸는 자리에서 풍악이 울리기 시작하고 술이 세 순배 돌자 눈물을 흘리면서 신하들에게 말했다.

"과거 선친께서는 백성들의 일이라면 성심을 다하느라 사랑하는 아들을 동쪽 왜국으로 보냈다가 돌아오는 것을 보지 못한 채 돌아 가셨다. 또 짐은 보위에 오른 후 강성한 고구려가 화친을 맺자는 말에 아우를 고구려에 보냈는데 아우 역시 고구려에서 돌아오지 않고 있다. 나는 하루 한순간이라도 이들을 잊고 지낸 적이 없다. 두 사람 만나서 함께 선왕의 묘를 뵙게 된다면, 나라 사람들의 은혜와 같을 수 있을 것인데 누가 이 계책을 이룰 수 있겠는가?"

그러자 관교들이 "이 일은 쉬운 일이 아니어서 반드시 지혜와 용기가 있어야 합니다. 신들의 생각으로는 신라군 태수 박제상이라면 할 수 있을 것입니다."하고 아뢰었다.

그래서 왕이 박제상을 불러 그의 생각을 묻자 제상이 대답하였다.

"신이 듣건대, 임금에게 근심이 있으면 신하가 욕되고, 임금이 욕되면 신하는 그 일을 위해 죽어야 한다고 합니다. 어려운지 쉬운지를 따져보고 나서 행동하면 충성스럽지 못한 일이고, 죽을지 살지를 따져보고 나서 움직이면 용기가 없는 것이라고 합니다. 신이 비록 어리석지만 명을 받들어 가도록 하겠습니다."

왕은 그를 가상히 여기어 잔을 나누어 마시고 손을 잡고는 헤어졌다.

박제상은 곧장 북해의 길을 달려 변복을 하고 고구려로 들어갔다. 그리고 보해가 있는 곳으로 가 탈출할 날짜를 3월 15일로 정하고, 고성 수구로 돌아와 날을 기다렸다. 보해는 기일이 다가오자 병을 핑계로 며칠 동안 조회에 나가지 않고 있다가 밤중에 도망을 쳐 고성 바닷가에 이르렀다. 고구려

박제상

왕이 이를 알고 수십 명의 군사를 보내 그를 뒤쫓게 하여 고성에 이르러 따라잡게 되었다. 보해는 고구려에 머무르는 동안 주위사람들에게 은혜를 베풀었던 까닭에 군사들은 그를 불쌍히 여겨 모두 화살촉을 뽑고 활을 쏘았다. 그래서 마침내 신라로 돌아오게 되었다.

눌지왕은 보해를 만나자 미해 생각이 더욱 간절해져서 한편으로는 기뻐하고 한편으로는 슬퍼하며 눈물을 머금고 신하들에게 말하였다.

"마치 몸 하나에 팔이 하나뿐이고 얼굴 하나에 눈이 하나뿐인 것 같소. 하나는 얻었으나 하나가 없으니 어찌 비통하지 않겠소?"

박제상이 이 말을 듣고는 왕에게 재배(再拜)한 후 하직하고 말에 올랐다. 그는 집에도 들르지 않고 길을 떠나 곧바로 율포 바닷가에 도착하였다.

그 말을 전해들은 그의 아내가 말을 달려 뒤 쫓아가 율포에 이르러 보니, 남편은 이미 배에 오른 뒤였다. 아내가 간곡하게 그를 불렀으나 제상은 다만 손을 흔들어 보이고는 떠나고 말았다.

왜국에 도착한 제상은 거짓으로 말하였다.

"계림의 왕이 무고한 내 아버지와 형을 죽여 이곳까지 도망 쳐 왔습니다."

왜왕은 그의 말을 믿고 그에게 집을 주고 편안하게 해주었다.

박제상은 항상 미해를 모시고 바닷가에 나가 노닐면서 물고기와 새를 잡았다. 그가 잡은 것들을 늘 왜왕에게 바치자 왜왕은 기뻐하며 그를 의심하지 않았다. 어느 날 새벽, 안개가 짙게 끼자 제상이 말하였다.

"도망가기가 딱 좋습니다."

그러자 미해가 말하였다.

"그렇다면 함께 갑시다."

그러나 제상은 "만약 신까지 달아난다면 왜인들에게 발각되어 추격을 받을 것입니다. 신이 남아서 추격을 막겠습니다."하고 함께 가기를 거절하였다.

그러자 미해는 "지금 그대는 나에게 아버지나 형과 같은 존재인데, 어찌 그대를 버려두고 혼자 돌아갈 수 있겠소?"하며 안타까워하였다. 그러자 제상이 "신은 공의 목숨을 구해 대왕의 마음을 위로해 드릴 수 있다면 그것으로 만족합니다. 어찌 살기를 바라겠습니까?"하고 답하고는 술을 가져다 미해에게 주었다. 마침 계림 사람 강구려에게 그를 딸려 보내고 제상은 미해의 방에 들어가 있었다.

이튿날 날이 밝아 사람들이 방으로 들어오려고 하자 제상이 밖으로 나가서 말했다.

"어제 말을 타고 사냥을 하느라 병이 깊어 아직 일어나지 않았소."

날이 저물자 주변 사람들이 이상하게 여기고 다시 묻자 제상은 그제서야 "미해는 이미 여기를 떠났소."하고 말했다.

사람들은 급히 왜왕에게 이 사실을 알렸고, 왜왕은 기병을 시켜 뒤쫓게 했으나 잡지 못하자 제상을 잡아 가두었다.

"어찌하여 너희 나라 왕자를 몰래 돌려보냈느냐?"

제상이 대답하였다.

"나는 계림의 신하이지 왜국의 신하가 아니다. 우리 임금의 뜻을 이루어 드리려고 한 것뿐인데 무엇 때문에 그것을 당신에게 말하겠는가?"

그러자 왜왕이 화를 내며 말하였다.

"너는 내 신하가 되었는데도 계림의 신하라고 말하니, 극형에 처할 수밖에 없다. 그러나 만약 왜국의 신하라고 말하면 녹을 후하게 주겠다."라고 말하자 제상은 "차라리 계림의 개, 돼지가 될지언정 왜국의 신하는 되지 않겠다. 그리고 계림왕에게 볼기를 맞는 형벌을 받을지언정 왜국의 벼슬과 녹은 받지 않겠다."라고 말했다.

왜왕은 노하여 제상의 발바닥 살갗을 벗겨낸 후 갈대를 베어다 놓고 그 위를 걷게 하였다.(오늘날 갈대에 핏자국이 있는 것을 세속에서는 제상의 피라고 말한다). 그리고는 다시 물었다.

"너는 어느 나라 신하인가?"

제상이 대답하였다.

"계림의 신하다."

또다시 왜왕은 뜨거운 철판 위에 세우고 물었다.

"너는 어느 나라 신하인가?"

역시 제상이 대답하였다.

"계림의 신하다."

그러자 왜왕은 제상을 굴복시킬 수 없음을 알고는 목도 가운데서 불태워 죽였다.

한편, 바다를 건너온 미해는 자신이 돌아온 사실을 알리도록 강구려를 먼저 왕에게 보냈다. 왕은 기뻐서 백관들에게 굴헐역에서 맞이하도록 명하고, 자신은 친동생 보해와 함께 남쪽 교외에서 맞았다. 그리고 대궐로 들어와서 잔치를 베풀고 나라 안에 대대적인 사면령을 내렸으며, 제상의 아내를 국대부인으로 봉하고 딸을 미해의 부인으로 삼았다. 식견 있는 사람들은 이렇게 말한다.

"옛날 한나라의 신하 주가가 형양에 있을 때 나라 군사의 포로가 되었다. 항우가 주가에게 '네가 내 신하가 되면 만록후로 봉하겠다.'고 하였으나, 주가는 욕을 하며 굽히지 않다가 왕에게 죽임을 당했다. 제상의 충렬이 주가에 비해 부끄러울 것이 없다."

처음에 제상이 왜국으로 떠나갈 때, 부인이 소식을 듣고 뒤쫓았으나 잡을 수 없자 망덕사 문 남쪽 모래밭에 드러누워 오래도록 울부짖었다. 이후 그 모래밭을 장사라 불렀다. 또 친척 두 사람이 그녀를 부축하여 돌아오려는데 부인이 다리가 풀려 일어나지 못했다. 그로부터 그 땅을 벌지지라 하였다. 제상의 부인은 오랫동안 남편을 그리워하다가 그리움을 이기지 못해 세 딸을 데리고 치술령에 올라 왜국을 바라보면서 통곡하다가 삶을 마치고는 치술령의 신모가 되었다. 지금까지도 그녀의 사당이 그곳에 남아 애달픈 이야기를 전하고 있다.

③ 만파식적

신라의 제31대 신문왕은 아버지 문무대왕을 위해 동해 바닷가에 감은사라는 절을 지었다. 감은사는 원래 문무왕이 왜병을 진압하기 위해 지었으나 완성하지 못하고 죽어 문무왕은 바다의 용이 되었고, 그의 아들 신문왕이 즉위한 후 이 절을 완공하였다. 신문왕은 금당의 섬돌 아래를 파 동쪽을 향해 구멍 하나를 뚫었는데, 용이 절 안으로 들어오도록 마련한 것이라 한다. 이듬해 5월 하루, 해관 파진찬 박숙청이 아뢰기를,

"동해 가운데 있던 작은 섬 하나가 감은사 쪽으로 떠 내려와 파도를 따라 왔다 갔다 합니다."

이 말을 들은 왕은 이상하게 여겨 일관 김춘질에게 점을 치도록 했다. 그러자 일관이 말했다.

"돌아가신 임금께서 지금 바다의 용이 되어 삼한을 지키며, 또 김유신 공이 삼천의 한 아들이 되어 지금 내려와 대신이 되었습니다. 두 성인께서 덕을 같이하여 성을 지킬 보배를 내리시려고 하는 것입니다. 만약 폐하께서 바

닷가로 나가시면 반드시 값을 매길 수 없는 큰 보배를 얻으실 것입니다."

왕은 기뻐하며 그 달 7일에 이견대로 가서 그 산을 바라보고 사신을 보내 살펴보게 하였다. 산의 형세는 거북이 머리처럼 생겼고, 그 위에 대나무 한 그루가 있었는데, 낮에는 둘이 되고 밤에는 하나로 합쳐졌다.

사신이 이를 왕에게 아뢰자, 왕은 감은사로 가서 묵고 이튿날 오시(오전 11시~오후 1시)에 대나무가 하나로 합치자, 천지가 진동하고 이레 동안 폭풍우가 치면서 날이 어두워졌다가, 그 달 16일에야 바람이 멈추고 파도가 가라앉았다. 왕이 배를 타고 그 산으로 가니 용이 검은 옥대를 가져다 바치자 왕은 용을 영접하여 함께 자리에 앉았다.

왕이 "이 산과 대나무가 떨어졌다가 다시 합쳐지는 것은 무슨 까닭인가?" 하고 묻자, "한 손으로 치면 소리가 나지 않지만, 두 손으로 치면 소리가 나는 것과 같습니다. 이 대나무란 물건은 합친 이후에야 소리가 나게 되어 있으니 성왕께서 소리로써 천하를 다스릴 징조입니다. 왕께서 이 대나무를 얻어 피리를 만들어 불면 천하가 화평해질 것입니다. 지금 돌아가신 왕께서는 바다 속에서 큰 용이 되셨고, 김유신은 또 천신이 되었습니다. 두 성인께서 한마음이 되어 이런 큰 보물을 내려 저에게 바치도록 한 것입니다."

왕은 기뻐하며 오색 비단과 금옥으로 답례하고는 사람을 시켜 대나무를 베어 가지고 바다에서 나오니, 산과 용이 갑자기 사라져 보이지 않았다. 왕은 감은사에서 묵고 17일 지림사 서쪽 시냇가에 이르러 수레를 멈추고 점심을 먹었다. 태자 이공(효소대왕)이 대궐을 지키다가 소식을 듣고는 말을 타고 달려와 축하하고 천천히 살펴본 다음 아뢰었다.

"이 옥대의 여러 쪽들은 모두 진짜 용입니다."

왕이 "네가 그것을 어떻게 아느냐?" 하자 태자가 "한쪽을 떼어서 물에 넣어 보십시오."

그러자 왼쪽에서 두 번째 쪽을 떼어내어 시냇물에 담갔더니 곧바로 용이 되어 하늘로 올라갔고, 그 자리는 못이 되었다. 그 못은 용연이라 불리게 되었다.

왕은 궁궐로 돌아와 그 대나무로 피리를 만들어 월성 천존고에 보관했는데, 이 피리를 불면 적군이 물러가고, 병이 낫고, 가물 때는 비가 내리고, 장마 때는 비와 바람이 그치고, 파도가 잠잠해졌으므로 만파식적(萬波息笛)이라 부르고 국보로 삼았다. 효소왕 2년에는 화랑 부례랑이 살아 돌아온 기이한 일이 있어 다시 '만만파파식적(滿滿波波息笛)'이라 불렀다.

④ 진성 여왕과 거타지

신라 제51대 진성여왕이 즉위한 지 몇 년 안 되어 유모 부호부인과 그의 남편 각간 위홍 등 임금의 총애를 받는 서너 명의 신하가 정권을 쥐고 정사를 마음대로 휘둘렀다. 그러자 도적이 벌떼처럼 일어나 나라 사람들이 모두 근심스러워하자 한 사람이 불경 다라니의 은어를 지미 세상에 퍼뜨렸다.

다라니에서 말하기를 '나무망국 찰니나제 판니판니소판니 우우삼아간 부이사파가'라 하였는데, 이 뜻은 "찰니나제는 여왕을 말하며, 판니판니소판니는 두 명의 소판(벼슬 이름)을 말하고, 우우삼아간은 서너 명의 아간을 말한 것이고 부이란 부호부인을 말한다."

왕과 권력을 잡은 신하들은 "왕거인이 아니면 누가 이런 글을 지을 수 있겠는가?"하고는 왕거인을 잡아 옥에 가두었다.

그러나 왕거인이 시를 지어 하늘에 호소하자 하늘이 곧 그 옥에 벼락을 내려 모면하게 해 주었는데 왕거인이 지은 시는 다음과 같다.

연단의 피울림은 무지개와 해를 꿰뚫고

추연이 마음은 비애는 여름에도 서리를 내렸네.
지금 내가 길 잃은 것은 옛일과 비슷한데,
아! 청천은 어찌하여 상서로움을 내리지 않나?

진성여왕에게는 양패라는 막내아들이 있었다. 양패가 당나라에 사신으로 갈 때 백제의 해적이 진도를 막고 있다는 말을 듣고 궁사 50명을 뽑아 동행하였다.

배가 곡도에 도착했을 때, 바람과 파도가 크게 일어 열흘이 넘도록 꼼짝 못 하고 머물러 있게 되자 양패는 걱정이 되어 사람을 시켜 점을 치게 하였는데, "섬에 신의 연못이 있으니 제사를 지내야 한다."고 하여 못에 제물을 차려놓자 갑자기 못의 물이 한 길 남짓이나 솟구쳤다.

그날 밤 꿈에 한 노인이 나타나 "활을 잘 쏘는 사람을 이곳에 남겨두면 순풍을 만날 것이다." 하고 말 하자 꿈 이야기를 주위사람들에게 말하고 누구를 남겨두어야 좋은지를 물었다.

거타지유리이사금

그러자 한 사람이 "나무 조각 50개를 만들어 이름을 써서 바다에 던진 후 가라앉는 자의 이름을 뽑아야 합니다." 하자 제비를 뽑아 거타지만 남게 되고 다른 사람들은 항해를 계속하였다. 혼자 남은 거타지가 수심에 잠겨 섬에 서 있는데 한 노인이 갑자기 못에서 나와 말했다.

"나는 서해의 용왕인데, 날마다 해가 뜰 무렵에 승려 한 사람이 하늘에서 내려와 다라니를 외우면서 못을 세 바퀴 돌면 우리 부부와 자손들이 모두 물 위로 떠오른다오. 그러면 그 때 내 자손의 간을 모조리 먹어치워 이제 우리 부부와 딸 하나만 남았소. 내일 아침에도 반드시 그가 나타날 테니 그대가 그를 활로 쏘아 주시오."

거타지가 "활 쏘는 일이 내 특기이니 명령대로 하겠습니다." 하고 대답하자 노인은 고맙다고 말하고 사라졌다.

거타지는 몸을 숨기고 엎드려 날이 밝기를 기다렸다. 이튿날 동이 밝아오자 노인의 말대로 승려가 나타나더니 주문을 외면서 늙은 용의 간을 빼려 하였다. 이때 거타지가 활을 쏘아 승려를 맞히자 그는 늙은 여우로 변하더니 땅에 떨어져 죽었다.

노인이 거타지에게 감사해하며 말했다.

"공의 은혜를 입어 내 목숨을 보존하게 되었으니 내 딸을 그대의 아내로 주겠소." 거타지가 말했다.

"제게 주신다면 평생을 저버리지 않고 사랑하겠습니다."

노인은 자신의 딸을 한 송이 꽃으로 바꾸고 거타지의 품속에 넣어 주고는 두 용에게 거타지를 호위하여 사신의 배를 뒤쫓아가 당나라로 들어가도록 명령하였다.

당나라 사람들은 신라의 배가 용 두 마리의 호위를 받으며 들어오는 사실을 황제에게 보고하자 당나라 황제는 "신라 사신은 반드시 비범한 사람일 것이다."고 판단하고 연회를 열어 사신들을 신하들의 윗자리에 앉히고 금과 비단을 후하게 주었다. 나라로 돌아온 거타지가 품에서 꽃송이를 꺼내자 여인으로 바뀌어 함께 살았다.

⑤ 선덕 여왕과 지귀

신라 선덕여왕 때에 지귀라는 젊은이가 있었다. 그는 활리역 사람으로 서라벌에 나왔다가 지나가는 선덕여왕의 아름다움에 반해 사모하게 되었다.

선덕여왕은 진평왕의 맏딸로 성품이 인자하고 지혜로울 뿐만 아니라 용모가 아름다워 모든 백성들로부터 칭송과 찬사를 받았다. 그래서 여왕이 행차를 한다 하면 모든 사람들이 여왕을 보려고 거리를 온통 메웠다. 지귀도 그러한 사람들 틈에서 여왕을 한 번 본 뒤에 여왕이 너무 아름다워서 혼자 여왕을 사모하게 되었던 것이다. 이후 지귀는 잠도 못 자고 밥도 먹지 않으며 정신이 나간 사람처럼 선덕여왕을 부르다가 마침내 미쳐 버리고 말았다. 지귀는 거리로 뛰어다니며 이렇게 외쳐댔다.

"아름다운 여왕이여, 나의 사랑하는 선덕여왕이여!"

이를 본 관리들은 지귀가 외쳐대는 소리를 여왕이 들을까 봐 걱정이었다. 그래서 붙잡아다가 매질을 하며 야단을 쳤지만 아무 소용이 없었다. 그러던 어느 날 선덕여왕이 행차를 하게 되었는데 골목에서 선덕여왕을 부르면서 나오다가 사람들에게 붙들렸다. 그러자 사람들은 웅성거리고 떠들썩했다. 이를 본 여왕은 뒤에 있는 관리에게 무슨 일이냐고 물었다.

선덕여왕과 지귀

"미친 사람이 여왕님 앞으로 뛰어나오다가 사람들에게 붙들려서 그러하옵니다. 아뢰옵기 황송하오나 지귀라고 하는 저 미친 사람이 여왕님을 사모하고 있다고 하옵니다."

관리는 큰 죄를 진 사람처럼 머리를 숙이며 말했다.

"고마운 일이로구나!"

여왕은 혼잣말처럼 말하고는 관리에게 지귀에게 자기를 따라오라고 말한 다음 절을 향해 갔다. 한편 여왕의 명령을 전해들은 사람들 모두는 깜짝 놀랐고 지귀는 너무나 기뻐서 덩실덩실 춤을 추며 여왕의 행렬을 뒤따랐다.

절에 이른 여왕이 부처에게 불공을 올리는 동안 지귀는 탑 옆에 앉아서 여왕이 나오기를 기다렸다. 여왕은 좀체 나오지 않았고, 심신이 쇠약해진 지귀는 그만 그 자리에서 잠이 들고 말았다.

불공을 마치고 나오던 여왕이 탑 아래에 잠들어 있는 지귀를 발견하였다. 여왕은 가엾다는 듯이 그를 물끄러미 바라보다 팔목에 찼던 금팔찌를 풀어 가슴 위에 얹어놓은 다음 발길을 옮기었다.

여왕이 가고 난 뒤에 잠이 깬 지귀는 가슴 위에 놓인 여왕의 금팔찌를 보고는 놀랐다. 그는 여왕의 금팔찌를 가슴에 꼭 껴안고 기뻐서 어찌할 줄을 몰랐다. 그의 기쁨은 곧 불씨가 되어 가슴속에서 활활 타오르다가 온몸을 불덩어리로 만들어 이내 숨이 막혔다. 가슴속에 있던 그 불길은 마침내 몸 밖으로 터져 나와 지귀를 새빨간 불덩어리로 만들고 가슴을 태우던 불길은 머리와 팔다리로 옮아가서 마치 기름이 묻은 솜뭉치처럼 활활 타올랐다. 지귀는 있는 힘을 다하여 탑을 잡고 일어섰다. 그러자 불길은 탑으로 옮겨져서 마침내 탑도 불기둥에 휩싸였다. 지귀는 꺼져 가는 숨을 내쉬며 멀리 사라지는 여왕을 따라가려고 허위적 허위적 걸어갔고, 지귀 몸에 있던 불기운이 거리로 퍼져서 온 거리가 불바다가 되었다.

이 일이 있은 뒤부터 지귀는 불귀신으로 변하여 온 세상을 떠돌아다니게 되었다. 사람들이 이 불귀신을 두려워하자 선덕여왕은 불귀신을 쫓는 주문을 지어 백성들에게 내놓았다.

　　　지귀는 마음에 불이 일어
　　　몸을 태우고 최선이 되었네.

푸른 바다 밖 멀리 흘러갔으니
　　보지도 말고 친하지도 말지어다.

　백성들은 선덕여왕이 지어 준 주문을 써서 대문에 붙임으로써 화재를 면할 수 있었다. 그 후 사람들은 불귀신을 물리치는 주문을 쓰게 되었는데, 이는 불귀신이 된 지귀가 선덕여왕의 뜻만 좇기 때문이라고 한다.

통일신라의 멸망 원인에 대하여 논하시오.

1. 서 론

신라의 멸망 과정과 원인에 대하여 역사적 자료를 토대로 하여 근거를 찾고 생각을 덧붙여 정리한다.

2. 본 론

1) 신라 하대의 사회 상황

통일 신라는 8세기 끝 무렵에 들어오면서부터 정치적 혼란과 함께 경제적 혼란까지 겹쳐 서서히 쇠락의 길로 접어들기 시작하였다. 정치적으로는 귀족들의 왕위 쟁탈전이 끊이지 않았고, 경제적으로는 귀족들의 대토지를 소유함으로 말미암아 일반 농민들은 극심한 생활의 궁핍을 겪고 있었다.

진성여왕 대 시기를 전후로 하여 왕위 계승 다툼은 극심한 경향을 보였다. 귀족내부에서의 갈등과 대립으로 정치적 혼란은 더욱 가속화 되었고, 귀족

1. 남북국시대 351

들의 자체 분열뿐만 아니라 왕이나 귀족들의 생활은 사치스럽고 방탕하여, 신라의 멸망을 재촉하고 있는 상황이었다. 또한 진성여왕 시기를 이후로 군사력은 크게 약화되어 각지에서 일어나는 반란을 제압할 힘조차 없었다. 더구나 효공왕 이후 박씨 왕의 출현과 그로 말미암은 진골 김 씨 세력과의 대립, 견훤 세력에 의한 김씨왕의 재출현 등, 복잡한 정치 상황이 이어지고 있었다. 이러한 상황 속에서도 왕과 귀족들은 백성들 위에 군림하려고 하였기 때문에 백성들은 지배 계급에 대한 불신과 불만으로 가득 차게 되어 반사회 세력화 되게 된다.

2) 신라의 멸망의 주된 원인

(1) 뒤떨어진 골품제도

신라는 본래 여섯 씨족 마을이 결합하여 만든 사로국이 발전하여 이루어진 귀족 사회이다. 사회 체제는 이러한 씨족공동체 사이의 계급을 정한 골품제도에 의해서 움직여지고 있었다. 나라에서는 귀족들에게 녹읍이라는 땅을 내렸는데, 각 귀족들의 골품에 따라 저마다 다르게 나누어 주었고, 이 녹읍은 귀족 세력을 뒷받침해주는 경제적 기반이었으며, 호화로운 생활을 누릴 수 있게 해주었다.

그러나 신라 후기에 들어서면서 귀족들이 늘어남에 따라 녹읍도 많아졌는데, 삼국을 통일하면서 얻은 고구려, 백제의 땅을 다 나누어 주어도 모자랄 형편이 되었고, 게다가 녹읍을 받은 귀족들은 매일같이 사치와 향락을 일삼았다. 또한 혈통을 기준으로 한 골품제도는 유능한 인재의 앞길을 가로막아 새로이 떠오르는 6두품 지식인의 반발을 살 수밖에 없었다.

(2) 진골 귀족의 분열

골품제도가 흔들리게 된 가장 큰 이유는 진골 귀족끼리의 싸움에서 비롯되었다. 경덕여왕 대에 진골들이 서로 갈라지고 자기 세력만을 넓히려 하였고, 또 중앙 정부에 반기를 들려는 움직임까지 일어나 신라의 분열과 혼란에 빠져들게 하였다. 몇 차례의 진골 귀족 내부의 반란으로 왕위의 교체가 빈번히 이루어지게 되고 귀족이 여러 갈래로 나뉘어 왕위 쟁탈을 일삼았다.

(3) 끝없는 왕위 다툼

혜공왕 16년 김지정이 일으킨 반란으로 혜공왕이 죽자, 상대등이면서 내물왕의 10대손인 김양상이 이를 진압한 뒤 스스로 선덕왕이 되었다. 이때부터 신라는 무열왕으로부터 이어오던 무열계가 몰락하고, 내물계가 득세하는 시대로 접어들게 되었다. 신라의 왕위가 계속 내물왕계로 이어지자, 무열왕계에서는 끊임없이 반격을 가해 왔으며, 그들을 중심으로 한 신라 귀족의 내분은 갈수록 심해지고 왕위 쟁탈전 또한 끊임없이 계속되는 어지러운 형편이었다. 선덕왕이 죽고 나서 신라의 조정은 내분에 휩싸이게 되었으며, 무열왕계의 후손인 김헌창, 김범문이 부흥운동을 일으키다가 제거되었고, 이 사건을 계기로 무열왕계 귀족은 6두품으로 밀려나게 된다. 이후 내물왕계 귀족들의 전성시대가 오게 되었지만 오래가지 못하고 또 한 차례 내물왕계 귀족들 사이에서 내분이 일어나게 된다.

(4) 반란 농민군

통일신라 말기의 사회상황은 농민항쟁을 일으키는 원인들을 내포하고 있었다. 귀족들의 왕위 계승 다툼으로 인한 정치적 혼란은 계속되었으며, 귀족이나 승려, 사원의 대토지 소유로 인한 일반민들의 경제적 생활은 궁핍을 면치 못하고 있었다. 게다가 자연재해라는 요인까지 겹쳐 농민들의 생활은 파탄 지경에 이르게 되었다. 또 조세와 부역에 벅차 도망치는 농민들을 흔히 볼 수 있었으며 이러한 도망친 농민들 가운데에는 유력한 호족 밑에 노예로 들어가거나 도적떼로 들어가기도 하였다. 이러한 현상은 국가 재정에 커다란 손실을 가져다주었으며, 진성여왕 3년(889년)전국에 대한 공부(貢賦) 독촉이 실시되자 각지에서는 농민과 지방 세력들이 봉기하게 되면서 농민 반란이 시작되게 된다.

3) 신라 말 6두품 세력의 대두와 사회개혁

(1) 신라 말 6두품세력의 대두

6두품은 진골 다음의 신라 귀족을 말한다. 그러나 아무리 뛰어난 인물이라 하여도 진골이 아니면 골품제도에 걸려 출세하는데 큰 지장이 있었다. 그래서 골품제도는 진골이 아닌 계층의 불만을 살 수밖에 없었는데, 신라의 지식인 6두품의 불만은 더욱 가중되었고 또 왕위 쟁탈전에서 밀려난 무열왕계 귀족들의 불만도 역시 컸다. 이들은 연고가 있는 지방으로 내려가 자기의 세력을 차츰 키워 갔고, 이들 6두품들은 풍부한 유교 지식인으로 신진 세력들이 나라를 세우는데 필요한 정치 이념이나 통치 기술 등을 제공해 주게 된다. 그들 가운데 대표적인 인물로는 최치원과 더불어 최인곤, 최승우가 있다.

(2) 호족세력의 성장

지방(호족)세력은 중앙 통제를 벗어나 자신들의 경제력을 바탕으로 권력을 가지고 일정한 지역에 대한 정치적, 경제적, 군사적 지배권을 행사한 독자적인 지방 세력으로서, 신라 말~고려 초의 사회 변동을 주도한 세력으로 신라시대 신분 제도인 골품제도 밖에 존재했던 계층이다. 그들은 지방 토호 출신이나 중앙에서 낙향한 6두품 출신들로 중앙 정부의 힘이 미치지 못하는 틈을 타서 크게 성장했다. 호족들은 자신이 다스리는 지역에서 경제력은 물론이고 군사력까지 장악하게 된다. 이들 호족은 궁예를 비롯한 견훤에게 각각 통합되어 고려 건국에 밑거름이 되었다.

3. 결론

이처럼 신라는 자체적인 내부 분열로 시작하여 왕위 쟁탈전에서 밀려난 세력들에 의해 서서히 진압된 후에 왕건이 새로이 '고려'라는 나라를 건국하게 된다.

신라뿐만이 아니라 고구려, 백제 등의 나라도 극심한 내부 분열과 사회체제, 지배 체제의 모순과 새로운 지배 이념의 등장으로 나라가 몰락한다. 이것은 새로운 나라가 등장함과 동시에 우리의 역사도 한 단계 진전된다.

발해 연대표 (228년간 15명의 왕)

① 고왕 대조영 (재위기간 698 ~ 719년)
　　　　698년 : 동모산 발해 건국
　　　　713년 : 국호: 발해, 연호: 천통 사용

② 무왕 대무예 (재위기간 719 ~ 737년)
　　　　727년 : 일본에 사신보냄(교류시작 1차)
　　　　732년 : 당나라 등주 공격
　　　　733년 : 당나라 발해 침공 격파

③ 문왕 대흠무 (재위기간 737 ~ 793년)
　　　　738년 : 유교 규범 도서 도입
　　　　762년 : 발해군→발해국, 발해군왕→발해국왕 당에서 인정
　　　　776년 : 일본 9차 사신 보냄

④ 폐왕 대원의 (재위기간 793 ~ 793년)
　　　　왕위 계승 정통성 문제 피살됨

⑤ 성왕 대화여 (재위기간 793 ~ 794년)
　　　　793년 : 동경에서 상경으로 천도

⑥ 강왕 대숭린 (재위기간 794 ~ 809년)
　　　　799년 : 일본이 연한에 구애받지 않고 사신 파견 통고

⑦ 정왕 대원유 (재위기간 809 ~ 812년)
　　　　809년 : 연호 영덕

⑧ 희왕 대신의 (재위기간 812 ~ 817년)
　　　　812년 : 신라에서 사신 보내옴
　　　　814년 : 당과 교류 문물제도 받음, 불상 보냄

⑨ 간왕 대명충 (재위기간 817 ~ 818년)
   817년 : 연호 태시

⑩ 선왕 대인수 (재위기간 818 ~ 830년)
   연호 건흥
   해동성국이란 칭호 얻음
   행정구역 5경 15부 62주 개편

⑪ 대이진 (재위기간 831 ~ 857년)
   832년 : 당나라 문화교류 활발
   840년이후 : 당나라 빈공과 발해인 급제
   841년 : 선왕에 이어 일본 사신 파견

⑫ 대건황 (재위기간 857 ~ 870년)
   859년 : 일본에 장경선명력 달력 전함
   861년 : 불정존승다라니경 전함 (현재 석산사 남음)

⑬ 경왕 대현석 (재위기간 871 ~ 894년)
   877년 : 105인의 사절단 일본에 보냄
   892년 : 고원고 당나라 빈공과 급제

⑭ 대위해 (재위기간 894 ~ 906년)
   906년 : 오광찬 당 빈공과 급제

⑮ 대인선 (재위기간 906 ~ 926년)
   911년 : 신라등 비밀리에 연계 맺으려다 실패
   914년 : 거란 발해인 납치 요양에 강제로 보냄
   926년 : 야율아보기에게 패하여 발해 멸망

● 확 잡히는 발해

고구려 멸망 후 대조영이 고구려인과 말갈 인들을 주축으로 이 동모산에 발해를 세웠다. 발해의 건국으로 발해-당-신라는 삼각구도를 이루었다. 발해는 우리나라가 진취적이고, 개척적이며, 막강한 민족이었음을 알려주는 증거이기도 하다.

● 기억할 유물

상경성 터, 발해치미, 발해 돌사자상, 정효공주 묘의 벽화, 발해 오층전탑(영광탑)

● 기억할 인물

* **대조영** : 고구려 유민으로 고구려 멸망 뒤 당나라의 말갈추장 걸사 비우와 함께 고구려 유민과 말갈족을 각각 이끌고 발해를 건국하였다.
* **무왕** : 영토를 확장하며 발해국의 기틀을 마련하였다.
* **문왕** : 당, 일본과 활발한 외교활동으로 정치, 문화적 역량을 확장 시켰다.
* **선왕** : 해동성국이라고 표현 될 만큼 발해국을 중흥시킨 군주이다.

2) 발해의 역사

(1) 발해의 탄생

신라가 당나라의 도움을 받아 백제를 병합하고, 고구려를 멸망시킨 후에는 한반도에서 물러나려 하지 않는 당나라 세력과 다툼을 벌이게 된다. 하지만 신라는 한반도 일부인 대동강 이남 지역에서 당나라 세력을 완전히 몰아냄으로써, 대동강 남쪽을 차지하고 신라 역사의 전성기를 이루게 된다. 그리고 옛 고구려 땅에는 발해가 들어선다.

고구려가 멸망한 다음 대동강 이북 지역과 요동지방은 당의 지배에 들어갔다. 당은 평양에 안동도호부를 세우고, 한반도에서 물러나지 않으려 했지만, 고구려 유민들의 항전으로 요하 서쪽지방으로 물러난다. 이때 당은 고구려 유민 3만 8천여 가구를 강제로 중국 땅으로 데리고 갔다. 서역을 개척한 고구려 후예 고선지 장군과 8세기 후반 산동반도에서 제나라를 건국했던 이정기는 고구려 유민 출신이었다.

고구려 땅에 들어선 발해의 주민은 고구려계와 말갈계 등 다양했지만, 총인구의 70~80% 이상이 고구려계 였으며, 말갈족과 그 외의 사람들은 아주 적었다. 말갈족은 만주의 동북 지방에 광범위하게 분포하여 살던 종족으로 고구려에 예속되어 살다가 고구려 멸망을 전후하여 고구려에 협력하기도 하고, 당나라에 도움을 준 사람들도 더러 있었다. 특히 속말말갈족은 발해 건국에 적극 힘이 되어 주었다.

발해가 세워진 것은 698년으로 고구려가 멸망한 지 30년이 지난 뒤의 일이다. 대조영이 발해를 세우기 2년 전인 696년에 영주 지방에서 대규모 반란이 일어났다. 영주 지방은 지금의 조양시로 요하 서쪽에서 만리장성 동쪽

끝인 산해관에 이르는 너른 지역을 말한다. 영주 지역의 원주민은 거란족이지만 당나라의 강제 이주정책에 반대한 많은 고구려인들이 당과 고구려의 중간 지점인 그곳에 자리를 잡았다. 이런 까닭에 영주지방은 북방의 여러 종족들을 통제하던 군사도시였다. 당 현종과 양귀비의 총애를 받다가 나중에 난을 일으킨 안녹산은 영주의 책임자였다.

　당나라의 영주도독 조문홰가 주민들을 탄압하자 거란족의 추장 이진충이 중심이 되어 반란을 일으켰는데, 그들은 영주성을 함락하고 조문홰를 살해하고 자칭 무장칸이라 하면서 독립을 선포하였다. 한편, 고구려 유민과 말갈 사람들은 독자적으로 활동을 전개하였는데, 고구려 유민을 통솔한 사람이 대조영과 그의 아버지 걸걸중상 혹은 대중상(고구려 멸망 당시 서 압록강을 방어하는 지휘관으로서 벼슬이 진국장군이었다.)이었다. 두 사람은 속말말갈족의 추장 걸사비우와 연합하여 영주의 동쪽과 동남쪽의 여러 성을 탈환하고 요서의 옛 성으로 쫓겨 온 안동도호부를 공격하였다.

　거란족을 이끌던 이진충이 사망하자 그의 매부 귀성주자사 손만영이 지휘권을 계승하여 계속 싸웠고, 그에 힘입어 대조영과 걸걸중상도 분투하였다. 그런데 손만영이 죽고 과거 이진충과 손만영의 휘하에서 많은 전공을 세운 이해고가 당나라에 투항하여 당나라 진압군 책임자로 기용되었다. 이해고는 첫 번째 싸움에서 말갈족 추장 걸사비우를 죽이고, 그 승세를 몰아 고구려 유민군을 추격하였다. 대조영은 흩어진 말갈군을 규합하고 당군을 천문령으로 유인하여 기습, 섬멸하였다. 걸걸중상도 직접 그곳으로 가서 아들 대조영의 군대와 합류하였다. 이 싸움의 승리로 대조영은 고구려의 맥을 잇는 발해국을 세울 수가 있었고 당군은 이해고만 겨우 살아 돌아갔다.

　고구려 유민군이 큰 승리를 거두고 송화강 상류인 휘발하를 건너 부이령 산맥의 동쪽에 위치한 동모산으로 향하던 도중에 걸걸중상은 병사하였다.

대조영이 이끄는 군대가 진국의 수도에 이르자 고구려 유민과 말갈 사람들이 대열에 가담하였고, 동모산과 그 인근에 40만 대군이 집결하자 대조영은 발해국을 세우고 초대 황제가 되었다.

(2) 발해의 건국지

대조영이 발해를 처음 세운 곳은 오늘날의 돈화 오동성 자리로 송화강 상류 부이령 산맥의 동쪽 기슭인 동모산에 해당하는 곳이다. 동모산은 백두산에서 북쪽으로 300여 리 떨어져 있는 곳으로 사방이 험준한 산맥으로 둘러싸여 있으며 송화강의 한 지류인 모란강 (당시의 이름은 홀한하, 홀한해(지금의 경박호 혹은 오루하)) 상류이다. 당시 그곳이 발해로 인식되고 통용되었기 때문에 국호를 발해로 한 것이다. 중국의 일부 기록에는 진국으로 쓰여 있지만 그것은 중국의 입장에서 주변 국가를 자기네 속국처럼 부른 것이지 발해의 국호가 진국이었던 것이 아니다.

698년 대조영이 발해국을 세웠다는 소문이 퍼지자 고구려 옛 땅에 흩어져 있던, 유민들이 속속 모여들어 당나라의 침략을 막을 수 있는 방어망이 구축되었다. 고구려가 멸망한 후 당나라는 옛 고구려의 너른 땅을 전부 지배하지 못하고, 동북의 너른 땅은 누구의 힘도 미치지 않은 상태로 비어 있었다. 그것 또한 대조영의 세력이 새롭게 들어설 수 있는 배경이 되어주었다.

그런데 『제왕운기』와 중국의 사료에는 발해 건국 연도 698년 보다 14년 앞선 684년에 발해제국의 전 왕조라 할 수 있는 진국이 수립되었다는 기록이 있다. 진국은 발해가 제국으로 일어서기 전에 세워진 소국이다. 정확히 말하면 고구려 유민이 세운 진국의 토대 위에 발해를 세운 것이다. 진국 외에 고구려 유민이 세운 나라로는 요동반도의 남부와 한반도 서부에 고려후국이 있었다. 진국과 고려후국은 발해로 편입되어 발해국은 세운 지 얼마 안 되어 옛 고구려의 땅 대부분을 차지할 수가 있었는데, 고구려가 차지하지 못한 북쪽 지역은 많이 개척한 반면, 남쪽의 땅은 통합하지 못했다.

발해는 개국 초기부터 창제국의 면모를 갖추었다. 대조영이 맏아들 대무예에게 계루군왕이란 칭호를 준 사실로도 그것을 알 수 있고, 고려후국이 대조영에게 왕의 칭호를 받은 것으로도 발해는 작은 왕들을 거느린 황제의 나라 즉, 제국이었음이 확인되었다.

그리고 1980년에 발견된 발해 3대 문왕의 넷째 딸 정효공주가 사망하자, 묘비에서 '황상께서 조회를 열지 않고'의 구절에서 볼 수 있듯이 왕을 황제로 불렀던 사실에서도 제국이었음을 확인할 수 있다.

또, 발해에서는 독자적으로 연호를 사용하였다. 당시에 연호는 황제만이 사용 할 수 있는 특권으로서 연호의 사용은, 제국으로서의 체제와 면모를 갖추었을 뿐 아니라 자주국가로서 존재했다는 사실을 반증해 주는 것이다. 고구려에서도 광개토왕이 영락이라는 연호를 사용하였지만 간헐적으로 사용했고, 신라에서는 통일 이전에 독자적인 연호를 사용하다가 당나라가 트집을 잡는 바람에 중국의 연호를 받아썼다. 그래서 발해는 주변국들로부터 동방의 강대국으로 인정을 받았기에 '해동성국'으로 불렸다.

이러한 발해가 우리 역사의 안쪽으로 깊숙이 들어오지 못하고, 마치 변방처럼 대접받는 이유는 무엇보다 우리가 직접 가 볼 수 없는 곳에서 일어났다. 사라진 나라이기 때문이고, 자료가 부족하다 보니 본격적으로 연구를 하지 않았기 때문이다.

동양에서는 새로운 왕조가 일어나면, 그 이전의 역사를 정리해 주는 것이 전통적인 관례였다. 그러나 거란족에게 멸망당한 발해는 거란족에 의해 도성이 불살라지고 발해 백성들은 요동반도로 강제 이주되어, 고려인들이 발해 역사를 제대로 정리해 주지 못했다. 따라서 발해는 안개에 가려진 채 우리 머릿속에 희미하게 남아 있었다. 발해가 우리 관심의 영역으로 들어온 것은 유득공, 이종휘와 같은 조선후기 실학자들이 역사인식을 새롭게 한 것에서 비롯되었다.

그러나 중국의 사료와 일본과 교역이 활발했던 까닭에 일본 사료에서 그 자취를 찾아볼 수가 있고, 무엇보다 다행인 것은 유적이 발견되고 있으며, 1980년에 발견된 발해 제3대 문왕의 넷째 딸 정효 공주의 묘비는 발해의 문 앞에 있던 안개와 같은 베일을 활짝 열어주는 데 큰 역할을 하였다.

그리고 특이하게 '협계 태씨 족보'와 '영순 태씨 족보'에 발해국의 역사가 실려 있다. 예전에는 대와 태를 함께 써 태씨가 대조영의 후손이므로, 그들의 조상인 대조영이 세운 발해국의 역사를 기록해 놓은 것이다.

(3) 발해의 건국자 대조영

그 동안 대조영이 고구려족의 후예냐 아니냐를 두고 논란이 많았었다. 그 이유는 그의 종족을 가지고 발해가 우리나라의 역사인가 아닌가의 기준으로 삼으려 했기 때문이다. 결론적으로 말하면 발해의 건국자 대조영은 말갈의 혈통을 이어받은 고구려계의 인물이다. "아, 그러면 발해는 우리 역사가 아니네!"하고 말하는 사람이 있을지 모른다. 하지만 종족을 가지고 역사의 주체 기준으로 삼는 것은 너무나 단순한 논리이다. 지금과 달리 정복전쟁이 활발하게 이루어지던 고대사회에서는 종족끼리만 뭉쳐서 나라를 구성하지 않았다. 중요한 것은 새로 이룩된 나라가 어느 나라의 정신과 문화를 계승했느냐이다. 이를 두고 흔히 후지모리가 일본계 인물이라고 해서 페루가 일본의 역사일 수 없는 논리에 비유하기도 한다.

대조영이 나라를 세울 때 고구려 계통의 고씨들이 신하의 주축을 이루어 국정을 담당하였고, 대외적으로 특히 일본에 사신을 보낼 때 발해가 고구려를 이어받은 국가임을 스스로 표명하였다. 일본 역사 기록에 '발해는 말갈족이 많고 고구려인이 적지만, 고구려인들이 모두 이들을 지배하고 있다.'고 쓰여 있다. 또 사신들이 오갈 때 일본에서 발해국 사신을 '고려사신'이라고 칭했다. 발해는 소수의 고구려인이 다수의 말갈족을 지배하는 구성 체제를 가지고 있던 고구려의 계승국이다.

말갈족은 만주에 살던 종족으로 6세기 중반부터 이들의 명칭이 나타나기 시작하였는데, 발해가 멸망한 이후 거란 치하로 들어가면서 여진족이라 불렸다. 여진족은 훗날에 금나라를 세우고, 나중에는 만주족으로 바꿔 불렸으며, 만주족은 청나라를 세웠다.

앞에서 얘기한 대로 말갈족은 만주의 중부와 동부, 러시아 연해주에 걸쳐 살면서 일부는 중국으로 일부는 한반도로 또 일부는 러시아로 동화되었다. 백두산(중국 명칭은 장백산)가까이에 살던 집단은 백산말갈, 러시아 하바로브스크 일대 아무르강(흑룡강) 주변에 살던 집단은 흑수말갈, 송화강 상류 속말수 지역에서 유래된 속말말갈이 있었다. 대조영은 그 중 속말말갈 출신으로 고구려에 동화되어 우리역사의 한 부분을 차지하게 된 집단이다. 말갈은 용병술이 뛰어나 중국에서도 고구려에서도 환영받으며 우대받았다고 전해진다.

(4) 발해 230년의 역사

발해를 멸망시킨 거란이 발해의 수도를 불살라 기록으로 남아 있던 것들이 재로 변해 체계적인 발해의 역사를 알 수 없지만, 대조영부터 13대왕 대현석 까지의 기록은 『신당서』, 『발해전』에 기록되어 있다. 그 이후 대현석 다음에 대위해와 마지막 왕인 대인선이 통치하였다는 것은 알려져 있으나, 대위해와 대인선 사이에 몇 명의 왕이 있었는지 확인할 길이 없어 15대가 왕위를 이은 것으로 보고 있지만 단정을 내릴 수는 없다.

발해의 고왕 대조영에 이어 2대 무왕으로 오른 대무예는 대조영의 아들로 정복활동을 벌여 영토를 크게 넓혀 고구려의 옛 터전을 수복한 한편, 부여의 풍속을 따른 것으로 전한다. 무왕의 정복에 위기를 느낀 흑수말갈이 당나라에 붙어 당나라와 발해의 틈이 벌어지자, 발해는 해로와 육로로 당나라를 공격하였다. 당나라는 신라를 끌어들여 발해 남쪽을 치도록 하였지만, 전쟁은 별 성과 없이 끝이 났다.

무왕에 이어 3대 왕위에 오른 이는 문왕 대흠무이다. 무왕은 영토의 정복 활동을 벌인 데 비해 문왕은 힘을 내부로 결집시켜 여러 가지 제도 정비를 펼쳤다. 당나라의 문물제도를 받아들여 통치제도를 마련하고, 유학과 불교를 진흥시켰다.

문왕은 57년간 통치하였는데, 이 기간은 발해 역사의 4분의 1에 해당한다. 당나라가 진국이라고 부르며, 비하시키던 발해를 하나의 독립국가로 인정한 것이 문왕 때의 일이다. 문왕이 793년에 사망하고 818년에 10대 선왕이 즉위할 때까지 25년 동안 6명의 왕이 교체되는 내분기를 맞았었다. 그러다 계보가 다른 선왕이 즉위하면서 다시 융성기를 맞았다.

발해의 역사는 중국의 사료에 의존해 알 수 있는데, 발해가 융성기를 맞았던 때 중국의 당나라는 한참 혼란기여서 발해 기록이 제대로 되어 있지 않아 그 시기 발해의 실상에 대해서는 거의 알 수가 없다. 그러면 알려진 발해의 왕조의 가계도를 보기로 한다.

발해 왕조 가계도

```
대걸곤우 – 열왕 – 1대 고왕 – 2대 무왕 – 3대 문왕 – 대굉림 – 5대 성왕
                │            │                        – 6대 강왕
              대야발  (1대 고왕 종손) 4대 폐왕
                │                                     – 7대 정왕
                │                                     – 8대 희왕
         (5세손)10대 선왕 – 대신덕 – 11대 장왕
                                │                     – 9대 간왕
                     12대 안왕 – 13대 경왕 – 14대 대위계 – 15대 애왕
```

(5) 왕의 치사로 본 발해 역사

● **제1대 고왕 대조영** (高王大祚榮. ?~719년. 재위 기간은 698년~719년까지 약22년)

대조영은 걸걸중상의 아들로 698년에 동모산에서 발해를 세웠다. 즉위 8년인 705년 당의 사신 장행급이 고왕을 위로하자, 고왕은 아들 문예를 당에 보냈다. 16년(713년)에 당나라 사신 최흔이 대조영을 '발해군왕'으로 아들 대무예를 '계루군왕'으로 책봉하였고, 이 해에 문예가 귀국하였다. 이때부터 발해를 국호로 하였다하는데 이에 대해서는 건국 때부터 발해로 하였다는 의견도 있어 논란이 있다. 협계 태씨 족보에는 고왕이 '천통'이라는 연호를 사용했다고 적고 있다. 이 사실을 인정 안 하는 일부 학자들도 있지만, 2대 무왕 때 연호를 '인안'으로 바꿨다는 기록을 보아 '천통'이라는 연호를 사용한 것이 사실인 것으로 보인다.

● **제2대 무왕 대무예** (武王 大武藝. ?~737년. 재위 기간은 719년~737년까지 약19년)

무왕 대무예는 고왕 대조영의 아들이다. 고왕의 뒤를 이어 즉위한 후, 연호를 인안이라 하였다. 9년(727년)에 고인의를 일본에 사신으로 보냄으로서 일본과 교류가 시작되었다.(1차) 무력을 양성하여 즉위 8년 되는 726년에 대문예(무왕의 아우)와 임아에게 흑수말갈을 공격하게 하였다. 그러나 대문예가 왕 사이에 불화가 생겨 당나라로 망명하자, 무왕은 당나라에 마문궤를 보내 대문예를 죽이기를 요청하였으나 당나라가 거절하였다. 그 후14년(732년)에 장문휴를 보내 당나라의 등주를 공격하여 자사 위준을 죽이고, 거란과 제휴하여 육로로 마도산 방향으로 공격하였다. 15년(733년) 당나라가 대문예를 보내 발해를 공격하였으나 성과 없이 물러났다. 그리고 무왕은 발해를 배신한 대문예를 자객을 보내 살해하려고 했지만 실패하였다. 몇 년도인지 정확하지 않으나 구국에서 현주로 천도하였다. 이곳은 철, 벼 등의 특산물로 이름난 산업지대였다.

● **제3대 문왕 대흠무** (文王 大欽茂. ?~793년. 재위 기간은 737년~793년까지 약57년)

문왕 대흠무는 무왕의 아들이다. 연호를 8년(774년) 대흥에서 보력으로 개원하였다가 7년간 사용한 뒤 (790년 이후) 대흥을 다시 사용하였다.

문왕은 국내정치에 안정을 위해 힘썼는데, 우선 그동안 도읍지였던 동모산 부근의 오동성에서 그보다 약간 남쪽에 위치한 곳에 중경을 건설하여 천도하였다. 그 후 19년(755년) 11월에 당나라에서 일어난 안녹산의 난을 피하고 흑수말갈 세력에 대응하기 위한 북쪽 상경으로 천도하였고, 이후 49년(785년)에는 동쪽으로 이동하여 두만강 하류지역 동경으로 세 번째로 천도하였다.

　문왕은 일본에 대한 외교를 무왕 대무예에 이어 적극적으로 펼쳤는데, 3년(739년)에 약홀주(목저주, 현도주와 함께 고구려식 명칭이다.)도독 서요덕과 이진몽 등을 2차 사신으로 보냈는데, 서요덕은 익사하고, 이진몽 등은 일본의 답방 사신과 함께 다음 해에 귀국하였고, 이후 23년(759년)에는 양승경을 4차 사신으로 보냈고, 이듬해 고남신을 5차 사신으로 보냈다. 35년(771년) 일만복을 7차 사신으로 보냈는데, 이때 천손을 자칭하고 두 나라를 구생관계로 규정하려 했다. 이후 40년(776년) 사도몽을 9차 사신으로 보냈다. 이때 5경의 이름이 처음 나타났다. 한편 54년(790년) 신라에서 백어가 사신으로 왔다는 기록이 있다.

　26년(762년) 당나라에서는 발해군에서 발해국으로 호칭을 바꾸고, 왕을 발해군왕에서 발해국왕으로 상향 인정 하였다.

　또한, 유학을 적극적으로 받아드렸는데, 즉위 2년 당나라에서 유교에 입각한 국가 규범을 적은『당례』,『삼국지』,『진서』,『삼십육국춘추』를 필사해 오면서 유학을 적극적으로 받아드렸다.

　41년(777년) 4월 정혜 공주(737년~777년)가 사망하여 780년 11월에 장례가 치러졌고, 이후 56년(792년) 6월 정효 공주(757년~792년)가 사망하여 그해 11월에 장례를 지냈다. 묘지문에서 '황상'이란 칭호가 보이고, 문왕의 존호가 '대흥보력효감금륜성법대왕'인 것이 확인되었다. 793년 3월 문왕이 사망하고 친족 동생 대원의가 즉위하였다.

● **제4대 폐왕 대원의** (廢王 大元義. ?~794년. 재위 기간은 793년3월~793년 7월까지)

　793년 문왕이 사망하고, 그 아들인 굉림도 일찍 사망하였으므로 왕위를 이었으나, 왕위 계승의 정통성 문제로 적지 않은 반발이 있었다. 이에 대원의는 즉위한 지 1년도 안되어 피살되어, 대굉림(문왕의 세자)의 아들 대화여가 5대왕으로 등극하였다.

● 제5대 성왕 대화여 (成王 大華與. ?~794년. 재위 기간은 793년~794년까지)

성왕 대화여는 3대 문왕의 손자이며, 대굉림의 아들로 연호를 중흥이라 정하고, 동경에서 상경으로 천도하였다. 성왕 또한 즉위한 지 반년이 못 되어 병사하여 문왕의 작은 아들 대숭린이 뒤를 이었다.

● 제6대 강왕 대숭린 (康王 大崇隣. ?~809. 재위 기간은 794년~809년까지 약16년)

대숭린은 문왕의 작은아들이다. 즉위 후에 정력이라는 연호를 썼다. 일본과의 사신 왕래를 적극적으로 하였는데, 즉위 2년인 795년에 여정림을 선왕대에 이어 13차 사신을 보냈다. 이때의 국서에 강왕이 '겨우 목숨을 부지하다가 왕위에 올랐다.'고 언급한 구절로 보아 왕위를 두고 다툼이 있었을 것이라고 짐작한다.

재위 5년(798년)에 일본이 6년에 한 번씩 사신을 파견하라고 통고하였지만 대창태를 14차 사신으로 보냈다. 이때의 국서에는 강왕이 "교화를 따르는 부지런한 마음은 고씨에게서 그 발자취를 찾을 수 있다."고 말한 내용이 있다. '고씨'는 고구려의 고주몽의 후손을 말하는 것으로, 이는 발해 스스로가 고구려를 계승했음을 인정하고 있다는 것을 알 수 있는 내용이다. 6년(799년) 일본이 발해의 요청을 받아들여 연한에 구애받지 않고 아무 때나 사신을 파견해도 좋다고 통고하였다. 809년 강왕이 사망하여 그의 아들 대원유가 즉위하였다.

● **제7대 정왕 대원유** (定王 大元瑜. ?~812년. 재위 기간은 809년~812년까지 약4년)

대원유는 강왕의 아들이다. 영덕이라는 연호를 세웠다. 재위기간이 4년에 지나지 않았으며, 치적에 대한 기록은 전하지 않는다.

● **제8대 희왕 대신의** (僖王 大言義. ?~817년. 재위 기간은 812~817년까지 약6년)

희왕은 강왕의 아들이며 정왕의 동생이다. 연호를 주작으로 고치고, 당나라에서 왕으로 책봉 받았다. 즉위 원년인 812년 9월에는 신라에서 숭정을 사신으로 파견하였고, 4년(815년) 전 해에 17차 사신으로 일본에 파견되어 있던 왕효렴이 귀국하였다. 당나라의 문물과 제도를 받아들이는 한편, 3년(814년) 고진예가 당나라에 불상을 전달하였다.

● **제9대 간왕 대명충** (簡王 大明忠. ?~818년. 재위 기간은 817년~818년까지 약2년)

간왕은 희왕의 동생으로 연호를 태시라고 하였다. 정확한 즉위 년도를 알 수 없고, 즉위한 다음해에 죽었기 때문에 업적 또한 별로 없다.

● **제10대 선왕 대인수** (宣王 大仁秀. ?~830년. 재위 기간은 818년~830년까지 약13년)

선왕 대인수는 대야발(대조영의 아우)의 4대손으로 전해진다. 건흥이라는 연호를 사용했으며, 침체된 국세가 회복되었다. 영토를 크게 넓혔는데, 개척된 3경 외에 서경와 남경이 추가되어, 발해 전국의 행정구역이 5경, 15부, 62주에 이르렀다. '해동성국'이라고 불릴 만큼 발해 역사상 중흥을 이룬 왕으로 평가되고 있다.

당나라와도 2년부터 2년간(819~820)에 무려 16회나 조공사를 보내고, 그 뒤에도 매년 사신을 파견하였고, 일본은 사신 영접하는 비용이 크게 부담되어 827년에는 12년마다 한 번씩 사신을 교환하기로 제안하기에 이르렀다. 한편 즉위년인 818년부터 820년까지 신라 방면과 요동 방면을 공략하였고, 11년(828년)에는 발해 사신과의 교역을 금지하였다.

830년 선왕이 사망하고 그의 손자 대이진이 즉위하였다.

● **제11대 대이진** (大彝震. ?~857년. 재위 기간은 831년~857년까지 약27년)

신덕의 아들이며, 선왕 대인수의 손자인 대이진의 시호는 전하지 않으며, 왕위에 오른 이듬해를 즉위 원년으로 삼았다.

사신과 학생을 당나라에 파견하여 교류에 힘썼는데, 즉위 원년(832년)당나라 사신 왕종우가 귀국하여 좌우신책군, 좌우잠군, 120사를 둔 사실을 그림으로 그려 보고하였고, 3년(834년) 당나라 사신 장건장이 2년간 머물다 돌아갔다. 당나라에 유학생이 늘어났는데, 2년(833년) 당의 태학에 학생 3명이 입학하고, 먼저 갔던 유학생 3명이 공부를 마치고 귀국하였고, 6년(837년)에는 6명이 당나라 장안에 유학하였다. 그리고 840년대 후반 이후 당나라 빈공과에 발해인들이 급제하기 시작하였다. 빈공과는 당나라가 9세기 들어 당나라에 유학 온 외국의 학생들을 위해 실시하던 과거제도이다.

한편, 일본과도 빈번한 내왕이 있어, 선왕 때 이어 10년(841년) 하복연을 24차 사신으로 일본에 파견했다. 이때 국서에 발해를 요양으로 일본을 일역으로 대비한 글이 있다. 857년 사망하였다.

● **제12대 대건황** (大虔晃. ?~871년. 재위 기간은 857~871까지 약14년)

처황이라고도 한 대건황은 대이진의 동생이다. 즉위 3년(859년) 오효신을 일본에 26차 사신으로 보내 달력 장경선명력을 전했는데, 일본에서는 1684년까지 사용하였다. 이후 5년(861년) 4월 27차 사신으로 이거점이 불정존승다라니경을 전하였는데, 현재 석산사에 남아 있다. 당에도 한 두번 사신을 파견한 일 이외에는 그의 행적을 찾아보기 어렵다. 871년에 대건황이 사망하였다.

● **제13대 경왕 대현석** (景王 大玄錫. ?~894년. 재위 기간은 871년~894년까지 약23년)

현석왕이라고도 하며 대건황의 아들이다. 연호와 시호는 전하지 않는다. 일본과의 교류는 매우 활발히 전개하여 7년(877년)에는 공목관 양중원을 비롯한 105인의 사절단을 보내고, 12년(882년)에는 배정 등 105인으로 된 대사절단을 일본에 보냈다. 즉위 2년인 872년 오소도가, 21년(892년)에는 고원고가 당나라 빈공과에 급제하였다. 894년에 대현석이 사망하였다.

● **제14대 대위해** (大瑋瑎. ?~906년. 재위 기간은 894년~906년까지 약13년)

대위해가 즉위한 해가 정확하지 않으나 895년에 당나라에서 대위해에게 내린 칙서가 있는 것으로, 그 이전에 즉위했다는 사실로 보아 894년으로 짐작하고 있다. 연호와 시호 등은 전하지 않고, 당에 사절 파견을 계속하고 많은 유학생을 보냈다. 4년(897년)에 당나라에 하정사로 간 왕자 대봉예가 신라보다 윗자리에 앉기를 요청하였으나, 당에서 허락하지 않았고, 906년에 오광찬(872년에 급제한 오소도의 아들)이 당 빈공과에 급제하였는데, 신라 최언위보다 이름이 아래에 붙어 있었다. 이름의 순위로 따져 볼 때 이때는 당에서 신라가 발해보다 더 대접을 받고 있는 것으로 짐작할 수 있다.

● **제15대 대인선** (大諲譔. ?~?. 재위 기간은 906년~926년까지 21년)

대인선의 즉위 연도 역시 확실하지 않으나, 907년에 대인선의 존재가 확인되어 그 이전에 왕위에 오른 것으로 추측한다. 발해는 거란 태조 야율아보기의 팽창주의에 두려움을 느끼고, 6년(911년) 직후에 신라 등의 나라들과 비밀리에 연계를 맺어 견제하려 하였으나, 10년(915년) 거란인 할저와 두 아들이 발해국에 망명하려다가 도주하고, 9년(914년) 거란이 발해국 사람을 납치해서 요양에 강제로 보내고, 18년(923년) 하여 요주 자사 장수실을 죽이고, 거란인을 납치 하는 등 거란과 갈등이 심해진 가운데 태조 야율아보기가 20년(925년) 12월 대원수 요골 등을 이끌고 친정을 감행하자, 저항다운 전투도 치르지 못하고 다음해, 정월에 수도 상경이 포위되어 공격해 온 지 20일 만에 무너졌다.

'발해인 들이 서로 마음이 갈라진 틈을 이용하여 공격하니, 싸우지 않고도 이길 수 있었다.'고 거란 재상이 말한 기록을 보아 발해의 내분이 멸망의 주요 요인이었던 것으로 보인다. 발해는 이로써 발해는 건국 후 229년 만에 멸망하였다.

20년(925년)부터 장군 신덕 등 500명이 고려로 이주한 것을 시작으로 이때부터 발해인이 고려로 망명하였다. 발해가 멸망한 후 발해국 유민들이 고려에 들어갔는데, 그것은 고려를 동족으로 생각하고, 고려가 거란의 침략 세력을 물리치고 고구려의 옛 땅을 회복하는 것을 국가의 과업으로 삼고 있는 사실을 잘 알고 있었기 때문이다.

발해국의 마지막 왕 대인선의 세자인 대광현도 발해국이 멸망한 지 8년이 지난 934년에 고려로 망명하였다. 대광현이 망명한 연도를 두고 착오로 주장하는 의견도 만만치 않지만, 발해국이 멸망한 후 8년 동안 거란에 의해 점령되지 않은 지역에서 그를 따르는 사람들과 거란에 항전을 한 것으로 추측해 볼 때 착오가 아닌 것으로 생각된다.

거란은 발해국을 멸망시키고 홀한성(상경)에 동란국이라는 식민지 정권을 세웠다. 그 첫 통치자는 야율아보기의 맏아들인 인황왕 배이다. 그러나 동란국은 발해 유민들의 저항에 부딪쳐 서쪽 요양으로 옮겨져 발해국의 동북지방에 정안국이란 정권을 세워 거란에 대한 보복을 준비하였다. 정안국을 세운 사람의 이름은 알려져 있지 않고 오씨라고 만 알려졌다.

이후 거란에 반기를 든 발해국 고구려계 관료 세 사람이 있다. 1029년에 동경에서 거란에 반기를 들고 흥요국을 세운 대조영의 7대손으로 알려진 대연림, 1115년 요주에서 반란을 일으키고 대왕이라고 자칭한 고욕, 이듬해 동경에서 반란을 일으키고 대발해 황제를 칭한 고영창 등이다. 그러나 대연림은 사로잡힌 1년 만에 멸망하였다.

고려는 발해국 멸망 직후 들어온 유민들을 발해국에서의 지위에 따라 장군 등의 벼슬을 주고 등용하여 발해국 출신의 무장들은 20여 년간의 대 거란전쟁에서 많이 활동하였다.

발해는 만주에서 일어나서 만주에서 멸망한 유일한 나라이다. 만주에서 일어난 요·금·청나라는 중원으로 진출하였고, 고구려는 한반도로 중심을 이동하였다.

환경이 좋지 않은 북방에서 발해가 200년 넘게 국가를 운영해 나갈 수 있었던 것은 다행히 그 시기가 지구의 온난기에 해당하여 북방의 온도가 다른 때보다 따뜻했던 환경적 요인이 작용했다는 연구가 있다.

대조영이 발해국을 세웠을 당시에는 발해의 영역이 그다지 넓지 않았으나, 신당서 발해 전에 나타난 발해 전성기 때의 강역을 보면 통일 신라의 4~5배 정도, 고구려 때보다는 1.5~2배 정도 되었다고 한다.

721년 7월 신라가 장정을 동원하여 하슬라도(강릉 지방)에 장성을 쌓았다는 기록은 그곳까지 발해가 진출했었다는 사실을 암시해준다. 북쪽으로는 흑룡강과 송화강이 만나는 지점까지 미쳤다고 한다.

(6) 발해의 유적

발해의 유적을 제일 처음 발굴한 것은 1933년 일본인들이 주축이 되어 상경성(동경성)을 발굴한 것이다. 그것을 시작으로 하여 1945년 전까지 팔련성, 서고성 등 도성을 중심으로 조사가 진행되었다. 그 이후 중국인들이 처음 발굴한 것은 1949년 길림성 돈화시 육정산 고분군으로, 정혜공주의 무덤이 그때 발굴되었다.

북한 지역의 발굴은, 1980년대에 들어와 함경도 일대에서 유적을 찾는 작업이 활발히 이루어져 다수 발굴되었다. 발해에는 불교 신앙이 널리 퍼져 있었고, 다른 시기와 마찬가지로 절터와 성터, 무덤이 대표적인 유적으로 남아 있다. 발해는 전국에 5경(상경 용천부, 중경 현덕부, 동경 용원부, 서경 압록부, 남경 남해부)15부 62주의 행정구역을 두어 나라를 다스렸는데 절터가 5경에 집중되어 있으며, 이러한 소재지마다 성을 쌓아 통치의 거점으로 삼았다. 성은 도성, 부성, 주성으로 분류하는데, 도성에는 성산자산성, 상경성, 서고성,

팔련성 등이 있다.

성산자산성은 중국 길림성 돈화시에 있는 초기 도읍지로서, 대조영이 동모산에 성을 쌓고 도읍을 정했던 곳이다.

중국 흑룡강성 영안시 발해진에 있는 상경성은 756년 문왕이 도읍을 정한 뒤 가장 오랫동안 수도였던 곳으로 당나라 장안성을 본떠 만들었다. 상경성은 당시 당나라 수도였던 장안성 다음으로 커다란 도시였다고 전해진다.

고분은 주로 상경성, 서고성, 팔련성 주변에서 집중적으로 나타나는데 중국에서 57개 고분에서 1,700여 기가 확인되고 이 가운데 600기 정도가 발굴되었다.

무덤은 흙무덤, 돌무덤, 벽돌무덤 등이 있다. 흙무덤은 발해 건국 이전부터 말갈족들의 무덤양식이고, 돌무덤은 석실묘, 석곽묘, 적관묘로 나누어지는데 발해 고분의 주류를 이루는 석실봉토묘는 고구려의 양식을 그대로 계승한 것으로 정혜 공주의 무덤이 대표적인 석실봉토묘이다. 벽돌무덤은 당나라로부터 영향을 받은 것이지만 숫자는 많지 않다. 정효 공주의 무덤은 대표적인 벽돌무덤으로 벽을 벽돌로 쌓고, 천장은 돌로 만들어 당나라와 고구려의 양식을 결합한 양상을 보여준다.

그 밖의 유물로 자기와 기와, 벽돌 등이 있는데, 발해인들은 주로 유약을 바르지 않은 도기를 사용하였다. 그리고 기와에 문자를 찍거나 새긴 것이 발견되었는데 다른 시기의 것들에 비할 때 특이한 점으로 주목이 되고 있다.

① 정혜 공주 묘

정혜 공주는 발해의 제3대 문왕(대흠무)의 둘째 딸이다. 남편이 일찍 죽으면서 불행이 시작되었다. 남편이 죽은 후, 아들마저 죽자 홀로 슬픔에 잠겨 지내다가 777년 40세의 나이로 죽었다.

정혜 공주 묘는 1949년 8월 돈화육정산에서 발견되었는데, 발견 당시 이미 도굴이 된 상태였었고, 묘비는 7조각으로 파열되어 있었다. 묘비의 문자 수는 모두 725자로, 그 중 491자만이 판독이 가능하고, 나머지 234자는 이미 그 형체를 알아볼 수 없다.

정혜공주의 묘

묘비는 세련된 4.6 변려체로 되어있어 발해의 한문학 수준이 상당했음을 보여 주고 있다. 발해인이 지은 한시들은 뛰어난 예술성으로 당과 일본에서도 크게 호평 받았다. 이러한 사실을 통해 발해의 중앙 귀족 문화가 당 문화의 영향을 크게 받고 있었음을 알 수 있다. 실제로 발해는 많은 유학생과 유학승을 당에 파견하여 선진적인 한문학과 유교문화, 그리고 불교문화를 적극적으로 받아들였다.

묘지 이외에 나무 널조각과 돌사자 2점, 도금된 동제 원두정 등이 발견되었다. 무덤의 현재 위치인 길림성 돈화시가 발해의 초기 도읍인 동모산 지역이란 사실을 보여주어 발해사를 연구하는 중요한 실마리가 되고 있다.

② 정효 공주 묘

문왕의 넷째 딸인 정효 공주의 묘는, 길림성 연변자치주 화룡현 용수향 용해촌 용두산에서 발굴되었다.

정효 공주의 묘에서 발견된 벽화는, 지금까지 발견된 발해국의 유일한 벽화이다. 이 벽화는 석실 내부의 벽에 백회를 바르고, 그 위에 열두 사람의 인물을 채색으로 묘사했다.

무덤은 안길과 안 칸으로 이루어졌는데, 벽화는 안길의 뒷부분과 안 칸의 동·서·북쪽의 벽에 그려져 있다. 벽화는 처음에 예리한 긁개 같은 것으로 은곽을 표시한 다음, 적·청·녹·흑·백색 등 여러 가지 색깔을 고르게 입히고, 다시 먹 선으로 윤곽을 명료하게 나타내는 방법을 썼다. 이것은 고구려 수산리 벽화무덤 등 고구려 벽화에서 발휘된 전통적인 화법을 계승, 발전시킨 것이다. 무기를 든 인물들 외에 악기를 든 인물들이 있어 발해에서 음악이 상당히 발달했음을 알 수 있고 기타 발해인들의 풍속도 알 수 있는 귀중한 자료이다.

그 외에 수준 높은 2개의 돌사자(51cm)와 비석도 발견되었다. 이 비석은 이미 발견된 정혜 공주의 비문과 거의 일치하는 문장 형식으로 화려한 문구를 총동원하고 있으며, 당시의 한문학 수준을 짐작하게 한다.

묘비는 정효 공주 묘의 용도 내에서 출토되었다. 너비는 규형(위 끝은 뾰족하고 아래는 네모모양)이며, 화강암으로 만들어졌고 전체높이 105cm, 너비 58cm, 두께 26cm로 보존 상태가 양호하다. 정면에는 묘지가 새겨져 있는데, 비를 세운 연월이 새겨져 있지 않다. 전체 글자는 728자로, 그 형태가 명료하여 별자를 제외하고는 모두 판독이 가능하다.

이 비의 발견으로 정혜 공주 비문에서 해석할 수 없었던 234자를 거의 다 해석할 수 있게 되었다.
　비문의 내용은 서문에서는 공주 일생의 행장을 서술하였고, 명문에는 공주에 대해서 찬송과 애도를 표시한 것이다. 이들 무덤에서 출토된 비석, 돌사자 등의 유물과 특히 정효 공주 무덤 내의 벽화 등은 발해사 연구에 귀중한 사료이다.

정효공주 묘 벽화

〈정혜공주 묘와 정효공주 묘의 차이점〉

　정혜공주 묘는 고구려의 영향을 받아서 굴식돌방무덤에 모줄임천장 구조로 되어있으며 벽화가 없다. 반면, 정효공주 묘는 당의 영향을 받아서 벽돌로 지어졌고, 지하식 무덤이며 벽화가 있다.

발해의 문화에 대하여 논하시오.

1. 서론 : 우리의 역사 발해

일반적으로 발해는 고구려 멸망 후 남부는 신라의 영토로 북부는 당의 지배하에 들어가게 되었다. 고구려의 유민들은 요서지역의 영주 지방으로 강제 이주되었고, 그곳은 다수의 거란족과 말갈족이 가혹한 수탈에 불만을 품고 있었다.

이러한 시기에 대조영이 당과의 전투를 통해 동모산에 신을 세웠고 그로부터 15년 후인 713년에 국호를 발해로 고쳤고, '해동성국'이라 불리었다고 전하고 있다. 하지만 현재까지 오면서 발해에 대한 연구의 부족 등 여러 이유로 발해가 우리의 역사라는 사실을 확신시키지 못하고 있다.

그 중 큰 이유 중에 하나는 민족구성원이다. 발해는 일부 지위 계층의 고구려 유민들을 제외하고는 말갈족들이 다수를 차지하고 있기 때문이다. 그렇기 때문에 발해를 우리의 역사라고 말하는데 여러 의견이 나오는 것이다. 한 나라가 형성되고 한 민족의 역사가 되려면 수뇌부들도 물론 중요하지만 그보다도 그 민족의 백성들이 같은 민족이어야 하는 것도 어찌 보면 틀린 말은 아닌 것 같다. 그렇다면 발해를 우리 역사라고 확신시킬 수 있는 방법에는 어떤 것이 있을까 찾아보고, 비록 민족 구성에서는 말갈인이 다수를 차지하지만 고구려의 전통을 계승받았고, 고구려의 후손이라고 생각했던 발해 인들의 사상, 문화 등을 보여줌으로써 발해는 진정한 우리의 역사였다는 것을 알리고 싶다.

2. 본론

1) 역사적 사료를 통해본 발해의 고구려계승 의식

고구려와 발해의 상호관계에 관한 발해 멸망(926년)후에 서술된 대표적인 발해관계 사료로서는 이승휴의 『제왕운기』, 유득공의 『발해고』, 서긍의 『고려도경』, 『구당서』등을 들 수 있다.

(1) 서술된 대표적인 발해관계 사료

『제왕운기』의 하편은 일관하게 우리나라 민족사에 속하는 나라들의 역사만을 취급하고, 이족의 역사는 취급하지 않았다. 이 책 하편에서 우리 민족사를 체계화 하면서 발해가 고구려를 계승하고 다시 고려가 발해를 계승하였다는 것을 밝혔다. 고구려의 옛 장수 대조영이 발해국을 세웠다고 하였다. 그리고 우리 민족사에서 발해가 차지하는 지위와 계승관계에 대하여 명확히 밝혔다.

18세기 실학자 유득공은 『발해고』의 서문에서 ≪고려가 발해사를 편찬하지 않은 것을 보면 떨치지 못하였다는 것을 알 수 있다. … 김씨가 망하고 대씨가 망하자 왕씨가 그것을 통합하여 차지하고는 고려라고 하였다.≫고 썼다.

　19세기의 실학자 김정호는 『대동지지』에서 ≪고구려, 백제 멸망 후 50년에 이르러 발해는 또한 구려(고구려-인용자)의 옛 강역을 계승하고 신라와 더불어 남북 두 나라로 대치하여 200년 존속하였는데 고려 태조가 이를 통합하였다≫고 하였다. 그는 발해가 고구려를 계승하여 일어나 신라와 더불어 200년간 남북으로 인접하고 있었으며 그 후 고려 태조 왕건에 의하여 처음으로 국토 통합이 이루어 졌다는 것을 밝혔다.

　12세기에 고려에 사신으로 파견되어 온 송나라 관리 서긍의 고려견문도인 『고려도경』 제1권 시봉조에서 고려에 선행한 시기의 우리나라의 역사를 개관하면서 먼저 고대국가들인 고조선과 부여를 들고 계속하여 고구려 역사에 대하여 자세히 서술한 다음 발해역사로 권의 마지막을 맺었으며 제2권에서 고려 전기의 역사를 개괄하였다. 이것은 저자가 고려국을 고조선, 부여, 고구려, 발해를 계승한 나라로 인식하고 있었다는 것을 보여준다.

(2) 발해를 세운 대조영은 고구려의 별종이다 - 구당서

　[대조영은 본래 고구려의 별종이다 (大祚榮者 本高麗別種也)]
　구당서(199권 하) 발해말갈전의 기록이다. 구당서는 발해가 멸망하고, 19년이 지난 945년 편찬한 사서로 중국 사서 가운데는 가장 신빙성이 있다. 여기서 문제가 되는 것은 [별종(別種)]에 대한 해석상의 논쟁이다. 일본과 중국의 학자들은 고구려 별종 이란 '고구려 종족이 아닌 다른 종족'이라는 뜻이라고 보며, 남북한 학자들은 고구려 별종이란 '고구려에서 나온 가지'라는 뜻이라고 새기는 것이다. 그러나 별종이라고 하는 구당서 발해전에 [풍속은 고구려 거란과 같다(風俗與高麗及契丹同)]고 분명히 하고 있으며, 별종이란 용어도 그 책에 나온 용례를 모아 보면 간단히 결론이 나온다.

2) 발해 존립 당시의 사료를 통하여 본 고구려와 발해의 계승 관계

발해 존립 당시에 작성된 문헌 사료와 금석문으로서, 오늘까지 전해지고 있는 것이 적지 않다. 문헌사료로서는 최치원의 편지들과 『유취국사』, 두우의 『통전』, 장구령의 『곡강집』 등을 들 수 있다. 그러나 이중에서도 발해국의 계승성에 대하여 비교적 자세히 전하는 것은 후기 신라의 최치원이 편지들과 일본학자 스가와라 미찌자네 등이 편찬한 『유취국사』이다.

(1) 당나라가 쳐부순 고구려는 지금의 발해다 – 최치원

① 삼국사기 46권, 열전, 최치원 전 당나라 대사시중에게 보낸 편지의 일부내용 [총장원년(668) 영공 서적에게 명하여 고구려를 쳐부숴 안동도독부를 설치하고, 의봉 3년(678)에 이르러 그 백성들을 하남과 농우로 옮겼다. 그러나 고구려의 잔당들이 무리를 모아 북쪽의 태백산 밑을 근거지로 하여 나라 이름을 발해라 하였다.]

② 동문선 47권. 최치원이 당나라 관리에게 보낸 편지의 일부 내용 [옛날 당나라의 고종 황제가 고구려를 쳐 없앴는데 그 고구려는 지금 발해가 되었다.]

(2) 『유취국사』 등에 나타난 발해

『유취국사』에는 견당 유학승 열충이 얻어들었다는 말을 간접적으로 전하는 다음과 같은 기록이 실려 있다. ≪발해국은 고구려의 옛 땅이다. … 발해국에는 주, 현, 관, 역들이 없고 곳곳에 촌리(마을)들이 있는데, 다 말갈 인들의 부락이다. 그 백성은 말길 인이 많고 토인(土人)은 적다. 토인들로써 촌장을 삼는데 큰 촌의 촌장은 도독이라고 하고 다음가는 촌의 촌장은 자사라고 하며 그 이하는 다 백성들이 수령이라고 부른다. 기후는 매우 차고 수전농사에 적합하지 않으면 민간에서 글을 많이 읽는다.

고씨(고구려)이래로 끊어지지 않는다.≫이는 발해국에 파견된 일본 사신들이 연로에서 변방 주민 구성에 대하여 직간접적으로 적은 것으로 토인은 적고 말갈인이 많다는 말에서 일본인들은 토인을 다름 아닌 고구려인으로 보고 있다. 그리고 촌장 이래 토인들을 수령이라고 불렀다는데서 도독, 자사에 대한 서술과 함께 발해국에서 고구려인이 주도권을 잡고 있었다는 것을 반영한 것이다.

3) 그 외 사료에 나타난 고구려 계승 사료

(1) 대조영은 고구려의 장군이었다 – 삼국유사

신라고기에 이르기를 고구려 옛 장수인 조영의 성은 대씨인데 잔병들을 모아 태백산 남쪽에 나라를 세우고 나라이름을 발해라고 했다.(新羅古記云 高麗舊將祚榮姓大 氏聚殘兵 立國 於大伯 山南 國號渤海) – 삼국유사(1권, 말갈발해조)

(2) 발해인들의 기록 – 高麗

발해인 들은 처음 나라이름을 [진(振)]이라고 부르고, 나중에 [발해]라고 고쳤지 말갈이란 말은 써 본 적이 없다. 건국 후 29년인 727년(무왕 대무예 9년) 발해가 일본에 국교를 회복하기 위해 사절을 보내면서 발해는 [고구려의 옛 영토를 회복하고 부여에서 전해 내려온 풍속을 간직하고 있다 (復高麗之舊居 有夫餘之遺俗)](속일본기 신귀 5년 1월 17일조)며 고구려를 계승했다는 것을 분명히 하고 있다.

한편 발해 사신에 대한 사실을 기록하는 일본에서는 [발해는 옛날 고구려다(渤海郡者 舊 高麗國也)] (신귀 4년 9월12월 29일조)는 사실을 분명하게 인식하고 있으며 발해와 고구려를 마치 같은 나라처럼 혼용하고 있는 기록이 수없이 많다.

(3) 일본이 발해에 파견한 대사는 고려사

– 나라현 평성경 에서 발견된 목간(木簡)
(依遣高麗使廻來 天平寶字二年 十月 八日 進二階級)
758년 발해 사신 양승경 일행과 함께 귀국한 일본의 오노 다모리(小野田守) 일행을 2계급 특진시킨다는 내용이다.

여기서 발해에 보낸 사신을 견고려사(遣高麗使)라고 해 발해를 고려로 불렀다는 것을 알 수 있다.

4) 발해의 문화에 나타나는 고구려 계승의식

(1) 문화의 성격

고구려 문화를 계승하고, 당 문화의 영향을 받으며 독자적 문화 형성하였다. 발해 문화는 건국 초기에 고구려 문화를 바탕으로 하였다. 초기의 도성 체제나 고분 양식이 이러한 사실을 반영한다. 발해 불교도 고구려계가 주도하였던 것으로 여겨진다. 그러나 그 뒤에 당나라 문화를 적극적으로 받아들임으로써 점차 중요한 자리를 차지하였다. 발해의 각종 제도는 당나라 제도를 기초로 한 것이며, 벽돌무덤 양식이나 벽화 양식도 이를 반영하고 있다. 그러나 기층문화는 말갈 문화가 중심이었다. 이 밖에 중앙아시아나 시베리아로부터 전파된 요소도 눈에 띠며, 발해 인들이 창조한 고유한 요소도 나타난다.

① 정효 공주 묘에 나타난 고구려의 계승의식

발해 3대 문왕의 둘째딸인 정혜공주의 묘가 발굴되었었는데, 1980년대에 이르러서는 그 동생인 정효 공주의 무덤이 묘비와 함께 연변 조선족 자치주 화룡현 용두산에서 발굴되었다.

정혜공주묘와 화룡현 하남

둔 고분 등에서 벽화 잔편이 발견된바 있으나, 완전한 벽화가 발견되기는 이것이 처음이다.

이 벽화는 석실 내부의 벽에 백회를 바르고 그 위에 열두 사람의 인물을 채색으로 묘사했는데, 인물의 윤곽을 스케치하는 방법만 다를 뿐 모든 회화 기법은 고구려의 프레스코 전통 화법에 이어지고 있다.

무덤은 안길과 안 칸으로 이루어졌는데 벽화는 안길의 뒷부분과 안 칸의 동, 서, 북쪽의 벽에 그려져 있다. 벽화는 처음에 예리한 긁개 같은 것으로 윤곽을 표시한 다음, 적 청 녹, 흑, 백색 등 여러 가지 색깔을 고르게 입히고 다시 먹 선으로 윤곽을 명료하게 나타내는 방법을 썼다. 이것은 고구려 수산리 벽화무덤 등 고구려 벽화에서 발휘된 전통적인 화법을 계승, 발전시킨 것이다.

무기를 든 인물들 외에 악기를 든 인물들이 있어 발해에서 음악이 상당히

발달했음을 알 수 있고, 발해 인들의 풍속도을 시사 하고 있다.

이외에 수준 높은 2개의 돌사자(51cm)와 비석도 발견되었다. 이 비석은 이미 발견된 정혜공주의 비문과 거의 일치하는 문장 형식인데, 화려한 문구를 총동원하고 있으며, 당시의 한문학 수준을 짐작하게 한다. 의복 등은 고구려와 다르나(당의 영향) 기법에서는 그대로 고구려의 화풍을 엿볼 수 있는 8세기 경의 작품이다.

② 정혜공주 무덤에 못지않은 유물 동청 발해무덤

우리 발해의 유적은 대부분 중국에 있다. 북한과 러시아에 조금 있고, 중심은 중국은 연변이다.

최근 몇 년간에 고고학 상에 발해 유적을 발굴하려고 매우 애쓰고 있는 실정이다. 그중 최근 발견된 하나는 안도현에 있는 동청 발해무덤이며, 동청 발해 무덤에서는 계단식 돌곽널무덤을 발굴했다. 돌곽널무덤은 집안의 고구려 무덤에서도 보여 지는데, 주위를 돌로 층계를 쌓고 그 위에 막돌을 덮는 형태로써 흙으로 봉토를 덮지 않는데 이것을 계단식 돌곽널무덤 이라고 한다. 이것이 동청무덤에서 발굴되고 있다. 이것을 봐서 고구려의 문화를 계승하지 않았을까?

또 무덤에서 계승하지 않았을까? 하고 생각되어진다. 그리고 그 무덤 가운데서 흙구덩 무덤은, 흙을 파고 묻었고 거기다 화장을 했다.

이것은 말갈족에게 많이 나타나는 것이다. 그 지대는 말갈족이 많이 살았으며, 말갈족의 반지도 나오고 있는 것으로 보아 주류는 고구려 문화이지만, 지엽적인 것은 말갈의 문화도 섞여 있었다고 보는 근거가 된다. 이로써 동청무덤의 발굴은 돈화현에 있는 육정산 무덤, 정혜공주 무덤, 못지않은 의의를 갖고 있고 과학성에서도 평가하고 있다.

③ 발해의 와당

북한의 역사학자 박시형은 발해사에서 발해의 유물, 유적은 어떤 때는 고구려 것과 구별할 수 없을 정도로 흡사하다고 하였는데 발해의 와당에서도 고구려의 체취를 느낄 수 있다.

(2) 발해의 종교 (불교의 성행)

*** 불상, 석등, 연꽃무늬 벽돌 → 고구려 양식 계승하였고 웅장하고 건실하다**

발해는 건국 초기부터 불교가 들어와 있었다. 이것은 건국하던 해에서 멀지 않은 713년 12월 당나라에 갔던 발해 왕자가 절에서 예배하기를 청했던 기록에서 확인된다. 또한 발해 불상들이 거의 대부분 당나라 이전의 양식을 취하고 있고, 막새기와(瓦當)의 연꽃 문양이 고구려의 전통을 보여 주고 있는 것으로 보아 발해 불교가 같은 시대의 당나라로부터 영향을 받은 것이 아니라 고구려의 전통을 고수하고 있음을 보여 준다.

발해 불교가 발전기에 접어든 것은 제3대 문왕 시기에서이다. 그의 존호에 '금륜'과 '성법'이란 단어가 들어가 있는데, 이들은 모두 불교 용어이다. 특히, 금륜이란 용어에서 문왕 스스로 전륜성왕을 지향하였음을 보여 준다. 그리고 문왕 대에 조성되었던 상경, 중경, 동경 주변에 절터들이 집중되어 있다. 또한 그의 딸인 정효공주 무덤 지하에 무덤 칸을 만들고 그 위에 탑을 세운 모양을 취하고 있고 부근에 능사로 보이는 절터가 있는 사실들도 이 당시에 왕실에서 불교를 적극적으로 받아들였음을 의미한다.

9세기에 들어와 불교가 융성해 지면서 승려들의 활동이 두드러지게 나타난다. 발해 승려로서는 석인정(?~815), 석정소(828), 살다라, 재웅등이 있는데 이 가운데에서 대표적인 인물이 석인정과 석정소이다.

석인정은 희왕 대의 인물로서, 814년 녹사의 직책으로 일본에 사신으로 갔다가 그 곳에서 병사하였다.

그는 시를 잘 지었으며, 일본에서 지은 시 한 수가 남아 있다. 기록이 제일 많이 남아 있는 승려는 석정소이다. 그는 희왕 대부터 선왕 대까지 활동하였다. 석정소는 일찍이 당에 유학해 813년 가을에 일본 유학승 레이센

(?~828)을 만나 사귀었다. 그 후로 오대산에 들어간 레이센과 일본 조정 사이를 왕래하면서 서신과 물건을 전해 주는 중개자 역할을 수행하다가 828년에 바다에서 목숨을 잃었다. 귀족층에서도 불교와 관련된 활동이 보인다. 762년에 일본에 사신으로 갔던 왕신복일행이 도다이지(東大寺)에서 예불하였던 사실을 보여 주는 고문서가 전해지고 있다. 그리고 814년 사신으로 갔던 왕효렴이 일본의 유명한 승려인 쿠우카이(空海, 774~835)와 시문을 나누었던 기록 등도 보인다.

861년 사신으로 갔던 이거정이 일본에 전해 준 다라니경도 전해진다. 또한 814년 당나라에 사신으로 갔던 고예진이 금불상과 은불상을 바치기도 하였다. 926년 발해가 멸망하자 많은 유민들이 고려로 망명했는데, 이 가운데에는 927년 3월에 들어온 승려 재웅이 포함되어 있었다. 그러나 발해 불교의 명맥은 요동 지방에서 활발히 이어지고 있었다. 거란이 발해를 멸망시키고 928년에 유민들을 요동 지방으로 강제로 이주시켰는데, 현재의 요양지역이 이들의 중심지가 되었다.

이러한 불교 전통은 금나라 때에까지 끊어지지 않았다. 금나라 황실에서 불교를 받아들이는 데에 결정적인 역할을 했던 인물이 바로 발해 유민들이었다. 지금까지 남아 있는 발해 불교의 자취로서는 절터와 탑터, 불상, 사리함 등이 있다. 절터로서는 모두 40군데 정도가 확인되었는데 주로 통치의 중심지였던 5경에 집중되어 있어서, 불교가 지배자를 중심으로 전파되었던 것을 추정해 볼 수 있다.

탑으로는 영광탑만이 완전한 형태로 남아 있다. 그런데 이러한 탑이 승려들의 사리를 모시기 위한 것만이 아니라 정효 공주 무덤 탑처럼 일반 무덤 위에 세워진 경우도 있어 발해문화의 한 특색을 이루고 있다. 불상으로는 석불, 철불, 금동불 또는 동불, 전불, 소조불 등이 있고, 벽화 조각도 남아 있다. 석불로서는 상경유지박물관에 남아 있는 것과, 일본 오오하라(大原) 미술관에 소장되어 있는〈함화4년명비상(咸和4年銘碑像)〉이 대표적이다.

　발해 불상의 전형을 이루는 것은 전불이다. 이들은 크기가 10cm 내외로 아주 작은 것으로서 틀 빼기를 해 구워 만들었다. 또한, 형식면에서는 관음보살입상, 선정인여래좌상, 미타정인여래좌상, 2불병좌상, 3존불, 5존불 등이 있다.

　그런데 상경 지역에는 관음상이, 동경 지역에서는 2불병좌상이 주류를 이룬 특색을 보이고 있다. 이것은 두 지역에 관음신앙과 법화신앙이 각기 유행하고 있었던 사실을 반영한다. 이 밖에 발해인의 종교로서 경교가 들어왔던 흔적이 일부 보이고 있다. 그 외에도 일반인들 사이에서는 샤머니즘이 보편적으로 퍼져 있었을 것으로 짐작된다.

① 상경 제1절터 석등

　중국 흑룡강성 영안현 동경성. 상경 제1절터에서 나온 석등이다. 이 석등은 현무암으로 만들어진 높이 6m의 거대한 석등으로 기대석, 중대석, 입석, 상륜 등으로 이루어졌다. 중대석과 기대석의 절반부분에는 아래위로 서로 마주 바라보게 연꽃을 장식하였다. 연꽃무늬는 강하고 힘찬데 이는 고구려 미술의 특징과 비슷하다. 하대석은 팔각형으로 그 모서리마다 주춧돌과 기둥 및 주두를 정교하게 조각하여 그 위에 팔각지붕을 이었다. 이것은 팔각 정자와 그 모습이 거의 비슷한데 상경 궁전 정원의 팔각 정자를 돌로 조각한 듯한 느낌이며 안정감을 보이면서 균형있는 모습을 하고 있다.

② 용천부 석등

이 석등은 고구려의 자(1자는 35센티미터)를 사용하여 제작한 것으로 6.3미터이다. 화사서글 중심으로 건축적 장식미가 뛰어난 작품이다.

③ 동상

동경성에서는 석등 외에도 돌사자, 불상 등이 발굴되었다. 그 중 수적으로 가장 많이 발견된 것이 불상인데 수 십 편이 발굴되었다. 그 외에 성마다 많은 절터가 발견됨으로써 발해 역시 불교를 숭상하는 나라였음이 밝혀졌다.

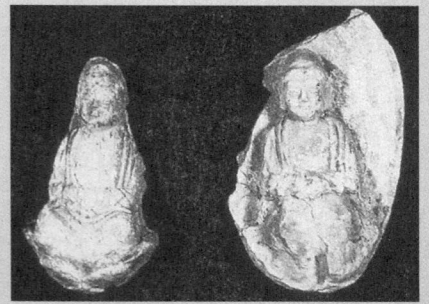

(3) 발해의 도시건설과 건축조각

* 건축 문화 : 상경의 주작 대로(당의 장안성 모방), 외성, 내성, 왕궁→화려하고 웅장

발해의 유적으로는 오늘날까지 발견된 것들로는 동경성유적 즉 옛날 발

해의 상경용천부유적과 돈화의 오동성 유적 훈춘현의 팔련성)유적-(반림성 유적 발해 동경유적) 화룡현의 서고성좌유적 돈화육정산무덤 떼 유적등 몇 개가 있다.

　이와 같은 발해도성과 왕궁의 설비는 고구려 장안성 유적과 안학궁 유적을 방불케하는 것으로 그 것은 발해 인들의 풍부한 창조 재능을 보여주는 것이다.

　발해 건축의 한 면을 보여주는 것으로 고분이 있는데 이 고분은 무덤주인의 지위, 재산 등의 차이 에 따라 그 규모와 정도가 서로 다르다.

　기본형식은 옛 고구려 고분의 무덤 구조를 계승한 돌간흙무덤 (석실봉토문)이다. 지금까지 알려 진 고분들 중에서 가장 큰 것들로는 돈화 육정산의 정혜 공주묘 와 상령둔 무덤이다.

　발해건축의 우수한 다른 한 면을 보여주는 것으로는 불교 절간의 돌등(석등룡)건축이 있다. 절간의 돌등은 그 안에 불을 켜서 부상을 비춰주는 불교 구조물이다. 발해에는 불교가 매우 성행하였던 만큼 돌등 도 많았으리라 추측되나 지금 남은 것은 상경용천부의 한 절간에 세워졌던 돌등 하나가 있을 뿐 이다.

　돌등은 받침돌, 기둥돌, 불주머니돌, 상륜등 요소들은 건축적으로 매우 무게가 있으면서 정교하고 우아하며 상륜, 지붕, 기둥, 기둥돌(간서)에 새긴 조각들은 매우 부드러운 느낌을 준다. 또한, 조각 예술도 발달하였는데 발해 조각품에는 돌등에 새겨진 조각 이외에도 불상 사자 조각 및 기타 유물들이 있다.

　발해 부처 조각들은 그 재료가 여러 가지일 뿐만 아니라 형태, 크기, 수법 등도 매우 다양하고 공통된 특징은 고구려의 불상, 조각, 예술의 정수를 계승하여 불상의 전체나 얼굴, 광배, 의상 할 것 없이 조각 수법이 웅장하면서

1. 남북국시대

도 부드럽고 매우 세련된 것이라고 할 수 있다.

돌사자 조각으로 대표적인 것은 정혜 공주 묘에서 나온 두 개의 돌사자이다. 이는 한 개의 돌에 새긴 것으로 넙적한 돌 받침 위에 머리를 쳐들고 억센 입은 크게 벌리면서 넓은 가슴을 앞으로 쑥 내밀고 힘센 두 앞발을 버티고 앉은 매우 늠름한 사자의 상을 나타낸 것으로서 그 수법이 매우 생동하고 힘차다

① 발해의 독특한 건축물 - 24주춧돌

24 주춧돌 유적은 지금까지 15 군데서 발견되었다. 대부분 한 줄에 8개씩 3줄로 놓인 이 특이한 돌은 건축물의 주춧돌임에는 틀림없으나 어떤 건축물인가에 대해서는 다음과 같은 논란이 있다.

1. 상여가 나갈 때 잠시 보관하는 곳이다.
2. 중앙 정부가 관장하는 제례를 지내는 건물이다.
3. 당시 사람들이 숭배하던 종교적 대상물이다.
4. 중요한 길옆에 있는 것으로 보아 역참이다.
5. 사원이나 궁전, 또는 관청 터이다.
6. 곡식 창고이다.

길림성 돈화시 시내에 있는 강동 24주춧돌(1) (2)

 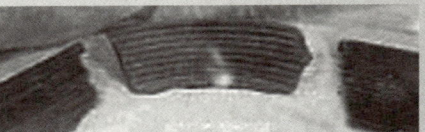

김책시 동흥리 24주춧돌 유적에서 나온 쌀 함박 조각

길림성 돈화시 관지진에 있는 24주춧돌

3. 결론 : 발해를 꿈꾸며

이상에서 우리는 발해사에 대해서 살펴보았다. 이 글을 쓰기 위해서 여러 논문이나 책들을 보았을 때 나는 우리의 현실에 대해서 참 안타까웠다. 버젓한 우리의 역사를 우리 땅에 없다는 이유로 제대로 연구할 수도 없었고 그것에 대해 항의할 힘조차 없는 것에 대한 안타까움이 강했다. 하지만 이렇게 여러 사료나 나와 있는 연구를 보면 발해는 분명 고구려를 계승한 우리의 역사이다.

　예전에 서태지의 '발해를 꿈꾸며'란 노래를 들어 본적이 있을 것이다. 그 당시에는 그 노래가 주는 의미에 대해서 크게 생각해보지 못했었는데 역시 서태지는 생각 있는 뮤지션이 아니었는가? 하는 생각이 들었다. 지금 우리에게 무엇보다 필요한 것이 국민들의 관심이기 때문이다.

　이 노래가 나오면서 우리가 발해를 확실히 색다르게 생각 한 것은 아니지만 조금이나마 더 생각하게 된 계기가 된 것은 분명하기 때문이다. 물론 우리나라 사람치고 발해, 고구려가 어느 나라의 역사인지 모르는 사람은 없을 것이다. 하지만 예전 어느 기사에서 고구려의 첫 도읍지가 어딘가에 대한 질문에 청소년들의 60% 가까이가 모른다는 대답을 한 것을 본 적이 있다. 그만큼 우린 당연히 우리 역사이지 하는 막연한 관심만 있을뿐 조금 더 구체적으로 들어가는 것에 대해서는 외면하고 있는 것이다. 단지 일본이나 중국에서 독도나 동북아 공정으로 문제가 있다는 뉴스가 나오면 잠깐 떠들고 마는 게 다인 것이다.

　이제는 이러한 마음가짐도 바꿔야 할 때일 것이다. 아니면 우리의 오랜 역사의 절반 이상을 중국에 뺏길 수도 있기 때문이다.

　이 글에서 인용한 사료나 유물 유적을 보면 누가 보아도 발해는 고구려를 계승한 국가이고 우리의 민족의 뿌리이다. 물론 여기서 또 논란의 가운데 있는 것이 발해인의 대부분을 차지하였던 말갈인에 대한 문제인 것이다. 이 문제에 대해선 아직 논란이 제기되고 있기 때문에 내가 여기서 확정 지을 순 없지만 말갈인 들이 고구려의 후예들의 지배를 받으며 그 자신들도 발해인 이라는 자부심을 가지고 살았다면 그 구성원 전체를 봤을 땐 그것은 우리의 역사인 것이 아닌가? 하는 생각을 조심스럽게 하였다. 이러한 우리 역사를 지키기 위해선 우리가 먼저 관심을 가지고 국가도 나서서 우리 역사 연구에 전폭적인 투자를 해주어야 할 것이다. 물론 우리 경제, 과학을 위한 투자도 중요하지만 우리의 반만년 역사의 대부분을 잃지 않기 위해선 그런 투자도 경제 과학 못지않게 필요 할 것 이라는 생각이 들었다.

　우리의 역사를 잃지 않고 고스란히 우리의 후손들에게 전달하는 것이 지금당장의 경제와 과학을 발전시키는 것에 비해서 그렇게 소외당해야 할 문제는 아닌 것이기 때문이다.